CHARLES DICKENS' ROMAN «HARTE ZEITEN», EIN Hauptwerk des kritischen Realismus in England, stieß bei seiner Veröffentlichung von April bis August 1854 in der vom Autor gegründeten Zeitschrift ‹Household Words› trotz der packenden Handlung zunächst auf heftige Ablehnung: Die Presse verübelte es Dickens, daß er sich der aktuellen Probleme des Landes annahm und in scharfer Form vor den Gefahren des aufkommenden Maschinenzeitalters, dem Manchestertum und seinen krassen sozialen Ungerechtigkeiten, warnte, obwohl sie es gewesen war, die mit ihren Berichten über den Streik der Maschinenbauer und Eisenbahnarbeiter in Manchester (1851) Dickens' Interesse an diesem Thema geweckt hatte. Im Januar 1854 fuhr er nach Preston in der Grafschaft Lancashire, wo seit Monaten die Weber für höhere Löhne streikten. Die erfundene Stadt Croketown spiegelt die Erfahrungen des Augenzeugen wider: menschenunwürdige Lebens- und Arbeitsbedingungen, überschattet von der Allgegenwart der ‹Großen Fabrik›, eine Wirklichkeit, in der für das Glück des einzelnen kein Platz ist, weil Phantasie, Geist und Herz kaltem Zahlenwissen und seelenlosen Fakten untergeordnet werden. Der englische Originaltitel – «Hard Times. For These Times» – erweist sich als ein Programm.

Thomas Gradgrind, Nobilität der Stadt, Abgeordneter des Unterhauses und ehemaliger Schuldirektor, läßt nichts gelten als Tatsachen und nochmals Tatsachen. Diese trostlose Welt der blutleeren Definitionen des Lebens stößt mit der fremdartigen und bunten Welt der Gaukler und Artisten aus Slearys

Zirkus zusammen, zu der auch das aufgeweckte und warmherzige Mädchen Sissy Jupe gehört.

Aber Gradgrind scheitert mit seinen Erziehungsprinzi-
pien: die Tochter Louisa verkümmert in der von ihrem Vater
aus Geldgründen arrangierten Vernunftehe mit dem Fabrikanten und Bankier Bounderby, und der Sohn Tom wird
zum Verbrecher, als er die Bank seines Schwagers ausraubt
und versucht, den Verdacht auf einen entlassenen Weberei-
arbeiter zu lenken, der Bounderbys Widersacher ist. Nur
Sissy, die sich ihre Menschlichkeit bewahrt hat, triumphiert
über diese unnatürliche Tatsachen-Welt und vermittelt den
Gebrochenen ein Gefühl von Hoffnung.

«Dickens' Figuren gehören der Poesie an, wie die Figuren
bei Dante und Shakespeare, in dem ein einziger Satz von
ihnen oder über sie bereits genügen kann, um sie uns völlig
gegenwärtig zu machen.»

THOMAS STEARNS ELIOT

Rowohlt Jahrhundert

Herausgegeben von Bernd Jentzsch
Band 10

Charles Dickens

HARTE ZEITEN

Roman

Aus dem Englischen
übersetzt von
Christiane Hoeppener

Rowohlt

Titel der englischen Originalausgabe:
Hard Times. For These Times
Anmerkungen am Schluss des Bandes

Veröffentlicht im Rowohlt Taschenbuch Verlag GmbH,
Reinbek bei Hamburg, Juli 1987
Alle Rechte an dieser Ausgabe vorbehalten
Für die deutsche Übersetzung
Copyright © 1984 by Rütten & Loening, Berlin
Umschlaggestaltung Peter Wippermann
(Foto des Autors: Bilderdienst Süddeutscher Verlag)
Satz Garamond (Linotron 202)
Gesamtherstellung Clausen & Bosse, Leck
Printed in Germany
1580-ISBN 3 499 40010 3

Vierfüsser. Grasfresser. Vierzig Zähne, nämlich vierundzwanzig Backzähne, vier Eckzähne und zwölf Schneidezähne. Wirft im Frühling Fell ab, in Sumpfgegenden auch Hufe. Hufe hart, müssen aber mit Eisen beschlagen werden. Alter durch Merkmale im Maul erkenntlich.» So (und noch viel mehr) Blitzer. «Mädchen Nummer zwanzig», sagte Mr. Gradgrind, «jetzt weißt du, was ein Pferd ist.»

Erstes Buch
Die Saat

1. Kapitel

Das eine, was not tut

Was ich wünsche, sind Tatsachen. Lehren Sie diese Knaben und Mädchen nichts als Tatsachen. Nur Tatsachen werden im Leben verlangt. Pflanzen Sie nichts anderes ein, und reißen Sie alles andere mit der Wurzel aus. Den Geist denkender Lebewesen kann man nur an Tatsachen bilden, nichts anderes wird ihnen je von Nutzen sein. Das ist das Prinzip, nach dem ich meine eigenen Kinder erziehe, und es ist das Prinzip, nach dem ich diese Kinder erziehe. Halten Sie sich an Tatsachen, Sir!»

Der Schauplatz war ein schmuckloses, kahles, langweiliges Gewölbe von Schulzimmer, und der eckige Zeigefinger des Sprechers betonte dessen Bemerkungen, indem er jeden Satz mit einer Linie auf dem Ärmel des Lehrers unterstrich. Das Gewicht wurde verstärkt durch die eckige Stirnmauer des Sprechers, die auf den Brauen ruhte, während seine Augen ein geräumiges Kellergeschoß in zwei dunklen, von der Mauer überschatteten Höhlen fanden. Der Nachdruck wurde verstärkt durch den breiten, dünnen und hart geschnittenen Mund des Sprechers. Der Nachdruck wurde verstärkt durch die Stimme des Sprechers, die unerbittlich, barsch und gebieterisch war. Der Nachdruck wurde verstärkt durch das Haar des Sprechers, das sich am Saum seines kahlen Kopfes sträubte, eine Föhrenanpflanzung, um den Wind von der schimmernden Fläche fernzuhalten, die wie die Kruste einer Rosinenpastete über und über mit Buckeln bedeckt war, als hätte der Kopf nicht genug Lagerraum für die darin gespeicherten Tatsachen. Die eigensinnige Haltung des Sprechers, der eckige Rock, die eckigen Beine, die eckigen Schultern – ja sogar seine Halsbinde, abgerichtet, ihn gleichsam wie eine strenge Tatsache mit unnachgiebigem Griff bei der Kehle zu packen –, all das verstärkte den Nachdruck.

«Wir brauchen in diesem Leben nichts als Tatsachen, Sir, nichts als Tatsachen!»

Der Sprecher, der Lehrer und der dritte anwesende Erwachsene traten ein wenig zurück und ließen ihre Augen über die schiefe Ebene der in Reih und Glied geordneten kleinen Gefäße gleiten, die bereit waren, Gallonen von Tatsachen in sich hineinschütten zu lassen, bis sie randvoll waren.

2. Kapitel

Der Mord an unschuldigen Kindern

Thomas Gradgrind, Sir. Ein Mann der Realitäten. Ein Mann der Tatsachen und Berechnungen. Ein Mann, der nach dem Prinzip verfährt, daß zwei und zwei vier sind und nichts darüber, und den man nicht beschwatzen kann, etwas darüber gelten zu lassen. Thomas Gradgrind, Sir – ein für allemal Thomas – Thomas Gradgrind. Stets mit einem Zollstock und einer Waage und dem Einmaleins in der Tasche, Sir, gewillt, jeden Teil der menschlichen Natur zu wägen und zu messen und Ihnen genau zu sagen, wieviel er ausmacht. Es ist eine bloße Frage von Zahlen, eine Sache einfacher Arithmetik. Sie könnten sich einbilden, George Gradgrind oder Augustus Gradgrind oder John Gradgrind oder Joseph Gradgrind (lauter fiktiven, nicht existierenden Personen) irgendeine andere alberne Überzeugung in den Kopf zu setzen, aber nicht in Thomas Gradgrinds Kopf – nein, Sir!

Im Geist pflegte Mr. Gradgrind sich stets mit solchen Worten vorzustellen, sei es nun seinem privaten Bekanntenkreis oder der Öffentlichkeit im allgemeinen. Und natürlich stellte Thomas Gradgrind – nur «Knaben und Mädchen» an Stelle von «Sir» setzend – mit diesen Worten Thomas Gradgrind auch den kleinen Kruken vor, die so vollständig mit Tatsachen gefüllt werden sollten.

Als er sie aus dem zuvor erwähnten Kellergeschoß so scharf anfunkelte, glich er in der Tat einer bis zur Mündung mit Tatsachen geladenen Kanone und schien bereit, die Knaben und Mädchen mit einem einzigen Schuß gänzlich aus den Gefilden der Kindheit hinauszusprengen. Er glich auch einem Galvanisierapparat mit einem grausamen mechanischen Ersatzmittel für die zarten jungen Gedanken, die es im Sturm zu vertreiben galt.

«Mädchen Nummer zwanzig», sagte Mr. Gradgrind, eckig seinen eckigen Zeigefinger vorstoßend, «das Mädchen kenne ich nicht. Wer ist das Mädchen?»

«Sissy Jupe, Sir», antwortete Nummer zwanzig errötend, stand auf und knickste.

«Sissy ist kein Name», sagte Mr. Gradgrind. «Nenne dich nicht Sissy. Nenne dich Cecilia.»

«Mein Vater nennt mich Sissy, Sir», gab das Mädchen mit bebender Stimme zurück und knickste wieder.

«Aber er hat kein Recht, es zu tun», erklärte Mr. Gradgrind. «Sag ihm, er soll es nicht. Cecilia Jupe. Laß mich hören. Was ist dein Vater?»

«Er gehört zum Zirkus, wenn's genehm ist, Sir.»

Mr. Gradgrind runzelte die Stirn und wedelte die anrüchige Bezeichnung mit einer Handbewegung fort.

«Davon wollen wir hier nichts wissen. Davon sollst du uns hier nichts erzählen. Dein Vater reitet Pferde zu, nicht wahr?»

«Wenn's genehm ist, Sir, sofern sie welche zum Zureiten kriegen können, reiten sie in der Manege auch Pferde zu, Sir.»

«Du sollst uns hier nichts über die Manege erzählen. Also gut. Bezeichne deinen Vater als einen Zureiter. Er kuriert wohl auch kranke Pferde?»

«O ja, Sir!»

«Also gut! Er ist ein Veterinär, ein Hufschmied und Zureiter. Gib mir eine Definition des Pferdes.»

(Sissy Jupe in höchster Unruhe über dieses Verlangen.)

«Mädchen Nummer zwanzig nicht in der Lage, ein Pferd zu definieren», stellte Mr. Gradgrind zu Nutz und Frommen all der kleinen Kruken fest. «Mädchen Nummer zwanzig ohne Kenntnis von Tatsachen in bezug auf eines der alltäglichsten Tiere! Eines Knaben Definition des Pferdes. Bitzer, die deine.»

Der eckige, hin und her wedelnde Finger hielt plötzlich bei

Bitzer inne, vielleicht, weil dieser zufällig in demselben Sonnenstrahl saß, der durch eines der kahlen Fenster in den blendendweiß getünchten Raum brach und Sissy beschien. Denn die Knaben und Mädchen saßen in zwei dicht zusammengedrängten, in der Mitte durch einen schmalen Zwischenraum getrennten Abteilungen auf der schiefen Ebene, und Sissy, die einen Eckplatz in der Reihe auf der Sonnenseite hatte, bekam den Anfang eines Sonnenstrahls ab, dessen Ende Bitzer, auf dem Eckplatz in der anderen Reihe, ein paar Sitze weiter nach vorn, erwischte. Doch während das Mädchen so dunkeläugig und dunkelhaarig war, daß ihr der Sonnenschein tiefere und leuchtendere Farben zu geben schien, hatte der Junge so helle Augen und so helles Haar, daß es aussah, als entzögen ihm dieselben Strahlen das bißchen Farbe, das er besaß. Seine kalten Augen wären kaum als Augen zu erkennen gewesen, wenn nicht die kurzen Wimpernspitzen durch den unmittelbaren Kontrast zu etwas noch Fahlerem ihre Form bezeichnet hätten. Sein kurzgeschnittenes Haar hätte eine bloße Fortsetzung der sandfarbenen Sommersprossen auf der Stirn und dem übrigen Gesicht sein können. Seine Haut zeigte einen so ungesunden Mangel an natürlicher Tönung, daß er aussah, als würde er weiß bluten, wenn er sich schnitte.

«Bitzer», sagte Thomas Gradgrind, «deine Definition des Pferdes.»

«Vierfüßer. Grasfresser. Vierzig Zähne, nämlich vierundzwanzig Backzähne, vier Eckzähne und zwölf Schneidezähne. Wirft im Frühling Fell ab, in Sumpfgegenden auch Hufe. Hufe hart, müssen aber mit Eisen beschlagen werden. Alter durch Merkmale im Maul erkenntlich.» So (und noch viel mehr) Bitzer.

«Mädchen Nummer zwanzig», sagte Mr. Gradgrind, «jetzt weißt du, was ein Pferd ist.»

Wieder knickste sie und wäre noch tiefer errötet, wenn sie noch tiefer hätte erröten können, als sie schon die ganze Zeit errötet war. Bitzer, nachdem er Thomas Gradgrind schnell mit beiden Augen gleichzeitig angeblinzelt und auf diese

Weise mit seinen zitternden Wimpernspitzen das Licht einge-
fangen hatte, so daß sie aussahen wie die Fühler emsiger Insekten, fuhr sich mit den Fingerknöcheln an seine sommer-
sprossige Stirn und setzte sich wieder.

Jetzt trat der dritte Herr vor. Ein Mann, dessen Stärke war,
alles im voraus fix und fertig zu haben; ein Staatsbeamter; auf
seine Art (und auf die der meisten anderen Leute) ein ausgemachter Boxer; immer in Übung, immer mit einem System,
das er der Allgemeinheit wie eine Pille aufzwingen wollte,
immer an der Schranke seines kleinen Staatsamtes zu hören,
daß er bereit sei, sich gegen ganz England zu behaupten. Um
bei der Boxersprache zu bleiben, er hatte ein Talent, wo und
bei welcher Gelegenheit auch immer, seinen Mann zu stehen
und sich als unangenehmer Patron zu erweisen. Auf jede,
einerlei welche, Person pflegte er mit der Rechten loszugehen
und ihr eins zu versetzen, dann folgte die Linke, Pause,
Wechsel, Parade, dann drängte er den Gegner an die Seile
(stets kämpfte er gegen ganz England) und fiel geschickt über
ihn her. Man konnte sicher sein, daß er dem gesunden Menschenverstand mit Tiefschlägen den Atem nahm und den unglücklichen Widersacher für das Auszählen taub machte.
Und er hatte von einer hohen Obrigkeit die Vollmacht, das
große Amtsstubenmillennium herbeizuführen, da Kommis-
säre auf Erden regieren sollten.

«Sehr gut», sagte dieser Herr mit munterem Lächeln und
schlug die Arme unter. «Das ist ein Pferd. Und jetzt frage ich
euch, ihr Mädchen und Knaben, ob ihr ein Zimmer mit Darstellungen von Pferden tapezieren würdet?»

Nach einer Pause schrie die Hälfte der Kinder im Chor:
«Ja, Sir!» Worauf die andere Hälfte, die am Gesicht des Herrn
sah, daß «Ja» falsch war, im Chor rief: «Nein, Sir!» – wie es
bei solchen Prüfungen eben zu sein pflegt.

«Natürlich nicht. Und warum nicht?»

Pause. Ein dicker, träger Junge mit röchelndem Atem er-
dreistete sich zu antworten: Weil er ein Zimmer überhaupt
nicht tapezieren, sondern malen würde.

«Du *mußt* es tapezieren», sagte der Herr ziemlich hitzig.

«Du mußt es tapezieren», sagte Thomas Gradgrind, «ob es dir gefällt oder nicht. Erzähle *uns* nicht, du würdest es nicht tapezieren. Was meinst du, Knabe?»

«Dann will ich euch erklären, warum ihr ein Zimmer nicht mit Darstellungen von Pferden tapezieren würdet», sagte der Herr nach einer weiteren trübseligen Pause. «Habt ihr je in Wirklichkeit – als eine Tatsache – Pferde an den Wänden eines Zimmers hinauf- und hinunterlaufen sehen? Ja?»

«Ja, Sir!» von der einen Hälfte. «Nein, Sir!» von der anderen.

«Natürlich nicht», sagte der Herr mit einem entrüsteten Blick auf die falsche Hälfte. «Denn ihr habt nirgendwo zu sehen, was ihr nicht tatsächlich seht; ihr habt nirgendwo zu haben, was ihr nicht tatsächlich habt. Was man Geschmack nennt, ist nur ein anderer Name für Tatsache.»

Thomas Gradgrind nickte zustimmend.

«Das ist ein neues Prinzip, eine Entdeckung, eine große Entdeckung», sagte der Herr. «Nun, ich will euch noch einmal prüfen. Angenommen, ihr wollt einen Teppich in ein Zimmer legen. Würdet ihr einen Teppich nehmen, auf dem Blumen dargestellt sind?»

Da inzwischen fast alle zu der Überzeugung gekommen waren, daß «Nein, Sir!» bei diesem Herrn immer die richtige Antwort sei, war der Neinchor sehr stark. Nur ein paar schwache Einzelgänger sagten ja, darunter Sissy Jupe.

«Mädchen Nummer zwanzig», sagte der Herr, in der ruhigen Kraft des Wissens lächelnd.

Sissy errötete und stand auf.

«Du würdest also in dein Zimmer – oder in das Zimmer deines Ehegatten, wenn du eine erwachsene Frau wärst und einen Gatten hättest – einen Teppich legen, auf dem Blumen dargestellt sind, ja?» fragte der Herr. «Und warum?»

«Wenn's erlaubt ist, Sir, ich habe Blumen sehr gern», erwiderte das Mädchen.

«Und deshalb würdest du Tische und Stühle auf sie stellen

und die Leute mit schweren Schuhen auf ihnen herumtrampeln lassen?»

«Es würde ihnen nicht weh tun, Sir. Sie würden nicht zertreten werden und welken, wenn's erlaubt ist, Sir. Sie wären ein Abbild von dem, was so hübsch und freundlich war, und ich würde mir einbilden...»

«Ja, ja, ja! Aber du sollst dir nichts einbilden», rief der Herr, stolzgeschwellt, so glücklich auf sein Thema zu kommen. «Das ist es! Du hast dir nie etwas einzubilden.»

«Nichts dieser Art hast du zu tun, Cecilia Jupe», wiederholte Thomas Gradgrind feierlich.

«Tatsachen, Tatsachen, Tatsachen!» sagte der Herr. Und «Tatsachen, Tatsachen, Tatsachen!» wiederholte Thomas Gradgrind.

«Du hast dich in allen Dingen nach Tatsachen zu richten und von ihnen lenken zu lassen», sagte der Herr. «Wir hoffen, in Kürze ein Tatsachenamt zu haben, das sich aus Tatsachenkommissären zusammensetzt und das Volk zwingen wird, ein Volk der Tatsachen und nichts als der Tatsachen zu sein. Das Wort Einbildung mußt du ein für allemal ablegen. Du hast nichts damit zu schaffen. Du hast weder bei einem Gebrauchs- noch bei einem Schmuckgegenstand etwas zu haben, was mit Tatsachen unvereinbar wäre. Es ist keine Tatsache, daß du über Blumen gehst; es kann dir nicht gestattet werden, über Blumen auf Teppichen zu gehen. Du wirst nicht erleben, daß ausländische Vögel und Schmetterlinge auf dein Geschirr fliegen und sich dort niederlassen; und deshalb kann es dir nicht gestattet werden, ausländische Vögel und Schmetterlinge auf dein Geschirr zu malen. Nie wirst du Vierfüßer finden, die die Wände hinauf- und hinunterlaufen, deshalb darfst du keine Darstellungen von Vierfüßern an den Wänden haben. Für diese und ähnliche Zwecke», sagte der Herr, «mußt du (in einfachen Grundfarben) Verbindungen und Abänderungen geometrischer Figuren nehmen, die der Probe und dem Beweis stichhalten. Das ist die neue Entdeckung. Das ist Tatsache. Das ist Geschmack.»

Das Mädchen knickste und setzte sich. Sie war sehr jung und sah aus, als sei sie erschrocken über die Aussicht auf die dargebotene Tatsachenwelt.

«Wenn Mr. M'Choakumchild», sagte der Herr, «jetzt mit seiner ersten Stunde beginnen würde, Mr. Gradgrind, so wäre ich glücklich, seine Verfahrensweise Ihrem Wunsch gemäß zu beobachten.»

Mr. Gradgrind war ihm sehr verbunden. «Mr. M'Choakumchild, wir warten nur auf Sie.»

Also begann Mr. M'Choakumchild in seinem besten Stil. Er und an die einhundertvierzig weitere Schulmeister waren vor kurzem zur selben Zeit, in derselben Fabrik, nach denselben Prinzipien wie Tafelklavierbeine gedrechselt worden. Er war auf eine ungeheuer vielfältige Art zurechtgestutzt worden und hatte ganze Bände kopfzerbrechender Fragen beantwortet. Orthographie, Etymologie, Syntax und Prosodie, Biographie, Astronomie, Geographie und allgemeine Kosmographie, die Wissenschaft der Verhältnisrechnung, Algebra, Landvermessung und -einebnung, Vokalmusik und Zeichnen nach Vorlagen – all das hatte er in seinen zehn eiskalten Fingerspitzen. Er hatte sich den steinigen Pfad in die Liste B des höchst ehrenwerten geheimen Rats Ihrer Majestät emporgearbeitet und die höheren Zweige der Mathematik und Physik, des Französischen, Deutschen, Lateinischen und Griechischen um den Reiz der Schönheit beraubt. Er wußte alles über alle Wasserscheiden der Welt (welche es auch immer waren) und über die Geschichte aller Völker und kannte die Namen aller Flüsse und Gebirge und alle Erzeugnisse, Sitten und Gebräuche aller Länder und all ihre Grenzen und ihre Lage auf den 32 Strichen des Kompasses. Ach, etwas übertrieben, M'Choakumchild. Wenn er nur ein bißchen weniger gelernt hätte, wie unendlich besser hätte er viel mehr lehren können!

Wie er in dieser Vorbereitungsstunde zu Werke ging, glich er nicht wenig jener Morgiana in «Ali Baba und die vierzig Räuber», indem er nacheinander in alle vor ihm aufgereihten

Gefäße blickte, um zu sehen, was sie enthielten. Vortrefflicher M'Choakumchild! Glaubst du denn, wenn du jeden Krug aus deinem siedenden Schatz von Kenntnissen nach und nach bis zum Rand füllst, wirst du immer den darin versteckten Räuber Phantasie mausetot machen – oder manchmal nur verstümmeln und entstellen?

3. Kapitel

Ein Guckloch

Mr. Gradgrind wanderte in einem Zustand nicht geringer Zufriedenheit von der Schule heim. Es war seine Schule, und er hatte im Sinn, sie zu einer Musterschule zu machen. Er hatte im Sinn, jedes Kind darin zu einem Musterkind zu machen – geradeso wie die jungen Gradgrinds lauter Musterkinder waren.

Es gab fünf junge Gradgrinds, und jedes Kind war ein Musterkind. Dazu waren sie von zartester Jugend an erzogen und wie kleine Hasen gehetzt worden. Kaum daß sie allein laufen konnten, mußten sie schon ins Schulzimmer laufen. Der erste Gegenstand, mit dem sie in Berührung kamen oder an den sie sich erinnern konnten, war eine große schwarze Tafel, an die ein barscher Kinderfresser mit Kreide gräßliche weiße Zeichen schrieb.

Nicht daß sie dem Namen nach oder von Natur aus etwas von einem Kinderfresser wußten. Tatsache bewahre! Ich wende das Wort nur an, um ein Ungeheuer in einem Lehrkastell zu bezeichnen, ein Ungeheuer mit weiß der Himmel wie vielen Köpfen zu einem einzigen zusammengefügt, das die Kindheit wegfängt und an den Haaren in düstere Zahlenhöhlen schleift.

Kein Kind Gradgrinds hatte je im Mond ein Gesicht gesehen; aber jedes wußte alles über den Mond, ehe es noch richtig sprechen konnte. Kein Kind Gradgrind hatte je das alberne Reimgeklingel gelernt: «Glitzerblitzer kleiner Stern, Wunder über Wunder fern!» Kein Kind Gradgrind hatte je das Wundern über diesen Gegenstand erfahren, da jedes Kind Gradgrind mit fünf Jahren den Großen Bären wie ein Professor Owen seziert und den Großen Wagen wie ein Lokomotivführer gelenkt hatte. Kein Kind Gradgrind hatte je bei einer Kuh auf der Weide an die berühmte Kuh mit dem krummen Horn gedacht, die den Hund in die Luft warf, der die Katze biß, die Ratte zerriß, die das Malz fraß, oder an die noch berühmtere Kuh, die den Däumling verschlang; nie hatte es von diesen Berühmtheiten gehört und eine Kuh nur als pflanzenfressenden, wiederkäuenden Vierfüßer mit mehreren Magen kennengelernt.

In sein Tatsachenheim, das den Namen Stone Lodge trug, lenkte Mr. Gradgrind nun seine Schritte. Bevor er Stone Lodge baute, hatte er sich praktisch aus dem Eisenwarengroßhandel zurückgezogen und schaute jetzt nach einer passenden Gelegenheit aus, im Parlament eine arithmetische Rolle zu spielen. Stone Lodge lag in der Heide, etwa ein oder zwei Meilen von einer Großstadt entfernt, die der neueste, glaubwürdige Reiseführer Coketown nennt.

Stone Lodge war ein sehr regelmäßiger Zug im Gesicht der Gegend. Nicht die geringste Verstellung besänftigte oder milderte die unnachgiebige Tatsache in der Landschaft. Ein großes, eckiges Haus mit einer plumpen Eingangshalle, die die Vorderfenster verdunkelte, wie die mächtigen Brauen des Hausherrn seine Augen verschatteten. Ein wohlbedachtes, berechnetes, ausgewogenes, erprobtes Haus. Sechs Fenster zu dieser Seite der Tür, sechs Fenster zur andern; Gesamtsumme von zwölf in diesem Flügel, Gesamtsumme von zwölf in dem anderen Flügel. Übertrag von vierundzwanzig auf die rückwärtigen Flügel. Ein Rasen und ein Garten und eine Baumallee im Kindesalter, alle mit dem Lineal gezogen wie ein botanisches Kontobuch. Gas und Belüftung, Entwässerung und Wasserversorgung, alles von erster Qualität. Eisenbänder und -träger, von oben bis unten feuersicher; mechanische Aufzüge für die Hausmädchen mit all ihren Bürsten und Besen; alles, was ein Herz nur wünschen konnte.

Alles? Nun, ich nehme an. Überdies hatten die kleinen Gradgrinds Kabinette für verschiedene wissenschaftliche Fächer. Ein kleines Kabinett für Konchyliologie, ein kleines Kabinett für Metallurgie und ein kleines Kabinett für Mineralogie, und alle Proben waren geordnet und etikettiert, und die Stücke Stein und Erz sahen aus, als wären sie mit den schrecklichen harten Werkzeugen ihrer Namen vom Muttergestein losgebrochen und um das nichtige Verslein von Peter Piper zu erläutern, der in *diese* Kinderstube nie Einlaß gefunden hatte. Wenn die gierigen kleinen Gradgrinds mehr als dies ergrapsen wollten, was, du grundgütiger großer Gott, war es denn, wonach die gierigen kleinen Gradgrinds grapsten?

Ihr Vater setzte seinen Weg in hoffnungsvoller und zufriedener Stimmung fort. Auf seine Art war er ein liebevoller Vater; doch er selbst hätte sich vermutlich als «einen eminent sachlichen» Vater bezeichnet (wenn er wie Sissy Jupe eine Definition hätte geben müssen). Auf den Ausdruck eminent sachlich war er besonders stolz; denn er hielt ihn für speziell auf sich anwendbar. Was auch immer für eine öffentliche Versammlung in Coketown abgehalten wurde und welches auch immer der Gegenstand einer solchen Versammlung war, irgendein Coketowner ergriff bestimmt die Gelegenheit, von seinem eminent sachlichen Freund Gradgrind zu sprechen. Dem eminent sachlichen Freund gefiel das stets. Er wußte, daß es ihm gebührte, aber was ihm gebührte, war zugleich erwünscht.

Er hatte den neutralen Boden in den Außenbezirken der Stadt erreicht, der weder Stadt noch Land war und doch beides verhunzt, als Klänge von Musik seine Ohren belästigten. Die Krach-und-Bums-Kapelle des Zirkusunternehmens, das hier in einer Holzbude Station gemacht hatte, schmetterte und dröhnte. Eine Fahne, die von der Spitze des Tempels wehte, verkündete der Menschheit, daß «Slearys Zirkus» ihren Beifall erheische. Sleary selbst, ein modernes beleibtes Standbild mit einer Geldkassette in einer frühgotischen Kirchennische, kassierte. Miss Josephine Sleary werde, wie ein paar sehr lange und sehr schmale Druckzettel ankündigten, die Schaustellung mit ihrem anmutigen Tiroler Blumenakt zu

Pferde eröffnen. Außer den anderen unterhaltsamen, aber immer streng moralischen Wundern, die man gesehen haben mußte, um sie zu glauben, würde heute nachmittag Signor Jupe «die ergötzlichen Fertigkeiten seines sich produzierenden, vortrefflich dressierten Hundes Merrylegs vorführen». Er sollte auch «sein erstaunliches Kunststück vormachen und fünfundsiebzig Zentner in rascher Folge über den Kopf rückwärts werfen und auf diese Weise einen Springbrunnen gediegenen Eisens in die Luft zaubern, ein in diesem oder einem anderen Land nie zuvor versuchtes Kunststück, das dem begeisterten Publikum einen so stürmischen Beifall entlockte, daß es nicht abgesetzt werden kann». Derselbe Signor Jupe würde «die häufigen Pausen zwischen den verschiedenen Darbietungen mit seinen züchtigen Shakespeareschen Scherzen und Widerreden beleben». Schließlich würde er sie beenden, indem er in seiner Lieblingsrolle als Mr. William Button aus der Tooley Street in der «ganz neuen und belächerlichen Hippocomedietta ‹Schneiderleins Reise nach Brentford›» erscheinen werde.

Thomas Gradgrind schenkte diesen Trivialitäten natürlich keine Beachtung, sondern schritt vorbei, wie ein sachlicher Mensch vorbeischreiten muß, das lärmende Ungeziefer aus seinen Gedanken fegend oder dem Besserungshaus übergebend. Doch die Straßenbiegung führte ihn an die Rückfront der Bude, und an der Rückfront der Bude hatten sich verstohlen eine Anzahl Kinder versammelt und versuchten, einen Blick auf die verborgenen Herrlichkeiten zu erhaschen.

Das brachte ihn zum Stehen. «Diese Landstreicher», sagte er, «wie sie das kleine Gesindel aus einer Musterschule anlocken!»

Da zwischen ihm und dem kleinen Gesindel ein Streifen verkümmerten Grases und trockenen Kehrichts lag, holte er seine Brille aus der Weste, um nach einem Kind Ausschau zu halten, das er bei Namen kannte und fortschicken könnte. Eine fast unglaubliche und doch deutlich sichtbare Erscheinung: Wen erblickte er, wenn nicht seine eigene metallurgische Louisa, wie sie angestrengt durch ein Loch in einer Tannenbohle guckte, und seinen eigenen mathematischen Thomas, der am Boden kauerte, um wenigstens einen Huf von dem anmutigen Tiroler Blumenakt zu Pferde zu erhaschen!

Sprachlos vor Staunen, kreuzte Mr. Gradgrind zu der Stelle hinüber, wo seine Kinder derart in Schande gefallen waren, legte jedem der vom rechten Weg Abgewichenen die Hand auf die Schulter und sagte: «Louisa!! Thomas!!»

Beide standen rot und verwirrt auf. Aber Louisa blickte ihrem Vater mutiger ins Gesicht als Thomas. Thomas sah ihn eigentlich überhaupt nicht an, sondern war bereit, sich wie eine Maschine nach Hause schleppen zu lassen.

«Um Himmels willen, in aller Nichtigkeit und Torheit Namen», sagte Mr. Gradgrind, als er sie an der Hand fortführte, «was macht ihr hier?»

«Wir wollten sehen, wie das ist», gab Louisa kurz zurück.

«Wie das ist?»

«Ja, Vater.»

Beide zeigten eine Miene matter Verdrießlichkeit, vor allem das Mädchen, doch durch die Unzufriedenheit ihres Gesichts kämpfte sich ein Licht, das keinen Ruhepunkt fand, ein Feuer, das nichts entzündete, eine verhungerte Phantasie, die irgendwie aus sich selbst lebte, und erhellte seinen Ausdruck. Nicht mit der einer heiteren Jugend eigenen Helligkeit, sondern mit unbestimmbaren, scharfen, bedenklichen Blitzen, die etwas Quälendes in sich bargen, ähnlich wie die Veränderungen im Gesicht eines Blinden, der sich vorwärts tastet.

Sie war noch ein Kind von fünfzehn oder sechzehn, würde aber in nicht allzu ferner Zeit ganz plötzlich eine Frau geworden sein. Das ging ihrem Vater durch den Sinn, als er sie ansah. Sie war hübsch. Ohne ihre Erziehung wäre sie eigensinnig gewesen (dachte er auf seine eminent sachliche Weise).

«Thomas, obwohl ich mich der Tatsache gegenübersehe, fällt es mir doch schwer, zu glauben, daß du, bei deiner Bildung und deinen Mitteln, deine Schwester an einen solchen Schauplatz geführt haben solltest.»

«Ich habe ihn hergeführt, Vater», warf Louisa schnell ein. «Ich habe ihn gebeten mitzukommen.»

«Das höre ich mit Bedauern. Das höre ich wirklich mit großem Bedauern. Thomas macht es nicht besser, und dich macht es schlimmer, Louisa.»

Wieder blickte sie ihren Vater an, aber keine Träne rollte über ihre Wange.

«Du! Thomas und du, denen der Kreis der Wissenschaften offensteht, Thomas und du, die man für mit Tatsachen angefüllt halten kann, Thomas und du, die zu mathematischer Exaktheit erzogen wurden, Thomas und du hier!» rief Mr. Gradgrind. «In dieser entehrenden Lage! Ich bin aufs höchste erstaunt!»

«Ich hatte es satt, Vater. Ich habe es schon lange satt», sagte Louisa.

«Satt? Was?» fragte der erstaunte Vater.

«Ich weiß nicht, was – ich glaube, alles.»

«Kein Wort mehr», entgegnete Mr. Gradgrind. «Du bist kindisch. Ich will nichts mehr hören.» Er sprach nicht wieder, bis sie etwa eine halbe Meile in Schweigen zurückgelegt hatten, worauf er mit tiefem Ernst in die Worte ausbrach: «Was würden deine besten Freunde sagen, Louisa? Legst du keinen Wert auf ihre Meinung? Was würde Mr. Bounderby sagen?»

Bei der Erwähnung dieses Namens warf ihm seine Tochter einen verstohlenen Blick zu, der auffallend scharf und forschend war. Er merkte nichts davon, denn ehe er sie ansah, hatte sie schon wieder die Augen niedergeschlagen!

«Was», wiederholte er gleich darauf, «würde Mr. Bounderby sagen!» Den ganzen Weg nach Stone Lodge, während er die beiden Pflichtvergessenen mit würdevoller Entrüstung heimführte, wiederholte er in Abständen: «Was würde Mr. Bounderby sagen!» – als wäre Mr. Bounderby Mrs. Grundy.

4. Kapitel

Mr. Bounderby

Da er *nicht* Mrs. Grundy war, wer *war* Mr. Bounderby?

Nun, Mr. Bounderby war so annähernd Mr. Gradgrinds Busenfreund, wie ein völlig des Gefühls ermangelnder Mensch diesem geistigen Verhältnis zu einem anderen völlig des Gefühls ermangelnden Menschen nahekommen kann. So nahe stand ihm Mr. Bounderby – oder so fern, wenn dies dem Leser lieber sein sollte.

Er war ein reicher Mann, Bankier, Kaufmann, Fabrikant und wer weiß, was noch. Ein dicker, lauter Mann mit stierem Blick und metallischem Lachen. Ein aus grobem Material erschaffener Mann, das man anscheinend gestreckt hatte, um so viel von ihm zu machen. Ein Mann mit einem mächtig geblähten Kopf und ebensolcher Stirn, geschwollenen Schläfenadern und einer so straff gespannten Gesichtshaut, daß sie seine Augen offenzuhalten und seine Brauen zu heben schien. Ein Mann, dessen Äußeres einem den Gedanken aufdrängte, er sei wie ein Ballon aufgeblasen worden und startfertig. Ein Mann, der sich nie genug brüsten konnte, ein Selfmademan zu sein. Ein Mann, der durch sein Messingmegaphon von Stimme stets und ständig seine einstige Unwissenheit und seine einstige Armut ausposaunte. Ein Mann, der ein ausgemachter Minusprotz war.

Ein oder zwei Jahre jünger als sein eminent sachlicher Freund, sah Mr. Bounderby doch älter aus; seinen sieben- oder achtundvierzig hätte man noch sieben oder acht zulegen können, ohne jemanden zu verwundern. Er hatte nicht viel Haar. Man hätte meinen können, er habe es sich weggeredet, und was ihm noch geblieben war, sträubte sich unordentlich und befand sich in diesem Zustand, weil es von seiner windigen Prahlerei ständig hin und her geweht wurde.

In dem peinlich ordentlichen Wohnzimmer in Stone Lodge äußerte Mr. Bounderby, der auf dem Kaminteppich stand und sich am Feuer wärmte, zu Mrs. Gradgrind einige Bemerkungen über den Umstand seines heutigen Geburtstags. Vor dem Feuer stand er zum Teil, weil es ein kalter Frühlingsnachmittag war, obwohl die Sonne schien, zum Teil, weil der Schatten von Stone Lodge stets von dem Gespenst feuchten Mörtels heimgesucht wurde, und zum Teil, weil er auf diese Weise eine achtunggebietende Stellung einnahm, die angetan war, Mrs. Gradgrind einzuschüchtern.

«Ich hatte nicht einmal Schuhe an den Füßen. Und was die Strümpfe betraf, so kannte ich diese Dinger nicht mal dem Namen nach. Den Tag verbrachte ich in einer Gosse und die Nacht in einem Schweinekoben. So verlebte ich meinen zehnten Geburtstag. Nicht daß mir eine Gosse etwas Neues war, denn ich war in einer Gosse geboren.»

Mrs. Gradgrind, ein kleines, dünnes weißes Bündel Schals mit Blinzelaugen und von außergewöhnlicher geistiger und körperlicher Schwäche, die stets und ständig ohne Erfolg Arzneien einnahm und die, wenn sie je Symptome erwachenden Lebens zeigte, unweigerlich betäubt wurde durch ein auf sie herabstürzendes gewichtiges Stück Tatsache, Mrs. Gradgrind meinte, es habe sich doch hoffentlich um eine trockene Gosse gehandelt?

«Nein! Naß wie Brei. Ein Fuß hoch Wasser drin», erwiderte Mr. Bounderby.

«Genug, daß sich ein Säugling erkältet», überlegte Mrs. Gradgrind.

«Erkältet? Ich wurde mit Lungenentzündung geboren und mit allem andern, glaube ich, was sich entzünden kann», gab Mr. Bounderby zurück. «Jahrelang, Ma'am, war ich einer der elendesten kleinen Wichte, die es je gab. Ich war so kränklich, daß ich dauernd weinte und greinte. Ich war so zerlumpt und schmutzig, daß Sie mich nicht mit einer Feuerzange angefaßt hätten.»

Mrs. Gradgrind warf einen matten Blick auf die Feuerzange als das Passendste, was ihr in ihrer Geistesschwäche zu tun einfiel.

«Wie ich mich durchkämpfte, weiß *ich* nicht», sagte Bounderby. «Vermutlich war ich entschlossen. Ich war später ein entschlossener Mensch und nehme an, daß ich es damals schon war. Hier bin ich jedenfalls, Mrs. Gradgrind, und habe es niemandem zu danken als mir selbst.»

Mrs. Gradgrind meinte freundlich und matt, hoffentlich habe seine Mutter...

«*Meine* Mutter? Durchgebrannt, Ma'am!» sagte Bounderby. Mrs. Gradgrind, wie üblich betäubt, fiel in sich zusammen und gab es auf.

«Meine Mutter überließ mich meiner Großmutter», sagte Bounderby, «und soweit ich mich erinnern kann, war meine Großmutter das lasterhafteste und übelste alte Weib, das je gelebt hat. Wenn ich zufällig ein Paar kleine Schuhe ergatterte, nahm sie sie weg und verkaufte sie für etwas zu trinken. Ich habe meine Großmutter gar nicht anders gekannt, als im Bett liegend und vor dem Frühstück ihre vierzehn Gläschen trinkend!»

Da Mrs. Gradgrind matt lächelte und kein anderes Lebenszeichen von sich gab, glich sie (wie immer) dem mittelmäßig ausgeführten Transparent einer kleinen weiblichen Gestalt mit nicht genügend Licht dahinter.

«Sie hatte einen Kramladen», fuhr Bounderby fort, «und bewahrte mich in einer Eierkiste auf. Das war die Wiege *meiner* Kindheit, eine alte Eierkiste. Sobald ich groß genug war, fortzulaufen, lief ich natürlich fort. Ich wurde ein kleiner Landstreicher, und statt einer alten Frau, die mich herumstieß und verhungern ließ, stießen mich jetzt Leute jeden Alters herum und ließen mich verhungern. Sie hatten recht, etwas anderes hätten sie gar nicht tun dürfen. Ich war eine Plage, eine Last, eine Pest. Das weiß ich sehr gut.»

Sein Stolz darauf, zu irgendeiner Zeit seines Lebens eine so hohe gesellschaftliche Auszeichnung erlangt zu haben, daß er eine Plage, eine Last und eine Pest war, konnte sich nur in drei volltönenden Wiederholungen der Prahlerei Genüge tun.

«Vermutlich sollte ich mich rausangeln, Mrs. Gradgrind. Aber ob ich es nun sollte oder nicht, Ma'am, ich tat es. Ich angelte mich raus, obwohl mir niemand ein Tau zuwarf. Landstreicher, Laufbursche, Landstreicher, Arbeiter, Gepäckträger, Kommis, Prokurist, Kompagnon, Josiah Bounderby aus Coketown. Das sind die vorangegangenen Umstände und der Höhepunkt. Josiah Bounderby aus Coketown lernte seine Buchstaben von den Ladenfronten, Mrs. Gradgrind, und konnte die Zeit von einem Zifferblatt erst ablesen, nachdem er unter der Anleitung eines betrunkenen Krüppels, eines überzeugten Diebes und unverbesserlichen Vagabunden, die Turmuhr der St.-Giles-Kirche in London studiert hatte. Erzählt Josiah Bounderby aus Coketown von euern Bezirksschulen und Musterschulen und euern Lehrerseminaren und eurem ganzen Wirrwarr von Schulen, und Josiah Bounderby aus Coketown sagt euch offen, alles richtig, alles in Ordnung – er hat solche Vorteile nicht genossen –, aber laßt uns nüchtern denkende Menschen mit gediegenen Fäusten haben – die Erziehung, die ihn formte, wäre nicht für jeden, das weiß er gut – doch solch eine Erziehung war es, und ihr könnt ihn zwingen, siedendes Fett zu schlucken, aber ihr werdet ihn nie zwingen, die Tatsachen seines Lebens zu verhehlen.»

Da Josiah Bounderby in Hitze geraten war, als er zu diesem Höhepunkt gelangte, hielt er inne. Er hielt just in dem Augenblick inne, als sein eminent sachlicher Freund, immer noch von den beiden jungen Verbrechern begleitet, das Zimmer betrat. Auch sein eminent sachlicher Freund hielt inne, als er seiner ansichtig wurde, und warf Louisa einen vorwurfsvollen Blick zu, der offen heraus sagte: Sieh dir deinen Bounderby an!

«Nun?» polterte Mr. Bounderby. «Was ist los? Worüber ist der junge Thomas so verdrossen?»

Er sprach von dem jungen Thomas, sah jedoch Louisa an.

«Wir haben heimlich einen Blick in den Zirkus geworfen», murmelte Louisa hochmütig, ohne die Augen aufzuschlagen, «und Vater hat uns erwischt.»

«Und ebensobald hätte ich erwartet, meine Kinder bei der Lektüre von Gedichten zu finden, Mrs. Gradgrind», erklärte ihr Gatte in hochfahrendem Ton.

«Meine Güte!» wimmerte Mrs. Gradgrind. «Wie könnt ihr, Louisa und Thomas! Ich muß mich über euch wundern. Ich erkläre hiermit, daß ihr hinreicht, um einen bedauern zu lassen, überhaupt je eine Familie gehabt zu haben. Ich hätte große Lust, zu sagen, ich wünschte, ich hätte keine. Was ihr *dann* gemacht hättet, würde ich gern wissen.»

Auf Mr. Gradgrind schienen diese zwingenden Bemerkungen keinen günstigen Eindruck zu machen. Er runzelte ungehalten die Stirn.

«Als ob ihr nicht bei den hämmernden Schmerzen in meinem Kopf nach den Muscheln und Mineralen und all den andern für euch angeschafften Sachen sehen könntet statt nach Zirkussen!» sagte Mrs. Gradgrind. «Ihr wißt so gut wie ich, daß junge Leute keine Zirkuslehrer haben oder Zirkusse in Kabinetten aufbewahren oder Lektionen über Zirkusse erhalten. Was könnt ihr denn über Zirkusse erfahren wollen? Ich bin sicher, ihr habt genug zu tun, wenn es das ist, was ihr wollt. Bei dem augenblicklichen Zustand meines Kopfes könnte ich mich nicht an die bloßen Namen auch nur der Hälfte aller Tatsachen erinnern, die ihr zu lernen habt.»

«Das ist der Grund!» schmollte Louisa.

«Erzähl mir nicht, das ist der Grund, weil es nichts dieser Art sein kann», entgegnete Mrs. Gradgrind. «Geh und beschäftige dich augenblicklich mit irgendeiner Logie.» Mrs. Gradgrind war keine wissenschaftlich gebildete Person und entließ ihre Kinder gewöhnlich mit dieser allgemeinen Aufforderung, sich ihren Studien zu widmen.

Die Wahrheit zu sagen war Mrs. Gradgrinds Vorratslager an Tatsachen im großen und ganzen jämmerlich mangelhaft; aber zwei Gründe hatten Mr. Gradgrind bestochen, sie in ihre hohe eheliche Stellung zu heben. Erstens war sie, was Zahlen betraf, höchst zufriedenstellend, und zweitens hatte sie «keinen Unsinn» an sich. Mit Unsinn meinte er Phantasie, und tatsächlich war sie von irgendeiner Beimischung dieser Art vermutlich so frei wie nur je ein Menschengeschöpf, das noch nicht die Stufe eines vollendeten Idioten erreicht hatte.

Der einfache Umstand, sich mit ihrem Mann und Mr. Bounderby allein gelassen zu sehen, genügte, diese bewundernswerte Dame abermals zu betäuben, ohne daß sie zuvor mit einer anderen Tatsache zusammengestoßen wäre. So erstarb sie wieder einmal, und niemand beachtete sie.

«Bounderby», sagte Mr. Gradgrind und zog sich einen Stuhl an den Kamin. «Sie nehmen stets so viel Anteil an meinem jungen Volk – besonders an Louisa –, daß ich mich nicht dafür entschuldige, wenn ich Ihnen sage, wie sehr mich diese Entdeckung beunruhigt. Ich habe mich (wie Sie wissen) systematisch der Erziehung zur Vernunft in meiner Familie gewidmet. Die Vernunft ist (wie Sie wissen) das alleinige Fach, auf das sich die Erziehung richten sollte. Und doch, Bounderby, könnte es nach diesem an sich läppischen Vorfall am heutigen Tage scheinen, als hätte sich in Thomas' und Louisas Geist etwas eingeschlichen, das oder eher das nicht – ich weiß nicht, ob ich mich besser ausdrücken kann, als wenn ich sage, das nie zu entwickeln beabsichtigt war und woran ihre Vernunft keinen Teil hat.»

«Gewiß ist es ohne Vernunft, einer Schar von Landstreichern mit Interesse zuzuschauen», entgegnete Bounderby. «Als ich selber ein Landstreicher war, hat niemand mit Interesse nach *mir* geschaut, das weiß ich.»

«Dann ist die Frage», sagte der eminent sachliche Vater, die Augen dem Feuer zugewandt, «worin diese vulgäre Neugier ihren Ursprung hat.»

«Ich werde Ihnen sagen, worin. In müßigen Phantasien.»

«Ich hoffe nicht», sagte der eminent Sachliche, «doch gestehe ich, daß mich diese Befürchtung den Heimweg über beschäftigte.»

«In müßigen Phantasien, Gradgrind», wiederholte Bounderby. «Für jeden eine sehr schlechte Sache, aber für ein Mädchen wie Louisa eine verflucht schlechte Sache. Ich sollte Mrs. Gradgrind um Entschuldigung bitten wegen der Kraftausdrücke, wenn sie nicht sehr gut wüßte, daß ich kein feiner Mensch bin. Wer bei *mir* feine Manieren erwartet, wird enttäuscht sein. Ich hatte keine feine Erziehung.»

«Ob sie ein Lehrer oder ein Dienstbote auf solche Gedanken gebracht haben kann?» grübelte Mr. Gradgrind, die Hände in den Taschen und seine Höhlenaugen auf das Feuer gerichtet. «Ob Louisa oder Thomas etwas gelesen haben könnten? Ob trotz aller Vorsichtsmaßnahmen ein Märchenbuch ins Haus gelangt sein kann? Weil es doch so sonderbar und so unverständlich ist bei Geistern, die von der Wiege an mit Zollstock und Richtschnur sachlich geformt wurden.»

«Moment mal!» rief Bounderby, der die ganze Zeit wie zuvor am Kamin gestanden hatte und nun in plötzlich sich entladender Bescheidenheit auf diesen Einrichtungsgegenstand im Zimmer losfuhr. «Sie haben eins von diesen Schaustellerkindern in der Schule.»

«Namens Cecilia Jupe», bestätigte Mr. Gradgrind mit einem etwas verblüfften Blick auf seinen Freund.

«Also Moment mal!» rief Bounderby abermals. «Wie ist sie da hingekommen?»

«Hm, Tatsache ist, daß ich selbst das Mädchen gerade eben zum erstenmal gesehen habe. Sie bat eigens hier im Haus, zugelassen zu werden, da sie nicht ordnungsgemäß zu unserer Stadt gehöre und – ja, Sie haben recht, Bounderby, Sie haben recht.»

«Also Moment mal!» rief Bounderby ein drittes Mal. «Louisa hat sie gesehen, als sie herkam?»

«Bestimmt hat Louisa sie gesehen, denn sie meldete mir das Aufnahmegesuch. Doch Louisa sah sie, daran zweifle ich nicht, in Mrs. Gradgrinds Gegenwart.»

«Bitte, Mrs. Gradgrind», fragte Bounderby, «was begab sich?»

«Oh, mein elendes Befinden!» gab Mrs. Gradgrind zurück. «Das Mädchen wollte in die Schule, und Mr. Gradgrind wollte Mädchen in der Schule haben, und Louisa und Thomas sagten beide, das Mädchen habe den Wunsch zu kommen und Mr. Gradgrind habe den Wunsch, daß Mädchen kämen, und wie war es denn möglich, ihnen zu widersprechen, wenn solches die Tatsache war!»

«Nun, ich will Ihnen mal was sagen, Gradgrind», sagte Mr. Bounderby, «schicken Sie dieses Mädchen fort, und die Sache hat ein Ende.»

«Ich neige sehr zu Ihrer Ansicht.»

«Was du tust, das tue gleich», sagte Bounderby, «das war von Kind auf mein Wahlspruch. Als mir der Gedanke kam, meiner Eierkiste und meiner Großmutter davonzulaufen, tat ich es sofort. Tun Sie ein Gleiches. Tun Sie es gleich!»

«Wollen Sie sich ein wenig Bewegung machen?» fragte sein Freund. «Ich habe die Adresse des Vaters. Vielleicht hätten Sie nichts dagegen, mich in die Stadt zu begleiten?»

«Nicht im geringsten», antwortete Mr. Bounderby, «sofern Sie es gleich tun!»

Also knallte sich Mr. Bounderby den Hut auf – er knallte ihn sich stets auf, um zum Ausdruck zu bringen, daß er bei weitem zu rastlos beschäftigt gewesen sei, etwas zu werden, als daß er sich eine Methode hätte aneignen können, seinen Hut zu tragen – und schlenderte, die Hände in den Taschen, in die Halle. «Ich trage niemals Handschuhe», pflegte er zu sagen, «mit Handschuhen habe ich die Leiter nicht erstiegen. So hoch wäre ich sonst nicht gekommen.»

Da man ihn für ein oder zwei Minuten, während Mr. Gradgrind wegen der Adresse nach oben ging, in der Halle umherschlendern ließ, öffnete er die Tür zum Studierzimmer der Kinder und blickte in den hellen, mit Linoleum ausgelegten Raum, der ungeachtet seiner Bücherregale, seiner Schränke und einer Fülle von Lehrmitteln und naturwissenschaftlichen Geräten viel von dem anregenden Äußeren eines der Haarschneidekunst geweihten Etablissements hatte. Louisa lehnte träge am Fenster und blickte hinaus, ohne nach etwas Bestimmtem zu sehen, während der junge Thomas racheschnaubend am Kamin stand. Adam Smith und Malthus, zwei jüngere Gradgrinds, befanden sich bei einer Klausurarbeit, und die kleine Jane war, nachdem sie auf ihr Gesicht eine Menge feuchten Pfeifenton mit Griffel und Tränen geschmiert hatte, über gemeinen Brüchen eingeschlafen.

«Jetzt ist alles im Lot, Louisa, alles im Lot, Thomas», sagte Mr. Bounderby, «ihr werdet es nicht wieder tun. Ich verbürge mich dafür, daß mit Vater alles ausgestanden ist. Na, Louisa, das ist doch einen Kuß wert, was?»

«Sie können sich einen nehmen, Mr. Bounderby», antwortete Louisa, nachdem sie gleichgültig gezögert hatte und nun langsam durch das Zimmer kam und ihm mit abgewandtem Gesicht unfreundlich die Wange bot.

«Bist doch immer mein Liebling, nicht wahr, Louisa?» sagte Mr. Bounderby. «Auf Wiedersehen, Louisa!»

Er ging, und sie stand noch auf demselben Fleck und rieb die Wange, die er geküßt hatte, mit ihrem Taschentuch, bis sie glühendrot war. Noch fünf Minuten danach rieb und rieb sie.

«Was machst du, Lou?» wandte ihr Bruder übellaunig ein. «Du wirst dir noch ein Loch ins Gesicht reiben.»

«Wenn du willst, kannst du das Stück mit deinem Federmesser rausschneiden, Tom. Ich würde nicht schreien!»

5. Kapitel

Der Grundton

Die Stadt Coketown, zu der sich die Herren Bounderby und Gradgrind nun begaben, war ein Triumph der Tatsachen; sie hatte keinen erheblicheren Anflug von Phantasie als Mrs. Gradgrind. Und ehe wir in unserer Melodie fortfahren, wollen wir Coketown, den Grundton, anschlagen.

Sie war eine Stadt aus rotem Backstein oder aus Backstein, der rot gewesen wäre, wenn Rauch und Asche es zugelassen hätten, aber wie die Sache lag, war sie eine Stadt von unnatürlichem Rot und Schwarz, wie das bemalte Gesicht eines Wilden. Sie war eine Stadt der Maschinen und hohen Schornsteine, aus denen immer und ewig unendliche Rauchschlangen krochen und sich niemals ganz entringelten. Sie enthielt einen schwarzbraunen Kanal und einen Fluß, der von übelriechender Farbe purpurn strömte, und mächtige Gebäudemassen voller Fenster, aus denen der Kolben der Dampfmaschine eintönig auf und ab ging wie der Kopf eines in Trübsinn verfallenen Elefanten. Sie hatte ein paar große Straßen, die sich sehr ähnlich sahen, und viele kleine Straßen, die sich noch mehr glichen, war von Menschen bewohnt, die sich ebensosehr glichen, die zu denselben Stunden mit demselben Geräusch auf demselben Pflaster zu derselben Arbeit kamen und gingen und denen jeder Tag wie der gestrige und der morgige und jedes Jahr das Pendant zum vergangenen und zum nächsten war.

Diese Eigenschaften Coketowns waren im großen und ganzen untrennbar von der Arbeit, die die Stadt ernährte; sie hatten nichts zu tun mit den Annehmlichkeiten des Lebens, die überall in der Welt Platz fanden, und mit den Feinheiten des Lebens, die wer weiß wieviel von der feinen Dame ausmachten, die kaum ertragen konnte, den Ort erwähnen zu hören. Die übrigen Züge im Antlitz der Stadt waren unabhängig, und zwar folgende.

In Coketown war nichts außer harter Arbeit zu sehen. Wenn die Mitglieder einer religiösen Glaubensrichtung dort eine Kapelle bauten – wie es die Mitglieder von achtzehn religiösen Glaubensrichtungen getan hatten –, so machten sie daraus einen frommen Speicher aus rotem Backstein, manchmal (doch das nur bei ungemein verzierten Exemplaren) mit einer Glocke in einem Vogelbauer obendrauf. Die einzige Ausnahme bildete die Neue Kirche, ein Stukkaturgebäude mit einem viereckigen Glockenturm über der Tür, der in vier kurze Fialen auslief wie in vier reich verzierte Stelzbeine. Alle öffentlichen Aufschriften in der Stadt waren gleich gemalt, in strengen schwarzen und weißen Buchstaben. Das Gefängnis hätte das Krankenhaus, das Krankenhaus das Gefängnis und das Rathaus das eine oder das andere oder beide oder sonst etwas sein können, ohne daß die Reize ihrer Bauart dagegen zu sprechen schienen. Tatsachen, Tatsachen, Tatsachen überall im wesentlichen Äußern der Stadt, und Tatsachen, Tatsachen, Tatsachen überall im unwesentlichen. Die M'Choakumchild-Schule war ganz Tatsache, und die Zeichenschule war ganz Tatsache, und die Beziehungen zwischen Herr und Arbeiter waren ganz Tatsache, und alles zwischen Entbindungsheim und Friedhof war Tatsache, und was man nicht in Zahlen ausdrücken oder zum billigsten Preis käuflich und zum teuersten verkäuflich darbieten konnte, war nicht und würde nie sein bis in alle Ewigkeit, amen.

Eine so den Tatsachen geweihte und in deren Verfechtung so triumphierende Stadt machte natürlich gute Fortschritte? Nein, nicht ganz. Nein? O Himmel!

Nein. Coketown ging aus seinen Schmelzöfen nicht in jeder Hinsicht als Gold hervor, das dem Feuer standgehalten hatte. Das verblüffende Rätsel des Ortes war erstens, wer zu den achtzehn Sekten gehörte? Denn wer auch immer ihnen angehörte, das arbeitende Volk war es nicht. Es war sehr sonderbar, an einem Sonntagmorgen durch die Straßen zu wandern und zu sehen, wie wenige von *diesen* der barbarisch mißtönende Lärm der Glocken, der Kranke und Nervöse rein verrückt machte, aus ihrem Stadtviertel rief, aus ihren engen Wohnungen, von ihren Straßenecken, wo sie träge herumlungerten und alle Kirch- und Kapellengänger angafften, wie etwas, wozu sie keinerlei Beziehung hatten. Es war auch nicht nur der Fremde, der das merkte; denn in Coketown selbst gab es einen Heimatverein, dessen Mitglieder sich bei jeder Tagung des Unterhauses hören ließen und entrüstet um Parlamentsbeschlüsse ersuchten, diese Leute mit aller Gewalt fromm zu machen. Dann kam der Mäßigkeitsverein und führte Klage, daß sich ebendiese Leute betrinken wollten, und bewies durch Tabellen, daß sie sich tatsächlich betranken, und legte bei Teegesellschaften dar, daß kein Mittel, kein irdisches und kein göttliches (außer einer Medaille), sie veranlassen würde, von ihrem gewohnheitsmäßigen Trinken abzustehen. Dann kam der Apotheker und Drogist mit anderen Tabellen und legte dar, daß sie Opium nähmen, wenn sie nicht tränken. Dann kam der erfahrene Gefängniskaplan mit noch mehr Tabellen, die alle früheren Tabellen übertrafen, und legte dar, daß diese Leute ständig gemeine, vor den Augen der Öffentlichkeit verborgene Orte besuchten, wo sie sich gemeine Lieder anhörten und gemeine Tanzereien ansähen und vielleicht auch mittäten und wo nach eigener Aussage (nicht daß er sich der Glaubwürdigkeit besonders wert erwiesen habe) von A. B. – nächsten Geburtstag vierundzwanzig und zu achtzehn Monaten Einzelhaft verurteilt – sein Ruin den Anfang genommen habe, da er völlig sicher und gewiß sei, andernfalls ein tadelfreies sittliches Musterexemplar geworden zu sein. Und dann kamen Mr. Gradgrind und Mr. Bounderby, die beiden Herren, die in diesem Augenblick durch Coketown wanderten; beide eminent sachlich, konnten sie notfalls auf Grund ihrer persönlichen Erfahrung noch mehr Tabellen liefern und durch Fälle illustrieren, die sie kennengelernt und erlebt hatten und aus denen klar hervorging – kurzum, dies sei das einzige Klare an der Sache –, daß diese Leute insgesamt eine üble Bande seien, meine Herren; daß man für sie tun könne, was man wolle, sie dankten es einem nie, meine Herren; daß sie aufrührerisch seien, meine Herren; daß sie nie wüßten, was sie wollten; daß sie sich vom Besten ernährten und frische Butter kauften und sich auf Mokka versteiften und alles außer den besten Stücken vom Fleisch verschmähten und doch ewig unzufrieden und widerspenstig seien. Kurzum, es sei die Moral der alten Ammenmär:

> Da war eine Alte, die war ganz versessen,
> Die lebte von nichts als Trinken und Essen;
> Das Essen und Trinken, das war ihr Leben,
> Und doch wollt die Alte *nie* Ruhe geben.

Ist es möglich, frage ich mich, daß eine Ähnlichkeit zwischen dem Fall der Coketowner Bevölkerung und dem der Gradgrind-Kinder bestand? Man will uns, bei unserem nüchternen Verstand und unserer Vertrautheit mit Zahlen, zu dieser Tageszeit doch wohl nicht weismachen, eines der wichtigsten Lebenselemente der Coketowner Arbeiter sei seit Dutzenden von Jahren vorsätzlich in den Wind geschlagen worden? Daß in ihnen eine Phantasie lebte, die gebieterisch nach einer gesunden Existenz verlangte, statt sich in Zuckungen zu winden? Daß im gleichen Verhältnis zu ihrer langen und einförmigen Arbeit das Verlangen nach einem körperlichen Aufatmen in ihnen wuchs, nach einer Zerstreuung, welche die gute Laune und die gute Stimmung förderte und diesen freien Lauf ließ, nach einem anerkannten Feierabend, wenn auch nur für ein Tänzchen in Ehren zu der Musik einer anfeuernden Kapelle, nach einem gelegentlichen unbeschwerten Trubel, in den nicht einmal M'Choakumchild seine Nase steckte – ein Verlangen, das Rechtens gestillt werden müßte und sollte oder unweigerlich auf Abwege geraten müßte und würde, bis die Gesetze der Schöpfung aufgehoben wären?

«Dieser Mensch wohnt in Pod's End, und Pod's End kenne ich nicht genau», sagte Mr. Gradgrind. «Wo liegt das, Bounderby?»

Mr. Bounderby wußte, daß es irgendwo im Stadtinnern liege, das war aber auch alles. Deshalb blieben sie ein Weilchen stehen und hielten Umschau.

Fast im selben Augenblick kam mit hastigen Schritten und erschrockenem Gesicht ein Mädchen um die Straßenecke gelaufen, das Mr. Gradgrind wiedererkannte. «Hallo!» rief er. «Halt! Wo willst du hin? Halt!» Das Mädchen Nummer zwanzig blieb klopfenden Herzens stehen und machte vor ihm einen Knicks.

«Was jagst du auf so unziemliche Weise in den Straßen umher?» fragte Mr. Gradgrind.

«Mir ist… mir ist einer nachgelaufen, Sir», keuchte das Mädchen, «und ich wollte weg.»

«Nachgelaufen?» wiederholte Mr. Gradgrind. «Wer sollte dir schon nachlaufen?»

Die Frage wurde unvermutet und rasch durch den farblosen Knaben Bitzer für sie beantwortet, der in so blinder Eile um die Ecke geschossen kam und so wenig erwartete, ein Hindernis auf dem Bürgersteig anzutreffen, daß er erst von Mr. Gradgrinds Weste angehalten wurde und auf die Fahrbahn zurückprallte.

«Was soll das, Knabe?» fragte Mr. Gradgrind. «Was machst du? Wie kannst du es wagen, auf solche Weise – hm – Leute anzurempeln?»

Bitzer hob seine Mütze auf, die ihm durch den Anprall vom Kopf gefallen war, trat zurück, rieb sich mit den Fingerknöcheln die Stirn und gab zu seiner Entschuldigung an, es sei ein unglücklicher Zufall gewesen.

«Ist dieser Knabe dir nachgelaufen, Jupe?» fragte Mr. Gradgrind.

«Ja, Sir», antwortete das Mädchen widerstrebend.

«Nein, das stimmt nicht, Sir!» rief Bitzer. «Erst als sie vor mir wegrannte. Aber die Zirkusleute scheren sich viel drum, was sie behaupten, Sir, dafür sind sie berüchtigt. – Du weißt, daß die Zirkusleute dafür berüchtigt sind, daß sie sich einen Dreck darum scheren, was sie behaupten», sagte er, zu Sissy gewandt. – «Das ist so stadtbekannt, Sir, wie, mit Verlaub, Sir, das Einmaleins den Zirkusleuten unbekannt ist.» Damit versuchte Bitzer bei Mr. Bounderby zu landen.

«Er hat mich mit seinen greulichen Grimassen so erschreckt», sagte das Mädchen.

«Oh!» schrie Bitzer. «Oh! Du bist eben auch eine von denen! Du bist auch eine vom Zirkus! Nie hab ich sie angesehn, Sir. Ich hab sie bloß gefragt, ob sie wissen will, wie sie morgen ein Pferd definieren soll, und hab ihr angeboten, ihr das noch mal zu erzählen, und da ist sie weggerannt, und ich rannte ihr nach, Sir, damit sie begreift, wie sie antworten muß, wenn sie gefragt wird. So was Tückisches zu behaupten wär dir gar nicht eingefallen, wenn du nicht eine vom Zirkus wärst!»

«Ihr Gewerbe scheint unter den Schülern recht gut bekannt zu sein», bemerkte Mr. Bounderby. «In einer Woche hätten Sie die ganze Schule dort gehabt und erleben können, wie sie der Reihe nach heimlich hineinschauen.»

«Wahrhaftig, das glaube ich auch», erwiderte sein Freund. «Bitzer, mach kehrt und troll dich nach Hause. Du, Jupe, bleibst noch einen Augenblick. Höre ich noch einmal davon, daß du auf solche Weise gerannt bist, Knabe, dann wirst du durch den Schulvorsteher von mir hören. Du verstehst, was ich meine. Geh jetzt.»

Der Junge hörte auf zu blinzeln, rieb sich wieder mit den Knöcheln die Stirn, warf einen Blick auf Sissy, machte kehrt und entfernte sich.

«Und jetzt, Mädchen», sagte Mr. Gradgrind, «wirst du diesen Herrn und mich zu deinem Vater bringen, da wollen wir hin. Was hast du da in der Flasche?»

«Gin», meinte Mr. Bounderby.

«Himmel! Nein, Sir. Das ist der Neunölbalsam.»

41

«Der was?» rief Mr. Bounderby.

«Der Neunölbalsam, Sir, Vaters Einreibung.»

Worauf Mr. Bounderby kurz und laut auflachte und fragte: «Weswegen zum Teufel reibst du deinen Vater mit Neunölbalsam ein?»

«Das nehmen unsre Leute immer, Sir, wenn sie sich in der Manege irgendwie verletzt haben», antwortete das Mädchen, wobei sie über die Schulter zurückblickte, um sich zu vergewissern, daß ihr Verfolger fort war. «Manchmal stoßen und quetschen sie sich sehr übel.»

«Geschieht ihnen recht, weil sie Faulenzer sind», bemerkte Mr. Bounderby.

Sie blickte mit einer Mischung von Staunen und Furcht zu seinem Gesicht empor.

«Heiliger Georg!» entfuhr es Mr. Bounderby. «Als ich vier oder fünf Jahre jünger war als du, hab ich schlimmere Beulen und Quetschungen gehabt als Zehnölbalsams, Zwanzigölbalsams und Vierzigölbalsams hätten wegreiben können. Und ich hab sie nicht durch akrobatische Kunststückchen gekriegt, sondern weil ich so herumgestoßen wurde. Für mich gab es kein Seiltanzen, ich tanzte auf dem kahlen Boden und wurde mit einem Seil durchgeprügelt.»

Wenn Mr. Gradgrind auch streng genug war, so grob wie Mr. Bounderby war er durchaus nicht. Alles in allem war er kein unfreundlicher Mensch, und er hätte bestimmt ein sehr freundlicher sein können, wenn er vor Jahren einen tüchtigen Fehler in der Arithmetik gemacht hätte, die seinem Charakter das Gleichgewicht hielt. Als sie in eine enge Gasse einbogen, sagte er in einem Ton, den er für beruhigend hielt: «Und das ist Pod's End, nicht wahr, Jupe?»

«Ja, Sir, und – und wenn Sie erlauben, Sir – hier ist das Haus.»

Sie blieben im Halbdunkel vor der Tür eines elenden kleinen Wirtshauses stehen, aus dem ein trübrotes Licht schimmerte. So heruntergekommen und schäbig, als hätte es sich aus Mangel an Kundschaft selbst dem Trunk ergeben und sei den Weg aller Trunkenbolde gegangen und dem Ende sehr nahe.

«Nur durch den Schankraum, Sir, und die Treppe rauf, wenn es Ihnen nichts ausmacht, und warten Sie dort einen Augenblick, bis ich eine Kerze hole. Wenn Sie einen Hund hören sollten, Sir, das ist bloß Merrylegs, und er bellt bloß.»

«Sieh da, Merrylegs und Neunölbalsam!» sagte Mr. Bounderby mit seinem metallischen Lachen, während er als letzter eintrat. «Ganz hübsch für einen Selfmademan!»

6. KAPITEL

SLEARYS REITKUNST

DAS WIRTSHAUS HIESS «PEGASUS'S ARMS». DIE
Beine des Pegasus hätten vielleicht passender gewirkt, aber
unter dem geflügelten Pferd auf dem Aushängeschild stand
nun mal in Antiquaschrift «Pegasus's Arms». Und unter diese
Inschrift wiederum hatte der Maler in einer üppigen Schnör-
kelverzierung folgende Zeilen hingeworfen:

> Gutes Malz gibt gutes Bier,
> Tritt nur ein, ich zapf es dir;
> Guter Wein gibt guten Weinbrand,
> Ruf, und schon ist er zur Hand.

Gerahmt und unter Glas hing an der Wand hinter dem
schmutzigen kleinen Schanktisch ein zweiter Pegasus – ein
bühnenmäßiger – mit richtiger Gaze als Flügel, über und über
besetzt mit goldenen Sternen, und sein hauchzartes Geschirr
war aus roter Seide.

Da es draußen schon zu dämmrig war, um das Aushängeschild zu sehen, und drinnen noch nicht hell genug, um das
Bild zu sehen, erregten diese Idealitäten keinen Anstoß bei
Mr. Gradgrind und Mr. Bounderby. Sie folgten dem Mädchen, ohne jemandem zu begegnen, eine steile Stiege in der
Ecke hinauf und blieben im Dunkeln stehen, während Sissy
eine Kerze holte. Jeden Augenblick erwarteten sie, Merrylegs
anschlagen zu hören, aber der vortrefflich dressierte, sich
produzierende Hund hatte nicht gebellt, als das Mädchen
mitsamt der Kerze wieder erschien.

«Vater ist nicht in unserm Zimmer, Sir», sagte sie mit tief

erstauntem Gesicht. «Wenn es Ihnen nichts ausmacht herein-zukommen, werde ich ihn gleich suchen gehen.»

Sie traten ein, und nachdem ihnen Sissy zwei Stühle hinge-stellt hatte, stob sie leichtfüßig davon. Es war ein ärmlicher, schäbig ausgestatteter Raum mit einem Bett darin. Die weiße, mit zwei Pfauenfedern und einem kerzengerade nach oben stehenden Zopf geschmückte Nachtmütze, in der Signor Jupe heute nachmittag die verschiedenen Darbietungen mit seinen züchtigen Shakespeareschen Späßen und Widerreden belebt hatte, hing an einem Nagel, ansonsten jedoch war nirgendwo ein anderes Kleidungsstück oder ein anderes Anzeichen von ihm oder von seiner Beschäftigung zu entdecken. Und was Merrylegs betraf, so mochte der ehrenwerte Vorfahr des vor-trefflich dressierten Tieres, der an Bord der Arche Noah ging, wohl zufällig ausgesperrt worden sein, denn keine Spur von Hund wurde Auge oder Ohr in «Pegasus's Arms» offenbar.

Oben hörten sie Zimmertüren auf- und zugehen, als Sissy auf der Suche nach ihrem Vater von einer zur anderen ging, und jetzt hörten sie auch Stimmen, die Erstaunen ausdrückten. In höchster Eile kam sie wieder herunter, öffnete einen abgenutz-ten, schäbigen alten Fellkoffer, fand ihn leer, schlug die Hände zusammen und blickte mit entsetztem Gesicht um sich.

«Vater muß zur Zirkusbude gegangen sein, Sir. Ich weiß nicht, warum er gegangen sein mag, aber dort muß er sein; in einer Minute bring ich ihn her!» Und schon war sie fort, ohne Haube, ihr langes dunkles Kinderhaar flog hinter ihr her.

«Was ihr einfällt!» sagte Mr. Gradgrind. «In einer Minute zurück? Es ist mehr als eine Meile weit.»

Ehe Mr. Bounderby antworten konnte, erschien ein junger Mann in der Tür, trat, die Hände in den Taschen, ins Zimmer und führte sich mit den Worten ein: «Mit Verlaub, meine Her-ren!» Sein glattrasiertes, schmales und bläßliches Gesicht war von einer Unmenge dunklen Haares beschattet, das rings um den Kopf zu einer Rolle gebürstet und in der Mitte gescheitelt war. Seine Beine waren sehr stämmig, aber kürzer als gutpro-portionierte Beine hätten sein sollen. Brust und Rücken waren um so viel zu breit, wie seine Beine zu kurz waren. Er trug einen kurzen Reitrock und eine enge Hose, einen Schal um den Hals, roch nach Lampenöl, Stroh, Apfelsinenschale, Pferdefutter und Sägemehl und sah aus wie ein höchst bemerkenswerter, aus Stall und Theater zusammengesetzter Zentaur. Wo das eine begann und das andere aufhörte, hätte niemand mit Bestimmtheit zu sagen vermocht. Dieser Herr war in den Tagesprogrammen als Mr. E. W. B. Childers erwähnt, mit Recht berühmt wegen seines gewagten Voltige-Akts als «Der Wilde Jäger der nordamerikanischen Prärien»; bei dieser beliebten Nummer assistierte ihm ein winziger Junge mit einem alten Gesicht, der ihn jetzt begleitete, als sein Söhnchen und wurde von ihm nach der gewalttätigen Väterart, die man bei wilden Jägern beobachten kann, wenn sie ihre Sprößlinge liebkosen, an einem Fuß über die Schulter gezogen und, die Fersen nach oben, zu einem Kopfstand im Handteller seines Vaters emporgehoben. Mit Locken, Blumengewinden, Flügeln, weißem Wismut und Karmin aufgeputzt, schwang sich dieses hoffnungsvolle Früchtchen zu einem so lieblichen Cupido in die Luft, daß er das Hauptentzücken des mütterlichen Teils der Zuschauer bildete; privat jedoch, wo seine Merkmale ein frühzeitiger Cutaway und eine ungemein barsche Stimme waren, benahm er sich wie ein Liebhaber von Pferderennen, rennbeflissen.

«Mit Verlaub, meine Herren», sagte Mr. E. W. B. Childers, während sein Blick durch das Zimmer wanderte. «Sie waren es wohl, die Jupe zu sehen wünschten?»

«So ist es», antwortete Mr. Gradgrind. «Seine Tochter ist ihn holen gegangen, aber ich kann nicht warten; deshalb möchte ich ihm durch Sie, wenn's recht ist, eine Nachricht hinterlassen.»

«Sehen Sie, mein Freund», warf Mr. Bounderby ein, «wir gehören zu den Leuten, die wissen, was Zeit wert ist, und Sie gehören zu den Leuten, die nicht wissen, was Zeit wert ist.»

«Ich habe nicht die Ehre, *Sie* zu kennen», gab Mr. Childers zurück, nachdem er ihn von Kopf bis Fuß gemustert hatte, «aber wenn Sie glauben, mit Ihrer Zeit mehr Geld machen zu können als ich mit der meinen, so sollte ich nach Ihrem Äußeren schließen, daß Sie ungefähr recht haben.»

«Und wenn Sie's gemacht haben, können Sie's auch behalten, möcht ich meinen», sagte Cupido.

«Laß das, Kidderminster!» befahl Mr. Childers. (Master Kidderminster war Cupidos sterblicher Name.)

«Was rückt er denn hier an und kommt uns frech?» schrie Master Kidderminster, ein sehr reizbares Temperament offenbarend. «Wenn Sie uns frech kommen wollen, zahlen Sie Ihren Goldfuchs an den Eingängen und halten Sie sich schadlos.»

«Kidderminster», sagte Mr. Childers mit erhobener Stimme, «laß das!» – Und dann zu Mr. Gradgrind: «An Sie habe ich mich gewandt, Sir. Sie mögen gemerkt haben oder auch nicht (denn vielleicht waren Sie nicht häufig unter den Zuschauern), daß Jupe in letzter Zeit sehr oft Mist gebaut hat.»

«Was hat er gebaut?» fragte Mr. Gradgrind und blickte den mächtigen Bounderby hilfesuchend an.

«Mist gebaut.»

«Viermal hat er's gestern abend mit dem Bockspringen versucht und kein einziges Mal zustande gekriegt», sagte Master Kidderminster. «Auch mit den Fahnen hat er Mist gebaut, und seine Auftrittsnummer war für die Katz.»

«Machte nicht, was er zu machen hatte. War kurz in seinen Sprüngen und schlecht in seinen Purzelbäumen», erläuterte Mr. Childers.

«Oh!» sagte Mr. Gradgrind. «Das ist also Mist?»

«Gewöhnlich heißt das Mist bauen», antwortete Mr. E. W. B. Childers.

«Neunölbalsam, Merrylegs, Mist bauen, Bockspringen, Fahnen und Auftrittsnummer!» rief Bounderby mit seinem unbändigen Gelächter. «Eine sonderbare Art Gesellschaft, noch dazu für einen Mann, der sich selber hochgearbeitet hat.»

«Dann lassen Sie sich doch runter», gab Cupido zurück. «O Himmel, wenn Sie sich zu dem hochgearbeitet haben, was Sie jetzt sind, dann lassen Sie sich ja ein bißchen runter.»

«Das ist ein sehr zudringlicher Bursche!» sagte Mr. Gradgrind und drehte sich mit gerunzelten Brauen zu ihm um.

«Wir hätten Ihnen einen jungen Gentleman entgegengeschickt, wenn wir gewußt hätten, daß Sie kommen», entgegnete Master Kidderminster, durchaus nicht verlegen. «Ist ein Jammer, daß Sie kein Abonnement haben, wo Sie so eigen sind. Sie sind wohl einer vom Straffen, was?»

«Was meint dieser unmanierliche Junge mit dem Straffen?» fragte Mr. Gradgrind und blickte ihn geradezu verzweifelt an.

«Schluß! Raus, raus!» sagte Mr. Childers und stieß seinen jungen Freund etwa nach Prärieart aus dem Zimmer. «Straffe oder Schlappe, das hat nicht viel zu besagen, bloß Straffseil und Schlappseil. Sie wollten mir eine Nachricht für Jupe geben?»

«Ja, das wollte ich.»

«Dann bin ich der Meinung, er wird sie nie erhalten», fuhr Mr. Childers rasch fort. «Kennen Sie ihn gut?»

«Ich habe den Mann nie in meinem Leben gesehen.»

«Ich zweifle, ob Sie ihn jetzt noch je sehen *werden*. Mir ist ziemlich klar, daß er weg ist.»

«Meinen Sie, er hat seine Tochter verlassen?»

«Ja!» sagte Mr. Childers und nickte dazu. «Ich meine, er hat sich verdrückt. Gestern abend wurde er ausgezischt, den Abend davor wurde er ausgezischt. Heute wurde er ausgezischt. Er ist in letzter Zeit dahin gelangt, daß er immer ausgezischt wird, und das kann er nicht vertragen.»

«Warum ist er denn... so viel... ausgezischt worden?» fragte Mr. Gradgrind, der das Wort gezwungen und mit großem Widerstreben aus sich herausquetschte.

«Seine Gelenke werden steif, und er ist bald verbraucht», sagte Mr. Childers. «Als Plauderfritze hat er noch seine Meriten, aber *davon* kann er nicht leben.»

«Plauderfritze!» wiederholte Bounderby. «Da haben wir's wieder!»

«Ein Ansager, wenn dem Herrn das besser gefällt», sagte Mr. E. W. B. Childers, der diese Erklärung hochnäsig über die Schulter warf und sie mit einem Schütteln seiner langen Haare begleitete, die sich alle auf einmal bewegten. «Es ist eine merkwürdige Tatsache, Sir, aber das Bewußtsein, daß seiner Tochter bekannt war, wie er ausgezischt wurde, kränkte diesen Mann tiefer, als es über sich ergehen zu lassen.»

«Tüchtig!» unterbrach Mr. Bounderby. «Das ist tüchtig, Gradgrind! Ein Mann, der seine Tochter so liebt, daß er ihr wegläuft! Das ist verdammt tüchtig! Ha! Ha! Jetzt werde ich Ihnen mal was sagen, junger Mann. Ich habe nicht immer meine jetzige Lebensstellung eingenommen. Ich weiß, wie so was ist. Sie werden vielleicht erstaunt sein, das zu hören, aber *mir* ist meine Mutter weggelaufen.»

E. W. B. Childers erwiderte anzüglich, daß er keineswegs erstaunt sei, das zu hören.

«Na schön», sagte Bounderby. «Ich wurde in einer Gosse geboren, und meine Mutter lief mir weg. Verzeihe ich ihr das? Nein. Habe ich ihr das je verziehen? Ich nicht. Wie nenne ich sie daher? Ich nenne sie das vermutlich allerschlimmste Weib, das je auf Erden lebte, abgesehen von meiner trunksüchtigen Großmutter. Familienstolz gibt es bei mir nicht, einen eingebildeten Gefühlsmumpitz kenne ich nicht. Ich nenne das Ding beim rechten Namen, und die Mutter von Josiah Bounderby aus Coketown nenne ich ohne Ehrfurcht oder Milde so, wie ich sie genannt hätte, wenn sie die Mutter von Dick Jones aus Wapping gewesen wäre. Desgleichen diesen Mann. Er ist geradeheraus gesagt ein schuftiger Durchbrenner und Landstreicher, jawohl, das ist er.»

«Es ist mir einerlei, was er ist oder nicht ist, ob nun geradeheraus oder hinter der vorgehaltenen Hand», entgegnete Mr. E. W. B. Childers und wandte sich von ihm ab. «Ich erzähle Ihrem Freund, wie die Sache steht; wenn Ihnen das nicht gefällt, können Sie von der frischen Luft Gebrauch machen. Sie posaunen ziemlich laut; aber posaunen Sie wenigstens in Ihrem Haus», sagte E. W. B. mit unnachgiebiger Ironie. «In diesem Haus posaunen Sie nicht, ehe Sie dazu aufgefordert werden. Ich möchte doch meinen, Sie haben ein eigenes Haus?»

«Vielleicht», erwiderte Mr. Bounderby lachend und klimperte mit seinem Geld.

«Dann posaunen Sie gefälligst in Ihrem eignen Haus, verstanden?» sagte Childers. «Weil dies Haus nämlich nicht sehr stabil ist, und zuviel von Ihnen könnte es zum Einsturz bringen!»

Nachdem er Mr. Bounderby abermals von Kopf bis Fuß gemustert hatte, wandte er sich von ihm als einem endgültig erledigten Mann ab und Mr. Gradgrind zu.

«Jupe hat seine Tochter vor noch nicht einer Stunde mit einem Auftrag fortgeschickt und wurde dann gesehen, wie er selber hinausschlüpfte, den Hut über die Augen gezogen und ein Bündel in einem Schnupftuch unter dem Arm. Sie wird es nie von ihm glauben, aber er ist auf und davon und hat sie zurückgelassen.»

«Warum, bitte», fragte Mr. Gradgrind, «wird sie es nie von ihm glauben?»

«Weil diese beiden eins waren. Weil sie nie getrennt waren. Weil er bis jetzt ganz in sie vernarrt zu sein schien», antwortete Childers und trat ein paar Schritte vor, um in den leeren Koffer zu schauen. Beide, Mr. Childers und Master Kidderminster, hatten eine sonderbare Art zu gehen; die Beine weiter gespreizt als der gewöhnliche Menschenschlag und mit einer sehr gekonnten Vortäuschung steifer Knie. Dieser Gang war allen männlichen Mitgliedern von Slearys Schar eigen und sollte wohl andeuten, daß sie immer zu Pferde säßen.

«Arme Sissy! Er hätte sie lieber in die Lehre geben sollen», sagte Childers und schüttelte abermals sein Haar, als er von dem leeren Behältnis aufblickte. «Jetzt läßt er sie ohne eine Tätigkeit zurück.»

«Es ehrt Sie, der Sie nie in der Lehre waren, eine solche Meinung zu äußern», entgegnete Mr. Gradgrind beifällig.

«*Ich* nie in der Lehre? Ich kam in die Lehre, als ich sieben Jahre alt war.»

«Oh! Wirklich?» bemerkte Mr. Gradgrind etwas empfindlich, als sei er um seine gute Meinung betrogen worden. «Ich wußte nicht, daß es Brauch ist, junge Leute in die Lehre zu geben, damit sie…»

«… Müßiggang lernen», warf Mr. Bounderby mit lautem Lachen ein. «Gottverdanzig, nein! Ich auch nicht!»

«Ihr Vater hatte immer im Sinn», sprach Childers weiter, indem er so tat, als habe er keine Ahnung von Mr. Bounderbys Existenz, «daß sie in dem ganzen Teufelszeug von Bildung unterrichtet werden sollte. Wie ihm das in den Kopf kam, kann ich nicht sagen; ich kann nur sagen, daß es ihm nie aus dem Kopf ging. Die ganzen sieben Jahre hat er hier ein bißchen Lesen für sie aufgegabelt – da ein bißchen Schreiben – und irgendwo anders ein bißchen Rechnen.»

Mr. E. W. B. Childers nahm eine Hand aus der Tasche, strich sich über Gesicht und Kinn und blickte mit viel Zweifel und einer kleinen Hoffnung auf Mr. Gradgrind. Von Anfang an hatte er diesen Herrn für das verlassene Mädchen einzunehmen versucht.

«Als Sissy hier in die Schule kam», fuhr er fort, «freute sich ihr Vater wie ein Schneekönig. Ich konnte nicht ganz begreifen, warum, weil wir ja nicht ständig hier sind und überall nur kommen und gehen. Aber ich denke mir, er hat schon im Sinn gehabt zu verschwinden – er war schon immer halb verdreht – und geglaubt, es werde dann für sie gesorgt. Sollten Sie heute abend zufällig gekommen sein, um ihm zu sagen, daß Sie ihr ein wenig helfen wollen», sagte Mr. Childers, während er sich wieder über das Gesicht strich und seinen Blick wiederholte, «so wäre das sehr günstig und angebracht, wirklich *sehr* günstig und angebracht.»

«Im Gegenteil», erwiderte Mr. Gradgrind. «Ich kam, um ihm zu sagen, daß sie bei ihren Beziehungen für die Schule ungeeignet sei und sie nicht länger besuchen dürfe. Aber wenn ihr Vater sie wirklich ohne ihr stillschweigendes Einverständnis verlassen hat – auf ein Wort, Bounderby.»

Hierauf verzog sich Mr. Childers mit seinem Reitergang auf den Treppenabsatz vor der Tür, wo er stehenblieb, über sein Gesicht strich und leise vor sich hin pfiff. Bei dieser Beschäftigung fing er ein paar Sätze von Bounderby auf: «Nein. *Ich* sage nein. Ich rate Ihnen ab. Ich sage, auf keinen Fall.» Während er von Mr. Gradgrind in dessen viel leiserem Ton die Worte hörte: «Aber gerade als ein Beispiel für Louisa, wohin diese Beschäftigung, die der Gegenstand einer vulgären Neugier war, führt und wie sie endet. Betrachten Sie es einmal von diesem Gesichtspunkt aus, Bounderby.»

Unterdessen versammelten sich nach und nach die verschiedenen Mitglieder von Slearys Schar aus den oberen Regionen, wo sie einquartiert waren, und während sie anfangs herumstanden und leise miteinander und mit Mr. Childers redeten, drängten sie unbemerkt allmählich sich und ihn in das Zimmer. Unter ihnen befanden sich zwei oder drei hübsche Frauen mit ihren zwei oder drei Männern und ihren zwei oder drei Müttern und ihren acht oder neun kleinen Kindern, die auf Wunsch als Elfen auftraten. Der Vater der einen Familie pflegte den Vater einer anderen Familie auf der Spitze einer großen Stange zu balancieren; der Vater einer dritten Familie bildete mit diesen beiden Vätern oft eine Pyramide, mit Master Kidderminster als Scheitelpunkt und ihm selbst als Basis; alle diese Väter konnten auf rollenden Fässern hüpfen, auf Flaschen stehen, Messer und Bälle fangen, Schüsseln herumwirbeln, auf allem reiten, über alles springen, ohne vor etwas zurückzuschrecken. Alle Mütter konnten (und taten es auch) auf dem Schlappseil und auf dem Straffseil tanzen und sich auf schnellen, ungesattelten Pferden produzieren; keine von ihnen war im geringsten heikel, ihre Beine zu zeigen, und eine von ihnen lenkte in jede Stadt, die sie aufsuchten, mit einer Hand einen sechsspännigen griechischen Triumphwagen. Alle gaben sich mächtig flott und erfahren, waren nicht sehr sauber in ihrer Zivilkleidung, nicht die Spur ordentlich in ihrer Häuslichkeit, und die ganze Gelehrsamkeit der Schar zusammengenommen hätte nur einen dürftigen Brief über irgendeinen Gegenstand zustande gebracht. Dagegen besaßen diese Leute eine auffallende Güte und kindliche Unschuld, eine ausgeprägte Unfähigkeit für Ränke und Schliche und eine unermüdliche Bereitschaft, einander zu helfen und zu bemitleiden, die oft ebensoviel Achtung und stets soviel großmütige Auslegung verdienen wie die alltäglichen Tugenden irgendeines Menschenschlags auf Erden.

Als letzter von allen erschien Mr. Sleary, ein, wie bereits erwähnt, stämmiger Mann mit einem starren und einem beweglichen Auge, einer Stimme (wenn man sie so nennen kann), die den Anstrengungen eines kaputten alten Blasebalgs glich, einem welken Gesicht und einem nie nüchternen und nie betrunkenen Wirrkopf.

«Werter Herr!» sagte Sleary, der an Asthma litt und dessen Atem für eine klare Aussprache viel zu dick und schwer ging. «Ihr Diener! Ein schlimmes Geschäft ist das. Sie haben gehört, daß mein Clown und sein Hund abgetanzt sein sollen?»

Er sprach zu Mr. Gradgrind, der mit «Ja» antwortete.

«Nun, werter Herr», sagte er darauf, während er seinen Hut abnahm und das Futter mit einem Taschentuch abwischte, das zu diesem Zweck innen aufbewahrt wurde, «haben Sie die Absicht, etwas für das arme Mädchen zu tun, werter Herr?»

«Ich werde ihr etwas vorzuschlagen haben, wenn sie zurückkommt», erwiderte Mr. Gradgrind.

«Freut mich zu hören, werter Herr. Nicht daß ich das Kind loswerden möchte, aber ich möchte ihr auch nicht im Weg stehen. Ich bin bereit, sie als Lehrling zu nehmen, obwohl das in ihrem Alter spät ist. Meine Stimme ist ein wenig heiser, werter Herr, und wird von denen, die mich nicht kennen, nicht leicht verstanden; aber wenn Sie in Ihrer Jugend so oft wie ich in der Manege erkältet und erhitzt,

erhitzt und erkältet, erkältet und erhitzt gewesen wären, werter Herr, dann hätte *Ihre* Stimme das nicht besser ausgehalten als meine.»

«Gewiß nicht», sagte Mr. Gradgrind.

«Was darf's sein, werter Herr, solange Sie warten? Sherry? Sagen Sie nur, werter Herr!» fragte Mr. Sleary mit gastlicher Ungezwungenheit.

«Für mich nichts, vielen Dank», antwortete Mr. Gradgrind.

«Aber nicht doch, werter Herr. Was sagt Ihr Freund? Wenn Sie noch nicht gegessen haben, nehmen Sie ein Gläschen Magenbitter.»

Doch jetzt rief seine Tochter Josephine – ein hübsches blondes Mädchen von achtzehn, die mit zwei Jahren auf ein Pferd gebunden wurde und mit zwölf einen Letzten Willen aufsetzte, den sie immer mit sich herumtrug und der ihren letzten Wunsch enthielt, von den beiden Ponyschecken zu Grab gezogen zu werden: «Still, Vater, sie ist zurück!» Dann kam Sissy Jupe ins Zimmer gelaufen, wie sie hinausgelaufen war. Und als sie dort alle versammelt sah und ihre Blicke sah und keinen Vater sah, begann sie jammervoll zu weinen und flüchtete sich an den Busen der begabtesten Straffseiltanzdame (in gesegneten Umständen), die auf den Boden niederkniete, um sie zu streicheln und sie in Tränen zu baden.

«Meiner Seel, es ist eine Affenschande», sagte Sleary.

«O mein lieber Vater, mein guter, zärtlicher Vater, wohin bist du gegangen? Ich weiß, du willst versuchen, mir etwas Gutes zu tun, deshalb bist du gegangen! Bestimmt bist du meinetwegen gegangen. Und wie unglücklich und hilflos wirst du ohne mich sein, bis du zurückkommst, mein armer, armer Vater!» Es war so ergreifend, sie noch viel dergleichen sagen zu hören, mit emporgewandtem Gesicht und ausgestreckten Armen, als wolle sie seinen enteilenden Schatten aufhalten und umfangen, daß niemand ein Wort sprach, bis Mr. Bounderby (der ungeduldig wurde) die Sache in die Hand nahm.

«Tja, ihr guten Leute», sagte er, «das ist mutwillige Zeit-vergeudung. Laßt das Mädchen die Tatsache hören. Laßt sie die, wenn ihr wollt, von mir hören, dem man auch davonlief. Heda, Dingsmädchen! Dein Vater ist heimlich auf und davon – hat dich verlassen –, und du darfst nicht erwarten, ihn in diesem ganzen Leben noch einmal wiederzusehen.»

Sie scherten sich so wenig um nackte Tatsachen, diese Leute, und befanden sich über diesen Gegenstand in jenem fortgeschrittenen Stadium der Entartung, daß sie durchaus nicht beeindruckt waren von dem überzeugenden gesunden Menschenverstand des Sprechers, sondern ihn sehr übelnahmen. Die Männer murmelten «Schmach und Schande!» und die Frauen «Rohling!», und Sleary zog Mr. Bounderby beiseite und gab ihm etwas hastig den Rat:

«Ich will Ihnen mal was sagen, werter Herr. Offen gestanden, meine Meinung ist, Sie sollten lieber aufhören und die Sache fallenlassen. Meine Leute sind sehr gutmütige Leute, aber sie sind gewöhnt, sich schnell zu bewegen, und wenn Sie nicht nach meinem Rat handeln, so glaube ich, verdammt noch mal, sie werden Sie aus dem Fenster werfen.»

Da Mr. Bounderby durch diesen zarten Wink im Zaum gehalten wurde, fand Mr. Gradgrind Gelegenheit zu einer eminent sachlichen Darstellung des Gegenstandes.

«Es ist von keinerlei Bedeutung», sagte er, «ob dieser Mensch irgendwann zurückerwartet wird oder nicht. Er ist auf und davon, und im Augenblick ist seine Rückkehr nicht zu erwarten. Darin sind wir uns wohl alle einig.»

«Jawohl, einig, werter Herr. Halten Sie daran fest!» – von Sleary.

«Also gut. Ich, der ich herkam, um den Vater des armen Mädchens, Jupe, zu informieren, daß sie infolge sachlicher Einwände, auf die ich nicht einzugehen brauche, gegen die Aufnahme der Kinder von Leuten, die auf diese Weise beschäftigt sind, nicht mehr zur Schule zugelassen werden könne, ich bin unter diesen veränderten Umständen bereit, einen Vorschlag zu machen. Ich bin willens, mich deiner anzunehmen, Jupe, dich zu erziehen und für dich zu sorgen. Die einzige Bedingung, die ich (über dein gutes Betragen hinaus) stelle, ist, daß du dich jetzt und sofort entscheidest, ob du mich begleiten oder hierbleiben willst. Und wenn du mich jetzt begleitest, so versteht es sich, daß du nicht mehr mit einem deiner hier anwesenden Freunde Umgang pflegen wirst. Diese Bemerkungen enthalten alles, was zu dem Fall zu sagen ist.»

«Und damit man beide Seiten der Fahne auf gleiche Weise sehen kann, werter Herr», sagte Sleary, «muß ich jetzt mein Wort einwerfen. Wenn du Lehrling werden willst, Cecilia, so kennst du die Art der Arbeit, und du kennst deine Gefährten. Emma Gordon, der du gerade im Schoß liegst, würde dir eine Mutter sein, und Josephine würde dir eine Schwester sein. Ich maße mir nicht an, dem Engelsgeschlecht anzugehören, ich sage nur das eine, wenn du Mist baust, werde ich dich streng herunterputzen und dich mit ein paar Flüchen bedenken. Aber was ich sage, werter Herr, gut gelaunt oder schlecht gelaunt, bis jetzt hab ich nie einem Pferd was getan, nicht mehr als ihm ein paar Verwünschungen nachgeschrien, und ich hoffe nicht, daß ich das zu meinen Lebzeiten mit einem Reiter anders anfangen werde. Ich war nie kein großer Schwätzer, werter Herr, und was ich zu sagen hatte, hab ich gesagt.»

Der letzte Teil dieser Rede war an Mr. Gradgrind gerichtet, der sie mit würdevollem Neigen des Kopfes aufnahm und dann bemerkte:

«Als einziges, Jupe, um deinen Entschluß zu beeinflussen, will ich nur sagen, daß es höchst wünschenswert ist, eine gesunde, sachliche Erziehung zu genießen, und das scheint sogar dein Vater (soweit ich hörte) zu deinem Besten sehr wohl gewußt und gefühlt zu haben.»

Die letzten Worte übten eine sichtbare Wirkung auf sie aus. Sie hielt in ihrem wilden Schluchzen inne, löste sich ein wenig von Emma Gordon und wandte das Gesicht voll ihrem Gönner zu. Die ganze Schar bemerkte die gewaltige Veränderung und tat einen langen Atemzug, der deutlich sagte: Sie wird gehen!

«Du mußt wissen, was du willst, Jupe», warnte Mr. Gradgrind, «weiter sage ich nichts. Du mußt wissen, was du willst!»

«Wenn aber Vater zurückkommt», schluchzte das Mädchen, das nach einem minutenlangen Schweigen von neuem in Tränen ausgebrochen war, «wie soll er mich je finden, wenn ich fortgehe!»

«Du kannst ganz beruhigt sein», sagte Mr. Gradgrind gelassen, der das Ganze als ein Rechenexempel betrachtete, «über diesen Posten kannst du ganz beruhigt sein, Jupe. In solch einem Fall, meine ich, wird dein Vater Mr. ...»

«Sleary. Das ist mein Name, werter Herr. Schäme mich seiner nicht. In ganz England bekannt und kommt stets seinen Verbindlichkeiten nach.»

«Wird er also Mr. Sleary suchen müssen, der ihm dann sagen wird, wohin du gegangen bist. Ich hätte nicht die Macht, dich gegen seinen Wunsch zu behalten, und es würde ihm zu keiner Zeit Schwierigkeiten bereiten, Mr. Thomas Gradgrind aus Coketown ausfindig zu machen. Ich bin sehr bekannt.»

«Sehr bekannt», pflichtete Mr. Sleary bei und rollte sein bewegliches Auge. «Sie sind einer von der Sorte, werter Herr, die dem Zirkus einen hübschen Batzen Geld fernhalten. Aber lassen wir das jetzt.»

Wieder trat Schweigen ein, und dann rief Sissy schluchzend und die Hände vor dem Gesicht: «Oh, gebt mir meine Kleider, gebt mir meine Kleider und laßt mich gehen, ehe mir das Herz bricht!»

Die Frauen tummelten sich traurig, um ihre Kleider zusammenzusuchen – und das war bald getan, denn es waren nicht viele – und sie in einen Korb zu packen, der oft mit ihnen gereist war. Sissy saß die ganze Zeit auf dem Boden, immer noch schluchzend und die Augen bedeckt. Mr. Gradgrind und sein Freund Bounderby standen an der Tür, bereit, sie fortzuführen. Mr. Sleary stand, von den männlichen Mitgliedern seiner Schar umgeben, mitten im Zimmer, geradeso wie er während der Darbietung seiner Tochter Josephine mitten in der Manege gestanden hätte. Ihm fehlte nichts weiter als seine Peitsche.

Nachdem schweigend der Korb gepackt worden war, brachten sie ihr die Haube, glätteten das zerzauste Haar und setzten sie ihr auf. Dann drängten sie sich um sie, beugten sich in sehr unbefangenen Stellungen zu ihr hinab, küßten und umarmten sie und brachten ihr die Kinder zum Abschiednehmen und waren alle miteinander eine warmherzige, schlichte, närrische Sippschaft von Frauen.

«Nun, Jupe», sagte Mr. Gradgrind, «wenn du fest entschlossen bist, so komm!»

Aber sie mußte noch dem männlichen Teil der Truppe Lebewohl sagen, und jeder mußte die Arme ausbreiten (denn in Slearys Nähe pflegten alle ihre Berufshaltung einzunehmen) und ihr einen Abschiedskuß geben – nur Master Kidderminster nicht, dessen jungem Wesen der eigenartige Geruch des Misanthropen anhaftete und der überdies Heiratspläne gehegt haben soll und sich mürrisch zurückzog. Mr. Sleary wurde bis zum Schluß aufgehoben. Weit die Arme öffnend, nahm er Sissy bei beiden Händen und hätte sie wohl auf und nieder springen lassen, wie nach Stallmeisterart junge Damen beim Absitzen nach einer Galoppade beglückwünscht wurden, aber er fand bei Sissy kein Entgegenkommen, sie stand nur vor ihm und weinte.

«Leb wohl, mein Liebling!» sagte Sleary. «Ich hoffe, du wirst dein Glück machen, und ich bin gewiß, daß dich keiner von unserem armseligen Völkchen je belästigen wird. Ich wünschte, dein Vater hätte den Hund nicht mitgenommen, es ist unvorteilhaft, den Hund vom Programmzettel zu streichen. Aber wenn man es recht überlegt, hätte er ohne seinen Herrn keine Vorstellung gegeben, deshalb ist es einerlei!»

Dabei betrachtete er sie aufmerksam mit seinem starren

Auge, überblickte seine Truppe mit dem beweglichen, küßte sie, schüttelte den Kopf und führte sie zu Mr. Gradgrind wie zu einem Pferd.

«Da ist sie, werter Herr», sagte er, und überflog sie mit einem fachmännischen Blick, als setze sie sich im Sattel zurecht, «und sie wird Ihnen Ehre machen. Leb wohl, Cecilia!»

«Leb wohl, Cecilia!» – «Leb wohl, Sissy!» – «Gott segne dich, Liebchen!» – in einer Vielfalt von Stimmen aus dem ganzen Zimmer.

Doch das Stallmeisterauge hatte die Flasche mit dem Neunölbalsam in ihrem Ausschnitt entdeckt, und so unterbrach Sleary: «Laß die Flasche hier, mein Liebling, sie ist schwer zu tragen und wird dir jetzt nichts nützen. Gib sie mir!»

«Nein, nein!» rief sie, abermals in Tränen ausbrechend. «O nein! Bitte, laß sie mich für Vater aufheben, bis er zurückkommt! Er wird sie brauchen, wenn er zurückkommt. Nie und nimmer hat er an Fortgehen gedacht, als er mich danach schickte. Ich muß sie für ihn aufheben, wenn du erlaubst.»

«Sei's drum, mein Liebling. (Sie sehen, wie es ist, werter Herr!) Leb wohl, Cecilia! Mein letztes Wort an dich ist, halte dich an die Bedingungen deiner Stellung, gehorche dem werten Herrn und vergiß uns. Aber wenn du als erwachsene und verheiratete und wohlhabende Frau je auf einen Zirkus stößt, dann tu ihm nicht unrecht, beleidige ihn nicht, gib ihm ein Benefiz, wenn du kannst, und denke, daß du Schlimmeres tun könntest. Die Leute müssen irgendwie unterhalten werden, werter Herr», fuhr Sleary fort, kurzatmiger denn je von so viel Reden, «sie können nicht immer arbeiten, und sie können auch nicht immer lernen. Denk das Beste von uns, nicht das Schlimmste. Ich habe mir mein Leben lang den Unterhalt mit dem Zirkus verdient, ich weiß, aber ich glaube, daß ich die ganze Philosophie von der Sache ausdrücke, wenn ich zu Ihnen, werter Herr, sage, denken Sie das Beste von uns, nicht das Schlimmste!»

Die Sleary-Philosophie wurde gewichtig vorgetragen, als sie zusammen die Treppe hinuntergingen, und bald darauf verlor das feste Auge der Philosophie – desgleichen das bewegliche – die drei Gestalten und den Korb im Dunkel der Straße.

7. KAPITEL

MRS. SPARSIT

DA MR. BOUNDERBY JUNGGESELLE WAR, STAND EINE ältliche Dame für einen bestimmten Jahreslohn seinem Hauswesen vor. Diese Dame hieß Mrs. Sparsit und war eine hervorragende Begleiterscheinung in Mr. Bounderbys Wagen, wenn dieser mit dem Minusprotz darinnen im Triumph durch die Straßen rollte.

Denn Mrs. Sparsit hatte nicht nur bessere Tage gesehen, sondern hatte auch vornehme Verwandte. Sie besaß eine noch lebende Großtante namens Lady Scadgers. Mr. Sparsit, der Dahingeschiedene, als dessen Witwe sie hinterblieb, war mütterlicherseits «ein Powler», wie Mrs. Sparsit ihn immer noch nannte. An Fremden, die nur begrenzt unterrichtet und begriffsstutzig waren, wurde mitunter beobachtet, daß sie nicht wußten, was ein Powler war, und sogar unschlüssig zu sein schienen, ob es eine Beschäftigung, eine politische Partei oder ein Glaubensbekenntnis sei. Den höheren Geistesstufen brauchte jedoch nicht erst gesagt zu werden, daß die Powlers ein altes Geschlecht waren und ihren Ursprung so außerordentlich weit zurückverfolgen konnten, daß es kein Wunder war, wenn sie sich mitunter verirrten – was sie ziemlich häufig getan hatten, zu Pferden, Kartenspiel, jüdischen Geldgeschäften und dem Schuldgericht.

Der verstorbene Mr. Sparsit, der mütterlicherseits ein Powler war, heiratete diese Dame, die väterlicherseits eine Scadgers war. Lady Scadgers (eine enorm dicke alte Frau mit einem unmäßigen Appetit auf Schlachtfleisch und einem mysteriösen Bein, das sich seit nunmehr vierzehn Jahren weigerte, das Bett zu verlassen) bewerkstelligte die Heirat zu einer Zeit, da Sparsit gerade volljährig und vor allem bemerkenswert war als ein spärlicher Junge, den zwei lange, dünne Stelzen nur so eben trugen, und mit einem Kopf, der nicht der Rede wert ist. Er erbte von seinem Onkel ein hübsches Vermögen, das er jedoch bereits schuldete, ehe er es bekam, und gleich darauf in doppelter Höhe verbrauchte. So daß er bei seinem Tod im Alter von 24 Jahren (der Schauplatz seines Sterbens: Calais, die Ursache: Branntwein) seine Witwe, von der er sich bald nach den Flitterwochen getrennt hatte, in nicht gerade wohlhabenden Verhältnissen zurückließ. Die ihres Gatten beraubte fünfzehn Jahre ältere Dame stürzte sich gleich darauf in eine tödliche Fehde gegen ihre einzige Verwandte, Lady Scadgers, und ging, teils um Ihre Ladyschaft zu ärgern, teils um sich zu ernähren, in Lohn und Brot. Und da war sie nun in ihren ältlichen Jahren mit ihrer Coriolannase und den dichten schwarzen Brauen, die Sparsit so bezaubert hatten, und bereitete Mr. Bounderby den Tee, als er sein Frühstück einnahm.

Wäre Bounderby ein Eroberer und Mrs. Sparsit eine gefangene Prinzessin gewesen, die er als ein charakteristisches Merkmal in seinen Pomp- und Prachtumzügen mitführte, dann hätte er nicht mehr mit ihr prahlen können, als er gewöhnlich tat. So wie es zu seinem Protzentum gehörte, seine eigene Herkunft herabzusetzen, so gehörte es dazu, die von Mrs. Sparsit zu erhöhen. In dem Maße, wie er seiner eigenen Jugend nicht gestatten wollte, auch nur von einem einzigen Glücksumstand begleitet gewesen zu sein, verherrlichte er Mrs. Sparsits Jugendjahre mit jedem nur möglichen Vorzug und schüttete ganze Wagenladungen früher Rosen auf den Pfad dieser Dame. «Und doch, Sir», pflegte er zu sagen, «was kommt schließlich dabei heraus? Hier ist sie nun für ihre hundert Pfund im Jahr (ich gebe ihr hundert, die sie freigebig zu nennen beliebt) und führt Josiah Bounderby aus Coketown das Haus.»

Ja, er machte diese Zierde seiner Person so weitbekannt, daß Dritte danach griffen und bei Gelegenheit sehr lebhaften

Gebrauch davon machten. Es war eine der aufreizendsten Eigenschaften dieses Bounderby, daß er nicht nur selbst sein Loblied sang, sondern andere Leute antrieb, es zu singen. Er trug das moralische Gift der Effekthascherei in sich. Andernorts recht maßvolle Fremde sprangen bei Dinnergesellschaften in Coketown plötzlich auf und rühmten Bounderby auf geradezu üppig wuchernde Weise. Sie erklärten ihn, alles zusammengenommen, für die Verkörperung des königlichen Wappens, des Union Jack, der Magna Charta, John Bulls, der Habeas Corpusakte, der Bill of Rights, des «My home is my castle», von Kirche und Staat und «God save the Queen». Und sooft (und das war sehr oft) ein solcher Redner in sein Schlußwort einflocht:

«Mögen die Großen blühn oder welken,

ein Hauch kann sie schaffen, wie ein Hauch sie schuf...» – so war es unter der Gesellschaft mehr oder weniger ausgemacht, daß er von Mrs. Sparsit gehört hatte.

«Mr. Bounderby», sagte Mrs. Sparsit, «Sie sind heute morgen ungewöhnlich langsam mit Ihrem Frühstück, Sir.»

«Je nun, Madam», erwiderte er, «ich denke über Tom Gradgrinds Grille nach.» – Tom Gradgrind! In einem prahlerisch eigenmächtigen Ton, als sei jemand fortwährend bemüht, ihn durch ungeheure Summen zu bestechen, er solle Thomas sagen und er wolle nicht. – «Tom Gradgrinds Grille, Madam, das Gauklermädchen großzuziehen.»

«Das Mädchen wartet jetzt und möchte wissen», sagte Mrs. Sparsit, «ob sie geradewegs zur Schule oder nach Stone Lodge gehen solle.»

«Sie muß eben warten, Madam, bis ich es selber weiß», entgegnete Bounderby. «Ich denke, Tom Gradgrind wird gleich hier sein. Wenn er wünscht, daß sie noch ein, zwei Tage hierbleibt, dann kann sie es natürlich, Madam.»

«Natürlich kann sie es, wenn Sie es wünschen.»

«Ich habe ihm gestern abend gesagt, ich werde ihr hier ein Notlager geben, damit er es überschlafen kann, ehe er sich entschließt, sie mit Louisa zusammenzubringen.»

«Wirklich, Mr. Bounderby? Wie rücksichtsvoll von Ihnen!»

Mrs. Sparsits Coriolannase erfuhr ein leichtes Blähen der Nüstern, und ihre schwarzen Brauen zogen sich zusammen, als sie ein Schlückchen Tee nahm.

«Mir ist so ziemlich klar», sagte Bounderby, «daß das kleine Kätzchen nur wenig Gutes von einer solchen Gesellschaft haben kann.»

«Sprechen Sie von der jungen Miss Gradgrind, Mr. Bounderby?»

«Ja, Ma'am, ich spreche von Louisa.»

«Da sich Ihre Bemerkung auf ‹kleines Kätzchen› beschränkte», sagte Mrs. Sparsit, «und da von zwei jungen Mädchen die Rede ist, wußte ich nicht, welche mit diesem Ausdruck gemeint sein mochte.»

«Louisa», wiederholte Mr. Bounderby. «Louisa, Louisa!»

«Sie sind wie ein zweiter Vater zu Louisa, Sir.» Mrs. Sparsit trank noch ein wenig Tee, und als sie ihre abermals zusammengezogenen Brauen über die dampfende Tasse neigte, sah sie fast aus, als beschwöre ihr klassisches Antlitz die Götter der Unterwelt.

«Wenn Sie gesagt hätten, ich sei wie ein zweiter Vater zu Tom – den jungen Tom meine ich, nicht meinen Freund Tom Gradgrind –, hätten Sie es besser getroffen. Ich werde den jungen Tom in mein Büro nehmen. Werde ihn unter meine Fittiche nehmen, Ma'am.»

«Wirklich? Ist er nicht noch ziemlich jung dafür, Sir?» Mrs. Sparsits «Sir», wenn sie Mr. Bounderby anredete, war eine Förmlichkeit, deren Anwendung eher Achtung vor ihr erpreßte als ihm Ehre erwies.

«Ich werde ihn nicht gleich nehmen, vorher muß er erst mit seinem Teil Bildung genudelt worden sein», sagte Bounderby. «Gottverdanzig, über kurz oder lang wird er genug davon haben. Die Augen würde er aufsperren, dieser Junge, wenn er wüßte, wie leer *mein* junger Magen in seinem Alter an Schulwissen war.» Was er, nebenbei gesagt, vermutlich wußte, denn er hatte es oft genug gehört. «Aber es ist doch außergewöhnlich, welche Schwierigkeiten ich bei Dutzenden von solchen Anlässen habe, mit jemandem auf gleicher Ebene zu sprechen. Zum Beispiel habe ich heute morgen über Gaukler zu Ihnen gesprochen. Und was wissen *Sie* von Gauklern? Zu der Zeit, als es mir ein Gottesgeschenk, ein Lotteriegewinn gewesen wäre, ein Gaukler im Schmutz der Straße zu sein, besuchten Sie die Italienische Oper. Sie kamen aus der Italienischen Oper, Ma'am, in weißem Atlas und Juwelen, ein Strahlenglanz von Pracht und Herrlichkeit, während ich keinen Pfennig hatte, eine Fackel zu kaufen und Ihnen zu leuchten.»

«Gewiß, Sir, die Italienische Oper war mir in sehr frühem Alter vertraut», entgegnete Mrs. Sparsit mit gelassen trauervoller Würde.

«Wahrhaftig, Ma'am, und mir nicht minder», sagte Bounderby, «allerdings nur ihre Kehrseite. Das Pflaster ihrer Arkade war ein hartes Bett, das kann ich Ihnen sagen. Leute wie Sie, Ma'am, die von Kind an gewohnt sind, auf Daunen zu liegen, können sich keine Vorstellung davon machen, *wie* hart ein Pflasterstein ist, wenn Sie es nicht probiert haben. Nein, nein, es hat keinen Sinn, *Ihnen* etwas von Gauklern zu erzählen. Ich sollte von ausländischen Tänzern sprechen, vom Londoner West End, von Mayfair und von Lords und Ladies und Ehrenwerten.»

«Ich glaube, Sir», versetzte Mrs. Sparsit mit schicklicher Resignation, «es ist nicht vonnöten, daß Sie dergleichen tun. Ich hoffe, ich habe es gelernt, mich den Wechselfällen des Lebens anzupassen. Wenn ich einen Reiz darin gefunden habe, Ihren lehrreichen Erfahrungen zu lauschen, und schwerlich genug davon hören kann, so nehme ich dafür kein persönliches Verdienst in Anspruch, da ich glaube, daß alle so empfinden.»

«Schön, Ma'am», entgegnete ihr Gönner, «vielleicht gefällt es manchen Leuten, zu behaupten, sie hörten Josiah Bounderby aus Coketown gern auf seine ungeschminkte Art erzählen, was er durchgemacht hat. Aber Sie müssen zugeben, daß Sie selbst im Schoß üppigen Wohllebens geboren wurden. Ach was, Ma'am, Sie wissen, daß Sie im Schoße üppigen Wohllebens geboren wurden.»

«Ich leugne es nicht, Sir», erwiderte Mrs. Sparsit und schüttelte den Kopf.

Mr. Bounderby mußte unbedingt vom Tisch aufstehen und sich vor den Kamin stellen, während er sie anschaute; sie stellte eine solche Erhöhung seiner Position dar.

«Und Sie bewegten sich in vorzüglichen Gesellschaftskreisen. Verteufelt vornehmen Gesellschaftskreisen», sagte er und wärmte sich die Beine.

«Das ist wahr, Sir!» antwortete Mrs. Sparsit mit einer zur Schau getragenen Bescheidenheit, die seiner genau entgegengesetzt war und daher keine Gefahr lief, mit ihr zusammenzustoßen.

«Sie gingen nach der allerfeinsten Mode gekleidet und was sonst noch dazu gehört», sagte Mr. Bounderby.

«Ja, Sir», erwiderte Mrs. Sparsit, als laste auf ihr eine Art gesellschaftlichen Wittums. «Das ist fraglos wahr.»

Mr. Bounderby beugte sich bis zu den Knien hinunter, umarmte vor Genugtuung buchstäblich seine Beine und lachte laut. Als nun Mr. und Miss Gradgrind gemeldet wurden, begrüßte er den ersten mit einem Händedruck, die zweite mit einem Kuß.

«Kann Jupe geholt werden, Bounderby?» fragte Mr. Gradgrind.

Gewiß doch. Also wurde Jupe geholt. Als sie eintrat, knickste sie vor Mr. Bounderby und vor seinem Freund Tom Gradgrind und auch vor Louisa; übersah jedoch in ihrer Verwirrung unglücklicherweise Mrs. Sparsit. Da es dem Prahlhans Bounderby nicht entging, fühlte er sich zu der folgenden Bemerkung bemüßigt:

«Ich werde dir mal was sagen, Mädchen. Die Dame neben der Teekanne heißt Mrs. Sparsit. Diese Dame stellt hier die Hausherrin vor, und sie ist eine Dame mit vornehmer Verwandtschaft. Folglich wirst du, wenn du wieder einmal ein Zimmer dieses Hauses betrittst und dich gegen diese Dame nicht in der ehrerbietigsten Weise benimmst, nicht lange hierbleiben. Ich schere mich einen Pfifferling drum, wie du dich gegen mich verhältst, weil ich mir nicht anmaße, jemand zu sein. Weit davon entfernt, vornehme Verwandte zu besitzen, habe ich überhaupt keine Verwandten und stamme aus dem Abschaum der Erde. Aber ich schere mich darum, wie du dich gegen diese Dame verhältst, und du sollst dich achtungsvoll und ehrerbietig verhalten oder gar nicht erst herkommen.»

«Ich hoffe, es war nur ein Versehen, Bounderby», sagte Mr. Gradgrind in versöhnlichem Ton.

«Mein Freund Tom Gradgrind meint, es sei nur ein Versehen gewesen, Mrs. Sparsit», sagte Bounderby. «Sehr wahrscheinlich. Doch, wie Sie merken, Ma'am, dulde ich nicht einmal ein Versehen gegen Sie.»

«Sie sind wirklich sehr gütig, Sir», entgegnete Mrs. Sparsit und schüttelte in ihrer erhaben feierlichen Bescheidenheit den Kopf. «Es ist nicht der Rede wert.»

Sissy, welche die ganze Zeit mit Tränen in den Augen schwache Entschuldigungen vorgebracht hatte, wurde nun von dem Herrn des Hauses zu Mr. Gradgrind gewinkt. Sie stand und sah ihn aufmerksam an, und daneben stand, gefühllos und die Augen zu Boden geschlagen, Louisa, während Mr. Gradgrind folgendermaßen sprach:

«Jupe, ich habe mich entschlossen, dich in mein Haus zu nehmen und dich, wenn du nicht in der Schule bist, bei Mrs. Gradgrind zu beschäftigen, die fast eine Kranke zu nennen ist. Ich habe Miss Louisa – dies ist Miss Louisa – das jämmerliche, wenn auch natürliche Ende deiner Laufbahn erläutert, und du hast ausdrücklich zu begreifen, daß die ganze Sache der Vergangenheit angehört und nicht mehr erwähnt werden darf. Von heute an beginnt deine Lebensgeschichte. Ich weiß, du bist jetzt noch unwissend.»

«Ja, Sir, sehr», antwortete sie knicksend.

«Es wird mir eine Genugtuung sein, dich streng erziehen zu lassen, und du wirst für alle, mit denen du zusammenkommst, der lebende Beweis für die Vorteile der erhaltenen Erziehung sein. Du wirst auf die rechte Bahn gelenkt und geformt werden. Gewiß pflegtest du deinem Vater und den Leuten, unter denen ich dich fand, vorzulesen?» fragte Mr. Gradgrind, der sie vor diesen Worten näher zu sich herangewinkt und seine Stimme gesenkt hatte.

«Nur Vater und Merrylegs, Sir. Wenigstens Vater, meine ich, und Merrylegs war immer dabei.»

«Kümmere dich nicht um Merrylegs, Jupe», sagte Mr. Gradgrind mit flüchtigem Stirnrunzeln. «Nach dem frage ich nicht. Soweit ich verstehe, pflegtest du deinem Vater vorzulesen?»

«O ja, Sir, tausendmal. Das waren die glücklichsten – oh, von allen glücklichen Stunden, die wir miteinander hatten, Sir!»

Erst jetzt, als ihr Kummer durchbrach, blickte Louisa sie an.

«Und was hast du deinem Vater vorgelesen, Jupe?» fragte Mr. Gradgrind mit noch leiserer Stimme.

«Über Feen, Sir, und den Zwerg und den Buckligen und die Schutzgeister», schluchzte sie heraus, «und über…»

«Still!» sagte Mr. Gradgrind. «Das reicht. Sprich nie wieder ein Wort von so verderblichem Unsinn. Bounderby, dies ist ein Fall für strenge Erziehung, und ich werde sie mit Interesse beobachten.»

«Gut», gab Bounderby zurück, «ich habe Ihnen bereits meine Meinung gesagt, ich würde nicht so handeln wie Sie. Aber gut. Da Sie nun mal dazu entschlossen sind, sehr gut!»

So nahmen Mr. Gradgrind und seine Tochter Cecilia mit nach Stone Lodge, und Louisa sprach unterwegs kein Wort, weder ein gutes noch ein böses. Und Mr. Bounderby ging seinen Tagesgeschäften nach. Und Mrs. Sparsit zog sich hinter ihre Augenbrauen zurück und grübelte im Düster dieser Zurückgezogenheit den ganzen Vormittag.

8. Kapitel

Niemals wundern

Lasst uns wieder den Grundton anschlagen, ehe wir die Melodie fortsetzen.

Als Louisa ein halbes Dutzend Jahre jünger war, hatte man sie eines Tages eine Unterhaltung mit ihrem Bruder folgendermaßen beginnen hören: «Ich wundere mich, Tom...», worauf Mr. Gradgrind, ebenjene Person, die es hörte, ins Licht trat und sagte: «Niemals wundern, Louisa!»

Hierin lag der Ursprung der Technik und des Geheimnisses, die Vernunft zu bilden, ohne sich zur Pflege von Empfindungen und Gemütsbewegungen zu erniedrigen. Niemals wundern. Bestimme alles und jedes irgendwie durch Addition, Subtraktion, Multiplikation und Division und wundere dich niemals. Bringt mir, sagt M'Choakumchild, das Kind, das eben laufen kann, und ich verpflichte mich, daß es sich niemals wundern wird.

Nun, außer sehr vielen Kindern, die eben laufen konnten, gab es in Coketown zufällig eine beträchtliche Menge Kinder, die seit zwanzig, dreißig, vierzig, fünfzig Jahren und mehr innerhalb einer bestimmten Frist der unendlichen Welt zugewandert waren. Da dergleichen ominöse Kinder alarmierende Geschöpfe für jede menschliche Gesellschaft sind, in der sie umherschleichen, zerkratzten die achtzehn Sekten unablässig einander das Gesicht und rissen sich an den Haaren, um sich über die Schritte zu verständigen, die zu ihrer Besserung unternommen werden müßten – was ihnen jedoch nie glückte, ein überraschender Umstand, wenn man die glückliche Anwendung der Mittel zu diesem Zweck bedenkt. Doch obwohl sie sich in jeder anderen, begreiflichen oder unbegreiflichen (vor allem unbegreiflichen), Einzelheit unterschieden, über den Punkt, daß sich diese unseligen Kinder niemals zu wundern hätten, waren sie sich ziemlich einig. Partei Nummer eins sagte, sie müßten alles auf Treu und Glauben hinnehmen. Partei Nummer zwei sagte, sie müßten alles vom Standpunkt der Volkswirtschaftslehre aus erfassen. Partei Nummer drei schrieb für sie unbeholfene kleine Bücher, in denen sie darlegte, wie das gut erzogene Kind unweigerlich den Weg zur Sparkasse fände und das schlecht erzogene Kind unweigerlich deportiert werde. Partei Nummer vier erging sich unter langweiligen Vorspiegelungen, spaßig zu sein (da sie doch in Wirklichkeit sehr trübselig war), in den einfältigsten Vorspiegelungen, Fallgruben des Wissens zu verdecken, in welche sich diese Kinder folgsam hineinschmuggeln oder verlocken lassen müßten. Doch alle Parteien stimmten überein, daß sie sich niemals zu wundern hätten.

In Coketown gab es eine Bibliothek, die für jedermann leicht zugänglich war. Mr. Gradgrind zerbrach sich redlich den Kopf darüber, was die Leute in dieser Bibliothek wohl lasen: Ein Punkt, über den kleine Flüsse von tabellarischen Übersichten regelmäßig in den brüllenden Ozean von tabellarischen Übersichten fluteten, aus dessen Tiefe kein Taucher, der hinabgestiegen war, mit gesundem Verstand wieder nach oben kam. Es war ein entmutigender Umstand, aber eine traurige Tatsache, daß selbst diese Leser dabei blieben, sich zu wundern. Sie wunderten sich über die menschliche Natur, die menschlichen Leidenschaften, die menschlichen Hoffnungen und Ängste, die Kämpfe, Triumphe und Niederlagen, die Sorgen und Freuden und Schmerzen, über Leben und Tod ganz gewöhnlicher Männer und Frauen! Manchmal setzten sie sich nach fünfzehn Stunden Arbeit hin, um bloße Lügengeschichten über Männer und Frauen zu lesen, die ihnen mehr oder weniger glichen, oder über Kinder, die mehr oder weniger ihren eigenen glichen. Statt Euklid drückten sie Defoe an die Brust und schienen überhaupt mehr Trost in Gold-

smith als in Cocker zu finden. Mr. Gradgrind arbeitete ständig, nach dem, was im Buchhandel vorhanden war oder bereits vergriffen, an diesem exzentrischen Rechenexempel,
und konnte nie herausbekommen, wie das unerklärliche
Ergebnis zustande kam.

«Mein ganzes Leben ist mir zuwider, Lou. Ich hasse es,
und ich hasse alle außer dir», sagte der unnatürliche junge
Thomas Gradgrind zur Dämmerzeit im Haarschneidezim-
mer.

«Aber Sissy haßt du doch nicht, Tom?»

«Ich hasse es, daß ich sie Jupe nennen muß. Und sie haßt
mich», antwortete Tom verdrießlich.

«Nein, das tut sie nicht, Tom, bestimmt nicht.»

«Sie muß es», entgegnete Tom. «Sie muß ja unsere ganze
Sippschaft hassen und verabscheuen. Ich glaube, sie werden
ihr völlig den Kopf abquälen, ehe sie mit ihr fertig sind. Schon
wird sie bleich wie Wachs und so niedergedrückt wie ... ich.»

Diese Empfindungen äußerte der junge Thomas, während
er rittlings auf einem Stuhl vor dem Kamin saß, die Arme auf
der Rückenlehne und das mürrische Gesicht auf den Armen.
Seine Schwester saß in der dunkleren Kaminecke und blickte
bald auf ihn, bald auf die hellen Funken, die auf den Rost
fielen.

«Was mich betrifft», sagte Tom, während er mit ärgerlichen Händen sein Haar auf jede nur erdenkliche Weise
durcheinanderbrachte, «so bin ich ein Esel, ja, das bin ich. Ich
bin ebenso störrisch, ich bin noch dümmer, ich habe ebensoviel Spaß, und ich möchte ebensogern ausschlagen.»

«Hoffentlich nicht gegen mich, Tom?»

«Nein, Lou, dir würde ich nichts tun. Dich hab ich gleich
zu Anfang ausgenommen. Ich weiß nicht, was dieses ... ge-
mütliche ... gelbsüchtige Gefängnis ohne dich wäre.» Tom
hatte gestockt, um einen hinreichend schmeichelhaften und
ausdrucksvollen Namen für sein väterliches Dach zu finden,
und schien sein Gemüt für einen Augenblick durch die kräf-
tige Alliteration dieser Bezeichnung zu erleichtern.

71

«Nicht möglich! Meinst du's wirklich und wahrhaftig?»

«Natürlich. Darüber gibt's gar nichts zu reden!» erwiderte Tom und rieb sein Gesicht am Ärmel, als wolle er sein Fleisch kasteien, um es mit seinem Geist in Einklang zu bringen.

«Weil ich, da ich nun älter werde, Tom, und bald erwachsen bin», sagte seine Schwester, nachdem sie eine Weile still die Funken beobachtet hatte, «oft hier sitze und mich wundere und denke, welch ein Unglück es für mich ist, daß ich dich mit unserem Zuhause nicht besser aussöhnen kann, als es mir möglich ist. Ich weiß nicht, was andere Mädchen wissen. Ich kann dir nichts vorspielen oder vorsingen. Ich kann dir nichts erzählen, um dein Gemüt aufzuhellen, denn ich sehe nie etwas Vergnügliches oder lese irgendwelche vergnüglichen Bücher, wovon ich dir zur Freude oder Erleichterung erzählen könnte, wenn dir alles zuwider ist.»

«Mir geht es ja nicht anders. In der Hinsicht bin ich ebenso schlimm daran wie du, und außerdem bin ich ein Maulesel, was du nicht bist. Wenn Vater beschlossen hatte, entweder einen Neunmalklugen oder einen Maulesel aus mir zu machen, so ist, da ich kein Neunmalkluger bin, billigerweise anzunehmen, daß ich ein Maulesel sein muß. Und das bin ich», schloß Tom hoffnungslos.

«Es ist ein Jammer, Tom», sagte Louisa, abermals nach einer Pause, und ihre Worte kamen gedankenvoll aus der dunklen Ecke. «Es ist ein Jammer, Tom. Es ist ein großes Unglück für uns beide.»

«Ach, du», rief Tom aus, «du bist ein Mädchen, Lou, und ein Mädchen kommt aus so was besser heraus als ein Junge. An dir fehlt mir nichts. Du bist die einzige Freude, die ich habe – du kannst sogar diesen Ort hell machen –, und du kannst mich immer lenken, wie du willst.»

«Du bist ein lieber Bruder, Tom, und weil du glaubst, daß ich so etwas tun kann, macht es mir nicht soviel aus, es besser zu wissen. Freilich weiß ich es besser, Tom, und das bekümmert mich sehr.» Sie kam und küßte ihn und ging wieder zurück in ihren Winkel.

«Ich wünschte, ich könnte all die Tatsachen einsammeln, über die wir so viel hören», sagte Tom, feindselig mit den Zähnen knirschend, «und all die Zahlen und all die Leute, die sie entdeckt haben, und ich wünschte, ich könnte tausend Fässer Schießpulver darunterlegen und dann das Ganze in die Luft sprengen! Aber wenn ich bei dem alten Bounderby bin, werde ich mich schon rächen.»

«Dich rächen, Tom?»

«Ich meine, ich werde mich ein bißchen amüsieren und mich umtun und etwas sehen und etwas hören. Ich werde mich für die Art und Weise entschädigen, wie ich erzogen wurde.»

«Täusche dich nicht von vornherein, Tom. Mr. Bounderby denkt genauso, wie Vater denkt, und er ist ein ganz Teil strenger und nicht halb so freundlich.»

«Oh», lachte Tom, «das schert mich nicht. Ich werde den alten Bounderby schon ganz gut zu nehmen und zu besänftigen wissen.»

Ihre Schatten an der Wand waren genau abgegrenzt, die der hohen Schränke im Zimmer waren jedoch an Wand und Decke ineinander übergegangen, als wölbe sich über Bruder und Schwester eine düstere Höhle. Vielleicht auch hätte eine wunderliche Phantasie – wenn eine solche Verräterei hier möglich gewesen wäre – darin den Schatten ihres Gesprächs und seine düstere Verkettung mit ihrer Zukunft sehen können.

«Wie heißt dein großartiges Verfahren, Bounderby zu besänftigen und zu nehmen, Tom? Ist es ein Geheimnis?»

«Ach», sagte Tom, «wenn es ein Geheimnis ist, so doch kein fernliegendes. Du bist sein Schätzchen, du bist sein Liebling, für dich wird er alles tun. Wenn er mir etwas sagt, was mir nicht gefällt, dann werde ich zu ihm sagen: ‹Es wird meine Schwester Lou kränken und enttäuschen, Mr. Bounderby. Sie hat mir immer gesagt, sie sei überzeugt, daß Sie nachsichtiger gegen mich sein würden, als Sie es jetzt sind.› Das wird ihn zu sich bringen, nichts anderes.»

Nachdem er auf eine entsprechende Äußerung gewartet und keine erhalten hatte, fiel Tom überdrüssig in die Gegenwart zurück und wand sich gähnend um die Querhölzer seines Stuhls und zerzauste sein Haar immer mehr, bis er plötzlich aufblickte und fragte:

«Bist du eingeschlafen, Lou?»

«Nein, Tom. Ich sehe ins Feuer.»

«Du scheinst darin mehr zu sehen, als ich je darin entdecken konnte», sagte Tom. «Vermutlich noch einer von den Vorzügen, ein Mädchen zu sein.»

«Tom», fragte seine Schwester langsam und in einem sonderbaren Ton, als läse sie ihre Frage aus dem Feuer ab und als sei sie dort nicht sehr deutlich niedergeschrieben, «siehst du dieser Übersiedlung zu Mr. Bounderby mit ein wenig Freude entgegen?»

«Na ja, dazu läßt sich nur eins sagen», gab Tom zurück, während er den Stuhl zurückstieß und aufstand, «es bedeutet, vom Zuhause fortzukommen.»

«Dazu läßt sich nur eins sagen», wiederholte Louisa in demselben sonderbaren Ton wie vorhin «es bedeutet, vom Zuhause fortzukommen. Ja.»

«Nicht daß es mir nicht sehr gegen den Strich gehen wird, dich zu verlassen, Lou, und dich hierzulassen. Aber du weißt, ich muß gehen, ob ich will oder nicht, und es ist besser, wenn ich dorthin gehe, wohin ich den Vorteil deines Einflusses mitnehmen kann, als anderswohin, wo ich ihn ganz verlieren würde. Siehst du das nicht ein?»

«Doch, Tom.»

Die Antwort hatte lange auf sich warten lassen, obgleich sie keine Unschlüssigkeit verriet, so daß Tom sich über die Rückenlehne von Louisas Stuhl beugte, um das Feuer, das seine Schwester so in Anspruch nahm, aus ihrem Blickwinkel zu betrachten und zu sehen, was er daraus lesen könne.

«Abgesehen davon, daß es ein Feuer ist», sagte Tom, «sieht es mir so dumm und leer aus wie alles andere. Was siehst du darin? Doch keinen Zirkus?»

«Ich sehe nichts Besonderes darin, Tom. Aber seit ich darauf blicke, wundere ich mich, wie wir beide als Erwachsene sein werden.»

«Wieder das Wundern!» sagte Tom.

«Ich habe so unlenksame Gedanken», entgegnete seine Schwester, «daß sie sich wundern *wollen*.»

«Dann bitte ich dich aber, Louisa», sagte Mrs. Gradgrind, die, ohne daß sie es hörten, die Tür geöffnet hatte, «um Himmels willen nichts dieser Art zu tun, du unbedachtes Mädchen, sonst werde ich es nicht zum letztenmal von deinem Vater gehört haben. Und du, Thomas, während mich mein armer Kopf ständig so quält, ist es wirklich schändlich, daß ein Junge, der so erzogen ist wie du und dessen Erziehung so viel Geld gekostet hat, dabei ertappt wird, wie er seine Schwester zum Wundern ermutigt, wo er doch weiß, daß sein Vater ausdrücklich gesagt hat, sie soll es nicht.»

Louisa stritt Toms Beteiligung an dem Verstoß ab, doch ihre Mutter brachte sie mit der endgültigen Antwort zum Schweigen: «Widersprich mir nicht bei meinem Gesundheitszustand, Louisa; denn es ist moralisch und physisch unmöglich, daß du es getan haben könntest, wenn du nicht ermuntert worden wärst.»

«Ich wurde durch nichts ermuntert, Mutter, außer durch die roten Funken, die aus dem Feuer fielen und grau wurden und erloschen. Sie brachten mich schließlich auf den Gedanken, wie kurz mein Leben sein würde und wie wenig ich hoffen könnte, darin etwas zu vollbringen.»

«Unsinn!» sagte Mrs. Gradgrind fast energisch. «Unsinn! Steh hier nicht herum und erzähl mir ins Gesicht hinein dergleichen dummes Zeug, wo du doch sehr gut weißt, wenn es deinem Vater je zu Ohren kommt, werde ich es nicht das letzte Mal von ihm gehört haben. Nach all der Mühe, die auf dich verwandt wurde. Nach den Lektionen, die du gehabt hast, nach den Versuchen, denen du beigewohnt hast! Nachdem ich dich selber, als meine ganze rechte Seite gelähmt war, mit deinem Lehrer die Verbrennung und die Kalzination und die

Wärmeerzeugung und überhaupt jede Art -ung und -ation habe durchnehmen hören, die eine arme Kranke rein verrückt machen können, muß ich jetzt hören, wie du in dieser ungereimten Weise über Funken und Asche redest! Ich wünschte», wimmerte Mrs. Gradgrind, während sie auf einen Stuhl fiel und ihren schärfsten Pfeil abschoß, ehe sie diesen bloßen Schatten von Tatsachen erlag, «ja, ich wünschte *wirklich*, ich hätte nie eine Familie gehabt, dann hättet ihr schon gesehen, wie es ohne mich ist.»

9. Kapitel

Sissys Fortschritte

Sissy Jupe hatte es zwischen Mr. M'Choakumchild und Mrs. Gradgrind nicht leicht, und in den ersten Monaten ihrer Bewährung hatte sie oft das heftige Verlangen, einfach davonzulaufen. Den ganzen Tag über hagelte es so kräftig Tatsachen, und das Leben im allgemeinen wurde ihr als ein so mit Regeln vollgestopftes Rechenbuch aufgeschlagen, daß sie ganz gewiß fortgelaufen wäre, wenn es nicht ein Hindernis gegeben hätte.

Es ist bedauerlich, aber dieses Hindernis war nicht das Resultat eines arithmetischen Lösungsverfahrens, sondern aller Berechnung zum Trotz selbst aufgebürdet und widersprach jeder Wahrscheinlichkeitstabelle, die irgendein Statistiker auf Grund des Vorhergesagten angelegt hätte. Sissy glaubte nicht, daß ihr Vater sie verlassen habe; sie lebte in der Hoffnung, er werde zurückkommen, und in dem Glauben, es werde ihn um so glücklicher machen, wenn sie bliebe, wo sie war.

Die nichtswürdige Unwissenheit, mit der sich Jupe an diesen Trost klammerte und den erhabeneren, auf gesunder arithmetischer Grundlage fußenden Trost des Wissens zurückwies, daß ihr Vater ein unnatürlicher Landstreicher sei, erfüllte Mr. Gradgrind mit Bedauern. Doch was war zu tun? M'Choakumchild berichtete, daß sie für Zahlen einen sehr unzugänglichen Kopf habe; daß sie, nachdem sie einmal eine allgemeine Vorstellung von der Erdkugel gewonnen habe, doch das denkbar geringste Interesse an ihren exakten Messungen nähme; daß sie überaus langsam im Erlernen von Daten sei, außer wenn zufällig ein mitleiderregendes Ereignis

77

mit ihnen verbunden wäre; daß sie in Tränen ausbreche, wenn von ihr verlangt werde, augenblicklich (aus dem Kopf) zu sagen, wieviel zweihundertsiebenundvierzig Musselinmützen zu vierzehneinhalb Pence das Stück kosten; daß sie in der Schule so schlecht stehe, wie es nur möglich sei; daß sie nach acht Wochen Einführung in die Anfangsgründe der Volkwirtschaftslehre erst gestern von einem vorlauten Dreikäsehoch berichtigt worden wäre, als sie auf die Frage: Welches ist der erste Grundsatz dieser Wissenschaft? die ungereimte Antwort gegeben habe: «Gegen andere so zu handeln, wie ich mir wünsche, daß sie gegen mich handeln.»

Mr. Gradgrind bemerkte kopfschüttelnd, dies sei alles sehr schlimm, es zeige die Notwendigkeit, die Mühle des Wissens endlos weiterzudrehen nach System, Liste, Blaubuch, Bericht und tabellarischen Übersichten von A bis Z, und Jupe «müsse dazu angehalten werden». So wurde Jupe angehalten und wurde niedergedrückt, aber nicht klüger.

«Es wäre schön, wenn ich wie Sie wäre, Miss Louisa!» sagte sie eines Abends, als sich Louisa bemüht hatte, ihr die Schwierigkeiten für den nächsten Tag ein wenig zu benehmen.

«Meinst du?»

«Ich würde so viel wissen, Miss Louisa. All das, was jetzt so schwierig für mich ist, würde mir dann so leichtfallen.»

«Du wärst vielleicht nicht besser dran, Sissy.»

Nach einem kleinen Zögern erklärte Sissy: «Ich wäre nicht schlimmer dran, Miss Louisa.» Worauf Miss Louisa antwortete: «Das weiß ich nicht.»

Es hatte zwischen diesen beiden so wenig Gedankenaustausch gegeben – weil das Leben in Stone Lodge einförmig im Kreise verlief wie eine Maschine, die jede menschliche Einmischung abschreckte, und auch wegen des Verbots, Sissys frühere Laufbahn zu berühren –, daß sie einander immer noch fast fremd waren. Sissy, die ihre dunklen Augen verwundert auf Louisas Gesicht gerichtet hatte, wußte nicht recht, ob sie noch mehr sagen oder still sein sollte.

«Du bist meiner Mutter nützlicher und angenehmer, als ich es je sein kann», fuhr Louisa fort. «Du bist dir selbst angenehmer, als *ich* es *mir* bin.»

«Aber ich bitte Sie, Miss Louisa», wandte Sissy ein, «ich bin doch – oh, so dumm!»

Louisa sagte ihr mit hellerem Lachen als sonst, sie werde schon nach und nach klüger werden.

«Sie wissen nicht», entgegnete Sissy weinend, «was für ein dummes Mädchen ich bin. Die ganzen Schulstunden durch mache ich Fehler. Mr. und Mrs. M'Choakumchild rufen mich immer wieder auf, und regelmäßig mache ich Fehler. Ich kann nicht anders. Sie scheinen bei mir ganz natürlich zu sein.»

«Mr. und Mrs. M'Choakumchild machen selbst wohl niemals Fehler, Sissy?»

«O nein!» gab sie eifrig zurück. «Die wissen alles.»

«Erzähl mir ein paar von deinen Fehlern.»

«Ich schäme mich beinahe», antwortete Sissy widerstrebend. «Aber heute zum Beispiel hat Mr. M'Choakumchild über den normalen Wohlstand zu uns gesprochen.»

«Der nationale wird es wohl gewesen sein», bemerkte Louisa.

«Ja, richtig. – Aber ist das nicht dasselbe?» fragte sie schüchtern.

«Du solltest lieber nationaler sagen, weil er selbst es so gesagt hat», erwiderte Louisa mit ihrer nüchternen Zurückhaltung.

«Über den nationalen Wohlstand. Und er sagte, dieses Schulzimmer ist jetzt eine Nation. Und in dieser Nation stecken fünfzig Millionen an Geld. Ist das nicht eine wohlhabende Nation? Mädchen Nummer zwanzig, ist das nicht eine wohlhabende Nation, und befindest du dich nicht in einer glücklichen Lage?»

«Was hast du geantwortet?» fragte Louisa.

«Ich sagte, ich weiß es nicht, Miss Louisa. Ich dachte, ich kann nicht wissen, ob es eine wohlhabende Nation ist oder nicht und ob ich mich in einer glücklichen Lage befinde oder nicht, wenn ich nicht weiß, wem das Geld gehört und ob irgend etwas davon mir gehört. Aber das hatte nichts damit zu tun. Es war überhaupt nicht in den Zahlen enthalten», sagte Sissy und wischte sich die Augen.

«Das war ein großer Fehler von dir», bemerkte Louisa.

«Ja, Miss Louisa, jetzt weiß ich es, daß es einer war. Dann sagte Mr. M'Choakumchild, er will mich noch einmal prüfen. Und er sagte, dies Schulzimmer ist eine riesige Stadt, und sie hat eine Million Einwohner, und nur fünfundzwanzig sterben im Laufe eines Jahres auf der Straße vor Hunger. Was hast du zu diesem Verhältnis zu sagen? Und ich sagte – etwas Besseres fiel mir nicht ein –, daß ich glaube, für die, die verhungern, müsse es gleich schlimm sein, ob die andern eine Million sind oder eine Million Millionen. Und das war auch falsch.»

«Natürlich.»

«Dann sagte Mr. M'Choakumchild, er will mich noch einmal auf die Probe stellen. Und er sagte, hier haben wir die Stotteristiken...»

«Statistiken», sagte Louisa.

«Ja, Miss Louisa – sie erinnern mich immer an Stottern, und das ist wieder ein Fehler von mir –, der Unfälle auf See. Und ich ersehe daraus (sagte Mr. M'Choakumchild), daß sich in einem bestimmten Zeitraum hunderttausend Personen auf lange Seereisen begaben und daß nur fünfhundert von ihnen den Tod durch Ertrinken oder Verbrennen fanden. Wieviel Prozent sind das? Und ich sagte, Miss», hier schluchzte Sissy, als bekenne sie sich mit äußerster Zerknirschung zu ihrem größten Fehler, «ich sagte, gar keine.»

«Gar keine, Sissy?»

«Gar keine, Miss Louisa – für die Verwandten und Freunde der Leute, die umkamen. Ich werde es nie lernen», sagte Sissy. «Und das schlimmste von allem ist, obwohl ich so bestrebt bin zu lernen, weil er es gern haben wollte, fürchte ich doch, es gefällt mir nicht.»

Louisa blickte auf das hübsche, bescheidene Gesicht, das

sich beschämt vor ihr senkte, bis es sich wieder hob und die Augen zu ihr aufschlug. Dann fragte sie:

«Wußte dein Vater selber so viel, daß er wünschte, auch du solltest gut unterrichtet werden, Sissy?»

Sissy zögerte mit der Antwort und zeigte ihr Gefühl dafür, daß sie verbotenen Boden betraten, so offen, daß Louisa hinzufügte: «Niemand hört uns, und wenn auch, ich bin überzeugt, daß man an einer so harmlosen Frage nichts Schlimmes finden kann.»

«Nein, Miss Louisa», antwortete Sissy nach dieser Ermutigung und schüttelte den Kopf, «Vater weiß wirklich sehr wenig. Nur eben, daß er schreiben kann, aber im allgemeinen ist es von den Leuten schon zuviel verlangt, sein Geschriebenes zu lesen. Obwohl es für *mich* ganz deutlich ist.»

«Deine Mutter?»

«Vater sagt, sie war eine richtige Gelehrte. Sie starb, als ich geboren wurde. Sie war», diese schreckliche Mitteilung machte Sissy sehr schüchtern, «sie war eine Tänzerin.»

«Liebte dein Vater sie?» Louisa stellte all diese Fragen mit dem heftigen, ungestümen und unsteten Interesse, das ihr eigen war, einem Interesse, das umherirrte wie ein verbanntes Geschöpf und sich an einsamen Orten verbarg.

«O ja! So innig wie mich. Zuerst liebte mich Vater um ihretwillen. Er trug mich mit sich herum, als ich noch ein ganz kleines Kind war. Von da an sind wir nie getrennt gewesen.»

«Dennoch hat er dich jetzt verlassen, Sissy?»

«Nur zu meinem Besten. Keiner versteht ihn so wie ich, keiner kennt ihn so wie ich. Ich weiß, als er mich zu meinem Besten verließ – zu seinem hätte er mich nie verlassen –, hat ihm diese Prüfung fast das Herz gebrochen. Er wird nicht eine einzige glückliche Minute haben, bis er zurückkommt.»

«Erzähl mir mehr von ihm», bat Louisa, «ich werde dich nie wieder fragen. Wo habt ihr gewohnt?»

«Wir reisten im Land umher und hatten keinen festen Wohnsitz. Vater ist ein –» Sissy sprach das schreckliche Wort ganz leise – «ein Clown.»

«Der die Leute zum Lachen bringt?» fragte Louisa mit verständnisvollem Nicken.

«Ja. Aber manchmal lachten sie nicht, dann weinte Vater. In letzter Zeit lachten sie sehr häufig nicht, und dann kam er immer ganz verzweifelt nach Hause. Vater ist nicht wie die meisten. Wer ihn nicht so gut kannte wie ich und nicht so von Herzen liebte wie ich, hat vielleicht gedacht, er sei nicht ganz richtig im Kopf. Manchmal haben sie ihm Streiche gespielt, aber sie wußten nie, wie er sie empfand und wie er zusammenfiel, wenn er mit mir allein war. Er war viel, viel scheuer, als sie dachten.»

«Und du warst in allem sein Trost?»

Sie nickte, und die Tränen rannen ihr übers Gesicht. «Ich hoffe es, und Vater sagte es auch. Eben weil er so furchtsam und zittrig wurde und weil er sich als ein so armer, schwacher, unwissender und hilfloser Mensch fühlte (das waren immer seine Worte), wünschte er sich, daß ich eine Menge lernen sollte und anders würde als er. Ich las ihm vor, um ihm Mut zu machen, und das hatte er sehr gern. Es waren unrechte Bücher – ich darf hier nicht davon sprechen –, aber wir wußten nicht, daß etwas Unrechtes darin stand.»

«Und ihm gefielen sie?» fragte Louisa, die ganze Zeit ihren forschenden Blick auf Sissy gerichtet.

«Oh, sehr! Sie bewahrten ihn manchmal vor dem, was ihm wirklich schadete. Und an vielen, vielen Abenden vergaß er all seine Sorgen, weil er gespannt war, ob der Sultan die Dame in ihrer Geschichte fortfahren oder ihr den Kopf abschlagen lassen würde, ehe sie zu Ende war.»

«Und dein Vater war immer freundlich? Bis zum Schluß?» fragte Louisa, die dem Hauptprinzip zuwiderhandelte und sich sehr wunderte.

«Immer, immer!» erwiderte Sissy und faltete die Hände. «Viel, viel freundlicher, als ich sagen kann. Nur einen Abend war er ärgerlich, aber nicht über mich, sondern über Merrylegs. Merrylegs», sie konnte die schreckliche Tatsache nur wispern, «ist sein im Zirkus auftretender Hund.»

«Warum ärgerte er sich über den Hund?» wollte Louisa wissen.

«Kurz nachdem sie von der Vorstellung heimgekommen waren, sagte Vater zu Merrylegs, er solle auf zwei Stuhllehnen springen und da stehenbleiben, die Vorderpfoten auf der einen, die Hinterpfoten auf der anderen Lehne – das ist eins von seinen Kunststücken. Er sah Vater an und machte es nicht sofort. Alles von Vater war an diesem Abend schiefgegangen, und er hatte dem Publikum überhaupt nicht gefallen. Er rief aus, der Hund wisse sehr gut, daß er durchgefallen sei, und habe kein Mitleid mit ihm. Dann schlug er den Hund, und ich erschrak und sagte: ‹Vater, Vater! Bitte, tu dem Tier, das dich so lieb hat, nichts zuleide! Oh, der Himmel vergebe dir, hör auf, Vater!› Und er hörte auf, und der Hund blutete, und Vater legte sich weinend mit dem Hund in den Armen auf den Boden, und der Hund leckte ihm das Gesicht.»

Louisa sah sie schluchzen und ging zu ihr, küßte sie, nahm ihre Hand und setzte sich neben sie.

«Zum Schluß erzähl mir noch, wie dich dein Vater verließ, Sissy. Nachdem ich dich nun so viel gefragt habe, erzähl mir das Ende. Die Schuld, wenn da überhaupt eine Schuld ist, trage ich, nicht du.»

«Liebe Miss Louisa», antwortete Sissy, immer noch schluchzend und die Augen bedeckt, «ich kam an dem Nachmittag von der Schule nach Hause, und mein Vater war auch gerade von der Bude nach Hause gekommen. Er saß vor dem Feuer und schwankte hin und her, als hätte er Schmerzen. Und ich fragte: ‹Hast du dich verletzt, Vater?› (was manchmal vorkam, wie bei allen), und er antwortete: ‹Ein wenig, mein Liebling.› Und als ich mich bückte und in sein Gesicht hochschaute, da sah ich, daß er weinte. Je mehr ich zu ihm sprach, um so mehr versteckte er sein Gesicht, und zuletzt zitterte er am ganzen Leibe und sagte nur: ‹Mein Herzblatt!› und: ‹Mein Liebling!›»

An dieser Stelle kam Tom hereingeschlendert und blickte beide mit einer Gleichgültigkeit an, die kein sonderliches

Interesse für etwas außer ihm selbst verriet und auch davon im Augenblick nicht sehr viel.

«Ich stelle Sissy ein paar Fragen, Tom», bemerkte seine Schwester. «Das ist kein Grund für dich zu gehen, aber störe uns einen Augenblick nicht, lieber Tom.»

«Oh, schon gut!» erwiderte Tom. «Nur hat Vater den alten Bounderby mitgebracht, und ich wollte, daß du ins Wohnzimmer kommst. Denn wenn du kommst, besteht die Aussicht, daß mich der alte Bounderby zum Essen einlädt, andernfalls ist es nichts damit.»

«Ich komme sofort.»

«Sicherheitshalber werde ich auf dich warten», meinte Tom.

Sissy fuhr mit leiserer Stimme fort: «Schließlich sagte mein armer Vater, daß er den Leuten wieder kein Vergnügen bereitet habe und daß er jetzt nie Vergnügen bereite und daß er eine Schmach und Schande sei und ohne ihn wäre es mir bestimmt die ganze Zeit besser ergangen. Ich sagte ihm alles Liebe, das mir in den Sinn kam, und sofort wurde er ruhig, und ich setzte mich zu ihm und erzählte ihm alles von der Schule und jedes bißchen, was dort gesagt und getan worden war. Als ich nichts mehr zu erzählen hatte, legte er die Arme um meinen Hals und küßte mich viele, viele Male. Dann bat er mich, ihm sein Zeug, das er immer benutzte, für seine kleine Verletzung zu holen, und zwar von dort, wo man es von der besten Sorte bekam, was genau am anderen Ende der Stadt war, und nachdem er mich wieder geküßt hatte, ließ er mich gehen. Als ich die Treppe hinunter war, machte ich kehrt, um ihm doch noch ein bißchen Gesellschaft zu leisten, und sah zur Tür rein und fragte: ‹Soll ich Merrylegs mitnehmen, Väterchen?› Vater schüttelte den Kopf und sagte: ‹Nein, Sissy, nein; nimm nichts mit, wovon man weiß, daß es mir gehört, mein Liebling›, und ich ließ ihn am Feuer zurück. Dann muß ihm – armer lieber Vater! – der Gedanke gekommen sein, wegzugehen und etwas zu meinem Besten zu versuchen, denn als ich zurückkam, war er fort.»

«Hör mal! Beeil dich zu dem alten Bounderby, Lou!» wandte Tom ein.

«Weiter ist nichts zu erzählen, Miss Louisa. Ich hebe ihm den Neunölbalsam auf, und ich weiß, er wird zurückkommen. Jeder Brief, den ich in Mr. Gradgrinds Hand sehe, benimmt mir den Atem, und es flimmert mir vor den Augen, weil ich denke, er ist von Vater oder von Mr. Sleary über Vater. Mr. Sleary versprach zu schreiben, sobald er etwas von Vater hören würde, und ich vertraue ihm, daß er sein Wort halten wird.»

«Beeil dich zu dem alten Bounderby, Lou!» sagte Tom und pfiff ungeduldig. «Er wird weg sein, wenn du dich nicht beeilst.»

Jedesmal, wenn Sissy nach diesem Gespräch vor Mr. Gradgrind in Gegenwart seiner Familie einen Knicks machte und mit bebender Stimme fragte: «Verzeihen Sie, Sir, wenn ich Sie belästige – aber – haben Sie schon einen Brief bekommen, der mich betrifft?», unterbrach Louisa ihre augenblickliche Beschäftigung, wie sie auch immer sein mochte, und blickte der Antwort so begierig entgegen wie Sissy. Und wenn Mr. Gradgrind regelmäßig erwiderte: «Nein, Jupe, nichts dergleichen», dann wiederholte sich das Zittern von Sissys Lippen in Louisas Gesicht, und Louisas Blick folgte Sissy voller Mitleid bis zur Tür. Wenn Sissy gegangen war, benutzte Mr. Gradgrind diese Gelegenheit zu der Bemerkung, wenn Jupe von klein auf richtig erzogen worden wäre, so hätte sie sich an Hand gesunder Prinzipien selbst sagen können, daß diese schwärmerischen Hoffnungen jeder Grundlage entbehrten. Doch es schien (wenn auch nicht ihm, denn er sah nichts dergleichen), als könne man von einer schwärmerischen Hoffnung ebenso heftig gepackt sein wie von einer Tatsache.

Diese Bemerkung muß ausschließlich auf seine Tochter beschränkt bleiben. Was Tom betraf, so wurde er der nicht eben beispiellose Triumph der Berechnung, die sich mit der eigenen Person zu beschäftigen pflegt. Und wenn Mrs. Gradgrind etwas über die Sache sagte, pflegte sie wie ein weiblicher

Siebenschläfer ein wenig aus ihren Hüllen aufzutauchen und zu bemerken: «Du liebe Güte, wie das ständige und hartnäckige Gefrage dieses Mädchens Jupe nach ihren langweiligen Briefen meinen Kopf plagt und quält! Auf Ehrenwort, es scheint mein Schicksal und meine Bestimmung und mein Los zu sein, unter lauter Sachen zu leben, von denen ich nicht zum letztenmal gehört haben werde. Es ist wirklich ein höchst eigenartiger Umstand, daß es scheint, als sollte ich rein nichts zum letztenmal gehört haben!»

An diesem Punkt traf sie dann gewöhnlich ein Blick von Mr. Gradgrind, und unter der Einwirkung dieses eisigen Stücks Tatsache erstarrte sie aufs neue.

10. Kapitel

Stephen Blackpool

Ich hege eine schwache Vorstellung, dass das englische Volk ebenso abgearbeitet ist wie nur irgendein Volk, das die Sonne bescheint. Ich bekenne mich zu dieser lächerlichen Idiosynkrasie, weil sie die Ursache ist, warum ich ihm ein wenig mehr Erholung gönnen möchte.

In dem am schwersten arbeitenden Teil von Coketown, in den innersten Befestigungen dieser häßlichen Zitadelle, aus der die Natur ebenso unnachsichtig ausgesperrt war, wie tödliche Winde und Gase eingesperrt waren, im Herzen dieses Labyrinths von engen Höfen und schmalen Straßen über Straßen, die Stück für Stück entstanden waren – und jedes Stück in wilder Hast für irgendeines Menschen Zwecke – und im ganzen eine unnatürliche Familie darstellten, die sich mit den Schultern stieß, auf die Füße trampelte und gegenseitig zu Tode quetschte; in dem letzten Winkel dieses großen, ausgepumpten Sammelbeckens, wo die Schornsteine aus Mangel an Luft, um gut zu ziehen, in einer ungeheuren Vielfalt verkrüppelter und krummer Formen gebaut waren, als stecke jedes Haus ein Aushängeschild heraus, welcherart Leute zukünftig darin geboren werden würden – unter diesem Volk von Coketown mit dem Gattungsnamen «die Arbeitsleute» – einem Menschenschlag, der bei manchen mehr Gnade gefunden haben würde, wenn es der Vorsehung gefallen hätte, ihnen nichts weiter als Arbeitshände oder wie den niederen Lebewesen der Seeküste nur Hände und Mägen zu geben – lebte ein gewisser Stephen Blackpool, vierzig Jahre.

Stephen sah älter aus, aber er hatte auch ein schweres Leben gehabt. Man sagt, jedes Leben habe seine Rosen und seine

Dornen, in Stephens Fall war jedoch anscheinend ein Mißgeschick oder ein Fehler unterlaufen, wodurch jemand anderes in den Besitz seiner Rosen und er in den Besitz der Dornen eines anderen zusätzlich zu seinen eigenen gekommen war. Er hatte, um es mit seinen Worten zu sagen, einen ganzen Scheffel Sorgen erfahren. Gewöhnlich wurde er Old Stephen genannt, was einer ungehobelten Verbeugung vor der Tatsache gleichkam.

Ein etwas gebückt gehender Mann mit Stirnfalten, einem grüblerischen Ausdruck und einem widerstandsfähig aussehenden, ziemlich großen Kopf, über den lang und dünn das eisengraue Haar fiel, hätte Old Stephen für einen besonders intelligenten Mann seines Standes gehalten werden können. Das war er aber nicht. Unter jenen bemerkenswerten «Arbeitsleuten», die mancherlei Wissen bewältigt und sich Kenntnisse über sehr verschiedene Dinge erworben hatten, indem sie jahrelang ihre freie Zeit zusammenflickten, nahm er keinen Platz ein. Unter den Arbeitsleuten, die Reden halten und Diskussionen führen konnten, hatte er nichts zu vermelden. Tausende seiner Gefährten konnten jederzeit viel besser reden als er. Er war ein guter Maschinenweber und als Mensch völlig unbescholten. Was er außerdem noch war oder, wenn überhaupt etwas, in sich hatte, mag er selbst offenbaren.

Die Lichter in den großen Fabriken, die in ihrer Beleuchtung Feenpalästen glichen – so meinten jedenfalls die Reisenden im Eilzug –, waren erloschen, die Glocken hatten Feierabend geläutet und wieder aufgehört, und die Arbeitsleute, Männer und Frauen, Knaben und Mädchen, trappelten heim. Old Stephen stand auf der Straße mit dem merkwürdigen Gefühl, das jedesmal durch den Stillstand der Maschinen in ihm ausgelöst wurde – dem Gefühl, als hätten sie in seinem eigenen Kopf gearbeitet und dann aufgehört.

«Aber ich sehe Rachael noch nicht!» sagte er.

Es war ein regnerischer Abend, und viele Trupps junger Frauen gingen an ihm vorüber, die ihre Tücher über den bloßen Kopf gezogen hatten und sie unterm Kinn fest zusammenhielten, um sich gegen den Regen zu schützen. Er kannte Rachael gut, denn ein Blick auf jede dieser Gruppen genügte ihm, um ihm zu zeigen, daß sie nicht darunter war. Schließlich, als niemand mehr kommen wollte, wandte er sich ab und sagte in enttäuschtem Ton: «Dann hab ich sie wohl verfehlt!»

Aber er war noch nicht drei Straßen weit gegangen, als er vor sich noch eine dieser unter dem Umschlagtuch verborgenen Gestalten sah, die er so begierig mit den Augen verschlang, daß ihm vielleicht schon ihr undeutlich von dem nassen Pflaster zurückgeworfener bloßer Schatten – wenn er ihn ohne die Gestalt selbst gesehen hätte, die von Laterne zu Laterne, bald erhellt, bald verblassend, dahinging – erzählt hätte, wer es sei. Seine Schritte beschleunigend und gleichzeitig dämpfend, stürmte er los, bis er der Gestalt sehr nahe gekommen war, dann fiel er in seine frühere Gangart zurück und rief: «Rachael!»

Im vollen Licht einer Laterne drehte sie sich um, hob ein wenig die Kopfbedeckung und zeigte ein ruhiges, ovales Gesicht, dunkel und recht zart und strahlend erhellt von einem sanften Augenpaar und noch mehr hervorgehoben durch das wohlgeordnete schimmernde schwarze Haar. Es war kein Gesicht in der ersten Blüte, sie war eine Frau von 35 Jahren.

«Ach, du bist's, Jungchen?» Nachdem sie das mit einem Lächeln gesagt hatte, das alles ausgedrückt hätte, auch wenn nur ihre freundlichen Augen zu sehen gewesen wären, zog sie das Umschlagtuch wieder über den Kopf, und sie gingen zusammen weiter.

«Ich dacht, du wärst hinter mir, Rachael.»

«Nein.»

«Früh heut abend, was, Mädchen?»

«Mal bißchen früher, Stephen, mal bißchen später. Bei mir ist kein Verlaß drauf, wann ich nach Hause geh.»

«Auch nich, wenn du den andern Weg gehst, Rachael?»

«Nein, Stephen.»

Er blickte ihr etwas enttäuscht, aber mit einer achtungsvollen und geduldigen Überzeugung ins Gesicht, daß sie in allem, was sie tat, recht haben müsse. Dieser Ausdruck entging ihr nicht, sie legte für einen Augenblick leicht die Hand auf seinen Arm, wie um ihm zu danken.

«Wir sind so echte Freunde, Jungchen, und so alte Freunde und werden jetzt bald alte Leute.»

«Nein, Rachael, du bist so jung, wie du immer warst.»

«Es möcht uns ganz irremachen, wie einer alt werden kann, Stephen, ohne daß es der andre auch wird, wenn beide noch leben», antwortete sie lachend, «jedenfalls sind wir aber so alte Freunde, daß es eine Sünde und ein Jammer wär, wenn einer dem andern ein ehrliches und wahres Wort möcht verheimlichen. Es is besser, wenn wir nich zu oft zusammen gehn. Manchmal ja! Möcht wirklich grausam sein, wenn's überhaupt nich sein dürft», sagte sie mit einer Heiterkeit, die sie auf ihn zu übertragen suchte.

«Grausam isses auf jeden Fall, Rachael.»

«Versuch, nich dadran zu denken, dann wird's besser gehn.»

«Ich hab's lang versucht, und es is nich besser geworden. Aber du hast recht, die Leute könnten reden, sogar über dich. So bist du mir so viele Jahre so viel gewesen, Rachael. Du hast mir so viel Gutes getan und mich auf diese fröhliche Weise ermutigt, daß mir dein Wort Gesetz ist. Ach, Mädchen, und 'n mächtig gutes Gesetz! Besser als irgendwelche wirklichen.»

«Ärgere dich nich über sie, Stephen», antwortete sie rasch und nicht ohne einen bangen Blick in sein Gesicht. «Laß die Gesetze Gesetze sein!»

«Ja», sagte er und nickte langsam. «Laß sie Gesetze sein. Laß alles sein. Laß alles in Ruh. Es is ein Kuddelmuddel und weiter nichts.»

«Immer ein Kuddelmuddel?» fragte Rachael und legte wieder sacht die Hand auf seinen Arm, als wolle sie ihn aus seiner nachdenklichen Versunkenheit zurückrufen, in der er auf den langen Enden seines lockeren Halstuchs herumkaute. Die Berührung hatte augenblicklich Erfolg. Er ließ die Enden fallen, wandte ihr ein lächelndes Gesicht zu und sagte, in gutmütiges Lachen ausbrechend: «Ja, Rachael, Mädchen, immer ein Kuddelmuddel. Dadran halt ich fest. Viele Male und immer wieder gerate ich in das Kuddelmuddel und komm nie drüber weg.»

Sie waren ein ganzes Stück gegangen und nicht mehr weit von ihrer beider Zuhause. Die Frau erreichte das ihre zuerst. Es lag in einer der vielen engen Gassen, für die sich der begünstigte Leichenbesorger (der aus diesem einzigen armseligen und gespenstischen Pomp der Gegend ein hübsches Sümmchen zog) eigens eine schwarze Leiter hielt, damit jene, die es hinter sich hatten, täglich die engen Stiegen hinauf- und hinunterzutappen, dieser Welt der Arbeit durch das Fenster entschlüpfen konnten. Sie blieb an der Ecke stehen, legte ihre Hand in seine und wünschte ihm gute Nacht.

«Gut Nacht, mein liebes Mädchen, gut Nacht!»

Mit ihrer schmucken Gestalt und ihrem ehrbaren fraulichen Schritt ging sie die dunkle Straße hinab, und er stand und sah ihr nach, bis sie in eines der kleinen Häuser einbog. Kein Flattern ihres derben Tuchs, das nicht in den Augen dieses Mannes Interesse erweckte, kein Ton ihrer Stimme, der nicht tief innen in seinem Herzen sein Echo hatte.

Als sie seinem Blick entschwunden war, setzte er seinen Heimweg fort, wobei er hin und wieder zum Himmel schaute, über den rasch und ungestüm die Wolken segelten. Doch nun rissen sie auf, der Regen fiel nicht mehr, und der Mond schien – blickte an den hohen Schornsteinen von Coketown hinab zu den versteckten Feuerstellen drunten und warf Titanenschatten der ruhenden Dampfmaschinen an die Wände ihrer Behausungen. Und mit der Nacht schien sich der Mann aufgeheitert zu haben, als er weiterging.

Sein Heim, in einer Straße wie der ersten, nur daß sie noch enger war, lag über einem kleinen Laden. Wie es kam, daß Leute es überhaupt der Mühe wert fanden, das armselige kleine Spielzeug dort zu kaufen oder zu verkaufen, das neben billigen Zeitungen und Schweinefleisch (morgen abend sollte eine Keule ausgewürfelt werden) im Fenster lag, spielt hier keine Rolle. Er nahm seinen Kerzenstumpf von einem Bord, zündete ihn an einem anderen Kerzenstumpf auf dem Ladentisch an, ohne die Ladenbesitzerin, die in ihrer kleinen Kammer eingenickt war, zu stören, und ging die Treppe hinauf in seine Wohnung.

Es war ein Zimmer, das unter verschiedenen Mietern die schwarze Leiter kennengelernt hatte, jetzt aber so reinlich aussah, wie es einem solchen Raum möglich war. Ein paar Bücher und Schriften lagen auf einem alten Schreibpult in einer Ecke, die Möbel waren anständig und ausreichend, und obwohl die Luft muffig war, machte der Raum einen sauberen Eindruck.

Als er zum Herd ging, um die Kerze auf einen runden dreibeinigen Tisch zu setzen, der dort stand, stieß er gegen etwas. Als er zurückwich und darauf niederblickte, richtete es sich zu der Gestalt einer sitzenden Frau auf.

«Barmherziger Himmel, Weib!» rief er und trat noch weiter von der Gestalt zurück. «Bist du wieder zurück!»

Welch eine Frau! Eine untaugliche, betrunkene Kreatur, nur eben imstande, sitzen zu bleiben, indem sie sich mit der einen besudelten Hand auf den Boden stützte, während sie mit der anderen so vergeblich versuchte, das wirre Haar aus dem Gesicht zu streichen, daß es sie durch den Schmutz nur noch unfähiger machte, etwas zu sehen. Eine mit ihren Lumpen, Schmutzflecken und Kotspritzern so widerwärtig anzuschauende Kreatur, aber noch widerwärtiger in ihrer sittlichen Verkommenheit, daß es schon eine Schmach war, sie auch nur anzusehen.

Nach ein paar ungeduldigen Flüchen, und nachdem sie sich mit der nicht als Stütze benötigten Hand stumpfsinnig gekratzt hatte, bekam sie ihr Haar hinreichend von den Augen, um einen Blick auf ihn werfen zu können. Dann saß sie, schaukelte schwankend hin und her und machte mit ihrem entkräfteten Arm Gebärden, die anscheinend als Begleitung zu einem Lachanfall gedacht waren, obwohl ihr Gesicht töricht und schläfrig war.

«Na, Kerl? Bist du da?» Ein paar heisere Töne, die das besagen wollten, brachte sie schließlich höhnisch heraus, und ihr Kopf fiel nach vorn auf die Brust.

«Wieder zurück?» kreischte sie nach ein paar Minuten, als hätte er es diesen Augenblick gesagt. «Ja! Und wieder zurück. Noch und noch und immer wieder zurück. Zurück? Ja, zurück. Warum nicht?»

Wachgerüttelt durch die sinnlose Heftigkeit, mit der sie das herausgeschrien hatte, rappelte sie sich hoch und stand nun, mit den Schultern an die Wand gelehnt, wobei sie einen Dreckfetzen von Haube am Band baumeln ließ und versuchte, ihn verächtlich anzusehen.

«Ich werd dich wieder ausräumen, und ich werd dich noch mal ausräumen, und ich werd dich zwanzigmal ausräumen!» schrie sie zwischen wütender Drohung und ein paar angestrengt herausfordernden Tanzschritten. «Komm da vom Bett weg!» Er saß auf der Kante, das Gesicht in den Händen verborgen. «Komm da weg. Es is meins, und ich hab ein Recht drauf!»

Als sie darauf zuwankte, wich er ihr schaudernd aus und ging – immer noch das Gesicht verhüllt – zum entgegengesetzten Ende des Zimmers. Sie warf sich schwer auf das Bett und schnarchte bald laut. Er ließ sich auf einen Stuhl fallen und rührte sich die ganze Nacht nur ein einziges Mal. Das war, um ihr eine Decke überzuwerfen, als genügten nicht einmal im Dunkeln seine Hände, sie ihm zu verbergen.

11. Kapitel

Kein Ausweg

Die Feenpaläste wurden mit einem Schlag erleuchtet, ehe noch der bleiche Morgen die Riesenschlangen von Rauch sehen ließ, die über Coketown dahinkrochen. Ein Trappeln von Holzschuhen auf dem Pflaster, ein eiliges Glockengebimmel, und all die in Trübsinn verfallenen Elefanten waren, für die Einförmigkeit des Tages geputzt und geölt, wieder an ihrer schweren Arbeit.

Stephen beugte sich ruhig, aufmerksam und stetig über seinen Webstuhl. Ein eigentümlicher Gegensatz, wie jedermann in diesem Wald von Webstühlen, in dem Stephen arbeitete, zu dem knirschenden, krachenden, kreischenden Mechanismus, an dem er schuftete. Keine Angst, ihr guten Leute von ängstlicher Gemütsart, daß die Kunst die Natur der Vergessenheit anheimgeben wird. Stellt irgendwo, Seite an Seite, das Werk Gottes und das Werk des Menschen, und das erstgenannte, selbst wenn es nur eine Schar Arbeitsleute von sehr geringer Bedeutung ist, wird durch den Vergleich an Adel gewinnen.

So viele hundert Arbeitsleute in dieser Tretmühle, so viele hundert Pferdestärken Dampfkraft. Bis zu einem einzigen Pfundgewicht ist bekannt, was die Maschine leistet; aber alle Berechner der Staatsschuld zusammengenommen können mir auch nicht für einen Augenblick die Kapazität für Gut oder Böse, für Liebe oder Haß, für Patriotismus oder Unzufriedenheit, für die Zersetzung von Tugend in Laster oder umgekehrt in der Seele eines ihrer stillen Diener mit den gesammelten Gesichtern und den geregelten Bewegungen angeben. Die Maschine ist ohne Geheimnis; in dem niedrigsten dieser Menschen jedoch ruht auf ewig und immer ein unergründliches Geheimnis. – Wie wäre es, wenn wir unsere Arithmetik materiellen Dingen vorbehielten und diese ehrfurchtgebietenden unbekannten Größen durch andere Mittel zu meistern suchten?

Der Tag wurde hell und zeigte sich selbst gegen die flammende Beleuchtung drinnen. Die Beleuchtung wurde gelöscht, und die Arbeit ging weiter. Der Regen fiel, und die Rauchschlangen krochen, dem Fluch dieses ganzen Geschlechts unterworfen, über die Erde. Draußen auf dem Abfallhof waren der Dampf aus dem Abflußrohr, das Gerümpel von Fässern und altem Eisen, die glänzenden Kohlenberge und die überall herumliegende Asche in einen Nebel- und Regenschleier gehüllt.

Die Arbeit ging weiter, bis die Mittagsglocke läutete. Wieder Getrappel auf dem Pflaster. Die Webstühle und Räder und Arbeitsleute für eine Stunde außer Tätigkeit.

Stephen kam verstört und erschöpft aus der heißen Tretmühle in den feuchten Wind und die naßkalten Straßen. Er wandte sich, wobei er unterwegs nur ein wenig Brot aß, von seinesgleichen und seinem Viertel fort nach dem Hügel, auf dem in einem roten Haus mit schwarzen Fensterladen und grünen Rouleaus und einer schwarzen Tür über zwei weißen Stufen sein Brotherr wohnte: BOUNDERBY (in Buchstaben, die ihm sehr ähnelten) auf einem Messingschild und darunter ein runder Messingknauf wie ein messingner Schlußpunkt.

Mr. Bounderby war bei seinem Lunch. Das hatte Stephen erwartet. Ob sein Diener bestellen würde, daß einer von den Arbeitsleuten um die Erlaubnis bäte, ihn zu sprechen? Gegenbescheid, wie der Name des Arbeiters laute? Stephen Blackpool. Es lag nichts vor gegen Stephen Blackpool; ja, er könne hereinkommen.

Stephen Blackpool im Wohnzimmer. Mr. Bounderby (den er nur von Ansehen kannte) beim Lunch mit Steak und Sherry. Mrs. Sparsit bei Filetarbeit am Kamin, wie im Damensattel sitzend, einen Fuß in einem baumwollenen Steigbügel. Es gehörte sowohl zu Mrs. Sparsits Würde wie zu ihrer Stellung, nicht zu lunchen. Sie führte die offizielle Aufsicht über das Mahl, gab jedoch stillschweigend zu verstehen, daß sie in ihrer Erhabenheit Lunch für eine Schwäche halte.

«Na, Stephen», sagte Mr. Bounderby, «was ist los mit *Ihnen*?»

Stephen machte eine Verbeugung. Keine unterwürfige – das werden diese Arbeitsleute nie tun! Grundgütiger Himmel, Sir, bei so etwas werden Sie die nie erwischen, auch wenn sie zwanzig Jahre bei Ihnen gewesen sind! – und stopfte als eine Höflichkeitsgeste gegen Mrs. Sparsit die Enden seines Halstuchs in die Weste.

«Nun ja», sagte Mr. Bounderby und trank einen Schluck Sherry, «wir haben nie Scherereien mit Ihnen gehabt, und Sie sind nie einer von diesen Unvernünftigen gewesen. Sie erwarten nicht, in eine sechsspännige Kutsche gesetzt zu werden und mit einem goldenen Löffel Schildkrötensuppe und Rehbraten zu speisen, wie ein ganzer Haufen von denen!» Dies pflegte Mr. Bounderby stets als das alleinige, unmittelbare und deutliche Ziel jedes Arbeitsmannes darzustellen, der nicht ganz zufrieden war. «Und deshalb weiß ich schon, daß Sie nicht hergekommen sind, um eine Beschwerde zu führen. Ja, also davon bin ich von vornherein überzeugt.»

«Ganz bestimmt bin ich nich von wegen so was Dieserartigem gekommen, Sir.»

Mr. Bounderby schien ungeachtet seiner vorangegangenen nachdrücklichen Überzeugung angenehm überrascht. «Sehr schön», gab er zurück. «Sie sind ein pflichttreuer Arbeiter, und ich habe mich nicht geirrt. Nun lassen Sie mich hören, was es gibt. Da es nicht das ist, lassen Sie mich hören, was es ist. Was haben Sie zu sagen? Heraus damit, Mann!»

Stephen warf wie von ungefähr einen Blick auf Mrs. Sparsit.

«Wenn Sie es wünschen, Mr. Bounderby, kann ich ja gehen», sagte die aufopferungsvolle Dame und tat, als wolle sie ihren Fuß aus dem Steigbügel ziehen.

Mr. Bounderby hielt sie zurück, indem er einen Mundvoll Steak vor dem Verzehr in der Schwebe hielt und seine linke Hand ausstreckte. Dann zog er die Hand zurück, verzehrte den Mundvoll Steak und sagte zu Stephen:

«Sie müssen nämlich wissen, diese gute Dame ist eine geborene Dame, eine vornehme Dame. Weil sie mir das Haus führt, dürfen Sie nicht annehmen, daß sie sich nicht sehr hoch – ja, oben im Wipfel des Stammbaums befunden hat! Nun, wenn Sie etwas zu sagen haben, was vor einer geborenen Dame nicht gesagt werden kann, so wird diese Dame den Raum verlassen. Wenn aber das, was Sie zu sagen haben, vor einer geborenen Dame gesagt werden *kann*, so wird diese Dame bleiben, wo sie ist.»

«Ich hoffe, Sir, ich hab, seit ich selber bin geboren, niemals nich was zu sagen gehabt, was sich nich für 'ne geborene Dame schicken würd zu hören», war die von einer flüchtigen Röte begleitete Antwort.

«Sehr schön», bemerkte Mr. Bounderby, schob seinen Teller fort und lehnte sich zurück. «Schießen Sie los!»

«Ich bin gekommen», begann Stephen, während er nach kurzem Überlegen die Augen vom Boden hob, «Sie um Ihren Rat zu bitten. Ich brauch ihn sehr dringend. Am Ostermontag vor neunzehn langen und schweren Jahren hab ich geheiratet. Sie war 'n junges Mädchen – ganz hübsch – und in gutem Ansehn. Ja! Sie wurd schlecht – bald. Nich wegen mir. Ich bin ihr weiß Gott nie kein unfreundlicher Mann gewesen.»

«Von alldem habe ich schon gehört», sagte Mr. Bounderby. «Sie ergab sich dem Trunk, ließ die Arbeit im Stich, verkaufte die Möbel, versetzte die Kleider und spielte den Teufel.»

«Ich hab Geduld mit ihr gehabt.»

(«Um so dümmer von dir», vertraute Mr. Bounderby seinem Weinglas an.)

«Ich hab viel Geduld mit ihr gehabt. Wieder und immer wieder hab ich versucht, sie davon abzubringen. Ich hab dies versucht, ich hab das versucht, ich hab jen's versucht. Oft bin ich nach Hause gekommen, und alles, wo ich auf der Welt besitzen tat, war verschwunden, und sie lag ohne Bewußtsein, um sich selber zu verfluchen, auf dem nackten Fußboden. Das war nich einmal, nich zweimal – nein, zwanzigmal.»

Jede Furche in seinem Gesicht vertiefte sich, als er das sagte, und legte ein ergreifendes Zeugnis ab für die Leiden, die er durchgemacht hatte.

«Von schlecht zu schlechter und von schlechter zu immer noch schlechter. Sie verließ mich. Sie bracht sich auf jede Weise in Schande, böse und schlimm. Sie kam zurück, und sie kam zurück, und sie kam zurück. Was konnt ich machen, sie dran zu hindern? Lieber bin ich ganze Nächte durch die Straßen gelaufen, eh daß ich nach Hause ging. Ich bin zur Brücke gegangen und wollt mich runterstürzen und mit allem Schluß machen. Ich hab so viel ertragen, daß ich alt wurd, als ich jung war.»

In leichtem Paßgang mit ihren Filetnadeln weitereilend, hob Mrs. Sparsit die Coriolanbrauen und schüttelte den Kopf, als wollte sie sagen: Die Großen haben genauso ihre Sorgen wie die Kleinen. Man wende nur den bescheidenen Blick in *meine* Richtung.

«Ich hab ihr gezahlt, um sie mir vom Leib zu halten. Diese ganzen fünf Jahre hab ich ihr gezahlt. Ich hab wieder anständige Sachen um mich rum angeschafft. Ich hab schwer und traurig gelebt, aber keine Minute nich in Scham und Furcht. Gestern abend ging ich nach Haus. Da lag sie in meinem Zimmer! Da is sie noch!»

Die Gewalt seines Unglücks und die Kraft seiner Verzweiflung flammten einen Augenblick wie in einem stolzen Mann auf. Gleich darauf stand er wieder, wie er die ganze Zeit gestanden hatte – wie immer etwas gebeugt, das nachdenkliche Gesicht mit einem sonderbaren Ausdruck, teils angestrengt, teils bestürzt, Bounderby zugewandt, als wäre sein Geist darauf gerichtet, etwas sehr Schwieriges zu entwirren, den Hut fest in der Linken, die auf der Hüfte ruhte, während der rechte Arm mit großem Anstand und kraftvoller Bewegung eifrig unterstrich, was er sagte, und dies nicht zuletzt, indem der Arm, ein wenig gebogen, aber nicht zurückgezogen, jedesmal innehielt, sobald er selber eine Pause machte.

«Das ist mir alles seit langem bekannt», sagte Mr. Bounderby, «bis auf den Schluß. Es ist eine schlimme Geschichte, ja, zweifellos. Sie hätten sich lieber mit Ihrem Zustand zufriedengeben und nicht heiraten sollen. Aber dieser Rat kommt jetzt zu spät.»

«War es hinsichtlich des Alters eine ungleiche Heirat, Sir?» fragte Mrs. Sparsit.

«Sie hören, was diese Dame fragt. War Ihre bedauerliche Geschichte hinsichtlich des Alters eine ungleiche Heirat?» wiederholte Mr. Bounderby.

«Nich mal das. Ich war einundzwanzig, sie fast zwanzig.»

«Nicht möglich, Sir!» bemerkte Mrs. Sparsit mit großer Gelassenheit zu ihrem Chef. «Da es eine so unglückliche Ehe ist, folgerte ich, daß sie wahrscheinlich eine hinsichtlich des Alters ungleiche sei.»

Mr. Bounderby warf der vortrefflichen Dame einen ungemein scharfen Seitenblick zu, in dem eine merkwürdige Schüchternheit lag. Er stärkte sich mit einem weiteren Schluck Sherry.

«Na? Warum reden Sie nicht weiter?» fragte er dann etwas gereizt Stephen Blackpool.

«Ich bin gekommen, Sir, weil ich Sie wollt fragen, wie ich das Weib loswerden kann.» Stephen legte noch tieferen Ernst in den gemischten Ausdruck seines aufmerksamen Gesichts. Mrs. Sparsit gab einen schwachen Aufschrei von sich, als habe sie einen moralischen Schock erlitten.

«Was meinen Sie?» fragte Bounderby, der aufstand und sich mit dem Rücken an die Kaminsims lehnte. «Wovon reden Sie? Sie haben sie für Freud und Leid genommen.»

«Ich muß sie loswerden. Ich kann's nich mehr aushalten. Ich hab so lang unter der Last gelebt, weil ich das Mitgefühl und die tröstlichen Worte von dem besten Mädchen auf Erden oder im Himmel gehabt hab. Wenn sie nich wär gewesen, dann wär ich vielleicht reinweg verrückt geworden.»

«Ich fürchte, Sir, er möchte frei sein, um das Frauenzimmer, von dem er spricht, zu heiraten», bemerkte Mrs. Sparsit leise und tiefbetrübt über die Verderbtheit der Leute.

«Ja. Die Dame sagt, was richtig is. Ja. Ich wollt eben davon anfangen. Ich hab in den Zeitungen gelesen, daß große Leute (fein raus sind sie! Ich wünsch ihnen nichts Schlechtes!) nich so fest für Freud und Leid verbunden sind, daß sie von *ihren* unglücklichen Ehen nich freikommen und sich wieder verheiraten können. Wenn sie nich übereinstimmen, von wegen weil ihre Gemüter nich zusammenpassen, haben sie obendrein so 'ne und solche Zimmer in ihren Häusern und können getrennt leben. Unsereins hat bloß eine Stube, und wir können nich. Wenn das nich hilft, haben sie Gold und andres Geld und können sagen: ‹Das is für dich und das für mich›, und jeder kann seiner Wege gehn. Wir können nich. Trotz alldem können sie wegen geringeren Übeln als wie meinem freikommen. Also, ich muß das Weib loswerden, und ich möcht wissen, wie!»

«Kein Wie», gab Mr. Bounderby zurück.

«Wenn ich ihr was antu, Sir, gibt's dann ein Gesetz, wo mich bestraft?»

«Natürlich.»

«Wenn ich ihr weglaufen tu, gibt's dann ein Gesetz, wo mich bestraft?»

«Natürlich.»

«Wenn ich das andre, liebe Mädchen heiraten tu, gibt's dann ein Gesetz, wo mich bestraft?»

«Natürlich.»

«Wenn ich mit ihr leben tät und nich verheiratet wär mit ihr – bloß weil so was ja sein könnt, was aber nie sein könnt oder würd, wo sie so gut is –, gibt's dann ein Gesetz, wo mich bestraft in jedem unschuldigen Kind, wo mir gehört?»

«Natürlich.»

«Dann zeigen Sie mir um Gottes willen das Gesetz, wo mir hilft!» rief Stephen Blackpool aus.

«Hm! In solchem Lebensbund liegt eine heilige Unverletzlichkeit», antwortete Mr. Bounderby, «und... und... die muß hochgehalten werden.»

«Nein, nein, sagen Sie das nich, Sir. Sie kann nich auf diese Art hochgehalten werden. Nich auf diese Art. Auf diese Art wird sie erniedrigt. Ich bin 'n Weber, ich bin schon als Kind in der Fabrik gewesen, aber ich hab Augen, um damit zu sehen, und Ohren, um damit zu hören. Ich les in den Zeitungen alle Gerichtssitzungen und alle Gerichtstagungen – und das tun Sie auch – ich weiß es! – und les mit Schrecken, wie sie meinen, daß die Unmöglichkeit, einer vom andern um jeden Preis, zu jeder Bedingung freizukommen, Blut über unser Land bringt und viele ganz gewöhnliche verheiratete Leute zu Zank, Mord und plötzlichem Tod führt. Das muß man richtig verstehn. Meiner is ein schlimmer Fall, und ich möcht – wenn Sie möchten so gut sein – das Gesetz kennenlernen, wo mir hilft.»

«Ich will Ihnen mal was sagen!» erklärte Mr. Bounderby und steckte die Hände in die Taschen. «So ein Gesetz *gibt* es.»

Stephen nahm wieder seine ruhige Haltung ein und nickte mit unverwandter Aufmerksamkeit.

«Aber es ist keineswegs und durchaus nicht für Sie. Es kostet Geld. Es kostet einen Riesenhaufen Geld.»

Wieviel das wohl sein möge? fragte Stephen ruhig.

«Sie müßten ein Gesuch beim Doctors' Commons einreichen, Sie müßten ein Gesuch beim Zivilgericht einreichen, Sie müßten ein Gesuch beim Oberhaus einreichen, und Sie müßten eine Parlamentsakte erwirken, daß Sie sich wieder verheiraten dürfen, und das würde Sie (wenn alles glatt und ohne Verzögerung ginge) schätzungsweise tausend bis fünfzehnhundert Pfund kosten», sagte Mr. Bounderby. «Vielleicht das Doppelte.»

«Ein andres Gesetz gibt's nich?»

«Bestimmt nicht.»

«Dann, Sir», sagte Stephen, der bleich wurde und mit der Rechten eine Bewegung machte, als streue er etwas in alle vier Winde, «dann *isses* 'n Kuddelmuddel. Alles zusammen is 'n Kuddelmuddel, und um so eher ich tot bin, desto besser.»

(Mrs. Sparsit abermals tiefbetrübt über die Gottlosigkeit der Leute.)

«Papperlapapp! Reden Sie keinen Unsinn über Dinge, die Sie nicht verstehen, guter Mann», sagte Mr. Bounderby, «und nennen Sie die Institutionen Ihres Landes nicht ein Kuddelmuddel, sonst werden Sie eines schönen Tages in ein richtiges Kuddelmuddel geraten. Die Institutionen Ihres Landes sind nicht Ihre Stückarbeit, und Sie haben sich einzig und allein um Ihre eigene Stückarbeit zu kümmern. Sie haben Ihr Weib nicht für ein unredliches Spiel genommen, sondern für Freud und Leid. Wenn sie sich als schlechter erwiesen hat – nun, so können wir nur sagen, sie hätte sich auch als besser erweisen können.»

«Es is 'n Kuddelmuddel», sagte Stephen und ging kopfschüttelnd zur Tür. «Es is 'n Kuddelmuddel!»

«Ich will Ihnen mal was sagen!» faßte Mr. Bounderby als Abschiedsrede zusammen. «Mit dem, was ich Ihre ruchlosen Ansichten nenne, haben Sie großes Mißfallen bei dieser Dame erregt, die, wie ich Ihnen bereits erzählte, eine geborene Dame ist und die, wie ich Ihnen noch nicht erzählte, ihre eigenen Ehemißhelligkeiten hatte, häufig bis zum Betrage von Tausenden Pfund – Zehn-tau-sen-den Pfund!» (Er wiederholte es mit großem Wohlgefallen.) «Nun, Sie sind bisher immer ein pflichttreuer Arbeiter gewesen; aber meine Ansicht ist, und das sag ich Ihnen offen heraus, daß Sie sich aufs falsche Gleis begeben. Sie haben diesem oder jenem verderblichen Fremden Gehör geschenkt – solche sind immer in der Nähe –, und am besten täten Sie, da wieder herauszukommen. Sie müssen nämlich wissen», hier drückten seine Züge einen erstaunlichen Scharfsinn aus, «ich kann so weit in einen Schleifstein sehen wie nur irgendeiner, vielleicht weiter als sehr, sehr viele, weil ich in meiner Jugend unbarmherzig geschliffen wurde. Ich sehe Spuren von Schildkrötensuppe und Rehbraten und dem goldenen Löffel drin. Jawohl!» rief Mr. Bounderby, in eigensinniger Schlauheit den Kopf schüttelnd. «Gottverdanzig, so ist es!»

Mit einem völlig anderen Kopfschütteln und einem tiefen Seufzer sagte Stephen: «Vielen Dank, Sir, guten Tag.» Damit verließ er Mr. Bounderby, der sich gegen sein eigenes Porträt an der Wand aufblähte, als wolle er in das Bild hineinplatzen; und Mrs. Sparsit setzte immer noch, den Fuß im Steigbügel, ihren Paßgang fort und sah ganz niedergeschlagen aus über die im Volk verbreiteten Laster.

12. Kapitel

Die alte Frau

OLD STEPHEN STIEG DIE BEIDEN WEISSEN STUFEN hinab, nachdem er die schwarze Tür samt Messingschild mit Hilfe des messingnen Schlußpunkts geschlossen hatte, dem er mit seinem Jackenärmel eine Abschiedspolitur gab, als er merkte, daß dieser unter seiner heißen Hand beschlagen war. Die Augen auf den Boden geheftet, überquerte er die Straße und ging sorgenvoll dahin, als er spürte, daß jemand seinen Arm berührte.

Es war nicht die Berührung, deren er in einem solchen Augenblick am dringendsten bedurft hätte – die Berührung, die die wilden Wogen seiner Seele zu beschwichtigen vermochte, wie die erhobene Hand der höchsten Liebe und Geduld einst das Wüten des Sees zu besänftigen vermochte –, doch sie kam auch von der Hand einer Frau. Es war eine alte Frau, noch groß und wohlgestalt, wenn auch mit der Zeit verwelkt, auf die seine Augen fielen, als er stehenblieb und sich umdrehte. Sie war sehr reinlich und einfach gekleidet, hatte ländlichen Schmutz an den Schuhen und schien eben eine Reise hinter sich zu haben. Ihre aufgeregten, durch die ungewohnten Straßengeräusche hervorgerufenen Bewegungen, ihr dünnes Umschlagtuch, das sie ausgebreitet über dem Arm trug, der plumpe Schirm und der kleine Korb, die weiten, langfingrigen Handschuhe, die ihren Händen ungewohnt waren, all das verriet eine alte Frau vom Lande in ihren schlichten Feiertagskleidern, die ein seltenes Unterfangen nach Coketown geführt hatte. Dank der raschen Wahrnehmung seiner Klasse bemerkte es Stephen auf den ersten Blick, und um besser zu hören, was sie ihn fragte, beugte er sein aufmerksames Gesicht nieder – dies Gesicht, das wie die Gesichter von vielen seines Standes durch langjährige Arbeit mit Augen und Händen unter gewaltigem Lärm den konzentrierten Ausdruck bekommen hatte, den wir von den Gesichtern Schwerhöriger kennen.

«Verzeihung, Sir», sagte die alte Frau, «habe ich Sie nicht aus jenem vornehmen Haus kommen sehen?», wobei sie zurück auf Bounderbys Haus deutete. «Ich glaube, Sie waren es, wofern ich nicht das Unglück gehabt habe, mich in der Person zu irren, als ich Ihnen nachging.»

«Ja, Missus», erwiderte Stephen, «das war ich.»

«Sie haben – Sie werden die Neugier einer alten Frau verzeihen –, Sie haben den Herrn gesprochen?»

«Ja, Missus.»

«Und wie sah er aus, Sir? War er stattlich, kühn, kräftig und munter?» Als sie, ihren Worten angepaßt, die eigene Gestalt streckte und den Kopf emporreckte, kam Stephen der Gedanke, als hätte er diese alte Frau schon früher gesehen und wäre nicht sehr von ihr angetan gewesen.

«O ja», erwiderte er, sie aufmerksamer betrachtend, «all das war er.»

«Und gesund wie ein Fisch im Wasser?» fragte die alte Frau.

«Ja», antwortete Stephen. «Er aß und trank – so viel und so laut wie 'ne Hummel.»

«Danke!» sagte die alte Frau mit unendlicher Befriedigung. «Vielen Dank!»

Bestimmt hatte er diese alte Frau nie zuvor gesehen. Dennoch hatte er eine vage Erinnerung im Kopf, als hätte er mehr denn einmal von einer alten Frau wie dieser geträumt.

Sie ging an seiner Seite, und indem er sich freundlich ihrer Stimmung anpaßte, sagte er, Coketown sei ein unruhiges Städtchen, nicht wahr? Worauf sie antwortete: «Aber bestimmt! Schrecklich unruhig!» Dann fragte er, sie käme wohl vom Land, was? Und sie bestätigte es.

«Heute morgen, mit dem Parlamentszug. Vierzig Meilen

weit bin ich heute mit dem Parlamentszug gekommen, und heute nachmittag fahre ich dieselben vierzig Meilen zurück. Zur Station bin ich heute früh neun Meilen gegangen, und wenn ich unterwegs niemand treffe, bei dem ich aufsteigen kann, werd ich abends die neun Meilen zurückgehen. Das ist ein ganzes Ende in meinem Alter, Sir!» sagte die geschwätzige alte Frau mit triumphierend leuchtenden Augen.

«Das isses wirklich. Aber ich würd's nich zu oft machen, Missus.»

«Nein, nein. Bloß einmal im Jahr», entgegnete sie und schüttelte den Kopf. «So verbrauche ich einmal im Jahr mein Erspartes. Ich komme regelmäßig, um durch die Straßen zu wandern und die Herren zu sehn.»

«Bloß um sie zu sehn?» fragte Stephen.

«Das genügt mir», antwortete sie sehr feierlich und wichtigtuerisch. «Mehr verlange ich nicht! Ich hab auf dieser Straßenseite gestanden, um den Herrn herauskommen zu sehen», dabei wandte sie abermals den Kopf nach Mr. Bounderbys Haus zurück. «Aber dies Jahr verspätet er sich, ich hab ihn nicht gesehen. Statt dessen kamen Sie raus. Wenn ich schon ohne einen Blick auf ihn zurück muß – ich will ja nur einen Blick –, na schön! Ich habe Sie gesehn, und Sie haben ihn gesehn, und das muß mir genügen.» Bei diesen Worten sah sie Stephen an, um sich seine Züge einzuprägen, und ihre Augen leuchteten nicht mehr so wie vorhin.

Bei allem Zugeständnis für die Verschiedenheit des Geschmacks und bei aller Ergebenheit vor den Patriziern von Coketown schien ihm dies, um so viel Mühe auf sich zu nehmen, doch eine so ungewöhnliche Quelle des Interesses, daß es ihn verblüffte. Aber jetzt gingen sie an der Kirche vorbei, und als sein Blick auf die Uhr fiel, beschleunigte er seinen Schritt.

Er gehe wohl zur Arbeit? fragte die alte Frau, ebenfalls mit Leichtigkeit den ihren beschleunigend. Ja, die Zeit sei fast um. Als er ihr erzählte, wo er arbeite, wurde die alte Frau eine noch eigentümlichere alte Frau als zuvor.

«Sind Sie nicht glücklich?» fragte sie ihn.

«Ach – da is wohl niemand, wo nich seine Sorgen hat, Missus.» Er antwortete ausweichend, weil die alte Frau es für ausgemacht zu halten schien, daß er in der Tat sehr glücklich sei, und weil er nicht das Herz hatte, sie zu enttäuschen. Er wußte, daß es genug Leid auf der Welt gab, und wenn die alte Frau so lange gelebt hatte und überzeugt war, daß er so wenig Anteil daran habe, nun, um so besser für sie und für ihn nicht schlimmer.

«Oh, freilich! Sie meinen, Sie haben Ihre häuslichen Sorgen?» sagte sie.

«Manchmal. Bloß hin und wieder», erwiderte er leichthin.

«Aber wo Sie unter einem solchen Herrn arbeiten, folgen sie Ihnen doch nicht bis in die Fabrik?»

Nein, nein, bis dahin folgten sie ihm nicht, sagte Stephen. Alles in Ordnung dort. Alles im Lot. (Er ging nicht so weit, ihr zu Gefallen zu sagen, daß dort eine Art göttlichen Rechts herrsche, aber ich habe in den letzten Jahren fast ebenso hochtrabende Ansprüche stellen hören.)

Sie waren jetzt in der düsteren Seitengasse kurz vor der Fabrik, und die wimmelte von Arbeitern. Die Glocke läutete, und die Schlange war eine vielfach gewundene Schlange, und der Elefant machte sich bereit. Die sonderbare alte Frau war entzückt über die Glocke. Es sei die schönste Glocke, die sie je gehört habe, sagte sie, und sie klänge gewaltig!

Als er gutmütig stehenblieb, um ihr die Hand zu geben, ehe er hineinging, fragte sie ihn, wie lang er dort schon arbeite.

«'n Dutzend Jahre», antwortete er.

«Ich muß die Hand küssen, die ein Dutzend Jahre in dieser schönen Fabrik gearbeitet hat!» sagte sie. Und obwohl er sie gern gehindert hätte, hob sie seine Hand und führte sie an die Lippen. Welche Harmonie ihr ungeachtet ihres Alters und ihrer Einfalt eigen war, erkannte er nicht, doch selbst in dieser wunderlichen Handlung lag ein Etwas, das weder Zeit noch Ort zuwiderlief, ein Etwas, das wohl niemand sonst so feierlich hätte machen oder mit einer so natürlichen und ergreifenden Gebärde hätte tun können.

Er hatte eine volle halbe Stunde an seinem Webstuhl gestanden und über die alte Frau nachgedacht, als es sich traf, daß er um den Webstuhl herumgehen und ihn in Ordnung bringen mußte, wobei er durch ein Fenster in seiner Ecke blickte und sie immer noch in Bewunderung versunken zu dem großen Gebäude emporschauen sah. Unbekümmert um den Rauch und den Schmutz und die Nässe und ihre beiden langen Fahrten, starrte sie es an, als wäre das schwere Trommeln, das aus seinen vielen Stockwerken kam, für sie eine herrliche Musik.

Später war sie gegangen, und der Tag folgte ihr, und wieder sprangen die Lichter auf, und der Eilzug fegte mit voller Sicht auf den Feenpalast über die nahen Brückenbogen, nur wenig zu spüren bei der Erschütterung der Maschinen und kaum zu hören über deren Rattern und Klappern. Lange davor waren seine Gedanken zu dem trostlosen Zimmer über dem kleinen Laden zurückgewandert und zu der schändlichen Gestalt, die schwer auf dem Bett lag, aber noch schwerer auf seinem Herzen.

Die Maschinen wurden langsamer, klopften schwach wie ein schwindender Puls, blieben stehen. Wieder die Glocke, der blendende Glanz von Licht und Hitze löste sich auf, die Fabriken ragten massig und nur undeutlich sichtbar in die dunkle, regennasse Nacht – ihre hohen Schornsteine stießen in die Luft wie wetteifernde babylonische Türme.

Freilich hatte er Rachael erst gestern abend gesprochen und war ein kleines Stück mit ihr gegangen, aber nun war das neue Unglück über ihn gekommen, bei dem ihm niemand anders für einen Augenblick helfen konnte, und deshalb und weil er spürte, wie nötig er die Beschwichtigung seines Zorns brauchte, die keine Stimme als die ihre herbeiführen konnte, glaubte er, was sie gesagt hatte, so weit außer acht lassen zu können, daß er abermals auf sie wartete. Er wartete, aber sie hatte sich ihm entzogen. Sie war schon fort. Keinen anderen Abend im Jahr hätte er ihr geduldiges Gesicht so schlecht entbehren können.

Oh! Besser kein Heim zu haben, wo man das Haupt niederlegen konnte, als ein Heim zu haben und sich aus einem solchen Grund nicht hinzugetrauen. Er aß und trank, weil er ausgepumpt war – aber er wußte wenig oder kümmerte sich viel darum, was, und er wanderte in dem kalten Regen umher, grübelnd und grübelnd und brütend und brütend.

Kein Wort von einer neuen Heirat war je zwischen ihnen gefallen, aber schon vor Jahren hatte Rachael viel Mitgefühl für ihn bezeigt, und ihr allein hatte er die ganze Zeit sein verschlossenes Herz über die Ursache seines Elends geöffnet, und er wußte sehr gut, wenn er frei wäre, sie zu fragen, so würde sie ihn nehmen. Er dachte an das Heim, das er dann mit Freude und Stolz hätte aufsuchen können, dachte, daß er an dem Abend vielleicht ein ganz anderer Mensch wäre, dachte an das leichte Gefühl in seiner jetzt so schwer beladenen Brust, an die dann wiederhergestellte Ehre, Selbstachtung und Ruhe, die jetzt in Fetzen zerrissen waren. Er dachte daran, daß der beste Teil seines Lebens vertan war, daß sich sein Wesen Tag für Tag zum Schlimmeren verändert hatte, er dachte an das Fürchterliche seines Daseins, mit Händen und Füßen an eine abgelebte Frau gebunden und von einem in ihrer Gestalt verkörperten Dämon gepeinigt. Er dachte an Rachael, wie jung sie war, als sie zum erstenmal unter diesen Umständen zusammentrafen, wie gereift sie jetzt war und wie bald sie alt sein würde. Er dachte, wie viele Mädchen und Frauen sie hatte heiraten, wie viele Häuslichkeiten mit Kindern sie rings um sich hatte emporwachsen sehen, wie bereitwillig sie ihrem eigenen einsamen und stillen Pfad gefolgt war – seinetwegen –, und wie er mitunter einen Schatten von Schwermut auf ihrem beglückenden Antlitz wahrgenommen hatte, der ihn mit Gewissensbissen und Verzweiflung erfüllte. Er setzte ihr Bild neben das abscheuliche Bild von gestern abend und dachte: Kann es denn sein, daß die ganze

Erdenbahn eines so sanften, gütigen und selbstverleugnenden Geschöpfs einer so erbärmlichen Kreatur unterworfen sein soll?

Von diesen Gedanken erfüllt – so sehr davon erfüllt, daß er ein ungesundes Gefühl hatte, zu sehr belastet zu sein, in eine neue, angekränkelte Beziehung zu allen Dingen zu treten, unter denen er sich bewegte, und die Iris um jede nebelverhüllte Laterne sich röten zu sehen –, ging er heim, um ein Dach über dem Kopf zu haben.

13. Kapitel

Rachael

Ein schwacher Lichtschimmer erhellte das Fenster, an das oft die schwarze Leiter gestellt worden war, damit das Kostbarste auf der Welt für eine sich abmühende Frau und eine Brut hungriger Kinder hinabgleiten konnte, und Stephen fügte zu seinen anderen Gedanken die ernste Überlegung, daß von allen Zufälligkeiten dieses Erdendaseins keine mit so launischer Hand zugemessen wird wie der Tod. Die Ungleichheit der Geburt war nichts dagegen. Denn angenommen, das Kind eines Königs und das Kind eines Webers wurden heute nacht im selben Augenblick geboren, was bedeutete diese Verschiedenheit gegen den Tod eines Menschengeschöpfs, das einem anderen nützlich war oder von ihm geliebt wurde, während diese verworfene Frau weiterlebte?

Bedrückt, mit angehaltenem Atem und behutsamen Schritten trat er ins Haus. Er stieg zu seiner Tür hinauf, öffnete sie und trat in die Stube.

Ruhe und Frieden herrschten hier. Rachael war da und saß am Bett.

Sie wandte den Kopf, und der lichte Schein ihres Gesichts fiel in die Mitternacht seines Gemüts. Sie saß am Bett und pflegte und wartete sein Weib. Das heißt, er sah dort jemanden liegen und wußte nur zu gut, daß sie es sein müsse, aber Rachaels Hand hatte einen Vorhang angebracht, so daß sie seinen Augen verborgen war. Ihre schändlichen Kleidungsstücke waren entfernt worden, dafür befanden sich einige von Rachael in der Stube. Alles war an seinem Platz und in Ordnung, wie er es immer gehalten hatte, das kleine Feuer war vor kurzem geschürt und der Herd frisch gefegt. Es schien ihm, als sähe er all das in Rachaels Gesicht, und außer diesem sah er nichts. Während er sie anschaute, verschwand sie vor seinem Blick in den lindernden Tränen, die seine Augen füllten, doch nicht, ehe er wahrgenommen hatte, wie ernst sie ihn anblickte und wie sich auch ihre Augen füllten.

Sie kehrte sich wieder dem Bett zu, und als sie sich überzeugt hatte, daß dort alles still war, sprach sie mit einer leisen, ruhigen und heiteren Stimme:

«Ich bin froh, daß du endlich gekommen bist, Stephen. Du hast dich sehr verspätet.»

«Ich bin rumgewandert.»

«Das hab ich mir gedacht. Aber dafür ist die Nacht zu scheußlich. Es regnet so, und der Wind hat sich aufgemacht.»

Der Wind? Wahrhaftig! Er blies heftig. Hör nur das Donnern im Schornstein und das an- und abschwellende Brausen! In einem solchen Wind draußen gewesen zu sein und nicht gewußt zu haben, daß er blies!

«Ich bin heut schon einmal hiergewesen, Stephen. Die Hauswirtin kam um die Mittagszeit zu mir herum. Es sei jemand hier, nach dem man sehen müsse, sagte sie. Und sie hatte wirklich recht. Dauernd phantasiert sie und ist ohne Bewußtsein. Sie ist auch verletzt und zerschlagen.»

Langsam bewegte er sich zu einem Stuhl, setzte sich und senkte den Kopf vor ihr.

«Ich bin gekommen, das wenige zu tun, das mir möglich ist, Stephen, erstens, weil wir als junge Mädchen zusammen gearbeitet haben und weil du sie umworben und geheiratet hast, als ich ihre Freundin war...»

Mit leisem Stöhnen legte er die gefurchte Stirn auf ihre Hand.

«... und dann, weil ich dein Herz kenne und weil ich ganz sicher und überzeugt bin, daß es viel zu barmherzig ist, sie aus Mangel an Hilfe sterben oder auch nur leiden zu lassen. Du weißt, wer sagte: ‹Wer unter euch ohne Sünde ist, der werfe den ersten Stein auf sie!› Das haben viele getan. Du bist nicht der Mensch, den letzten Stein zu werfen, Stephen, wo sie so tief gesunken ist.»

«O Rachael, Rachael!»

«Du hast unmenschlich gelitten, der Himmel entgelte es dir!» sagte sie in mitleidigem Ton. «Ich bin von ganzem Herzen und ganzer Seele deine arme Freundin.»

Die Verletzungen, von denen sie gesprochen hatte, schienen sich am Hals der aus eigenem Antrieb Ausgestoßenen zu befinden. Rachael verband sie, immer noch ohne die Verletzte zu zeigen. Sie tauchte ein Stück Leinwand in eine Schüssel, in die sie aus einer Flasche eine Flüssigkeit gegossen hatte, und legte es mit sanfter Hand auf die wunde Stelle. Der dreibeinige Tisch war dicht an das Bett gezogen worden, und darauf standen zwei Flaschen. Dies war die eine.

Sie war nicht so weit entfernt, daß Stephen, der ihren Händen mit den Augen folgte, nicht hätte lesen können, was in großen Druckbuchstaben darauf stand. Er wurde leichenblaß, und ein jähes Grausen schien ihn zu befallen.

«Ich werde hierbleiben, bis es drei schlägt, Stephen», sagte Rachael, während sie ruhig ihren Platz wieder einnahm. «Um drei muß es noch mal gemacht werden, dann kann man sie bis zum Morgen so liegen lassen.»

«Aber dein Schlaf, wenn du morgen auf Arbeit gehst, Liebste.»

«Letzte Nacht habe ich tief und fest geschlafen. Ich kann viele Nächte wachen, wenn ich gebraucht werde. Du bist es, der Ruhe nötig hat – so blaß und müde, wie du aussiehst. Du hast letzte Nacht keinen Schlaf gehabt, das glaube ich gern. Und die Arbeit morgen ist für dich viel schwerer als für mich.»

Er hörte das Donnern und Wogen draußen, und ihm schien, als wolle sich die zornige Stimmung von vorhin abermals seiner bemächtigen. Sie hatte sie verjagt, sie würde sie fernhalten, er vertraute auf sie, daß sie ihn vor ihm selbst schützen würde.

«Sie erkennt mich nicht, Stephen, sie murmelt nur schlaftrunken und starrt mit großen Augen. Ich hab hin und wieder zu ihr gesprochen, aber sie beachtet es nicht! Das ist gut so. Wenn sie wieder zu Bewußtsein kommt, so werde ich getan haben, was ich kann, und sie ist um nichts klüger.»

«Wie lange wird sie wohl so sein, Rachael?»

«Der Doktor sagt, morgen wird sie vielleicht zu sich kommen.»

Sein Blick fiel wieder auf die Flasche, und ein Zittern überlief ihn, daß es ihn von Kopf bis Fuß schüttelte. Sie dachte, er habe sich in der Nässe erkältet. Nein, sagte er, das sei es nicht. Er habe einen Schreck bekommen.

«Einen Schreck?»

«Ja doch! Als ich reinkam. Als ich rumgewandert bin. Als ich nachgedacht hab. Als ich…» Wieder packte es ihn, und er stand auf und hielt sich am Kaminsims fest, während er sein naßkaltes Haar mit einer Hand hinunterdrückte, die wie vom Schlagfluß getroffen schüttelte.

«Stephen!»

Sie kam zu ihm, aber er streckte den Arm aus, um sie zurückzuhalten.

«Nein! Bitte nicht! Laß mich dich am Bett sitzen sehn. Laß mich dich sehn, so gut und so verzeihend. Laß mich dich sehn, wie ich dich sah, als ich reinkam. Wie kann ich dich besser sehn als so. Nie, nie, nie!»

Abermals packte ihn ein heftiges Zittern, dann sank er auf einen Stuhl. Nach einer Weile faßte er sich und konnte, einen Ellbogen aufs Knie und den Kopf in die Hand gestützt, zu Rachael hinblicken. Als er sie in dem trüben Kerzenschimmer mit seinen feuchten Augen ansah, schien es ihm, als hätte sie einen Glorienschein um den Kopf. Er hätte glauben können, daß es wirklich so sei. Er glaubte es, während der Sturm draußen an dem Fenster rüttelte, mit der Tür unten klapperte und tosend und klagend um das Haus fuhr.

«Wenn es ihr besser geht, Stephen, wird sie dich hoffentlich wieder allein lassen und dich nicht mehr kränken. Jedenfalls wollen wir das hoffen. Und jetzt werd ich still sein, denn ich möchte, daß du schläfst.»

Er schloß die Augen, mehr ihr zu Gefallen, als um seinen müden Kopf auszuruhen, aber während er dem mächtigen Tosen des Windes lauschte, hörte er allmählich auf, es zu vernehmen, oder es verwandelte sich in das Arbeiten seines Webstuhls oder sogar in die Stimmen des Tages (seine eigene eingeschlossen), die sprachen, was wirklich gesprochen worden war. Sogar dieses vollkommene Bewußtsein schwand am Ende, und er träumte einen langen, quälenden Traum.

Ihm schien, als stünden er und eine, an die er seit langem sein Herz gehängt hatte – aber es war nicht Rachael, und das überraschte ihn selbst in seinem Traumglück –, in der Kirche vor dem Traualtar. Während die feierliche Handlung vollzogen wurde, und während er unter den Zeugen einige erkannte, von denen er wußte, daß sie lebten, und viele, die er tot wußte, brach eine Dunkelheit herein, gefolgt von dem Aufstrahlen eines gewaltigen Lichts. Es flammte aus einer Zeile der Tafel mit den Zehn Geboten am Altar empor, so daß die Worte das ganze Gebäude erleuchteten. Sie tönten auch durch die Kirche, als hätten die flammenden Buchstaben Stimmen. Darauf verwandelte sich die ganze Erscheinung vor ihm und um ihn, und nichts blieb davon übrig als er und der Geistliche. Sie standen im Tageslicht vor einer so unermeßlichen Menge, daß er glaubte, alle Menschen der Welt, auf einen Raum zusammengebracht, hätten nicht zahlreicher erscheinen können, und sie alle verabscheuten ihn, und unter den Millionen Augen, die auf sein Gesicht geheftet waren, sah er kein einziges mitfühlendes oder freundliches. Er stand auf einem unter seinem eigenen Webstuhl errichteten Gerüst, und als er emporblickte, welche Form der Webstuhl annahm, und als er deutlich die Sterbegebete lesen hörte, wußte er, daß er dort war, um den Tod zu erleiden. Und schon wich der Boden unter seinen Füßen, und er war tot.

Aus welchem Geheimnis er in sein gewöhnliches Leben und an Orte zurückkehrte, die er kannte, vermochte er nicht zu ergründen, doch irgendwie war er wieder zu diesen Plätzen gekommen, und mit dem über ihn verhängten Urteil – daß er nie, weder in dieser noch in der anderen Welt und durch alle unvorstellbaren Zeitalter der Ewigkeit, Rachaels Gestalt sehen oder ihre Stimme hören werde. Unaufhörlich umherwandernd, ohne Hoffnung und auf der Suche nach, er wußte nicht, was (er wußte nur, daß er verdammt war, es zu suchen), war er das Opfer einer namenlosen, entsetzlichen Furcht, einer Todesangst vor einer besonderen Gestalt, die jedes Ding annahm. Worauf er auch immer blickte, früher oder später nahm es diese Gestalt an. Zu verhindern, daß sie von einem der verschiedenen Menschen, denen er begegnete, erkannt werde, war der Inhalt seines erbärmlichen Daseins. Hoffnungsloses Mühen! Wenn er die Menschen aus Räumen führte, in denen sie war, wenn er Schubfächer und Schränke verschloß, in denen sie stand, wenn er die Neugierigen von Orten vertrieb, wo er sie verborgen wußte, und auf die Straße lockte, so nahmen gar die Schornsteine der Fabriken diese Gestalt an – und alles wurde von dem gedruckten Wort umgeben.

Wieder blies der Wind, trommelte der Regen auf die Dächer, und die weiten Räume, in denen er umhergeirrt war, zogen sich zu den vier Wänden seiner Stube zusammen. Abgesehen davon, daß das Feuer ausgegangen war, sah alles aus wie vorhin, als sich seine Augen darüber geschlossen hatten. Rachael schien auf ihrem Stuhl am Bett eingeschlummert zu sein. In ihr Tuch gehüllt, saß sie ganz still. Der Tisch stand an demselben Platz dicht neben dem Bett und darauf die so oft wiederholte Gestalt in ihren richtigen Maßen und ihrer wirklichen äußeren Erscheinung.

Er glaubte zu sehen, wie der Vorhang sich bewegte. Er schaute noch einmal hin und war ganz sicher, daß er sich bewegte. Er sah eine Hand hervorkommen und ein wenig herumtasten. Dann bewegte sich der Vorhang sichtbarer, und die Frau im Bett schob ihn zurück und setzte sich auf.

Mit ihren elenden, so verstörten und wilden, so schweren

und großen Augen blickte sie sich in der ganzen Stube um und streifte auch den Winkel, wo er auf seinem Stuhl schlief. Ihr Blick kehrte zu diesem Winkel zurück, und während sie hinsah, legte sie die Hand über die Augen, um sie zu beschatten. Wieder schweiften ihre Blicke in der ganzen Stube umher, wobei sie Rachael kaum, wenn überhaupt, beachteten, und wandten sich abermals diesem Winkel zu. Als sie die Augen noch einmal beschattete – und ihn nicht gerade ansah, sondern ihn mit dem tierischen Instinkt, daß er dasein müsse, suchte –, schien ihm, als sei in diesen unzüchtigen Zügen oder der dazugehörigen Seele auch nicht eine Spur von der Frau geblieben, die er vor achtzehn Jahren geheiratet hatte. Wenn er sie nicht nach und nach dahin hätte kommen sehen, hätte er sie nie für dieselbe halten können.

Die ganze Zeit saß er reglos und ohnmächtig wie unter einem Zauberbann und beobachtete sie nur.

Stumpf vor sich hin dösend oder mit ihrem unzurechnungsfähigen Selbst über nichts plappernd, hockte sie eine Weile, die Hände an den Ohren, und stützte ihren Kopf. Gleich darauf begann sie wieder in der Stube herumzustieren. Und nun blieben ihre Augen zum erstenmal an dem Tisch mit den beiden Flaschen darauf hängen.

Sofort wandte sie den Blick, so herausfordernd wie am Abend zuvor, aufs neue seinem Winkel zu und streckte mit einer sehr vorsichtigen und leisen Bewegung die gierige Hand aus. Sie holte sich einen Becher heran und hockte eine ganze Weile und überlegte, welche von den beiden Flaschen sie wählen solle. Schließlich packte sie mit unsinnigem Griff die Flasche, die den schnellen und sicheren Tod enthielt, und zog vor seinen Augen den Korken mit den Zähnen heraus.

Traum oder Wirklichkeit, er hatte weder eine Stimme noch die Kraft, sich zu rühren. Geschieht dies wirklich und ist ihre Zeit noch nicht gekommen, so wach auf, Rachael, wach auf!

Auch sie dachte daran. Sie blickte auf Rachael und goß sehr langsam und sehr vorsichtig den Inhalt der Flasche in den Becher. Der Trank war an ihren Lippen. Noch ein Augenblick und sie wäre jenseits aller Hilfe, mochte auch die ganze Welt erwachen und ihr mit aller Macht zu Hilfe kommen. Doch in diesem Augenblick sprang Rachael mit einem unterdrückten Schrei auf. Die Kreatur rang mit ihr, schlug sie, packte sie bei den Haaren, aber Rachael hatte den Becher.

Stephen stieß von seinem Stuhl aus hervor: «Rachael, wach ich oder träum ich in dieser schrecklichen Nacht?»

«Es ist alles in Ordnung, Stephen. Ich hab selber geschlafen. Es ist gleich drei. Still! Ich hör es schlagen.»

Der Wind brachte die Töne der Kirchturmuhr ans Fenster. Sie lauschten, es schlug drei. Stephen blickte sie an, sah, wie bleich sie war, bemerkte die Unordnung ihrer Haare und die roten Fingermale auf ihrer Stirn, und er war nun überzeugt, daß die Sinne seines Gesichts und Gehörs wach gewesen waren. Selbst jetzt noch hielt sie den Becher in der Hand.

«Ich dachte mir, daß es gleich drei sein muß», sagte sie und leerte ruhig den Becher in die Schüssel und tauchte wie vorhin die Leinwand ein. «Ich danke Gott, daß ich geblieben bin. Wenn ich das aufgelegt hab, ist alles getan. So! Jetzt ist sie wieder ruhig. Die paar Tropfen in der Schüssel werd ich wegschütten, das Zeug ist zu schlimm, um es herumstehn zu lassen, wenn auch nur so 'n bißchen.» Während sie sprach, leerte sie die Schüssel in die Asche und zerbrach die Flasche am Herd.

Nun hatte sie nichts mehr zu tun, als sich in ihr Tuch zu hüllen, ehe sie in den Wind und Regen hinausging.

«Läßt du mich zu dieser späten Stunde mitgehn, Rachael?»

«Nein, Stephen. Ich bin ja in einer Minute zu Hause.»

«Du hast keine Angst, mich mit ihr allein zu lassen?» sagte er leise, als sie aus der Tür gingen.

Als sie ihn ansah und «Stephen?» sagte, kniete er auf den armseligen, erbärmlichen Treppenstufen vor ihr nieder und zog einen Zipfel ihres Tuchs an seine Lippen.

«Du bist ein Engel. Gott sei mit dir! Gott sei mit dir!»

«Ich bin nur deine arme Freundin, Stephen, wie ich dir schon gesagt hab. Engel sind nicht wie ich. Zwischen ihnen und einer Arbeiterin voller Fehler klafft ein tiefer Abgrund. Meine kleine Schwester ist unter ihnen, aber sie ist verwandelt.»

Als sie diese Worte sprach, hob sie für einen Augenblick die Augen empor, dann senkten sie sich wieder in all ihrer Sanftmut und Güte auf sein Gesicht.

«Du wandelst mich vom Schlechten zum Guten. Du läßt mich demütig wünschen, mehr so wie du zu sein, und Angst haben, dich zu verlieren, wenn dies Leben vorbei und das ganze Kuddelmuddel weggeräumt ist. Du bist ein Engel, vielleicht hast du mir noch auf Erden die Seele gerettet!»

Sie sah ihn an, wie er zu ihren Füßen kniete und immer noch ihr Tuch in der Hand hielt, und der Verweis erstarb auf ihren Lippen, als sie sah, wie es in seinem Gesicht arbeitete.

«Ich kam verzweifelt nach Haus. Ich kam ohne Hoffnung nach Haus und rein verrückt von dem Gedanken, daß ich gleich für 'n unvernünftigen Arbeiter angesehn wurd, als ich bloß 'n Wort von Klage hab geäußert. Ich hab dir erzählt, daß ich 'n Schreck hab bekommen. Das war die Giftflasche auf dem Tisch. Ich hab nie nich 'ner Kreatur was zuleide getan, aber wo ich so plötzlich drauf stieß, hab ich gedacht: Wie kann *ich* sagen, was ich mir selber oder ihr oder uns beiden hätt angetan?»

Sie legte ihm mit entsetztem Gesicht beide Hände auf den Mund, um ihn am Weiterreden zu hindern. Er nahm sie in seine freie Hand und hielt sie fest, die andere immer noch um den Tuchzipfel geklammert, und sagte hastig:

«Aber ich seh dich am Bett sitzen, Rachael. Die ganze Nacht hab ich dich so gesehn. In meinem unruhigen Schlaf hab ich gewußt, daß du immer noch da bist. Immer und immer werd ich dich da sehen. Nie mehr werd ich sie sehn oder an sie denken, ohne daß du wirst neben ihr sein. Nie mehr werd ich was sehn oder an was denken, was mich aufbringt, ohne daß du, wo so viel besser is als wie ich, wirst dabeisein. Und so will ich versuchen, der Zeit entgegenzusehen, und so will ich versuchen, auf die Zeit zu vertrauen, wo du und ich am Ende zusammen fortwandern über den tiefen Abgrund hinweg in das Land, wo deine kleine Schwester ist.»

Noch einmal küßte er den Saum ihres Tuchs und ließ sie gehen. Mit gebrochener Stimme wünschte sie ihm gute Nacht und trat auf die Straße hinaus.

Der Wind blies aus der Richtung, wo bald der Tag erscheinen würde, und er blies immer noch heftig. Er hatte den Himmel vor sich rein gefegt, und der Regen hatte sich ausgeregnet oder war anderswohin gegangen, und die Sterne leuchteten hell. Barhäuptig stand er auf der Straße und sah ihr nach, wie sie rasch entschwand. Wie die strahlenden Sterne im Vergleich zu dem trüben Licht im Fenster, so war Rachael in der rauhen Vorstellung dieses Mannes im Vergleich zu den alltäglichen Erfahrungen seines Lebens.

14. Kapitel

Die grosse Fabrikantin

Die Zeit lief in Coketown wie Coketowns Maschinen: soundso viel Material verarbeitet, soundso viel Feuerung verbraucht, soundso viele Kräfte abgenutzt, soundso viel Geld verdient. Doch weniger unerbittlich als Eisen, Stahl und Messing brachte sie ihre verschiedenen Jahreszeiten sogar in diese Wildnis von Rauch und Ziegeln und leistete den einzigen Widerstand gegen das grauenhafte Einerlei, der je an diesem Ort geleistet wurde.

«Louisa wird allmählich eine junge Frau», sagte Mr. Gradgrind.

Die Zeit mit ihren unzähligen Pferdestärken arbeitete weiter, nicht achtend dessen, was jemand sagte, und lieferte jetzt den jungen Thomas einen Fuß größer als zu der Zeit, da er seinem Vater das letzte Mal besonders aufgefallen war.

«Thomas wird allmählich ein junger Mann», sagte Mr. Gradgrind.

Die Zeit reichte Thomas in ihrer Fabrik weiter, indes sein Vater noch darüber nachdachte, und da stand er nun in einem langschößigen Rock und einem steifen Hemdkragen.

«Wirklich», sagte Mr. Gradgrind, «es ist an der Zeit, daß Thomas bei Bounderby eintreten sollte.»

Die Zeit, die ihn nicht losließ, beförderte ihn weiter in Bounderbys Bank, machte ihn zum Bewohner von Bounderbys Haus, erheischte den Erwerb seines ersten Rasiermessers und übte ihn fleißig in seinen Berechnungen bezüglich der eigenen Person.

Die nämliche große Fabrikantin, die stets eine ungeheure Vielfalt an Arbeit in jedem Stadium der Entwicklung unter den Händen hatte, reichte Sissy in ihrer Fabrik von Band zu Band und arbeitete sie zu einem wirklich sehr hübschen Artikel aus.

«Ich fürchte, Jupe», sagte Mr. Gradgrind, «daß dein weiterer Verbleib in der Schule zwecklos wäre.»

«Das fürchte ich auch, Sir», antwortete Sissy mit einem Knicks.

«Ich kann dir nicht verhehlen, Jupe», fuhr Mr. Gradgrind mit gerunzelten Brauen fort, «daß mich das Resultat deiner Probezeit dort enttäuscht, tief enttäuscht hat. Du hast unter Mr. und Mrs. M'Choakumchild nichts erworben, was jener Summe exakten Wissens, die ich erwartete, annähernd gleichkäme. Du bist außerordentlich mangelhaft in deinen Tatsachen. Deine Bekanntschaft mit Zahlen ist sehr begrenzt. Du bist alles in allem weit zurück und wirst das Ziel nicht erreichen.»

«Das tut mir leid, Sir», erwiderte sie, «aber ich weiß, daß es wahr ist. Und doch hab ich mir so viel Mühe gegeben, Sir.»

«Ja», sagte Mr. Gradgrind, «ja, ich glaube dir, daß du dir viel Mühe gegeben hast, ich habe dich beobachtet und kann in dieser Hinsicht keinen Anlaß zum Tadel finden.»

«Vielen Dank, Sir. Ich habe manchmal schon gemeint», wandte Sissy sehr schüchtern ein, «daß ich vielleicht zuviel zu lernen versucht habe und daß ich vielleicht, wenn ich um die Erlaubnis gebeten hätte, es mit etwas weniger zu versuchen...»

«Nein, Jupe, nein», entgegnete Mr. Gradgrind und schüttelte auf seine grundgelehrteste und eminent sachlichste Weise den Kopf. «Nein, den Unterrichtsstunden, denen du folgtest, folgtest du nach dem System – dem System – und weiter ist darüber nichts zu sagen. Ich kann nur annehmen, daß die Umstände in deiner frühen Jugend zu ungünstig waren für die Entwicklung deiner Vernunftkräfte und daß wir zu spät angefangen haben. Dennoch bin ich, wie bereits gesagt, enttäuscht.»

«Ich wünschte, Sir, ich hätte mich für Ihre Güte gegen ein

armes verlassenes Mädchen, das keinen Anspruch darauf hatte, und für den Schutz, den Sie mir boten, erkenntlicher zeigen können.»

«Vergieß keine Tränen», sagte Mr. Gradgrind. «Vergieß keine Tränen. Ich beklage mich nicht über dich. Du bist ein liebevolles, eifrig bemühtes und tugendhaftes Mädchen, und – und das müssen wir uns genügen lassen.»

«Danke, Sir, vielen Dank», erwiderte Sissy mit einem Knicks.

«Du bist Mrs. Gradgrind nützlich und bist auch (in einer sich aufs Allgemeine erstreckenden Weise) der Familie nützlich, wie ich von Miss Louisa hörte und wie ich es tatsächlich auch selber beobachtete. Deshalb hoffe ich», sagte Mr. Gradgrind, «daß du darin Zufriedenheit finden wirst.»

«Ich hätte nichts zu wünschen, Sir, wenn…»

«Ich verstehe», sagte Mr. Gradgrind, «du beziehst dich immer noch auf deinen Vater. Ich habe von Miss Louisa gehört, daß du noch diese Flasche aufbewahrst. Na schön! Wenn deine Schulung, in der Wissenschaft zu exakten Resultaten zu kommen, erfolgreicher gewesen wäre, so wärst du in diesen Punkten klüger. Mehr will ich nicht sagen.»

Er hatte Sissy wirklich zu gern, um sie zu verachten; andererseits hielt er von ihren Fähigkeiten im Rechnen so überaus wenig, daß er zu diesem Schluß hatte kommen müssen. Wie es auch sein mochte, der Gedanke hatte von ihm Besitz ergriffen, daß in diesem Mädchen etwas war, das schwerlich in Tabellenform dargelegt werden konnte. Ihr Definitionsvermögen hätte ohne weiteres mit einer sehr niedrigen Ziffer bestimmt werden können, ihre mathematischen Kenntnisse mit Null bezeichnet, dennoch war er nicht sicher, ob er genau gewußt hätte, sie einzuordnen, wenn zum Beispiel von ihm verlangt worden wäre, sie in den Rubriken einer Parlamentsstatistik anzukreuzen.

In manchen Stadien der Produktion menschlichen Gefüges geht die Zeit sehr rasch vor. Da sich Jung Thomas und Sissy beide in dem Stadium ihrer Ausarbeitung befanden, vollzogen sich diese Übergänge in ein, zwei Jahren, während Mr. Gradgrind in seiner Laufbahn stillzustehen schien und keine Veränderung erfuhr.

Außer einer, die sich jedoch unabhängig von dem notwendigen Weiterrücken durch die Fabrik vollzog. Die Zeit stieß ihn in eine lärmende und ziemlich schmutzige kleine Maschine in einem abgelegenen Winkel und machte ihn zum Parlamentsmitglied für Coketown, zu einem der geachteten Mitglieder für Unzengewichte und Maße, zu einem der Repräsentanten des Einmaleins, zu einem der gegen alles übrige tauben Ehrenwerten, stummen Ehrenwerten, blinden Ehrenwerten, lahmen Ehrenwerten, toten Ehrenwerten. Weshalb leben wir sonst in einem christlichen Land, achtzehnhundertundnochwas Jahre nach unserem Herrn Jesus Christus?

Indessen war Louisa so still und verschlossen weitergeschritten und mit einer solchen Vorliebe, in der Dämmerung die glühende Asche zu beobachten, wie sie auf den Rost fiel und erlosch, daß sie von da an, als ihr Vater gesagt hatte, sie werde allmählich eine junge Frau – was erst gestern gewesen zu sein schien –, kaum wieder seine Aufmerksamkeit erregt hatte, bis er sie nun tatsächlich als eine junge Frau entdeckte.

«Tatsächlich eine junge Frau», sagte Mr. Gradgrind sinnend. «Meine Güte!»

Bald nach dieser Entdeckung wurde er ein paar Tage lang noch nachdenklicher als sonst und schien von einer Sache sehr in Anspruch genommen. Eines Abends, als er gerade ausgehen wollte und Louisa kam, um ihm vorher noch auf Wiedersehen zu sagen – weil er erst spät heimgekommen und sie vor dem Morgen nicht mehr sehen würde –, hielt er sie in den Armen, sah sie überaus gütig an und sagte:

«Meine liebe Louisa, du bist eine Frau!»

Sie antwortete mit dem schnellen und forschenden Blick jenes Abends, als sie beim Zirkus ertappt wurde, und schlug dann die Augen nieder. «Ja, Vater.»

«Mein Liebling», sagte Mr. Gradgrind, «ich muß allein und ernsthaft mit dir sprechen. Komm morgen nach dem Frühstück in mein Zimmer, ja?»

«Ja, Vater.»

«Deine Hände sind etwas kalt, Louisa. Fühlst du dich nicht wohl?»

«Völlig wohl, Vater.»

«Und munter?»

Wieder sah sie ihn an und lächelte auf ihre besondere Weise. «Ich bin so munter wie sonst, Vater, oder wie ich sonst gewesen bin.»

«Das ist schön», sagte Mr. Gradgrind. So küßte er sie und ging, und Louisa kehrte in das helle Zimmer mit dem Haarschneidecharakter zurück und blickte wieder auf die kurzlebigen Funken, die so bald zu Asche zerfielen.

«Bist du da, Lou?» fragte ihr Bruder, der zur Tür hereinschaute. Er war jetzt ein richtiger junger Lebemann, und kein sehr für sich einnehmender.

«Lieber Tom», antwortete sie, stand auf und umarmte ihn, «wie lange es her ist, seit du mich besucht hast!»

«Ich war eben abends anderweitig beschäftigt, Lou, und tagsüber hat mich der alte Bounderby ziemlich rangenommen. Aber wenn er mir zu energisch kommt, dann bring ich die Rede auf dich, und so können wir uns immer verständigen. Hör mal! Hat Vater heute oder gestern was Besonderes zu dir gesagt, Lou?»

«Nein, Tom. Aber er hat mir heute abend gesagt, daß er es morgen tun möchte.»

«Aha! Genau das meine ich», entgegnete Tom. «Weißt du, wo er heute abend ist?» fragte er höchst ausdrucksvoll.

«Nein.»

«Dann werd ich's dir sagen. Er ist bei dem alten Bounderby. Sie haben 'ne regelrechte Konferenz miteinander in der Bank. Und was meinst du wohl, warum in der Bank? Na, das werd ich dir auch sagen. Ich denke mir, um Mrs. Sparsits Ohren so weit wie möglich fernzuhalten.»

Die Hand auf der Schulter ihres Bruders, stand Louisa immer noch und schaute ins Feuer. Der Bruder sah ihr mit größerem Interesse als sonst ins Gesicht und zog sie, den Arm um ihre Taille gelegt, schmeichelnd an sich.

«Du hast mich doch sehr lieb, nicht wahr, Lou?»

«Ja, Tom, auch wenn du so lange Pausen zwischen den Besuchen bei mir machst.»

«Nun, Schwesterchen», sagte Tom, «mit deinen Worten kommst du meinen Gedanken sehr nahe. Wir könnten sehr viel öfter zusammen sein – nicht wahr? Fast immer – nicht wahr? Es wäre mächtig angenehm für mich, wenn du dich für das, was ich weiß, entscheiden würdest, Lou. Das wäre eine herrliche Sache für mich. Es wäre riesig famos!»

Sein schlaues Sondieren brach sich an ihrer Versunkenheit. Ihrem Gesicht vermochte er nichts zu entnehmen. Er zog sie fester an sich und küßte sie auf die Wange. Sie erwiderte den Kuß, schaute jedoch immer noch ins Feuer.

«Hör zu, Lou! Ich hab mir gedacht, ich komm her und geb dir einen Wink, was vorgeht, obwohl ich annahm, du würdest es höchstwahrscheinlich erraten, auch wenn du es nicht wüßtest. Ich kann nicht bleiben, weil ich heute abend mit ein paar Bekannten verabredet bin. Du wirst nicht vergessen, wie lieb du mich hast?»

«Nein, lieber Tom, ich werde es nicht vergessen.»

«Ein Prachtmädchen bist du!» sagte Tom. «Auf Wiedersehn, Lou.»

Sie sagte ihm zärtlich guten Abend und begleitete ihn bis hinaus vor die Tür, wo die Lichter von Coketown zu sehen waren und die Ferne düster erscheinen ließen. Sie stand und starrte sie unverwandt an und horchte auf seine sich entfernenden Schritte. Sie eilten rasch davon, gleichsam froh, von Stone Lodge wegzukommen, und Louisa stand immer noch, als er fort und alles still war. Es schien, als versuche sie – erst in dem Feuer im Haus und dann in dem glühenden Dunst draußen – zu entdecken, welch ein Gewebe die alte Zeit, die größte und längsteingesessene Spinnerin, aus den Fäden weben würde, die sie bereits zu einem Weib versponnen hatte. Aber ihre Fabrik ist ein verschwiegener Ort, ihr Werk ist lautlos, und ihre Arbeitsleute sind stumm.

15. KAPITEL

VATER UND TOCHTER

OBGLEICH MR. GRADGRIND KEIN BLAUBART WAR, bot sich sein Arbeitszimmer mit der Überfülle an Blaubüchern als ein völlig blaues Zimmer dar. Was sie nur immer beweisen konnten (und das ist gewöhnlich alles Gewünschte), bewiesen sie hier in einer ständig durch neue Rekruten verstärkten Armee. In diesem Zauberkabinett wurden die kompliziertesten sozialen Fragen aufgeworfen, auf eine exakte Quintessenz gebracht und schließlich entschieden – wenn es den Beteiligten nur hätte zur Kenntnis gebracht werden können. Wie in einem Observatorium ohne jedes Fenster, in dem der Astronom die Sternenwelt nur mit Feder, Tinte und Papier ordnet, so brauchte auch Mr. Gradgrind in seinem Observatorium (und dergleichen gibt es viele) keinen Blick auf die wimmelnden Myriaden Menschenwesen rings um sich zu werfen, sondern konnte ihrer aller Geschick auf einer Schiefertafel ausrechnen und ihrer aller Tränen mit einem schmutzigen Stückchen Schwamm abwischen.

In dieses Observatorium also, einen strengen Raum mit einer mordsstatistischen Uhr, die jede Sekunde wie mit einem Schlag auf einen Sargdeckel maß, begab sich Louisa an dem betreffenden Morgen. Ein Fenster blickte auf Coketown, und als sie sich nicht weit vom Tisch ihres Vaters setzte, sah sie die hohen Schornsteine und die langen Rauchbahnen, die düster aus der dunstigen Ferne tauchten.

«Meine liebe Louisa», sagte ihr Vater, «ich habe dich bereits gestern abend darauf vorbereitet, mir ernste Aufmerksamkeit bei der Unterredung zu schenken, die wir jetzt haben werden. Du bist so gut geschult worden, und du machst, wie ich erfreut feststelle, der Erziehung, die du genossen hast, so viel Ehre, daß ich volles Vertrauen in deinen gesunden Menschenverstand setze. Du bist nicht impulsiv, du bist nicht romantisch, du bist gewohnt, alles von der nachdrücklich leidenschaftslosen Warte der Vernunft und der Berechnung aus zu betrachten. Nur von dieser Warte aus, das weiß ich, wirst du, was ich dir mitteilen werde, betrachten und erwägen.»

Er wartete, als wäre es ihm lieb gewesen, wenn sie etwas gesagt hätte. Aber sie sprach kein Wort.

«Louisa, mein Liebling, du bist der Gegenstand eines Antrags, der mir unterbreitet wurde.»

Wieder wartete er, und wieder entgegnete sie kein Wort. Das überraschte ihn so sehr, daß er sich veranlaßt fühlte, sanft zu wiederholen: «Eines Heiratsantrags, mein Liebling.»

Worauf sie ohne sichtliche Bewegung erwiderte: «Ich höre dich, Vater. Ich versichere dir, daß ich aufmerksam zuhöre.»

«Gut!» sagte Mr. Gradgrind und lächelte befreit, nachdem er einen Augenblick in Verlegenheit gewesen war. «Du bist noch leidenschaftsloser, als ich erwartete, Louisa. Oder vielleicht bist du auch nicht ganz unvorbereitet auf das, was ich dir mitzuteilen habe.»

«Das kann ich nicht sagen, ehe ich es gehört habe, Vater. Vorbereitet oder nicht, ich möchte alles von dir hören. Ich möchte, daß du es mir mitteilst, Vater.»

Es mutet sonderbar an, aber Mr. Gradgrind war in diesem Augenblick nicht so gefaßt wie seine Tochter. Er nahm ein Papiermesser in die Hand, drehte es herum, legte es hin, nahm es wieder auf und mußte selbst dann noch die Klinge studieren, während er überlegte, wie er fortfahren solle.

«Was du sagst, meine liebe Louisa, ist durchaus vernünftig. Ich habe also übernommen, dich wissen zu lassen... kurz und gut, Mr. Bounderby hat mir mitgeteilt, daß er dein Wachstum seit langem mit besonderer Anteilnahme und Freude beobachtet und seit langem den Zeitpunkt herbeisehnt, da er dir endlich die Hand zur Ehe bieten kann. Dieser Zeitpunkt, auf den *er* so lange und gewiß mit großer Beständigkeit gewartet hat, ist nun gekommen. Mr. Bounderby hat mir den Heiratsantrag unterbreitet und mich ersucht, ihn dir bekanntzugeben und seiner Hoffnung Ausdruck zu verleihen, du mögest ihn wohlwollend erwägen.»

Schweigen zwischen ihnen. Die mordsstatistische Uhr sehr dumpf. Der Rauch in der Ferne sehr schwarz und schwer.

«Vater», fragte Louisa, «glaubst du, daß ich Mr. Bounderby liebe?»

Diese unerwartete Frage brachte Mr. Gradgrind völlig außer Fassung.

«Nun, mein Kind», entgegnete er, «ich... ich kann mir wirklich nicht anmaßen, das zu behaupten.»

«Vater», fuhr Louisa in genau demselben Ton wie zuvor fort, «verlangst du von mir, Mr. Bounderby zu lieben?»

«Nein, meine liebe Louisa. Nein. Ich verlange nichts.»

«Vater», fragte sie weiter, «verlangt Mr. Bounderby von mir, daß ich ihn liebe?»

«Wirklich, mein Liebling», sagte Mr. Gradgrind, «es ist schwierig, deine Frage zu beantworten...»

«Schwierig, sie mit Ja oder Nein zu beantworten, Vater?»

«Gewiß, mein Liebling. Weil nämlich», hier war etwas zu erklären, und das half ihm wieder auf die Beine, «weil die Antwort, Louisa, so wesentlich von dem Sinn abhängt, in dem wir das Wort anwenden. Nun, Mr. Bounderby wird weder dir noch sich selbst das Unrecht zufügen, indem er auf etwas Schwärmerisches, Phantastisches (ich bediene mich sinnverwandter Ausdrücke) oder Sentimentales Anspruch erhebt. Mr. Bounderby hätte dich ganz umsonst unter seinen Augen aufwachsen sehen, wenn er soweit vergessen könnte, was deinem – ganz zu schweigen von seinem – gesunden Verstand gebührt, stellte er an dich ein solches Ansinnen. Deshalb ist vielleicht schon das Wort an sich – ich will dir das nur zu bedenken geben, mein Liebling – etwas fehl am Platz.»

«Und welches würdest du mir statt dessen empfehlen, Vater?»

«Nun, meine liebe Louisa», sagte Mr. Gradgrind, der sich

inzwischen völlig erholt hatte, «ich würde dir (da du mich fragst) empfehlen, diese Frage so zu betrachten, wie du gewohnt bist, jede andere Frage zu betrachten, einfach als eine greifbare Tatsache. Unwissende und leichtfertige Menschen mögen derlei mit nicht zur Sache gehörigen Phantastereien und anderen Ungereimtheiten verwirren, die genaugenommen überhaupt nicht vorhanden sind – wirklich nicht vorhanden sind –, und dir zu sagen, daß du es besser weißt, ist daher keine Schmeichelei. Nun, welche Tatsachen haben wir in diesem Fall? Du bist, wir wollen die Zahl abrunden, zwanzig Jahre alt, Mr. Bounderby, ebenfalls rund gerechnet, fünfzig. Es ist also ein gewisser Altersunterschied vorhanden, kein Unterschied jedoch in eurem Vermögen und in eurer Stellung, dort herrscht im Gegenteil eine große Übereinstimmung. Es erhebt sich also die Frage, ob dieser eine Unterschied hinreicht, sich einer solchen Heirat hindernd in den Weg zu stellen. Erwägt man diese Frage, so ist es nicht unwichtig, die Ehestatistiken in Betracht zu ziehen, soweit sie bis jetzt in England und Wales erlangt wurden. Ich ersehe aus diesen Zahlen, daß ein großer Prozentsatz dieser Ehen zwischen Personen sehr ungleichen Alters geschlossen wurde und daß in mehr als fünfundsiebzig von hundert Fällen der ältere der beiden Ehepartner der Gatte ist. Es ist bemerkenswert und zeigt die weite Verbreitung dieser Regel, daß zuverlässige Schätzungen von Reisenden unter den Eingeborenen der britischen Besitzungen in Indien, wie in einem beträchtlichen Teil Chinas und unter den Kalmücken der Tatarei ähnliche Resultate ergeben. Daher hört der von mir erwähnte Unterschied nahezu völlig auf, ein Unterschied zu sein, und schwindet (im Prinzip) völlig.»

«Was empfiehlst du mir, Vater», fragte Louisa, deren reservierte Gelassenheit diese erfreulichen Resultate nicht im geringsten berührt hatten, «wodurch soll ich das Wort, das ich benutzte, ersetzen? Den Ausdruck, der fehl am Platz war?»

«Louisa», erwiderte ihr Vater, «nichts, scheint mir, kann einfacher sein. Halte dich streng an Tatsachen, und hier handelt es sich um folgende Tatsache und die Frage, die du dir stellen mußt: Bittet mich Mr. Bounderby, ihn zu heiraten? Jawohl, so ist es. Übrig bleibt nur die Frage: Soll ich ihn heiraten? Nichts, glaube ich, kann einfacher sein als das.»

«Soll ich ihn heiraten?» wiederholte Louisa sehr nachdenklich.

«Haargenau. Und es ist mir, als deinem Vater, liebe Louisa, eine Genugtuung, zu wissen, daß du diese Frage nun nicht mit den vorgefaßten Gemüts- und Lebensneigungen erwägen wirst, die so vielen jungen Frauen eigen sind.»

«Nein, Vater», gab sie zurück, «das werde ich nicht.»

«Ich überlasse es nun deinem eigenen Urteil», sagte Mr. Gradgrind. «Ich habe dir den Fall dargelegt, wie dergleichen Fälle unter sachlich denkenden Menschen gewöhnlich dargelegt werden, ich habe ihn dargelegt, wie seinerzeit der Fall deiner Mutter und meiner dargelegt wurde. Der Rest bleibt dir zur Entscheidung überlassen, liebe Louisa.»

Von Anfang an hatte sie dagesessen und ihn unverwandt angesehen. Als er sich jetzt in seinen Stuhl zurücklehnte und nun seinerseits die tiefliegenden Augen auf ihr ruhen ließ, hätte er vielleicht eine Unschlüssigkeit an ihr wahrnehmen können, als es sie drängte, sich an seine Brust zu werfen und ihm anzuvertrauen, was in ihrem Herzen verschlossen lag. Doch um das wahrzunehmen, hätte er mit einem Satz die künstlichen Schranken überspringen müssen, die er viele Jahre hindurch zwischen sich und all diesen subtilen Eigenheiten der menschlichen Natur errichtet hatte, die sich der höchsten Kunst der Algebra entziehen, bis einst beim Ton der letzten Posaune sogar die Algebra der Vernichtung anheimfällt. Für einen solchen Sprung waren der Schranken zu viele und zu hohe. Mit seinem unbeugsamen, dem Nützlichkeitsprinzip huldigenden Tatsachengesicht verhärtete er sie wieder, und der Augenblick stürzte hinab in die unergründlichen Tiefen der Vergangenheit und mischte sich unter all die verpaßten Gelegenheiten, die dort ertränkt werden.

Sie wandte die Augen von ihm ab und saß so lange und

blickte schweigend auf die Stadt, daß er schließlich sagte: «Befragst du die Schornsteine der Coketowner Fabriken, Louisa?»

«Dort scheint nichts zu sein als schleichender, einförmiger Rauch. Aber wenn die Nacht kommt, bricht Feuer aus, Vater!» antwortete sie und drehte sich rasch um.

«Das weiß ich natürlich, Louisa. Ich sehe nur nicht die Nutzanwendung dieser Bemerkung.» Um ihm gerecht zu werden, er sah sie tatsächlich nicht.

Mit einer leichten Handbewegung ging sie darüber hinweg, konzentrierte ihre Aufmerksamkeit abermals auf ihn und sagte: «Vater, ich habe oft gedacht, daß das Leben sehr kurz ist.» – Das war so offensichtlich ein Thema für ihn, daß er unterbrach.

«Zweifellos ist es kurz, mein Liebes. Doch die durchschnittliche Dauer des menschlichen Lebens hat sich erwiesenermaßen in den letzten Jahren erhöht. Die Berechnungen verschiedener Lebensversicherungs- und Rentenanstalten haben neben anderen Zahlen, die nicht fehlgehen können, diese Tatsache festgestellt.»

«Ich spreche von meinem eigenen Leben, Vater.»

«Oh, wirklich? Dennoch, ich brauche dich nicht darauf hinzuweisen, Louisa», sagte Mr. Gradgrind, «daß es von den Gesetzen beherrscht wird, die das gesamte Leben beherrschen.»

«Solange es dauert, möchte ich gern das wenige tun, das ich vermag und wozu ich befähigt bin. Was liegt daran?»

Mr. Gradgrind schien etwas in Verlegenheit, die letzten drei Worte zu verstehen, und antwortete: «Wie? Daran liegen? Was liegen, mein Liebling?»

«Mr. Bounderby», fuhr sie sicher und unbeirrt fort, ohne seinen Einwurf zu beachten, «bittet mich, ihn zu heiraten. Die Frage, die ich mir selber zu stellen habe, lautet: Soll ich ihn heiraten? So ist es doch, Vater, nicht wahr? So hast du es mir gesagt, Vater. Nicht wahr?»

«Gewiß, mein Liebling.»

«Mag es denn sein. Da Mr. Bounderby mich auf diese Weise haben möchte, bin ich es zufrieden, seinen Antrag anzunehmen. Teile ihm also, so bald du willst, Vater, meine Antwort mit. Wiederhole sie ihm, wenn du kannst, Wort für Wort, weil er genau wissen soll, was ich gesagt habe.»

«Es ist völlig richtig, exakt zu sein, mein Liebling», pflichtete ihr der Vater bei. «Ich werde mich an deine durchaus angemessene Antwort halten. Hast du irgendeinen Wunsch in bezug auf den Zeitpunkt deiner Heirat, mein Kind?»

«Nein, Vater. Was liegt daran?»

Mr. Gradgrind hatte seinen Stuhl etwas näher zu ihr herangezogen und ihre Hand genommen. Aber die Wiederholung dieser Worte schien seinem Ohr etwas mißtönend zu klingen. Er hielt inne, um sie anzusehen, und sagte dann, immer noch ihre Hand in der seinen: «Louisa, ich habe es nicht für unbedingt notwendig erachtet, dir eine bestimmte Frage zu stellen, weil mir die darin enthaltene Möglichkeit allzufern zu liegen schien. Aber vielleicht sollte ich es doch tun. Du hast nie einen anderen Antrag heimlich in Erwägung gezogen?»

«Vater», gab sie fast höhnisch zurück, «welch anderer Antrag hätte *mir* gemacht werden können? Wen habe ich gesehen? Wo bin ich gewesen? Was hat mein Herz erfahren?»

«Meine liebe Louisa», sagte Mr. Gradgrind, wieder beruhigt und zufrieden, «du korrigierst mich mit Recht. Ich wollte nur meiner Pflicht genügen.»

«Was weiß *ich* denn schon von Neigungen und Vorlieben, Vater», fuhr Louisa in ihrer ruhigen Art fort, «von Sehnsüchten und Gemütsbewegungen, überhaupt von jenem Teil meiner Natur, in dem so unstete Dinge hätten genährt werden können? Welche Möglichkeit hatte ich, Problemen zu entrinnen, die demonstriert, und Realitäten, die angepackt werden konnten?» Während sie das sagte, schloß sie unwillkürlich ihre Hand wie um einen festen Gegenstand und öffnete sie langsam wieder, als ließe sie ihr Staub oder Asche entgleiten.

«Ganz recht, ganz recht, mein Liebling», pflichtete ihr der eminent sachliche Vater bei.

«Nun, Vater», sprach sie weiter, «welch eine sonderbare Frage an *mich*! Die Vorliebe für Puppen, von der sogar ich hörte, daß sie unter Kindern alltäglich sein soll, hat in meiner Brust nie ihre unschuldige Heimstatt gehabt. Du bist so besorgt um mich gewesen, daß ich nie ein Kinderherz besaß. Du hast mich so vortrefflich erzogen, daß ich nie einen Kindertraum träumte. Du bist so klug mit mir verfahren, Vater, von der Wiege an bis zu dieser Stunde, daß ich nie einen Kinderglauben oder eine Kinderangst hatte.»

Mr. Gradgrind war ganz ergriffen über seinen Erfolg und über dieses Zeugnis seines Erfolgs. «Meine liebe Louisa», sagte er, «du vergiltst mir reichlich meine Mühe. Küsse mich, meine liebe Tochter.»

Also küßte ihn seine Tochter. Er hielt sie noch in den Armen, als er sagte: «Ich kann dir versichern, mein liebes Kind, daß mich der gesunde Entschluß, zu dem du gekommen bist, glücklich macht. Mr. Bounderby ist ein sehr bemerkenswerter Mann, und was die kleine Ungleichheit betrifft, die zwischen euch bestehen soll – wenn sie überhaupt besteht –, so wird sie mehr denn aufgewogen durch den Charakter, den dein Geist erlangt hat. Ich habe es mir stets angelegen sein lassen, dich so zu erziehen, daß du selbst schon in deiner frühen Jugend nahezu jeden Alters hättest sein können (wenn ich es einmal so ausdrücken darf)! Küß mich noch einmal, Louisa. Und nun laß uns zu deiner Mutter gehen.»

Also gingen sie hinunter in das Wohnzimmer, wo die hochgeschätzte Dame ohne Unsinn an sich wie gewöhnlich ruhte, während Sissy neben ihr mit einer Arbeit beschäftigt war. Die Dame gab, als sie eintraten, ein paar schwache Zeichen wiedererwachenden Lebens von sich, und gleich darauf präsentierte sich das matte Transparent in sitzender Haltung.

«Mrs. Gradgrind», sagte ihr Gatte, der mit einiger Ungeduld die Vollendung dieser Heldentat abgewartet hatte, «erlauben Sie mir, Ihnen Mrs. Bounderby vorzustellen.»

«Oh!» sagte Mrs. Gradgrind. «So haben Sie es also abgemacht. Nun, ich hoffe, dein Befinden bleibt gut, Louisa; denn wenn dein Kopf, sobald du verheiratet bist, anfängt zu zerspringen, wie es bei meinem der Fall war, so kann ich es nicht so ansehen, als wärst du zu beneiden, obwohl ich keinen Zweifel hege, daß du wie alle Mädchen glaubst, du wärst es. Dennoch wünsche ich dir Glück, mein Kind – und ich hoffe, du wirst jetzt deine ganzen ologischen Studien gut verwerten können, ja, das hoffe ich! Ich muß dir einen Gratulationskuß geben, Louisa, aber rühre nicht an meine rechte Schulter, denn da läuft schon den ganzen Tag immerfort was herunter. Und nun», wimmerte Mrs. Gradgrind, während sie nach der zärtlichen Zeremonie ihre Schals ordnete, «werde ich mich morgens, mittags und abends damit abquälen, wie ich ihn nennen soll!»

«Was meinen Sie damit, Mrs. Gradgrind?» fragte ihr Gatte steif.

«Wie ich ihn nennen soll, Mr. Gradgrind, wenn er mit Louisa verheiratet ist! Ich muß ihn doch irgendwie nennen. Es ist unmöglich», sagte Mrs. Gradgrind mit einem Gefühl für Höflichkeit und zugleich für Beleidigung, «ihn ständig anzureden und nie bei einem Namen zu nennen. Josiah kann ich ihn nicht nennen, denn der Name ist mir unerträglich. Sie selbst würden von Joe nichts hören wollen, das wissen Sie sehr wohl. Und soll ich meinen eigenen Schwiegersohn mit Mister anreden? Ich glaube nicht, ehe nicht die Zeit gekommen ist, da ich als eine Kranke von meinen Verwandten mit Füßen getreten werde. Wie also soll ich ihn nennen?»

Da niemand von den Anwesenden in der bemerkenswert schwierigen Lage einen Vorschlag zu machen hatte, schied Mrs. Gradgrind vorderhand aus dem Leben, nachdem sie zu ihren bereits geäußerten Bemerkungen noch den folgenden Zusatz von sich gegeben hatte:

«Was die Hochzeit betrifft, Louisa, so bitte ich nur um eins – und ich bitte es mit einem Flattern in meiner Brust, das sich tatsächlich bis zu meinen Fußsohlen erstreckt –, daß sie bald stattfinden möge. Andernfalls weiß ich, daß es eine von den Sachen ist, von der ich nicht zum letztenmal gehört haben werde.»

Als Mrs. Bounderby von Mr. Gradgrind vorgestellt wurde, hatte Sissy rasch den Kopf gewandt und Louisa mit Verwunderung, Mitleid, Kummer, Zweifel und überhaupt einer Vielzahl von Empfindungen angesehen. Ohne auf sie zu blicken, hatte Louisa es gewußt und wahrgenommen. Von diesem Augenblick an war sie gefühllos, stolz und kalt – hielt sich Sissy vom Leib – und war gegen sie völlig verändert.

16. KAPITEL

MANN UND FRAU

MR. BOUNDERBYS ERSTE BESORGNIS, ALS ER VON seinem Glück erfuhr, wurde durch die Notwendigkeit verursacht, es Mrs. Sparsit mitzuteilen. Er konnte sich nicht schlüssig werden, wie er das tun sollte oder welche Folgen dieser Schritt haben mochte. Ob sie stehenden Fußes mit Sack und Pack zu Lady Scadgers abreisen oder sich entschieden weigern würde, sich von seinem Grundstück zu rühren, ob sie jammern oder schmähen, weinen oder toben würde, ob es ihr das Herz brechen oder sie den Spiegel zerbrechen würde – nichts davon konnte Mr. Bounderby vorher wissen. Es mußte jedoch getan werden, er hatte keine andere Wahl, und so entschloß er sich, nachdem er ein paar Briefe versucht und in allen versagt hatte, es mündlich zu tun.

Auf seinem Heimweg an dem Abend, den er für diese folgenschwere Absicht gewählt hatte, traf er die Vorsichtsmaßregel, in einer Drogenhandlung eine Flasche des allerstärksten Riechsalzes zu kaufen. «Beim heiligen Georg!» sagte Mr. Bounderby. «Wenn sie mir mit Ohnmachten kommt, soll sie sich jedenfalls die Haut von der Nase riechen!» Doch ungeachtet dessen, daß er auf diese Weise im voraus gewappnet war, betrat er sein eigenes Haus mit allem andern als einer beherzten Miene und erschien vor dem Gegenstand seiner Befürchtungen wie ein Hund, der sich bewußt ist, gerade aus der Speisekammer zu kommen.

«Guten Abend, Mr. Bounderby.»

«Guten Abend, Ma'am, guten Abend.» Er zog seinen Stuhl heran, und Mrs. Sparsit schob den ihren zurück, als wolle sie sagen: Ihr Kamin, Sir. Ich gebe es unumwunden zu. Genaugenommen können Sie ihn ganz und gar mit Beschlag belegen.

«Rücken Sie nicht gleich bis zum Nordpol, Ma'am!» sagte Mr. Bounderby.

«Danke, Sir», sagte Mrs. Sparsit und kehrte annähernd zu ihrem vorigen Platz zurück.

Mr. Bounderby saß und sah ihr zu, wie sie mit den Spitzen einer starken, scharfen Schere zu unerforschlichen Schmuckzwecken Löcher in ein Stück Batist stach. Eine Tätigkeit, die in Verbindung mit den buschigen Brauen und der römischen Nase mit einer gewissen Lebhaftigkeit den Gedanken an einen Habicht nahelegte, der auf die Augen eines zählebigen kleinen Vogels losfährt. Sie war so unverwandt beschäftigt, daß viele Minuten verrannen, ehe sie von ihrer Arbeit aufsah; als sie es tat, fesselte Mr. Bounderby ihre Aufmerksamkeit mit einem Kopfruck.

«Verehrte Mrs. Sparsit», sagte Mr. Bounderby, während er die Hände in die Taschen steckte und sich mit der Rechten vergewisserte, daß der Stöpsel der kleinen Flasche gebrauchsfertig war, «ich habe das Bedürfnis, Ihnen zu sagen, daß Sie nicht nur durch Geburt und Erziehung eine Dame, sondern auch eine höllisch verständige Frau sind.»

«Sir», erwiderte die Dame, «es ist in der Tat nicht das erste Mal, daß Sie mich mit ähnlichen Äußerungen Ihrer guten Meinung beehren.»

«Verehrte Mrs. Sparsit», sagte Mr. Bounderby, «ich werde Sie in Erstaunen setzen.»

«Ja, Sir?» gab Mrs. Sparsit in fragendem Ton und in der denkbar ruhigsten Weise zurück. Sie trug gewöhnlich Halbhandschuhe und legte nun ihre Arbeit nieder, um diese Handschuhe zu glätten.

«Ma'am, ich werde Tom Gradgrinds Tochter heiraten», sagte Bounderby.

«Ja, Sir?» gab Mrs. Sparsit zurück. «Ich hoffe, Sie werden glücklich, Mr. Bounderby. Oh! Wirklich, ich hoffe, Sie werden glücklich, Sir!» Und sie sagte es mit so großer Herablassung wie auch mit so tiefem Mitleid für ihn, daß Bounderby – bei weitem fassungsloser, als wenn sie ihren Arbeitskasten in den Spiegel geworfen hätte oder ohnmächtig auf den Kaminteppich gesunken wäre – das Riechsalz in seiner Tasche fest zustöpselte und dachte: Hol der Kuckuck dieses Weib! Wer hätte auch nur ahnen können, daß sie es auf diese Weise aufnehmen würde!

«Ich wünsche von ganzem Herzen, Sir», sagte Mrs. Sparsit überaus erhaben, irgendwie schien sie sich augenblicklich das Recht angeeignet zu haben, ihn von nun an zu bemitleiden, «daß Sie in jeder Hinsicht sehr glücklich werden mögen.»

«Na schön, Ma'am», erwiderte Bounderby mit einer gewissen Empfindlichkeit im Ton, der ohne sein Zutun merklich herabgestimmt klang, «ich bin Ihnen sehr verbunden. Ich hoffe, ich werde es bleiben.»

«Wahrhaftig, Sir?» gab Mrs. Sparsit ungemein herablassend zurück. «Aber natürlich werden Sie, selbstredend werden Sie!»

Jetzt folgte eine sehr verlegene Pause von seiten Mr. Bounderbys. Mrs. Sparsit nahm gelassen ihre Arbeit wieder auf und ließ gelegentlich ein schwaches Hüsteln hören, das wie ein Hüsteln selbstbewußter Kraft und Nachsicht klang.

«Nun ja, Ma'am», begann Mr. Bounderby von neuem, «unter diesen Umständen, denke ich, wäre es für eine Persönlichkeit wie Sie wohl nicht angenehm zu bleiben, obgleich Sie hier sehr gern gesehen wären.»

«Liebe Güte, nein, Sir, daran ist auf gar keinen Fall zu denken!» Immer noch in ihrer überaus erhabenen Art schüttelte Mrs. Sparsit den Kopf und gab ihrem Hüsteln jetzt eine etwas andere Note – indem sie hüstelte, als sei der Geist der Prophezeiung in sie gefahren, werde aber besser niedergehüstelt.

«In der Bank jedoch, Ma'am», sagte Bounderby, «haben wir Räumlichkeiten, in denen eine Dame von Geburt und Erziehung als Oberaufsicht durchaus an ihrem Platz wäre, und wenn Sie zu denselben Bedingungen...»

«Verzeihung, Sir. Sie waren so gütig, zu versprechen, daß

Sie an dieser Stelle stets den Ausdruck Jahresgeschenk benutzen würden.»

«Schön, Ma'am, Jahresgeschenk. Wenn also dasselbe Jahresgeschenk dort annehmbar wäre, nun, so sehe ich keinen Anlaß zur Trennung, es sei denn, Sie sähen ihn.»

«Sir», erwiderte Mrs. Sparsit, «der Vorschlag ist Ihrer würdig, und wenn die Position, die ich in der Bank einnehmen soll, so ist, daß ich sie ausfüllen kann, ohne auf der gesellschaftlichen Stufenleiter hinabzusteigen...»

«Aber natürlich ist sie das», sagte Bounderby. «Glauben Sie denn, Ma'am, wenn sie es nicht wäre, so würde ich sie einer Dame anbieten, die sich in der Gesellschaft bewegt hat, in der Sie sich bewegt haben? Nicht, daß *ich* mich um solche Gesellschaft schere, das wissen Sie! Aber *Sie* tun es.»

«Sie sind sehr rücksichtsvoll, Mr. Bounderby.»

«Sie werden Ihre eigenen Privaträume haben, und Sie werden Ihre Kohlen und Ihre Kerzen und alles übrige haben, und Sie werden Ihr Mädchen haben, das Sie bedient, und zum Schutz Ihren Laufburschen, und Sie werden es überhaupt, wie ich es anzusehen mir die Freiheit nehme, wunderbar bequem haben», sagte Bounderby.

«Sagen Sie nichts mehr, Sir», versetzte Mrs. Sparsit. «Wenn ich meinen Vertrauensposten hier aufgebe, werde ich doch nicht der Notwendigkeit entbunden sein, das Brot der Abhängigkeit zu essen», ebensogut und treffender hätte sie «das Kuchenbrot» sagen können, denn dieser delikate Artikel, mit Butter und Honig bestrichen, war ihre Leib- und Magenspeise, «und da möchte ich es lieber aus Ihrer als aus einer anderen Hand empfangen. Deshalb nehme ich Ihr Angebot dankbar und mit aufrichtiger Anerkennung vergangener Wohltaten an, Sir. Und ich offe, Sir», sagte Mrs. Sparsit zum Abschluß in ergreifend mitleidigem Ton, «ich hoffe von ganzer Seele, daß Ihnen Miss Gradgrind all das sein möge, was Sie ersehnen und verdienen!»

Nichts brachte Mrs. Sparsit von diesem Standpunkt ab. Umsonst versuchte Bounderby zu prahlen oder sich auf seine explosive Art zu behaupten, Mrs. Sparsit war entschlossen, ihn als ein Opfer zu bemitleiden. Sie war höflich, verbindlich, heiter und hoffnungsvoll, doch je höflicher, verbindlicher, heiterer und hoffnungsvoller, je mustergültiger sie alles in allem war, ein desto hilfloseres Opfer und Opferlamm war er. Sie hegte eine so zärtliche Besorgnis für sein trauriges Schicksal, daß auf seinem großen roten Gesicht der kalte Schweiß auszubrechen pflegte, wenn sie ihn ansah.

Unterdessen war festgesetzt worden, die Hochzeit in acht Wochen zu feiern, und als Verlobter ging Mr. Bounderby jeden Abend nach Stone Lodge. Das Liebeswerben äußerte sich bei solchen Gelegenheiten in Form von Armbändern und hatte überhaupt bei allen Gelegenheiten in der Verlobungszeit einen fabrikmäßigen Anstrich. Kleider wurden fabriziert, Schmuck wurde fabriziert, Kuchen und Handschuhe wurden fabriziert, Verträge wurden fabriziert, und ein reichhaltiges Sortiment Tatsachen machte dem Ehekontrakt alle gebührende Ehre. Das Heiratsgeschäft war vom ersten bis zum letzten eine Tatsache. Die Stunden erlebten keines jener rosigen Spiele, welche ihnen in solchen Perioden von törichten Poeten zugeschrieben werden, auch gingen die Uhren weder rascher noch langsamer als zu anderen Zeiten. Der mordsstatistische Registrierapparat im Gradgrind-Observatorium schlug jeder Sekunde bei ihrer Geburt aufs Haupt und beerdigte sie mit seiner gewohnten Regelmäßigkeit.

So kam der Tag, wie alle anderen Tage für Leute herankommen, die sich nur an die Vernunft halten wollen, und als er da war, wurde in der Kirche mit den reich verzierten Stelzbeinen – jener beliebten architektonischen Säulenordnung – Josiah Bounderby, Esquire, aus Coketown mit Louisa, ältester Tochter des Thomas Gradgrind, Esquire, von Stone Lodge, M. P. für diesen Wahlkreis, verheiratet. Und als sie zu dem heiligen Ehebund vereinigt waren, fuhren sie zum Frühstück in das vorerwähnte Stone Lodge.

Diesen glücklichen Vorfall zu vervollkommnen, war eine Gesellschaft versammelt, die von allem, was es zu essen und zu trinken gab, wußte, woraus es fabriziert war und wie es importiert und exportiert wurde und in welchen Mengen und in was für Schiffsladeräumen, einheimischen oder ausländischen, und überhaupt alles. Die Brautjungfern bis hinunter zu der kleinen Jane Gradgrind waren vom geistigen Standpunkt aus passende Gefährten für den berechnenden Knaben, und keine von allen hatte irgendwelchen Unsinn an sich.

Nach dem Frühstück wandte sich der Jungvermählte mit folgenden Worten an die Gesellschaft:

«Meine Damen und Herren, ich bin Josiah Bounderby aus Coketown. Da Sie meiner Gattin und mir die Ehre erwiesen haben, auf unsere Gesundheit und unser Glück zu trinken, so muß ich wohl meinen Dank dafür abstatten, obwohl Sie, da Sie mich alle kennen und wissen, was ich bin und welcher Herkunft ich bin, keine Rede von einem Mann erwarten werden, der, wenn er einen Pfahl sieht, sagt: ‹Das ist ein Pfahl›, und wenn er eine Pumpe sieht, sagt: ‹Das ist eine Pumpe› und nicht dazu gebracht werden kann, einen Pfahl eine Pumpe oder eine Pumpe einen Pfahl oder eines von beiden einen Zahnstocher zu nennen. Wenn Sie heute morgen eine Rede hören wollen, nun, mein Freund und Schwiegervater Tom Gradgrind ist Parlamentsmitglied, und Sie wissen nun, wo sie zu holen ist. Ich bin nicht Ihr Mann. Wenn ich mich jedoch ein wenig unabhängig fühle, da ich mich heute an dieser Tafel umsehe und überlege, wie wenig ich daran dachte, Tom Gradgrinds Tochter zu heiraten, als ich noch ein zerlumpter Straßenjunge war, der sich nie das Gesicht wusch außer an einer Pumpe, und das nicht öfter als einmal in vierzehn Tagen, so wird man mich hoffentlich entschuldigen. Ich hoffe, Ihnen gefällt es, daß ich mich unabhängig fühle, wenn nicht, kann ich's auch nicht ändern. Ich jedenfalls *fühle* mich unabhängig. Nun, ich habe erwähnt, und Sie haben erwähnt, daß ich heute mit Tom Gradgrinds Tochter verheiratet wurde. Ich bin sehr froh darüber. Es ist seit langem mein Wunsch gewesen. Ich habe ihre Erziehung beobachtet, und ich glaube, sie ist meiner wert. Gleichzeitig glaube ich – um Ihnen nichts vorzumachen –, auch ich bin ihrer wert. So danke ich Ihnen in unser beider Namen für das Wohlwollen, das Sie uns entgegengebracht haben, und der beste Wunsch, den ich dem unverheirateten Teil der anwesenden Gesellschaft mitgeben kann, ist dieser: Ich hoffe, jeder Junggeselle möge eine so vortreffliche Frau finden, wie ich sie gefunden habe. Und ich hoffe, jede Jungfer möge einen so vortrefflichen Mann finden, wie ihn meine Frau gefunden hat.»

Bald nach dieser feierlichen Rede begab sich das glückliche Paar zur Bahn, um die Hochzeitsreise anzutreten, die nach Lyon führen sollte, damit Mr. Bounderby Gelegenheit hätte, zu sehen, wie die Arbeiter in jener Gegend vorankämen und ob auch sie verlangten, mit goldenen Löffeln gefüttert zu werden. Als die Jungvermählte, bereits zur Reise umgekleidet, die Treppe hinabkam, traf sie auf den unten wartenden Tom, dessen Gesicht glühte – entweder vor lauter Gefühl oder infolge des Weins beim Frühstück.

«Was für ein mutiges Mädchen bist du doch, eine so erstklassige Schwester zu sein, Lou!» flüsterte Tom.

Sie klammerte sich an ihn, wie sie sich an diesem Tag an einen viel besseren Menschen hätte klammern sollen, und war zum erstenmal etwas erschüttert in ihrer reservierten Gelassenheit.

«Der alte Bounderby ist fertig», sagte Tom. «Es ist Zeit. Auf Wiedersehn! Ich werde nach dir Ausschau halten, wenn du zurückkommst. Hör mal, liebe Lou! Ist es jetzt nicht prächtig famos?»

ZWEITES BUCH

DIE ERNTE

Effekte und Effekten

Ein sonniger Mittsommertag. So etwas gab es mitunter sogar in Coketown.

Bei solchem Wetter lag Coketown, aus der Ferne gesehen, in den eigenfabrizierten Nebel gehüllt, der für die Sonnenstrahlen undurchdringlich schien. Man wußte nur, daß die Stadt da war, weil man wußte, daß nur eine Stadt einen so ärgerlichen Dreckfleck in die Aussicht machen konnte. Ein verschwommener Klecks in Ruß und Rauch, der sich, je nachdem ob Wind aufkam oder sich legte oder seine Richtung änderte, unschlüssig mal dahin, mal dorthin wandte, zum Himmelsgewölbe emporstrebte oder düster über die Erde kroch, ein dichtes, formloses Gemengsel mit schrägen Lichtstreifen darin, die nichts als massige Klumpen Dunkelheit zeigten, so deutete Coketown von weitem auf sich selbst hin, wenn auch noch kein Ziegelstein davon zu sehen war.

Ein Wunder war es, daß Coketown überhaupt da war. Die Stadt war so oft zugrunde gerichtet worden, daß man staunen mußte, wie sie so viele Erschütterungen ausgehalten hatte. Bestimmt hat es nie so zerbrechliches Porzellan gegeben wie das, aus dem die Fabrikanten von Coketown gemacht waren. Nicht ganz so behutsam mit ihnen umgegangen, und schon zerfielen sie mit einer Leichtigkeit in Stücke, daß man auf den Verdacht geraten konnte, sie hätten schon vorher einen Sprung gehabt. Sie waren zugrunde gerichtet, als von ihnen verlangt wurde, arbeitende Kinder zur Schule zu schicken; sie waren zugrunde gerichtet, als Inspektoren ernannt wurden, ihre Fabriken zu prüfen; sie waren zugrunde gerichtet, als diese Inspektoren es für zweifelhaft hielten, ob sie völlig berechtigt wären, die Leute mit ihren Maschinen zu zerhacken, und sie waren ganz und gar zugrunde gerichtet, als angedeutet wurde, daß sie vielleicht nicht immer ganz so viel Rauch zu machen brauchten. Außer Mr. Bounderbys goldenem Löffel, der in Coketown allgemein anerkannt war, gab es dort noch eine andere sehr beliebte Fiktion. Sie nahm die Gestalt einer Drohung an. Wenn sich ein Coketowner ungerecht behandelt fühlte – das heißt, wenn man ihn nicht völlig in Ruhe ließ und ihn womöglich für die Folgen einer von seinen Handlungen verantwortlich machen wollte –, so rückte er bestimmt mit der entsetzlichen Drohung heraus, «lieber wolle er sein Hab und Gut in den Atlantik schmeißen». Das hatte den Innenminister bei verschiedenen Gelegenheiten fast zu Tode erschreckt.

Immerhin waren die Coketowner trotz allem so patriotisch, daß sie ihr Hab und Gut bis jetzt noch nicht in den Atlantik geschmissen, sondern im Gegenteil die Freundlichkeit besessen hatten, ein mächtig achtsames Auge darauf zu haben. So lag es nun dort in dem Dunst, nahm zu und vermehrte sich.

Die Straßen waren an diesem Sommertag heiß und staubig, und die Sonne war so hell, daß sie sogar durch den über Coketown hängenden trüben Dunst schien und man nicht lange hineinsehen konnte. Heizer tauchten aus niedrigen Kellertüren in Fabrikhöfen auf und setzten sich auf Stufen, Pfosten und Staketen und wischten sich die geschwärzten Gesichter und starrten auf die Kohlen. Die ganze Stadt schien in Öl zu schmoren. Überall war ein erstickender Geruch von heißem Öl. Die Dampfmaschinen glänzten davon, die Anzüge der Arbeiter waren damit verschmutzt, und in allen Stockwerken der Fabriken sickerte und rieselte es. Die Luft dieser Feenpaläste war wie der Atem des Samums, und ihre vor Hitze vergehenden Insassen quälten sich mühsam und matt in der Wüste. Doch keine Temperatur machte die in Trübsinn verfallenen Elefanten trübsinniger oder gesünder. Ihre ermüdend langweiligen Köpfe gingen bei Hitze und Kälte, bei nassem und trockenem, schönem und schlechtem Wetter im gleichen Takt auf und ab. Die gleichmäßige Bewegung ihrer Schatten an den Wänden war der Ersatz, den Coketown für die Schatten rauschender Wälder aufzuweisen hatte, während das ganze Jahr hindurch vom Morgendämmern des Montags bis Sonnabendabend für das Sommersummen der Insekten das Schwirren der Spindeln und Räder geboten wurde.

Einschläfernd schwirrten sie diesen ganzen sonnigen Tag lang und machten den Vorübergehenden noch müder, und ihm wurde noch heißer, wenn er zu den summenden Mauern der Fabriken kam. Jalousien und gesprengtes Wasser kühlten ein wenig die Hauptstraßen und die Läden, aber die Fabriken und die Höfe und die Gassen dörrten in grausamer Hitze. Unten auf dem Fluß, der dick und schwarz von Farbe war, ruderten ein paar Coketowner Buben, die nichts zu tun hatten – ein seltener Anblick dort –, ein altersschwaches Boot, das im Dahingleiten eine Schaumspur über das Wasser zog, während das Eintauchen der Ruder jedesmal abscheuliche Gerüche aufrührte. Und selbst die Sonne, wie wohltätig sie sonst auch sein mochte, war gegen Coketown weniger freundlich als grimmiger Frost und blickte selten aufmerksam in eine der dumpfigeren Gegenden, ohne mehr Tod als Leben zu zeugen. So wird selbst das Himmelsauge ein böses Auge, wenn sich unfähige oder schmutzige Hände vor die Dinge drängen, auf die es segnend hinabschauen will.

Mrs. Sparsit saß in ihrem Nachmittagszimmer in der Bank, auf der schattigeren Seite der schmorenden Straße. Die Bürostunden waren vorbei, und bei warmem Wetter pflegte sie zu dieser Tageszeit einen direktorialen Sitzungssaal über dem Schalterraum mit ihrer vornehmen Anwesenheit zu verschönen. Ihr Privatwohnzimmer lag ein Stockwerk höher, und am Fenster dieses Beobachtungspostens stand sie jeden Morgen, um Mr. Bounderby, wenn er über die Straße kam, mit dem bei einem Opfer angebrachten mitfühlenden Erkennen zu grüßen. Er war jetzt ein Jahr verheiratet, und Mrs. Sparsit hatte ihn nicht für einen einzigen Augenblick aus ihrem entschiedenen Mitleid entlassen.

Die Bank tat der gesunden Einförmigkeit der Stadt keine Gewalt an. Auch sie war ein roter Ziegelbau mit schwarzen Fensterladen und grünen Rouleaus, einer schwarzen Tür zur Straße über zwei weißen Stufen, einem messingnen Türschild und einem messingnen Türknaufschlußpunkt. Sie war eine Nummer größer als Mr. Bounderbys Haus, wie andere Häuser eine bis sechs Nummern kleiner waren, in allem übrigen hielt sie sich streng an die Vorlage.

Mrs. Sparsit war sich bewußt, daß sie mit ihrem abendlichen Eindringen unter die Tische und Schreibutensilien eine weibliche, um nicht auch zu sagen aristokratische Anmut über das Zimmer ergoß. Mit ihrer Nadelarbeit oder dem Flietapparat am Fenster sitzend, hatte sie das selbstbeweihräuchernde Gefühl, das streng geschäftsmäßige Aussehen des Raums durch ihre damenhafte Haltung zu mildern. Beeindruckt von ihrer interessanten Persönlichkeit, hielt sich Mrs. Sparsit gewissermaßen für die Bankfee. Für die Leute aus der Stadt, die dort in beiden Richtungen vorübergingen und sie sahen, war sie der Bankdrachen, der über die Schätze der Goldgrube wachte.

Was für Schätze das waren, wußte Mrs. Sparsit so wenig wie jene. Gold- und Silbermünzen, kostbare Papiere, Geheimnisse, die, verbreitet, unbestimmtes Verderben über unbestimmte Personen (im allgemeinen jedoch über Leute, die sie nicht leiden konnte) bringen würden, waren daher die Hauptposten in ihrem Phantasiekatalog. Im übrigen wußte sie, daß sie nach den Bürostunden als Oberhaupt über die gesamte Büroeinrichtung und eine mit drei Schlössern verschlossene Stahlkammer regierte, vor deren Tür der Laufbursche jede Nacht sein Haupt auf ein Rollbett legte, das mit dem Hahnenschrei wieder verschwand. Ferner war sie die unumschränkte Herrin über gewisse Gewölbe im Keller, die durch scharfe Eisenspitzen von der räuberischen Welt getrennt waren, und über die Reste der jeweiligen Tagesarbeit, bestehend aus Tintenklecksen, abgenutzten Federn, Oblatenfetzen und so klein zerrissenen Papierschnipseln, daß Mrs. Sparsit nichts Interessantes zu entziffern vermochte, wenn sie es versuchte. Schließlich hütete sie auch ein kleines Arsenal von kurzen Säbeln und Karabinern, die in rachsüchtiger Anordnung über dem Kaminsims in einem der großen Büroräume angebracht waren, und die ehrwürdige Tradition, die von einem Geschäftshaus mit Anspruch auf Wohlstand nie zu trennen ist – eine Reihe Feuereimer –, Gefäße, die gar nicht dafür gedacht waren, bei irgendeiner Gelegenheit von spürbarem Nutzen zu sein, die jedoch auf die meisten Besucher einen feinen moralischen Einfluß auszuüben schienen, der beinahe ungemünztem Gold gleichkam.

Eine taube Aufwartefrau und der Laufbursche vervollständigten Mrs. Sparsits Reich. Von der tauben Aufwartefrau hieß es, sie sei vermögend, und unter den niederen Schichten in Coketown war jahrelang das Gerücht umgegangen, sie werde eines Nachts, wenn die Bank geschlossen sei, um ihres Geldes willen ermordet werden. Allgemein war man tatsächlich der Ansicht, daß sie schon eine ganze Weile fällig sei und längst hätte krepieren müssen, dennoch hatte sie ihr Leben und ihre Stellung mit einer boshaften Zähigkeit behauptet, die viel Ärger und Enttäuschung erregte.

Mrs. Sparsit bekam soeben ihren Tee auf einem schnippischen kleinen Tisch serviert, dessen Dreibein sich in Positur stellte und den sie nach den Bürostunden in die Gesellschaft des gestrengen, lederbezogenen langen Sitzungstischs schmuggelte, der sich mitten im Zimmer spreizte. Der Laufbursche stellte das Teebrett ab und rieb als eine Art Huldigung seine Stirn mit den Fingerknöcheln.

«Danke, Bitzer», sagte Mrs. Sparsit.

«Ich hab zu danken, Ma'am», erwiderte der Laufbursche. Er war in der Tat ein sehr munterer Laufbursche, so munter wie in den Tagen, als er für Mädchen Nummer zwanzig zwinkernd ein Pferd definierte.

«Alles abgeschlossen, Bitzer?» fragte Mrs. Sparsit.

«Alles abgeschlossen, Ma'am.»

«Und was für Neuigkeiten gibt es heute?» fragte Mrs. Sparsit und goß sich Tee ein. «Irgendeine?»

«Nun, Ma'am, ich kann nicht behaupten, daß ich eine besondere gehört hätte. Unsere Leute sind ein schlimmer Haufen, Ma'am, aber das ist leider keine Neuigkeit.»

«Und was machen diese aufrührerischen Lumpen jetzt?» wollte Mrs. Sparsit wissen.

«Bloß, was sie immer gemacht haben, Ma'am. Tun sich zusammen und verbünden sich und verpflichten sich, einander beizustehn.»

«Es ist höchst bedauerlich», sagte Mrs. Sparsit, in ihrer unnachsichtigen Strenge der Nase eine noch römischere und den Brauen eine noch coriolanerischere Wirkung verleihend, «daß die vereinigten Arbeitgeber überhaupt solche Klassenbündnisse dulden.»

«Ja, Ma'am», sagte Bitzer.

«Da sie selbst vereinigt sind, sollten sie einer wie der andere ablehnen, einen Mann zu beschäftigen, der mit einem andern vereinigt ist», sagte Mrs. Sparsit.

«Das haben sie getan, Ma'am», erwiderte Bitzer, «aber es war ein ziemlicher Mißerfolg, Ma'am.»

«Ich maße mir nicht an, etwas von diesen Dingen zu verstehen», sagte Mrs. Sparsit mit Würde, «da mein Los entschieden in eine bei weitem andere Sphäre fiel, und Mr. Sparsit als ein Powler befand sich ebenfalls jenseits der Grenzen solcher Zwistigkeiten. Ich weiß nur, daß man dieser Leute Herr werden muß und daß es höchste Zeit ist, es ein für allemal zu tun.»

«Ja, Ma'am», erwiderte Bitzer mit einem Ausdruck großer Hochachtung vor Mrs. Sparsits orakelhafter Autorität. «Sie hätten es bestimmt nicht klarer ausdrücken können, Ma'am.»

Da dies auch sonst die Stunde war, wo er ein vertrauliches Schwätzchen mit Mrs. Sparsit hielt, und da er bereits ihren Blick aufgefangen und gesehen hatte, daß sie ihn etwas fragen wollte, machte er sich mit den Linealen, Tintenfässern und so weiter zu schaffen, während die Dame weiter ihren Tee trank und durch das offene Fenster auf die Straße hinabschaute.

«War heute viel los, Bitzer?» fragte Mrs. Sparsit.

«Nicht so sehr viel, Mylady. Etwa durchschnittlich.» Hin und wieder ließ er ein Mylady statt Ma'am einfließen, gleichsam als eine unwillkürliche Anerkennung der persönlichen Würde von Mrs. Sparsit und ihrer Ansprüche auf Hochachtung.

«Die Buchhalter sind natürlich vertrauenswürdig, pünktlich und fleißig?» fragte Mrs. Sparsit und bürstete sorgfältig einen verschwindend kleinen Butterbrotkrümel von ihrem linken Halbhandschuh.

«Ja, Ma'am, so ziemlich, Ma'am. Mit der üblichen Ausnahme.»

Er bekleidete in dem Unternehmen das ehrenwerte Amt eines Oberspions und Zuträgers und erhielt für diesen freiwilligen Dienst über seinen Wochenlohn hinaus ein Weihnachtsgeschenk. Er hatte sich zu einem äußerst hellen, vorsichtigen und verständigen jungen Mann ausgewachsen, der seines Aufstiegs in der Welt sicher war. Sein Gemüt war so genau reguliert, daß er weder Neigungen noch Leidenschaften kannte. All seine Handlungen waren das Resultat der sorgfältigsten und kaltblütigsten Berechnung, und nicht ohne Grund pflegte Mrs. Sparsit von ihm zu sagen, er sei der prinzipienfesteste junge Mann, den sie je gekannt. Nachdem er sich beim Tod seines Vaters überzeugt hatte, daß seine Mutter das Heimatrecht in Coketown besaß, hatte dieser hervorragende junge Ökonom ihr Recht mit einem so unerschütterlichen Beharren auf dem Prinzip des Falles geltend gemacht, daß sie seitdem im Armenhaus saß. Es muß zugegeben werden, daß er ihr ein halbes Pfund Tee im Jahr gestattete, was eine Schwäche von ihm war, erstens, weil Geschenke stets die unvermeidliche Tendenz haben, den Empfänger von Wohltätigkeit abhängig zu machen, und weil zweitens sein einzig vernünftiges Unternehmen mit dieser Ware hätte sein sollen, sie so billig wie möglich einzukaufen und sie so teuer wie möglich zu verkaufen, da ja doch von Philosophen klar ermittelt wurde, daß hierin die gesamte Pflicht des Menschen beschlossen liege – nicht ein Teil der Menschenpflicht, sondern eben die gesamte.

«So ziemlich, Ma'am. Mit der üblichen Ausnahme, Ma'am», wiederholte Bitzer.

«Aaach!» sagte Mrs. Sparsit, über ihrer Teetasse den Kopf schüttelnd und nahm einen tiefen Schluck.

«Mr. Thomas, Ma'am, ich habe meine großen Zweifel an Mr. Thomas, Ma'am, mir gefällt seine Art ganz und gar nicht.»

«Bitzer», entgegnete Mrs. Sparsit sehr nachdrucksvoll, «erinnern Sie sich, daß ich Ihnen etwas in bezug auf Namen sagte.»

«Ich bitte um Verzeihung, Ma'am. Es ist völlig richtig, daß Sie sich dagegen aussprachen, Namen zu nennen, und am besten vermeidet man sie stets.»

«Bitte daran zu denken, daß ich hier ein Amt habe», sagte Mrs. Sparsit mit ihrer majestätischen Miene. «Ich genieße hier unter Mr. Bounderby eine Vertrauensstellung, Bitzer. Für wie unwahrscheinlich Mr. Bounderby und ich auch vor Jahren gehalten hätten, daß er je mein Gönner werden könnte, indem er mir ein Jahresgeschenk zukommen läßt, so kann ich ihn doch nur in diesem Licht betrachten. Von Mr. Bounderby ist mir jegliche Anerkennung meiner gesellschaftlichen Stellung und jegliche Anerkennung meiner familiären Abkunft zuteil geworden, die ich nur erwarten konnte. Mehr, weit mehr. Deshalb werde ich gewissenhaft treu zu meinem Gönner stehen. Und ich sehe nicht ein, ich werde nicht einsehen, ich kann nicht einsehen», sagte Mrs. Sparsit mit dem allergrößten Aufwand an Ehr- und Moralempfinden, «wie ich gewissenhaft treu sein *sollte*, wenn ich unter seinem Dach Namen nennen ließe, die unglücklicherweise – höchst unglücklicherweise, daran gibt es keinen Zweifel – mit dem seinen verknüpft sind.»

Bitzer rieb sich wieder die Stirn mit den Fingerknöcheln und bat abermals um Vergebung.

«Nein, Bitzer», fuhr Mrs. Sparsit fort, «sagen Sie ein Individuum, und ich werde Ihnen zuhören; sagen Sie Mr. Thomas, so müssen Sie mich entschuldigen.»

«Mit der üblichen Ausnahme, Ma'am», sagte Bitzer, indem er den verlorenen Faden suchte, «eines Individuums.»

«Aaach!» Mrs. Sparsit wiederholte den Ausruf, das Kopfschütteln über der Teetasse und einem tiefen Schluck und nahm so die Unterhaltung an dem Punkt wieder auf, wo sie unterbrochen worden war.

«Ein gewisses Individuum, Ma'am», sagte Bitzer, «ist nie gewesen, was es sein sollte, seit es herkam. Er ist ein vergnügungssüchtiger, verschwenderischer Faulenzer. Er ist nicht seinen Lohn wert. Er würde ihn auch nicht bekommen, Ma'am, wenn er nicht einen einflußreichen Verwandten hätte!»

«Aach!» sagte Mrs. Sparsit, abermals mit betrübtem Kopfschütteln.

«Ich hoffe nur, Ma'am», fuhr Bitzer fort, «sein Freund und Verwandter versorgt ihn nicht mit den Mitteln, es so weiterzutreiben. Andernfalls wissen wir, Ma'am, aus wessen Tasche *dieses* Geld kommt.»

«Aaach!» seufzte Mrs. Sparsit wieder, mit einem weiteren betrübten Kopfschütteln.

«Er ist zu bedauern, Ma'am. Das Individuum, von dem ich sprach, ist zu bedauern, Ma'am», sagte Bitzer.

«Ja, Bitzer», entgegnete Mrs. Sparsit. «Ich habe den Irrtum schon immer bedauert, schon immer.»

«Was ein gewisses Individuum betrifft, Ma'am», sagte Bitzer, während er die Stimme senkte und etwas näher trat, «so ist er so unbedacht wie nur irgendeiner von den Leuten in dieser Stadt. Und Sie wissen, wie unbedacht *die* sind, Ma'am. Keiner könnte wünschen, es besser zu wissen, als es eine Dame von Ihrem hohen Rang weiß.»

«Diese Leute würden gut tun», erwiderte Mrs. Sparsit, «sich an Ihnen, Bitzer, ein Beispiel zu nehmen.»

«Vielen Dank, Ma'am. Aber da Sie schon auf mich anspielen, sehen Sie mich an, Ma'am. Ich habe bereits ein wenig beiseite gelegt, Ma'am. Die Belohnung, die ich Weihnachten erhalte, rühre ich nicht an, Ma'am. Ich verbrauche nicht einmal meinen vollen Lohn, obwohl er nicht hoch ist, Ma'am. Warum können die Leute nicht dasselbe tun, was ich getan habe, Ma'am? Was einer tun kann, das kann auch ein anderer.»

Dies war wieder eine der Coketown-Fiktionen. Jeder hiesige Kapitalist, der aus sechs Pence sechzigtausend Pfund gemacht hatte, erklärte ständig, er müsse sich wundern, warum die sechzigtausend Arbeiter im Umkreis nicht jeder sechzigtausend Pfund aus sechs Pence machten, und warf es jedem mehr oder weniger vor, daß er diese kleine Tat nicht vollbracht habe. Was ich getan, kannst du auch. Warum gehst du nicht hin und tust es?

«Daß sie Belustigungen brauchen, Ma'am», sagte Bitzer, «ist Unsinn und albernes Geschwätz. *Ich* brauche keine Belustigungen. Ich habe sie nie gebraucht und werde sie nie brauchen, ich finde keinen Gefallen daran. Was ihre Bündnisse betrifft, nun, so gibt es viele, daran zweifle ich nicht, die durch Beobachtung und Informationen übereinander hin und wieder eine Kleinigkeit, sei es nun an Geld oder Wohlwollen, gewinnen und so ihren Lebensunterhalt verbessern könnten. Warum verbessern sie ihn dann nicht, Ma'am? Daran sollte ein vernünftiger Mensch zuerst denken, und es ist das, was sie zu brauchen vorgeben.»

«In der Tat vorgeben!» sagte Mrs. Sparsit.

«Ewig und alle Tage, bis es schon ganz ekelhaft wird, Ma'am, kriegen wir über ihre Frauen und Kinder zu hören», sagte Bitzer. «Sehen Sie mich an, Ma'am! *Ich* brauche keine Frau und keine Kinder. Warum sie?»

«Weil sie unbedacht sind», erwiderte Mrs. Sparsit.

«Ja, Ma'am», bestätigte Bitzer, «das ist es. Wenn sie bedachter und weniger verderbt wären, Ma'am, was würden sie tun? Sie würden sagen: ‹Solange mein Hut meine Familie be-

deckt›, oder ‹solange meine Mütze meine Familie bedeckt› –
wie nun der Fall liegen mag, Ma'am –, ‹habe ich nur einen zu
ernähren, und das ist die Person, die ich am liebsten er-
nähre.›»

«Gewiß», pflichtete Mrs. Sparsit bei.

«Vielen Dank, Ma'am», sagte Bitzer und rieb sich wieder
die Stirn mit den Fingerknöcheln zum Dank für die Gunst der
erhebenden Unterhaltung mit Mrs. Sparsit. «Möchten Sie
noch ein wenig heißes Wasser, Ma'am, oder könnte ich Ihnen
sonst etwas holen?»

«Im Augenblick nichts, Bitzer.»

«Vielen Dank, Ma'am. Ich würde Sie um keinen Preis bei
Ihren Mahlzeiten stören wollen, Ma'am, schon gar nicht
beim Tee, da ich Ihre Vorliebe dafür kenne», sagte Bitzer und
reckte ein wenig den Hals, um von dort, wo er stand, auf die
Straße sehen zu können, «aber da unten ist ein Herr, der bereits seit einer Minute oder so heraufsieht, und er ist herüber-
gekommen, als wolle er anklopfen. Da klopft er schon,
Ma'am, kein Zweifel.»

Er trat ans Fenster, blickte hinaus, zog den Kopf zurück
und bestätigte seine Worte: «Jawohl, Ma'am. Wünschen Sie,
daß ich den Herrn einlasse, Ma'am?»

«Ich weiß nicht, wer das sein kann», entgegnete Mrs. Sparsit, wischte sich den Mund ab und zupfte an ihren Halbhand-
schuhen.

«Offensichtlich ein Fremder, Ma'am.»

«Was ein Fremder zu dieser Abendstunde in der Bank wollen kann, außer er kommt in Geschäften, für die es zu spät ist,
weiß ich nicht», sagte Mrs. Sparsit, «aber ich bin in diesem
Haus von Mr. Bounderby mit einem Amt betraut worden
und werde mich dem nie entziehen. Wenn zu meiner Pflicht,
die ich übernommen habe, gehört, ihn zu empfangen, so
werde ich ihn empfangen. Bedienen Sie sich Ihrer Umsicht,
Bitzer.»

Der Besucher, der von Mrs. Sparsits Worten nichts wußte,
wiederholte jetzt sein Klopfen so laut, daß der Laufbursche

hinuntereilte, um die Tür zu öffnen, während Mrs. Sparsit vorsichtshalber den kleinen Tisch mit allem, was darauf stand, in einem Schrank verbarg und dann rasch die Treppe hinaufeilte, um nötigenfalls mit noch größerer Würde erscheinen zu können.

«Mit Verlaub, Ma'am, der Herr wünscht Sie zu sprechen», sagte Bitzer, mit seinen flinken Augen an Mrs. Sparsits Schlüsselloch. Also beförderte Mrs. Sparsit, welche die Frist genutzt hatte, ihr Häubchen zu ordnen, ihre klassischen Züge wieder treppab und betrat den Sitzungssaal mit dem Gebaren einer römischen Matrone, die sich jenseits der Stadtmauern begibt, um mit einem angreifenden Feldherrn zu verhandeln.

Der Besucher, der zum Fenster geschlendert war und sich damit beschäftigt hatte, achtlos hinauszuschauen, war von diesem eindrucksvollen Auftritt so ungerührt, wie man es nur sein konnte. Er stand und pfiff mit aller erdenklichen Gelassenheit vor sich hin, den Hut immer noch auf dem Kopf, und mit einem gewissen Anflug von Erschöpfung, die zum Teil dem ungewöhnlichen Sommer, zum Teil seiner ungewöhnlichen Vornehmheit zuzuschreiben war. Denn schon mit einem halben Blick konnte man erkennen, daß er ein vollendeter, nach dem Muster der Zeit geschaffener Gentleman war, von allem gelangweilt und allem gegenüber so ungläubig wie Luzifer.

«Wenn ich nicht irre, Sir, wollen Sie mich sprechen», ließ sich Mrs. Sparsit vernehmen.

«Verzeihung», sagte er, drehte sich um und nahm den Hut ab. «Entschuldigen Sie bitte.»

Hm! dachte Mrs. Sparsit, während sie sich majestätisch verneigte. Fünfunddreißig, gut aussehend, gute Figur, gute Zähne, gute Stimme, gute Lebensart, gut gekleidet, dunkles Haar, dreiste Augen. – Was Mrs. Sparsit alles auf ihre weibliche Art vermerkte – wie der Sultan, der seinen Kopf in den Wassereimer steckte –, nur indem sie hinabtauchte und wieder hochkam.

«Nehmen Sie bitte Platz, Sir», sagte Mrs. Sparsit.

«Danke. Erlauben Sie.» Damit stellte er ihr einen Stuhl hin, blieb jedoch selbst unbekümmert an den Tisch gelehnt. «Ich ließ meinen Diener an der Eisenbahn, nach dem Gepäck zu sehen – sehr langer Zug und eine Riesenmenge davon im Packwagen –, und schlenderte los und schaute mich um. Überaus merkwürdiger Ort. Erlauben Sie die Frage, ob er *immer* so schwarz ist?»

«Gewöhnlich noch viel schwärzer», erwiderte Mrs. Sparsit in ihrer unnachgiebigen Art.

«Nicht möglich! Verzeihung, ich nehme an, Sie sind nicht von hier?»

«Nein, Sir», gab Mrs. Sparsit zurück. «Ich hatte einst das Glück oder Unglück – wie man's nehmen will –, mich – ehe ich Witwe wurde – in einer ganz anderen Sphäre zu bewegen. Mein Gatte war ein Powler.»

«Verzeihung, wirklich?» sagte der Fremde. «War...?»

Mrs. Sparsit wiederholte: «Ein Powler.»

«Powler», sagte der Fremde, nachdem er ein paar Augenblicke nachgedacht hatte. Mrs. Sparsit nickte zustimmend. Der Fremde schien noch ein wenig erschöpfter als zuvor.

«Sie müssen sich hier sehr langweilen?» war die Schlußfolgerung, die er aus der Mitteilung zog.

«Ich bin eine Sklavin der Verhältnisse, Sir», sagte Mrs. Sparsit, «und habe mich seit langem der Macht angepaßt, die mein Leben regiert.»

«Sehr philosophisch», entgegnete der Fremde, «und sehr beispielhaft und lobenswert und...» Es schien ihm kaum der Mühe wert, den Satz zu beenden, und so spielte er gelangweilt mit seiner Uhrkette.

«Darf ich mir erlauben, zu fragen, Sir», sagte Mrs. Sparsit, «welchem Anlaß ich die Gunst verdanke...»

«Gewiß doch», antwortete der Fremde. «Bin Ihnen sehr verbunden, daß Sie mich daran erinnern. Ich überbringe einen Empfehlungsbrief an den Bankier Mr. Bounderby. Als ich durch diese unwahrscheinlich schwarze Stadt schlenderte, während im Hotel das Dinner zubereitet wird, fragte ich unterwegs einen Burschen, einen aus dem arbeitenden Volk, der mit etwas Flockigem geduscht zu haben schien, vermutlich mit dem Rohmaterial...»

Mrs. Sparsit neigte den Kopf.

«...Rohmaterial – wo der Bankier Mr. Bounderby wohne. Zweifellos von dem Wort Bankier irregeleitet, wies er mich zu der Bank. Ich nehme jedoch an, daß der Bankier Mr. Bounderby *nicht* in diesem Gebäude wohnt, in dem ich die Ehre habe, diese Erklärung abzugeben?»

«Nein, Sir», antwortete Mrs. Sparsit, «allerdings nicht.»

«Danke. Ich hatte nicht noch habe ich die Absicht, meinen Brief sofort zu übergeben. Doch als ich, um die Zeit totzuschlagen, zur Bank schlenderte und so glücklich war, an diesem Fenster», auf das er mit einer matten Handbewegung deutete und dabei eine leichte Verbeugung machte, «eine Dame von sehr vornehmem und angenehmem Äußeren zu bemerken kam mir in den Sinn, daß ich nichts Besseres tun könne, als mir die Freiheit zu nehmen und jene Dame zu fragen, wo Mr. Bounderby nun *tatsächlich* wohnt. Was ich nun mit allen geziemenden Entschuldigungen zu tun wage.»

Sein gleichgültiges und lässiges Benehmen wurde, wie Mrs. Sparsit meinte, hinreichend gemildert durch eine gewisse ungenierte Galanterie, die ihr obendrein huldigte. In diesem Augenblick zum Beispiel saß er schon fast auf dem Tisch, beugte sich jedoch lässig über sie, als habe er einen Reiz an ihr wahrgenommen, der sie – auf ihre Weise – anziehend mache.

«Ich weiß, Banken sind immer mißtrauisch und müssen es von Amts wegen sein», sagte der Fremde mit einer liebenswürdigen Redegewandtheit, die gleicherweise angenehm war, da sie etwas Gefühlvolleres und Launigeres andeutete, als seine Worte enthielten – was vielleicht auf einen gewitzten Einfall des Begründers dieser zahlreichen Sippschaft zurückzuführen war, wer auch immer dieser große Mann gewesen sein mochte, «deshalb darf ich bemerken, daß mein Brief – hier ist er – von dem Parlamentsmitglied für diesen

Ort – Gradgrind – stammt, den ich das Vergnügen hatte, in London kennenzulernen.»

Mrs. Sparsit erkannte die Handschrift, gab zu verstehen, daß ein solcher Beweis völlig unnötig sei, und teilte ihm mit allen zur Erleichterung nötigen Anhaltspunkten und Weisungen Mr. Bounderbys Adresse mit.

«Tausend Dank», sagte der Fremde. «Natürlich kennen Sie den Bankier gut?»

«Ja, Sir», erwiderte Mrs. Sparsit. «In meinem abhängigen Verhältnis zu ihm kenne ich ihn nun seit zehn Jahren.»

«Eine ganze Ewigkeit! Hat er nicht Gradgrinds Tochter geheiratet?»

«Ja», sagte Mrs. Sparsit mit plötzlich zusammengekniffenem Mund. «Er hatte die – Ehre.»

«Die Dame soll ja eine wahre Gelehrte sein, hörte ich?»

«Wirklich, Sir?» sagte Mrs. Sparsit. «*Soll* sie das?»

«Entschuldigen Sie meine aufdringliche Neugier», fuhr der Fremde fort, der mit versöhnlicher Miene über Mrs. Sparsits Augenbrauen schwankte, «aber Sie kennen die Familie und kennen die Welt. Ich stehe im Begriff, die Familie kennenzulernen, und werde vielleicht viel mit ihr zu tun haben. Ist die Dame wirklich so beängstigend? Ihr Vater beschreibt sie als so schrecklich klug, daß ich das brennende Verlangen spüre, sie kennenzulernen. Ist sie absolut unnahbar? Abstoßend und überwältigend gescheit? Aus Ihrem bedeutungsvollen Lächeln ersehe ich, daß Sie anderer Meinung sind. Sie haben Balsam in meine bange Seele geträufelt. Und jetzt das Alter? Vierzig? Fünfunddreißig?»

Mrs. Sparsit lachte heraus. «Ein blutjunges Ding», sagte sie. «Keine zwanzig, als sie heiratete.»

«Ich gebe Ihnen mein Ehrenwort, Mrs. Powler», entgegnete der Fremde, während er sich vom Tisch löste, «daß ich nie in meinem Leben so erstaunt gewesen bin!»

Es schien ihm wirklich Eindruck zu machen, bis zur äußersten Grenze seiner Fähigkeit, sich beeindrucken zu lassen. Eine volle Viertelminute blickte er seine Informantin an und schien die ganze Zeit mit seiner Überraschung beschäftigt zu sein. «Ich versichere Ihnen, Mrs. Powler», sagte er dann völlig erschöpft, «daß ich nach dem Gebaren des Vaters auf eine grimmige, versteinerte Reife gefaßt war. Ich bin Ihnen über alles verbunden, daß Sie einen so abgeschmackten Irrtum berichtigten. Bitte entschuldigen Sie meine Zudringlichkeit. Vielen Dank. Guten Tag!»

Er dienerte sich zur Tür hinaus, und Mrs. Sparsit, hinter dem Fenstervorhang verborgen, sah ihn auf der schattigen Seite matt die Straße entlangschleichen, von der ganzen Stadt beobachtet.

«Was halten Sie von dem Herrn, Bitzer?» fragte sie den Laufburschen, als er abräumen kam.

«Gibt einen Haufen Geld für seine Kleidung aus, Ma'am.»

«Man muß zugeben», sagte Mrs. Sparsit, «daß sie sehr geschmackvoll ist.»

«Ja, Ma'am», entgegnete Bitzer, «wenn so was das Geld wert ist. – Außerdem, Ma'am», fügte Bitzer hinzu, während er den Tisch blank rieb, «sieht er mir aus, als ob er spielt.»

«Es ist unmoralisch zu spielen», sagte Mrs. Sparsit.

«Es ist lächerlich, Ma'am», sagte Bitzer, «weil die Chancen gegen die Spieler sind.»

Ob nun die Hitze Mrs. Sparsit am Arbeiten hinderte oder ob es daran lag, daß sie aus der Übung war, an diesem Abend arbeitete sie jedenfalls nicht. Sie saß am Fenster, als die Sonne hinter den Rauch zu sinken begann, sie saß dort, als der Rauch rot flammte, als er die Farbe verlor, als die Dunkelheit langsam vom Boden aufzusteigen schien und höher und höher hinauf zu den Dächern, dem Kirchturm, zu den Spitzen der Fabrikschornsteine, zum Himmel kroch. Ohne eine Kerze im Zimmer saß Mrs. Sparsit am Fenster, die Hände im Schoß und kaum auf die abendlichen Geräusche achtend, das laute Johlen der Buben, das Bellen der Hunde, das Rumpeln der Räder, die Schritte und Stimmen Vorübergehender, die schrillen Straßenrufe, die Holzschuhe auf dem Pflaster, als ihre Stunde kam vorbeizugehen, das Schließen der Vorsatzladen an den Schaufenstern. Erst als der Laufbursche verkündete, daß ihre nächtliche Kalbsmilch fertig sei, raffte sich Mrs. Sparsit aus ihrer Träumerei auf und beförderte ihre dichten schwarzen Brauen – die vom Grübeln zerknittert waren und aussahen, als müßten sie gebügelt werden – die Treppe hinauf.

«O du Narr!» rief Mrs. Sparsit, als sie allein bei ihrem Abendessen saß. Wen sie damit meinte, sagte sie nicht, aber sie konnte wohl kaum die Kalbsmilch gemeint haben.

2. Kapitel

Mr. James Harthouse

Die Gradgrind-Partei brauchte Unterstützung, um den Grazien den Hals abzuschneiden. Sie tat sich nach Rekruten um, und wo konnte sie mit größerer Hoffnung Rekruten werben als unter den feinen Herren, die herausgefunden hatten, daß nichts etwas wert sei, und die daher zu allem gleichermaßen bereit waren.

Überdies waren die gesunden Geister, die zu dieser erhabenen Höhe aufgestiegen waren, für viele der Gradgrind-Schule anziehend. Feine Herren gefielen ihnen, sie gaben zwar vor, daß nicht, aber es war so. Sie pumpten sich völlig aus, sie nachzuahmen, sie sprachen genauso affektiert wie sie, und sie verabreichten mit matter Miene die verschimmelten kleinen Portionen Volkswirtschaftslehre, mit denen sie ihre Schüler erquickten. Nie zuvor hatte es auf Erden eine so erstaunliche Bastardrasse gegeben, wie auf diese Weise gezüchtet wurde.

Unter den feinen Herren, die nicht regelrecht zur Gradgrind-Schule gehörten, war einer aus gutem Hause, von noch besserem Aussehen und mit einer glücklichen humoristischen Begabung, die im Unterhaus eine ungeheure Wirkung hervorrief, als er dort mit seiner (und der Direktion) Untersuchung eines Eisenbahnunglücks aufwartete, bei dem die denkbar sorgsamsten Beamten, angestellt bei den denkbar duldsamsten Unternehmern, unterstützt von den denkbar vortrefflichsten mechanischen Erfindungen, das Ganze in Aktion auf der besten Linie, die je gebaut wurde, durch einen Zufall, ohne den die Vollkommenheit des gesamten Systems absolut unvollkommen gewesen wäre, fünf Leute getötet und zweiunddreißig verletzt hatten. Unter den auf der Strecke Gebliebenen befand sich eine Kuh und unter den herrenlos verstreuten Gegenständen eine Witwenhaube. Und der ehrenwerte Abgeordnete hatte, indem er der Kuh die Haube aufsetzte, das Haus (mit seinem feinen Sinn für Humor) so zum Lachen gekitzelt, daß die Mitglieder des Hauses über jeden ernsten Hinweis auf die Totenschau unwillig wurden und die Eisenbahn mit Hochrufen und Gelächter aus der Verlegenheit rissen.

Dieser Herr nun hatte einen jüngeren, noch besser aussehenden Bruder, der das Leben als Kornett bei den Dragonern probiert und langweilig gefunden hatte, der es danach im Gefolge eines englischen Gesandten im Ausland probiert und langweilig gefunden hatte, der darauf nach Jerusalem gezogen und dort gelangweilt worden war und dann in einer Jacht in der Welt umhergefahren und überall gelangweilt worden war. Zu diesem sagte das ehrenwerte und witzige Parlamentsmitglied eines Tages brüderlich: «Jem, die Nackten-Tatsachen-Burschen haben gute Aussicht, und sie brauchen Leute. Ob du nicht vielleicht in die Statistik einsteigen könntest?» Jem, ziemlich eingenommen von dieser ungewöhnlichen Idee und sehr in Verlegenheit, sich eine Abwechslung zu verschaffen, war ebenso bereit in die Statistik «einzusteigen» wie in etwas anderes. Also stieg er ein. Er büffelte ein paar Blaubücher, und sein Bruder verbreitete es unter den Nackten-Tatsachen-Burschen und sagte: «Wenn ihr für irgendeinen Ort einen hübschen Kerl aufstellen wollt, der euch auch verteufelt gute Reden halten kann, dann kümmert euch um meinen Bruder Jem, denn der ist euer Mann.» Nach einigen Vorstößen in öffentlichen Versammlungen wurde Jem von Mr. Gradgrind und einem Rat politischer Weiser genehmigt, und man beschloß, ihn nach Coketown zu schicken, um ihn dort und in der Umgegend bekannt zu machen. Daher der Brief, den Jem am Abend zuvor Mrs. Sparsit gezeigt hatte und den nun Mr. Bounderby in der Hand hielt, mit der Anschrift «Bankier Josiah Bounderby, Esquire, Coketown. Zu dem besonderen

Zweck, James Harthouse, Esquire, einzuführen. Thomas Gradgrind.»

Etwa eine Stunde nachdem er diesen Brief und Mr. James Harthouses Visitenkarte erhalten hatte, setzte Mr. Bounderby seinen Hut auf und begab sich zu dem Hotel. Dort fand er Mr. James Harthouse, wie er aus dem Fenster blickte, und zwar in einer so trostlosen Gemütsverfassung, daß er bereits halb und halb geneigt war, woanders «einzusteigen».

«Mein Name ist Josiah Bounderby aus Coketown, Sir», sagte der Besucher.

Mr. James Harthouse sei wirklich überglücklich (obwohl er kaum so aussah), das bereits langerwartete Vergnügen zu haben.

«Coketown, Sir», sagte Bounderby, während er sich eigenmächtig einen Stuhl nahm, «gehört nicht zu den Orten, an die Sie gewöhnt sind. Deshalb werde ich Ihnen – wenn Sie erlauben oder ob Sie nun wollen oder nicht, denn ich bin ein ehrlicher Mensch – etwas darüber erzählen, ehe wir weitergehen.»

Mr. Harthouse werde entzückt sein.

«Seien Sie dessen nicht zu sicher», sagte Bounderby. «Ich verspreche es Ihnen nicht. Als erstes sehen Sie unseren Rauch. Der ist unser Essen und Trinken. Er ist in jeder Hinsicht die gesündeste Sache der Welt und besonders für die Lunge. Wenn Sie einer von denen sind, die von uns wollen, daß wir ihn verschwinden lassen, dann gehen unsere Ansichten auseinander. Wir werden die Böden unserer Dampfkessel nicht schneller abnutzen, als wir es jetzt tun, nicht um alles sentimentale Geschrei in Großbritannien und Irland.»

In vollstem Maße «einsteigend», erwiderte Mr. Harthouse: «Mr. Bounderby, ich versichere Ihnen, daß ich voll und ganz wie Sie denke. Aus Überzeugung.»

«Das freut mich zu hören», sagte Bounderby. «Nun, bestimmt haben Sie einen Haufen Gerede über die Arbeit in unseren Fabriken gehört. Ja? Sehr gut. Ich werde Ihnen sagen, was Tatsache ist. Dort ist die angenehmste Arbeit, dort ist die bestbezahlte Arbeit. Mehr noch, die Fabriken selbst könnten wir nicht verbessern, außer wir legten türkische Teppiche auf die Böden. Was wir nicht tun werden.»

«Völlig richtig, Mr. Bounderby.»

«Zum Schluß noch etwas über unsere Arbeiter», sagte Bounderby. «Es gibt in dieser Stadt keinen darunter, Sir, ob Mann, Frau oder Kind, der nicht ein letztes Lebensziel hat. Und dieses Ziel ist, Schildkrötensuppe und Rehbraten mit einem goldenen Löffel eingetrichtert zu kriegen. Nun, sie werden nie – keiner von ihnen – jemals Schildkrötensuppe eingetrichtert kriegen. Und jetzt kennen Sie die Gegend.»

Mr. Harthouse erklärte sich im höchsten Grad unterrichtet und erquickt durch diese gedrängte Skizzierung des gesamten Coketown-Problems.

«Verstehen Sie», sagte Mr. Bounderby, «es entspricht meiner Gesinnung, mich mit einem Mann, vor allem mit einem Mann der Öffentlichkeit, voll und ganz zu verstehen, wenn ich seine Bekanntschaft mache. Ich habe Ihnen nur noch eines zu sagen, Mr. Harthouse, ehe ich Ihnen versichere, mit welcher Freude ich bis an die äußerste Grenze meiner armseligen Fähigkeiten dem Empfehlungsbrief meines Freundes Tom Gradgrind entgegenkommen werde. Sie sind ein Mann aus gutem Haus. Täuschen Sie sich nicht, indem Sie auch nur einen Augenblick annehmen, ich sei ebenfalls ein Mann aus gutem Haus. Ich bin ein Häufchen schmutziger Abfall, ein echtes Stück Krethi und Plethi.»

Wenn irgend etwas Jems Interesse für Mr. Bounderby noch habe steigern können, so sei es ebendieser Umstand. Sagte er ihm.

«Dann können wir uns also auf gleicher Ebene die Hand schütteln», sagte Bounderby. «Ich sage, gleicher Ebene, weil ich, obwohl ich weiß, was ich bin und haargenau und besser als irgendeiner die Tiefe der Gosse kenne, aus der ich mich emporgehoben habe, genauso stolz bin wie Sie. Ja, ich bin genauso stolz wie Sie. Nachdem ich nun in angemessener Weise meine Unabhängigkeit geltend gemacht habe, darf ich

Sie fragen, wie befinden Sie sich selbst? Ich hoffe, Sie befinden sich leidlich gut.»

Noch besser, gab ihm Mr. Harthouse händeschüttelnd zu verstehen, wegen der zuträglichen Luft in Coketown. Mr. Bounderby nahm diese Antwort wohlwollend auf.

«Vielleicht wissen Sie», sagte er, «oder vielleicht wissen Sie nicht, daß ich Tom Gradgrinds Tochter geheiratet habe. Wenn Sie nichts Besseres zu tun haben, als mit mir der Stadt den Rücken zu kehren, so werde ich mich freuen, Sie Tom Gradgrinds Tochter vorzustellen.»

«Mr. Bounderby», sagte Jem, «Sie greifen meinen innigsten Wünschen vor.»

Ohne noch ein Wort zu wechseln, gingen sie hinaus, und Mr. Bounderby lotste seinen neuen Bekannten, der so ganz anders war als er, zu dem Privathaus aus roten Ziegeln, mit den schwarzen Fensterladen, den grünen Fensterrouleaus und der schwarzen Tür zur Straße über den zwei weißen Stufen. Im Wohnzimmer dieses herrschaftlichen Hauses gesellte sich bald darauf das bemerkenswerteste Mädchen zu ihnen, das James Harthouse je gesehen hatte. Sie war so gezwungen und doch so gleichgültig, so reserviert und doch so wachsam, so kalt und stolz und doch so empfindlich beschämt über die prahlerische Bescheidenheit ihres Mannes – vor der sie zurückschauderte, als wäre jedes ihrer Beispiele ein Stich oder Schlag –, daß er sie mit einer völlig neuen Empfindung beobachtete. Ihr Gesicht war nicht weniger bemerkenswert als ihr Benehmen. Ihre Züge waren schön, aber deren natürliches Spiel war so gehemmt, daß es unmöglich schien, ihren wahren Ausdruck zu erraten. Äußerst gleichgültig, sich völlig auf sich selbst verlassend, nie in Verlegenheit und doch nie unbefangen, mit dem Körper in ihrer Gesellschaft und mit dem Geist offensichtlich ganz für sich allein – war es zwecklos, «einzusteigen», um auch nur eine Zeitlang dieses Mädchen zu begreifen, denn sie vereitelte jedes Eindringen.

Von der Hausherrin blickte der Besucher auf das Haus selbst. Kein stummes Zeichen einer weiblichen Hand befand sich in dem Zimmer. Kein anmutiger kleiner Zierat, keine verspielte Kleinigkeit, wie unerheblich sie auch sein mochte, sprach irgendwo von ihrem Einfluß. Freudlos und trostlos, protzig und verbissen reich starrte der Raum die darin Vorhandenen an, nicht gemildert oder angenehm unterbrochen durch die leiseste Spur weiblicher Betätigung. Wie Mr. Bounderby inmitten seiner Hausgötter stand, so nahmen diese gefühllosen Gottheiten ihren Platz um ihn ein, und sie waren einander wert und paßten zusammen.

«Dies, Sir», sagte Bounderby, «ist meine Frau, Mrs. Bounderby, Tom Gradgrinds älteste Tochter. Lou, Mr. James Harthouse. Mr. Harthouse ist in die Musterrolle deines Vaters eingegangen. Wenn er nicht binnen kurzem ein Amtsbruder von Tom Gradgrind ist, so werden wir, glaube ich, zumindest in Verbindung mit einer unserer Nachbarstädte von ihm hören. Sie sehen, Mr. Harthouse, daß meine Frau jünger ist als ich. Ich weiß nicht, was sie an mir fand, daß sie mich heiratete, aber ich denke mir, etwas wird sie an mir gefunden haben, sonst hätte sie mich nicht geheiratet. Sie besitzt eine Menge kostspieliger Kenntnisse, Sir, politische und andere. Wenn Sie sich irgend etwas einpauken wollen, so käme ich in Verlegenheit, Sie einem besseren Ratgeber zu empfehlen als Lou Bounderby.»

Einem angenehmeren Ratgeber, oder jemand, von dem er lieber lernen würde, könne Mr. Harthouse nie empfohlen werden.

«Sieh da!» sagte sein Gastgeber. «Wenn Sie sich auf Komplimente verstehen, werden Sie hier vorwärtskommen, denn Sie werden auf keine Konkurrenz stoßen. Ich selbst hatte nie Gelegenheit, Komplimente zu lernen, und ich maße mir nicht an, daß ich mich auf die Kunst verstehe, welche zu machen. Im Grunde genommen verabscheue ich sie. Aber Ihre Erziehung war anders als meine, meine war weiß Gott eine unverfälschte. Sie sind ein Gentleman, und ich erhebe nicht den Anspruch, einer zu sein. Ich bin Josiah Bounderby aus Coketown, und das genügt mir. Doch wenn auch *ich* mich durch

Manieren und Rang nicht beeindrucken lasse, so doch vielleicht Lou Bounderby. Sie hat nicht die Vorteile genossen, die ich genoß – Sie mögen sie vielleicht Nachteile nennen, aber ich nenne sie Vorteile –, deshalb werden Sie Ihr Talent gewiß nicht unnütz vergeuden.»

«Mr. Bounderby», sagte Jem lächelnd zu Louisa, «ist ein edles Tier in vergleichsweise natürlichem Zustand und völlig unbelastet von dem Geschirr, in dem sich ein konventioneller Gaul wie ich plagt.»

«Sie erweisen Mr. Bounderby sehr viel Achtung», entgegnete sie ruhig. «Ich finde das ganz natürlich.»

Für einen Gentleman, der so viel von der Welt gesehen hatte, war er schmachvoll aus dem Text gebracht und fragte sich: Wie soll ich das verstehen?

«Wie ich Mr. Bounderbys Worten entnehme, stehen Sie im Begriff, sich dem Dienst für Ihr Vaterland zu widmen. Sie haben sich entschlossen», fuhr Louisa fort, die immer noch vor ihm stand, wo sie beim Eintreten stehengeblieben war – in dem eigenartigen Widerspruch zwischen Selbstbeherrschung und offensichtlich großem Unbehagen –, «der Nation den Weg aus all ihren Schwierigkeiten zu zeigen.»

«Nein, Mrs. Bounderby, Ehrenwort», erwiderte er lachend. «So etwas will ich Ihnen nicht vorspiegeln. Ich habe hier und da und dort ein wenig gesehen, ich habe das alles wie jedermann, und wie manche zugeben und andere leugnen, sehr nichtig gefunden, und ich werde für die Ansichten Ihres verehrten Vaters eintreten – weil mir in Wahrheit keine Ansichten zur Wahl stehen und weil ich daher ebensogut diese wie irgendwelche anderen unterstützen kann.»

«Haben Sie denn keine eigenen?» fragte Louisa.

«Ich habe nicht einmal die geringste Vorliebe übrigbehalten. Ich versichere Ihnen, daß ich irgendwelchen Ansichten auch nicht die mindeste Bedeutung beimesse. Das Resultat dieser Mannigfaltigkeit an Langeweile, die ich erduldete, ist die Überzeugung (wenn nicht Überzeugung ein zu beflissenes Wort für die träge Empfindung ist, die ich diesem Gegenstand entgegenbringe), daß jede Ideenrichtung so viel Gutes und so viel Schlechtes bewirkt wie eine andere. Es gibt eine englische Familie mit einem reizenden italienischen Motto: Was kommt, kommt. Das ist die einzige Wahrheit, die es gibt!»

Diese lasterhafte Auffassung von Redlichkeit und Unredlichkeit – ein so gefährliches, tödliches und häufiges Laster – schien sie, wie er merkte, ein wenig zu seinen Gunsten zu beeindrucken. Er nahm seinen Vorteil wahr, indem er auf die angenehmste Art, der sie soviel oder sowenig Gewicht beilegen konnte, wie sie mochte, weitersprach: «Die Partei, die in Gestalt von Einheiten, Zehnern, Hundertern oder Tausendern, alles beweisen kann, scheint mir die größte Kurzweil zu bieten, Mrs. Bounderby, und einem Mann die beste Chance. Ich bin ihr genauso zugetan, als glaubte ich an sie. Ich bin durchaus bereit, in demselben Maße für sie einzutreten, als wenn ich an sie glaubte. Und was könnte ich wohl mehr tun, wenn ich tatsächlich an sie glaubte!»

«Sie sind ein eigentümlicher Politiker», sagte Louisa.

«Verzeihung, nicht einmal diesen Vorzug genieße ich. Wir wären die größte Partei im Staat, Mrs. Bounderby, wenn wir alle aus unseren angestammten Gliedern heraustreten und allesamt noch einmal gemustert würden, das versichere ich Ihnen!»

Mr. Bounderby, der sich in Gefahr befunden hatte, in Schweigen auszubrechen, schaltete sich nun mit dem Vorschlag ein, das Dinner im Familienkreis auf halb sieben zu verschieben und in der Zwischenzeit Mr. James Harthouse auf eine Besuchsrunde zu den wahlberechtigten und interessanten Standespersonen von Coketown und Umgebung mitzunehmen. Die Besuchsrunde wurde gemacht, und Mr. James Harthouse beendete sie nach diskreter Anwendung seiner Büffelei über die Konservativen siegreich, wenn auch mit einem beträchtlichen Zuwachs an Langeweile.

Am Abend fand er den Eßtisch für vier gedeckt, aber sie setzten sich nur zu dritt. Dies war eine passende Gelegenheit für Mr. Bounderby, über den Geschmack der gekochten Aale zu reden, die er als Achtjähriger für einen halben Penny auf der Straße gekauft, und über das minderwertige, hauptsächlich zum Sprengen staubiger Straßen benutzte Wasser, mit dem er diese Mahlzeit hinuntergespült hatte. Desgleichen unterhielt er seinen Gast bei Suppe und Fisch mit der Berechnung, daß er (Bounderby) in seiner Jugend mindestens drei Pferde in Form von Schweinefleisch und Zervelatwürsten gegessen habe. Diese Mitteilung nahm Jem mit einem hin und wieder eingeworfenen matten «Reizend!» entgegen, und wahrscheinlich hätten sie ihn zu dem Entschluß gebracht, morgen wieder nach Jerusalem «einzusteigen», wenn er weniger neugierig auf Louisa gewesen wäre.

Gibt es denn nichts, dachte er, während er sie betrachtete, wie sie da am Kopfende der Tafel saß, wo sich ihre jugendlich zarte, schmächtige und doch anmutige Gestalt ebenso hübsch wie fehl am Platz ausnahm, gibt es denn nichts, was dieses Gesicht zu bewegen vermag?

Ja! Bei Jupiter, etwas gab es, und hier war es, in einer unerwarteten Gestalt. Tom erschien.

Sie veränderte sich, sobald die Tür aufging, und entfaltete ein strahlendes Lächeln.

Ein wunderschönes Lächeln. Mr. James Harthouse hätte vielleicht nicht so viel davon gehalten, wenn er sich nicht so lange über ihr unbewegliches Gesicht gewundert hätte. Sie streckte die Hand aus – eine hübsche, weiche kleine Hand, und ihre Finger schlossen sich um die Hand des Bruders, als hätte sie sie an die Lippen führen mögen.

O weh! dachte der Besucher. Dieser Filou ist das einzige Geschöpf, aus dem sie sich was macht. Soso!

Der Filou wurde vorgestellt und setzte sich auf seinen Stuhl. Die Benennung war nicht schmeichelhaft, aber nicht unverdient.

«Als ich in deinem Alter war, Tom», sagte Bounderby, «war ich pünktlich, oder ich bekam kein Essen!»

«Als Sie in meinem Alter waren», gab Tom zurück, «hatten

Sie nicht eine falsche Bilanz richtigzustellen und sich hinterher noch umzukleiden.»

«Laß es jetzt gut sein», sagte Bounderby.

«Na schön», brummte Tom. «Dann fallen Sie nicht über mich her.»

«Mrs. Bounderby», sagte Harthouse, der diesen Unterton, der andauerte, deutlich wahrnahm, «das Gesicht Ihres Bruders ist mir sehr vertraut. Kann ich ihn im Ausland gesehen haben? Oder vielleicht an einer höheren Schule?»

«Nein», antwortete sie sehr interessiert, «er ist bis jetzt noch nie im Ausland gewesen und wurde hier, zu Hause, erzogen. Tom, mein Herz, ich erzähle gerade Mr. Harthouse, daß er dich nicht im Ausland gesehen haben kann.»

«Hatte nicht das Glück, Sir», bestätigte Tom.

Er hatte wenig genug an sich, ihr Gesicht aufleuchten zu lassen, denn er war ein mürrischer junger Mann und selbst in seinem Benehmen gegen sie unfreundlich. Um so tiefer mußte die Einsamkeit ihres Herzens sein und um so größer ihr Bedürfnis nach jemand, dem sie es schenken konnte. Um so mehr ist dieser Filou das einzige Geschöpf, aus dem sie sich je etwas gemacht hat, dachte Mr. James Harthouse, darüber nachgrübelnd. Um so mehr. Um so mehr.

Weder in Gegenwart seiner Schwester noch nachdem sie das Zimmer verlassen hatte, gab sich der Filou Mühe, seine Verachtung für Mr. Bounderby zu verbergen, wenn er ihr unbeobachtet von diesem unabhängigen Mann frönen konnte, indem er Gesichter schnitt oder ein Auge zukniff. Ohne diese telegrafischen Mitteilungen zu erwidern, ermutigte ihn Mr. Harthouse im Laufe des Abends nicht wenig und zeigte ungewöhnliches Gefallen an ihm. Als er sich schließlich erhob, um in sein Hotel zurückzukehren, und den sanften Zweifel äußerte, ob er nachts den Weg finden würde, bot ihm der Filou sofort seine Dienste als Führer an und entfernte sich mit ihm, um ihn dorthin zu begleiten.

3. Kapitel

Der Filou

Es war sehr merkwürdig, dass ein junger Mann, der unter einem stetigen System unnatürlichen Zwangs aufgewachsen war, ein Heuchler sein sollte, dennoch war das bei Tom ganz bestimmt der Fall. Es war sehr sonderbar, daß ein junger Mann, den man keine fünf aufeinanderfolgenden Minuten seiner eigenen Führung überlassen hatte, schließlich unfähig sein sollte, sich selbst zu beherrschen, aber so war es bei Tom. Es war völlig unerklärlich, daß ein junger Mann, dessen Phantasie in der Wiege erwürgt worden war, noch von ihrem Schatten in Form niedriger Sinnlichkeiten belästigt werden sollte, doch ein solches Ungeheuer war Tom zweifellos.

«Rauchen Sie?» fragte Mr. James Harthouse, als sie zum Hotel kamen.

«Na und ob!» erwiderte Tom.

Er konnte nicht weniger tun, als Tom hinaufzubitten, und Tom konnte nicht weniger tun, als mit hinaufzugehen. Durch einen kühlenden, dem Wetter angemessenen Trunk, der jedoch nicht so schwach wie kühl war, und durch einen besseren Tabak, als er in diesen Gegenden zu kaufen war, befand sich Tom bald sehr zwanglos und behaglich in seiner Sofaecke und mehr denn je geneigt, seinen neuen Freund in der anderen Ecke des Sofas zu bewundern.

Nachdem er eine Weile gepafft hatte, blies Tom seinen Rauch zur Seite und nahm seinen Freund in Augenschein. Er scheint um seine Kleidung nicht besorgt zu sein, dachte Tom, aber wie famos macht er das. Was für ein nonchalanter Modegeck er ist!

Mr. James Harthouse, der zufällig Toms Blick auffing, bemerkte, er trinke ja gar nichts, und füllte ihm lässig das Glas mit eigener Hand.

«Danke», sagte Tom. «Danke. Nun, Mr. Harthouse, ich denke, Sie haben heute abend 'ne ziemliche Dosis vom alten Bounderby weggekriegt.» Dabei kniff er wieder ein Auge zu und schaute über sein Glas verständnisinnig zu seinem Gastgeber hinüber.

«Wirklich ein sehr tüchtiger Bursche!» erwiderte Mr. James Harthouse.

«Ja, nicht wahr?» gab Tom zurück. Und kniff wieder sein Auge zu.

Mr. James Harthouse lächelte, dann stand er aus seiner Sofaecke auf, lehnte sich mit dem Rücken gegen den Kaminsims, so daß er rauchend Tom gegenüber und auf ihn hinabblickend vor dem leeren Feuerrost stand, und bemerkte:

«Welch ein sonderbarer Schwager Sie sind!»

«Sie meinen wohl, welch ein sonderbarer Schwager der alte Bounderby ist», sagte Tom.

«Sie sind ein Stück Kaustikum, Tom», entgegnete Mr. James Harthouse.

Es lag etwas so Angenehmes darin, mit einer solchen Weste so vertraut zu sein, von einer solchen Stimme so vertraulich Tom genannt zu werden und mit einem solchen Backenbart so bald schon auf so ungezwungenem Fuß zu stehen, daß Tom ungewöhnlich zufrieden mit sich war.

«Ach! Aus dem alten Bounderby mache ich mir nichts, wenn Sie das meinen», sagte er. «Ich hab den alten Bounderby immer mit diesem Namen belegt, wenn ich von ihm sprach, und ich hab immer genauso über ihn gedacht. Und jetzt werde ich beileibe nicht anfangen, mit dem alten Bounderby höflich umzugehen. Es wäre auch zu spät dafür.»

«Auf mich brauchen Sie keine Rücksicht zu nehmen», erwiderte James, «aber geben Sie acht, wenn seine Frau dabei ist.»

«Seine Frau?» rief Tom. «Meine Schwester Lou? O ja!»

Und er lachte und nahm noch einen Schluck von dem kühlenden Getränk.

James Harthouse blieb an demselben Platz und in derselben Haltung angelehnt stehen, rauchte auf die ihm eigene ungezwungene Art seine Zigarre und blickte amüsiert auf diesen Filou, als fühle er sich selber als ein liebenswürdiger Dämon, der nur über ihm zu verweilen brauche, und schon würde er auf Verlangen seine ganze Seele hingeben müssen. Es schien tatsächlich, als gäbe der Filou diesem Einfluß nach. Er sah seinen Gefährten schüchtern an, er sah ihn bewundernd an, er sah ihn unerschrocken an und legte ein Bein auf das Sofa.

«Meine Schwester Lou?» sagte Tom. «*Sie* hat sich aus dem alten Bounderby nie was gemacht.»

«Das ist das Tempus der Vergangenheit, Tom», versetzte Mr. James Harthouse und streifte mit dem kleinen Finger die Asche von seiner Zigarre. «Wir haben jetzt das Tempus der Gegenwart.»

«Verbum intransitivum, sich nichts daraus machen. Modus Indikativ: Tempus der Gegenwart. Erste Person Singular, ich mache mir nichts draus, zweite Person Singular, du machst dir nichts draus, dritte Person Singular, sie macht sich nichts draus», antwortete Tom.

«Gut! Sehr spitzfindig!» bemerkte sein Freund. «Obwohl Sie das nicht meinen.»

«Aber *gewiß* meine ich es», rief Tom. «Ehrenwort! Sie wollen mir doch nicht erzählen, Mr. Harthouse, daß Sie allen Ernstes annehmen, meine Schwester Lou macht sich was aus dem alten Bounderby.»

«Mein lieber Junge», entgegnete der andere, «was muß ich denn annehmen, wenn ich zwei verheiratete Leute in Harmonie und Glück leben sehe?»

Tom hatte unterdessen beide Beine auf das Sofa gebracht. Wenn sein zweites Bein nicht schon dort gelegen hätte, als er ein lieber Junge genannt wurde, dann hätte er es in diesem großartigen Stadium der Unterhaltung hinaufgelegt. Da er jedoch das Bedürfnis fühlte, etwas zu tun, streckte er sich noch länger aus und wandte, den Kopf auf die Sofalehne gestützt und mit dem Anschein unendlicher Lässigkeit rauchend, dem so gleichgültig und doch so zwingend auf ihn herabschauenden Gesicht sein alltägliches mit den nicht sehr nüchternen Augen zu.

«Sie kennen unsern Alten, Mr. Harthouse», sagte Tom, «und daher braucht es Sie nicht zu verwundern, daß Lou den alten Bounderby geheiratet hat. Sie hat nie einen Verehrer gehabt, und der Alte schlug den alten Bounderby vor, und sie nahm ihn.»

«Sehr gehorsam von Ihrer interessanten Schwester», bemerkte Mr. James Harthouse.

«Ja, aber sie wäre nicht so gehorsam gewesen, und es wäre nicht so leicht zustande gekommen, wenn nicht meinetwegen», erwiderte der Filou.

Der Versucher hob nur die Brauen, und der Filou war gezwungen fortzufahren.

«*Ich* habe sie überredet», sagte er mit erbaulich überlegener Miene. «Mich hatten sie in die Bank von dem alten Bounderby gesteckt (wo ich nie hinwollte), und ich wußte, ich würde scheußlich in die Klemme geraten, wenn sie die Pläne von dem alten Bounderby vereitelte, deshalb sagte ich ihr meine Wünsche, und sie willigte ein. Für mich würde sie alles tun. Das war sehr nett von ihr, nicht wahr?»

«Es war reizend, Tom!»

«Nicht daß es für sie durchaus so wichtig war wie für mich», fuhr Tom gelassen fort, «weil meine Freiheit und Bequemlichkeit und vielleicht mein Fortkommen davon abhingen, und sie hatte keinen anderen Verehrer, und zu Hause bleiben war wie im Gefängnis bleiben – besonders als ich weg war. Es war nicht so, daß sie einen anderen Verehrer für den alten Bounderby aufgegeben hat, und doch war es sehr nett von ihr.»

«Einfach charmant. Und sie geht jetzt so ruhig ihren Weg.»

«Oh», erwiderte Tom mit geringschätziger Gönnerhaftigkeit, «sie ist eben ein Mädchen. Ein Mädchen kann überall seinen Weg gehen. Sie hat sich an das Leben gewöhnt, und *ihr* macht es nichts aus. Es ist geradesogut wie ein anderes. Außerdem, obwohl Lou ein Mädchen ist, die übliche Sorte Mädchen ist sie nicht. Sie kann sich in sich selbst verschließen und eine Stunde lang hintereinanderweg nachdenken – wie ich sie oft gesehen habe, wenn sie saß und das Feuer beobachtete.»

«Ach, wirklich? So schöpft sie aus eigenem?» fragte Harthouse, gelassen rauchend.

«Nicht so sehr, wie Sie glauben mögen», antwortete Tom, «denn unser Alter hat sie mit allem möglichen knochentrocknem Zeug und Blödsinn genudelt. Das ist sein System.»

«Seine Tochter nach seinem Modell geformt?» meinte Harthouse.

«Seine Tochter? Ach! Und jeden andern. Mich hat er auch so geformt», sagte Tom.

«Nicht möglich!»

«Und doch hat er's getan», sagte Tom und schüttelte den Kopf. «Ich will damit sagen, Mr. Harthouse, als ich das Haus verließ und zu dem alten Bounderby ging, war ich so dumm wie 'n Stück Holz und wußte nicht mehr vom Leben als 'ne Auster.»

«Aber, aber, Tom! Das kann ich kaum glauben. Das ist doch ein Spaß.»

«Bei meiner Seele!» rief der Filou. «Es ist mein Ernst, so war ich wirklich!» Er rauchte eine Weile mit großer Feierlichkeit und Würde und fügte dann in einem höchst selbstgefälligen Ton hinzu: «Oh, seitdem hab ich manches aufgegabelt. Das will ich nicht leugnen. Aber ich hab's aus eigenen Stücken und verdanke es nicht dem Alten.»

«Und Ihre intelligente Schwester?»

«Meine intelligente Schwester steht so ungefähr da, wo sie war. Sie hat sich immer bei mir beklagt, daß sie nirgendwo einen Rückhalt hat, wo Mädchen gewöhnlich einen Rückhalt haben, und ich sehe nicht, wie sie das seitdem überwunden haben soll. Aber *sie* macht sich nichts daraus», fügte er weise hinzu und paffte wieder an seiner Zigarre. «Irgendwie können Mädchen immer weiter.»

«Als ich gestern abend in der Bank nach Mr. Bounderbys Adresse fragte, traf ich dort eine ehrwürdige Dame an, die für Ihre Schwester tiefe Bewunderung zu hegen scheint», bemerkte Mr. James Harthouse, während er den letzten kleinen Überrest der aufgerauchten Zigarre fortwarf.

«Die alte Sparsiten?» fragte Tom. «Was! Die haben Sie schon gesehen?»

Sein Freund nickte. Tom nahm seine Zigarre aus dem Mund, um sein Auge (das ziemlich unlenksam geworden war) noch ausdrucksvoller zuzukneifen und mit dem Finger mehrmals an die Nase zu tippen.

«Die Gefühle der alten Sparsiten für Lou sind mehr als Bewunderung, möcht ich meinen», erwiderte er dann. «Nennen Sie es Liebe und Ergebenheit. Die Sparsiten hat Bounderby nie zu angeln versucht, als er Junggeselle war. I wo!»

Das waren die letzten Worte, die der Filou von sich gab, ehe ihn eine Schwindel verursachende Schläfrigkeit überfiel, die von völligem Vergessen gefolgt war. Aus diesem Zustand wurde er durch einen unangenehmen Traum geweckt, als werde er durch einen Stiefel aufgerüttelt und desgleichen durch eine Stimme, die sprach: «Vorwärts, es ist spät. Scheren Sie sich!»

«Na schön!» sagte er und kletterte vom Sofa. «Dann muß ich mich von Ihnen verabschieden. Hören Sie, Ihr Tabak ist sehr gut. Aber er ist zu mild.»

«Ja, er ist zu mild», antwortete sein Gastgeber.

«Er ist… er ist lächerlich mild», sagte Tom. «Wo ist denn die Tür? Gute Nacht!»

Er hatte einen zweiten sonderbaren Traum, als werde er von einem Bedienten durch einen Nebel geführt, der sich, nachdem er ihm einige Mühe und Schwierigkeiten bereitet hatte, in die Hauptstraße auflöste, in der er ganz allein stand. Darauf ging er ohne sonderliche Schwierigkeiten heim, wenn auch noch nicht frei von dem Eindruck der Gegenwart und des Einflusses seines neuen Freundes – als lehne er irgendwo in der Luft, in derselben lässigen Haltung, und betrachtete ihn mit demselben Blick.

Der Filou ging nach Hause und zu Bett. Hätte er ein Gefühl dafür gehabt, was er heute nacht angerichtet hatte, und wäre er weniger Filou und mehr Bruder gewesen, so wäre er vielleicht auf der Straße kurz umgekehrt und zu dem übelriechenden Fluß gegangen, der tiefschwarz gefärbt war, und wäre dort ein für allemal zu Bett gegangen und hätte den Vorhang der schmutzigen Wasser für immer vor seinen Kopf gezogen.

4. Kapitel

Menschen und Brüder

O meine Freunde, ihr zu Boden getretenen Fabrikarbeiter von Coketown! O meine Freunde und Landsleute, ihr Sklaven eines grausamen und drückenden Despotismus! O meine Freunde und Leidensgefährten und Arbeitskameraden und Mitmenschen! Ich sage euch, die Stunde ist gekommen, da wir uns als eine vereinigte Macht umeinander scharen und zu Staub zerbröckeln müssen die Unterdrücker, die sich allzu lange an dem gemästet haben, was sie unsren Familien raubten, an dem Schweiß unsrer Stirnen, an der Arbeit unsrer Hände, an der Kraft unsrer Sehnen, an den gottgeschaffenen erhabenen Rechten der Menschheit und an den heiligen und ewigen Privilegien der Brüderlichkeit!»

«Gut!» – «Hört, hört, hört!» – «Hurra!» und andere Ausrufe gaben viele Stimmen von verschiedenen Stellen des dicht besetzten und erstickend engen Saales von sich, in dem der Redner, hoch oben auf einer Bühne, dies und noch mehr äußerte, was er an Schaum und Rauch in sich hatte. Er hatte sich mächtig in Hitze geredet und war so heiser wie heiß. Da er mit vollster Lautstärke unter einem flackernden Gaslicht dröhnte, wobei er die Fäuste ballte, die Brauen zusammenzog, mit den Zähnen knirschte und mit den Armen fuchtelte, hatte er sich mittlerweile so verausgabt, daß er eine Pause machen mußte und nach einem Glas Wasser rief.

Wie er so dastand und die Glut seines Gesichts mit dem Wassertrunk zu löschen versuchte, fiel der Vergleich zwischen ihm und der Menge ihm zugewandter aufmerksamer Gesichter sehr zum Nachteil des Redners aus. Beurteilte man ihn nach dem von der Natur gegebenen Äußeren, so stand er nur wenig höher über der Menge als die Bühne, auf der er sich befand. In vielen wichtigen Punkten stand er wesentlich unter den Zuhörern. Er war weder so rechtschaffen noch so männlich, noch so gutmütig, ihre Schlichtheit ersetzte er durch Schlauheit, und ihren zuverlässigen festen Sinn durch heftige Erregung. Ein schlechtgebauter Mann mit hohen Schultern, finsteren Brauen und mit Zügen, die sich gewohnheitsmäßig zu einem säuerlichen Ausdruck zusammenquetschten, stach er sogar in seinem Mischmaschanzug höchst unvorteilhaft gegen die meisten seiner Zuhörer in ihrer einfachen Arbeitskleidung ab. So befremdlich es stets ist, eine Versammlung zu beobachten, die sich ergeben in die Öde eines selbstgefälligen Menschen schickt, einerlei, ob Mitglied des Oberhauses oder des Unterhauses, den drei Viertel von ihnen durch Menschenmöglichkeiten nicht aus dem Sumpf geistiger Leere auf ihre eigene geistige Ebene bringen können, war es besonders befremdlich und sogar besonders ergreifend, diese Menge ernster Gesichter, deren Aufrichtigkeit im großen und ganzen kein befugter und vorurteilsfreier Beobachter anzweifeln konnte, von einem solchen Führer so aufgewühlt zu sehen.

Gut! Hört, hört! Hurra! Die begierige Aufmerksamkeit und Spannung, die sich in allen Gesichtern malten, machten sie zu einem überaus eindrucksvollen Anblick. Da gab es keine Achtlosigkeit, keine Stumpfheit, keine müßige Neugier; nicht für einen Augenblick zeigte sich hier etwas von den vielen Schattierungen der Gleichgültigkeit, wie sie in anderen Versammlungen zu sehen sind. Daß jeder hier seine Lage so oder so für schlechter ansah, als sie sein sollte, daß jeder es, um sie zu verbessern, für seine Pflicht hielt, sich mit den anderen zusammenzutun, daß jeder seine Hoffnung in dem Bündnis mit den Kameraden sah, die um ihn waren, und daß es allen hier Versammelten mit diesem richtigen oder falschen (damals leider falschen) Glauben innig, tief und aufrichtig ernst war, hätte jedem, der sehen wollte, was da los sei, so klar sein müssen wie die nackten Dachbalken und die getünchten Ziegelmauern. Ein solcher Zuschauer hätte auch nicht umhinkönnen, tief im Herzen zu erkennen, daß diese mit solchen Irrtümern behafteten Männer große Qualitäten zeigten, die auf das glücklichste und beste zu nutzen gewesen wären, und zu behaupten (kraft allgemein herrschender, doch gleichwohl abgedroschener Grundsätze), daß sie allesamt ohne Ursache und nach ihrem eigenen unvernünftigen Willen in die Irre gingen, wäre so gewesen, als hätte man behauptet, es könne Rauch ohne Feuer, Tod ohne Geburt, Ernte ohne Saat oder sonst eine Wirkung ohne Ursache geben.

Nachdem sich der Redner erfrischt hatte, wischte er einige Male mit seinem zusammengeknüllten Taschentuch von links nach rechts über die gerunzelte Stirn und konzentrierte seine wiederbelebten Kräfte zu einem höchst verachtungsvollen und bitteren Hohnlächeln.

«Doch, o meine Freunde und Brüder! O ihr Männer und Engländer, ihr zu Boden getretenen Fabrikarbeiter von Coketown! Was sollen wir zu dem Mann sagen – dem Arbeiter, dessen erhabenen Namen auf diese Weise öffentlich zu schmähen ich für notwendig erachte –, der durch Erfahrung sehr vertraut ist mit eurer Not und dem euch angetanen Unrecht, dem verletzten Mark und Kern dieses Landes, und der euren mit edler und majestätischer Einstimmigkeit gefaßten Entschluß hörte, vor dem Tyrannen zittern werden, für den Fonds des Vereinigten Massentribunals zu zeichnen und die durch diese Körperschaft zu euerm Nutzen erlassenen Vorschriften zu unterstützen, wie sie auch immer lauten mögen – was werdet ihr, frage ich euch, zu dem Arbeiter sagen, da ich ihn nun schon mal als einen solchen anerkennen muß, der in einer solchen Zeit seinen Posten verläßt und seine Fahne verrät, der in einer solchen Zeit zu einem Verräter, Feigling und Abtrünnigen wird, der in einer solchen Zeit sich nicht schämt, euch das feige und erniedrigende Geständnis zu machen, daß er sich heraushalten und *nicht* zu denen gehören will, die sich in dem tapferen Kampf für Freiheit und Recht zusammengeschlossen haben?»

Über diesen Punkt war die Versammlung geteilter Meinung. Zwar gab es einiges Murren und Zischen, doch das allgemeine Ehrgefühl war viel zu stark, um einen Mann ungehört zu verurteilen. «Zweifellos haben Sie recht, Slackbridge!» – «Den Namen nennen!» – «Wir wollen ihn hören!» So wurde von vielen Seiten gerufen. Schließlich brach eine kraftvolle Stimme durch: «Is der Mann hier? Wenn der Mann hier is, Slackbridge, wollen wir den Mann selber hören und nich Sie.» Was rundum mit Beifall aufgenommen wurde.

Slackbridge, der Redner, blickte mit vernichtendem Lächeln um sich, und während er auf Armeslänge die rechte Hand ausstreckte (wie alle Slackbridges zu tun pflegen), um die tosende See zu beruhigen, wartete er, bis tiefes Schweigen eintrat.

«O meine Freunde und Mitmenschen!» sagte Slackbridge dann und schüttelte in heftiger Verachtung den Kopf. «Ich wundere mich nicht, daß ihr, die im Staub liegenden Söhne der Arbeit, ungläubig seid, daß solcher Mann existiert. Aber der seine Erstgeburt für ein Linsengericht verkaufte, existierte, und Judas Ischariot existierte, und Castlereagh existierte, und dieser Mann existiert ebenfalls!»

Hier entstand ein kurzes Gedränge und Durcheinander in der Nähe der Rednertribüne und endete damit, daß sich der betreffende Mann vor die Versammlung neben den Redner stellte. Er war blaß und sein Gesicht ein wenig erregt – das zeigten vor allem seine Lippen, aber er stand ruhig, die linke Hand am Kinn, und wartete ab, bis man ihn anhören würde. Ein Vorsitzender regelte die Vorgänge, und in dieser Eigenschaft nahm er jetzt die Sache selbst in die Hand.

«Meine Freunde», sagte er, «kraft meines Amtes als euer Vorsitzender bitte ich unseren Freund Slackbridge, der in dieser Sache vielleicht etwas übers Ziel geschossen ist, sich zu setzen, während wir diesen Mann, Stephen Blackpool, anhören. Ihr alle kennt diesen Mann Stephen Blackpool. Ihr kennt ihn mitsamt seinem Unglück und seinem guten Namen!»

Bei diesen Worten schüttelte ihm der Vorsitzende freimütig die Hand und nahm wieder Platz. Auch Slackbridge setzte sich und wischte sich die heiße Stirn – immer von links nach rechts, niemals umgekehrt.

«Meine Freunde», begann Stephen in der Totenstille, «ich hab gehört, was von mir gesagt wurde, und das werd ich wohl auch nich können beschönigen. Ich hätt's aber gerner, wenn ihr die Wahrheit über mich von meinen eignen Lippen und nich von jemand andern seinen hört, wenn ich auch noch nie vor so vielen hab reden gekonnt, ohne in Verwirrung und Kuddelmuddel zu geraten.»

Slackbridge schüttelte den Kopf, als wolle er ihn in seiner bitteren Strenge vom Hals schütteln.

«Ich bin der einzigste Arbeiter in Bounderbys Fabrik, wo sich nich auf die vorgeschlagenen Anordnungen einläßt. Ich kann mich nich darauf einlassen. Ich bin mir nämlich im Zweifel, meine Freunde, ob daß sie euch was nutzen werden. Eher werden sie euch schaden.»

Slackbridge lachte, kreuzte die Arme und runzelte die Stirn.

«Aber es is nich so sehr daderwegen, daß ich mich widersetzen tu. Wenn das alles wär, würd ich wie die andern zustimmen. Aber ich hab meine Gründe – meine eignen –, wo mich hindern, nich bloß jetzt, sondern immer – immer – mein Leben lang!»

Slackbridge sprang auf und stellte sich zähneknirschend und wütend neben ihn. «O meine Freunde, was habe ich euch gesagt? O meine Landsleute, was habe ich euch kundgetan? Und wie kleidet diese abtrünnige Haltung einen Mann, auf den, wie wir wissen, die Last ungerechter Gesetze schwer gefallen ist? O ihr Engländer, ich frage euch, wie kleidet solche Verführung einen von euch, der sich auf diese Weise mit seinem und euerm Verderben abfindet, mit dem eurer Kinder und Kindeskinder?»

Es gab ein wenig Beifall und ein paar Pfuirufe über den Mann, aber der größte Teil der Zuhörerschaft blieb ruhig. Sie blickten auf Stephens versorgtes Gesicht, das die schlichten darin ausgedrückten Gefühle noch ergreifender machten, so daß sie in ihrer angeborenen Güte eher betrübt als empört waren.

«Reden is die Sache von diesem Dilligierten», sagte Stephen, «und er wird dafür bezahlt, und er versteht sein Handwerk. Möcht er dabei bleiben. Möcht er nich beachten, was ich hab ertragen gemußt. Das is nich seine Sache. Das is niemand seine als meine.»

In diesen Worten lag ein Anstand, um nicht zu sagen eine Würde, welche die Hörer noch stiller und aufmerksamer machte. Dieselbe kraftvolle Stimme rief: «Slackbridge, laß den Mann reden und halt den Mund!» Darauf wurde der Saal mucksmäuschenstill.

«Meine Brüder», sagte Stephen, dessen leise Stimme deutlich zu vernehmen war, «und meine Arbeitskameraden – denn das seid ihr für mich, wenn auch nich, wie ich jetzt weiß, für diesen Dilligierten hier –, ich hab bloß ein Wort zu sagen, und ich könnt nich mehr sagen, wenn ich bis morgen früh reden täte. Ich weiß sehr gut, was alles vor mir liegt. Ich weiß wohl, daß ihr entschlossen seid und nichts mehr mit 'nem Mann zu tun haben wollt, wo in dieser Sache nich zu euch steht. Ich weiß wohl, wenn ich läg tot auf der Straße, würdet ihr's richtig finden, als wie an 'n Ausländer und Fremden an mir vorbeizugehn. Was ich verdient hab, da muß ich mich schon mit abfinden.»

«Stephen Blackpool», sagte der Vorsitzende aufstehend, «denk noch mal darüber nach. Denk noch mal darüber nach, Junge, eh daß du von allen alten Freunden gemieden wirst.»

Es erhob sich ein allgemeines zustimmendes Gemurmel, obwohl keiner ein deutliches Wort sprach. Aller Augen waren auf Stephens Gesicht gerichtet. Hätte er seinen Entschluß bereut, so würde ihnen allen eine Last von der Seele genommen sein. Er blickte um sich und wußte, daß es so war. Kein bißchen Groll gegen sie war in seinem Herzen, er kannte sie weit über ihre äußeren Schwächen und falschen Auffassungen hinaus, wie nur einer von ihren Arbeitskameraden sie kennen konnte.

«Ich hab darüber nachgedacht, Sir, mehr als bloß 'n bißchen. Ich kann mich einfach nich darauf einlassen. Ich muß den Weg gehn, wo vor mir liegt. Ich muß von euch allen hier Abschied nehmen.»

Die Arme emporgehoben, machte er eine Art Verbeugung vor ihnen und stand einen Augenblick lang in dieser Haltung, er sprach erst weiter, als ihm die Arme langsam an den Seiten hinabsanken.

«Viele freundliche Wörter haben manche zu mir gesprochen, viele Gesichter seh ich hier, wo ich zum erstenmal gesehen hab, als ich noch jung und sorgloser war als wie jetzt. Ich hab niemals nich, seit ich geboren bin, Streit mit einem von meinesgleichen gehabt, und Gott weiß, daß es auch jetzt keinen gibt, den wo ich angerührt hab. Sie werden mich Verräter und so was schimpfen – Sie mein ich», sagte er zu Slackbridge, «aber es is leichter, zu schimpfen, als wie zu verstehn. Also lassen wir das.»

Er hatte ein paar Schritte getan, um von der Tribüne zu steigen, als ihm etwas einfiel, was er noch nicht gesagt hatte, worauf er noch einmal umkehrte.

«Vielleicht», sagte er und drehte langsam sein zerfurchtes Gesicht in die Runde, damit er jeden einzelnen in der Zuhörerschar, ob nah oder weiter weg, gleichsam persönlich anreden könne, «vielleicht, wenn diese Frage gestellt und diskuriert is, wird die Drohung von Streik dasein, wenn man mich unter euch arbeiten läßt. Ich hoffe, ich werd sterben, eh daß so eine Zeit kommt, und ich werd abgesondert unter euch arbeiten, bis daß sie kommt – das muß ich wirklich und wahrhaftig, meine Freunde, nich um euch zu trotzen, sondern um zu leben. Ich hab nur die Arbeit, um davon zu leben, und wo kann ich anders hingehn, wo ich von ganz klein auf hier in Coketown gearbeitet hab? Ich beklag mich nich, daß ich so behandelt und von jetzt an ausgestoßen und nich mehr angesehn werd, ich hoff bloß, man läßt mich arbeiten. Wenn ich überhaupt ein Recht hab, meine Freunde, dann isses das, denk ich mir.»

Kein Wort wurde gesprochen. Kein Laut war in dem ganzen Haus zu hören, nur das leichte Rascheln und Scharren von Männern, die ein wenig beiseite rückten von der Mitte des Raums, um dem Mann, dem sie einmütig die Gemeinschaft versagten, einen Ausgang zu schaffen. Ohne jemanden anzusehen und mit einer bescheidenen Festigkeit, die nichts geltend machte und nichts verlangte, ging Old Stephen seinen Weg und verließ mit all den Sorgen auf seinem Haupt den Schauplatz.

Slackbridge, der während des Abgangs seinen Rednerarm ausgestreckt hielt, als gebiete er mit unendlicher Besorgnis und dank einer wunderbaren moralischen Kraft den gewaltigen Leidenschaften der Menge Einhalt, widmete sich nun der Aufgabe, ihre Gemüter wiederaufzurichten. Hatte nicht, o meine britischen Landsleute, der Römer Brutus seinen Sohn zum Tod verdammt, und hatten nicht, o meine bald siegreichen Freunde, die spartanischen Mütter ihre fliehenden Kinder in die Schwerter der Feinde gejagt? War es dann nicht die heilige Pflicht der Männer von Coketown, angesichts ihrer Vorväter, einer bewundernden Mitwelt und einer ihnen künftig folgenden Nachwelt, Verräter aus den Zelten zu jagen, die sie für eine heilige und göttliche Sache aufgeschlagen hatten? Die Himmelswinde antworteten ja und trugen das Ja nach Osten, Westen, Norden und Süden. Und daher ein dreifaches Hoch auf das Vereinigte Massentribunal!

Slackbridge betätigte sich als Wortführer und gab den Takt an. Die Menge unschlüssiger (ein wenig von Gewissensbissen gepeinigter) Gesichter hellte sich bei dem Klang auf und stimmte ein. Privatgefühle mußten der gemeinsamen Sache weichen. Hurra! Das Dach bebte noch von den Hochrufen, als sich die Versammlung zerstreute.

So leicht fiel Stephen Blackpool dem verlassensten Leben anheim, dem Leben der Einsamkeit mitten unter einer vertrauten Menge. Der Fremde im Land, der in zehntausend Gesichtern nach einem entgegenkommenden Blick sucht und ihn nie findet, ist noch in tröstlicher Gesellschaft, verglichen mit ihm, der Tag für Tag an zehn abgewandten Gesichtern vorübergeht, die einst die Gesichter von Freunden waren. Das war nun Stephens Erfahrung in jedem wachen Augenblick seines Lebens, bei seiner Arbeit, auf dem Weg dahin und von daher zurück, an seiner Tür, an seinem Fenster, überall. Wie in allgemeiner Verabredung mieden sie sogar die Straßenseite, die er gewöhnlich benutzte, und räumten sie ihm allein von allen Arbeitern ein.

Viele Jahre lang war er ein stiller, schweigsamer Mann gewesen, der nur wenig mit anderen zusammenkam und an die Gesellschaft mit seinen eigenen Gedanken gewöhnt war. Nie vorher hatte er gewußt, wie stark in seinem Herzen das Bedürfnis nach der wiederholten Anerkennung durch ein Nicken, einen Blick, ein Wort oder wie ungeheuer groß die Linderung war, die es durch solche Kleinigkeiten tropfenweise empfangen hatte. Es war sogar noch schwerer, als er es für möglich gehalten hätte, das Bewußtsein, von all seinen Gefährten im Stich gelassen zu sein, in seinem Innern von einem grundlosen Gefühl der Scham und Schande zu trennen.

Die ersten vier Tage, da er dies ertragen mußte, waren so lange und schwere Tage, daß er sich über die vor ihm liegende Aussicht zu entsetzen begann. Nicht allein, daß er Rachael die ganze Zeit nicht zu Gesicht bekam, er vermied auch jede Möglichkeit, sie zu sehen, denn obwohl er wußte, daß sich das Verbot formell noch nicht auf die in den Fabriken arbeitenden Frauen erstreckte, so fand er doch heraus, daß einige, mit denen er bekannt war, jetzt anders gegen ihn waren, und er fürchtete, andere auf die Probe zu stellen, und hatte Angst, Rachael könnte vielleicht von den übrigen abgesondert werden, wenn man sie in seiner Gesellschaft sah. So war er in den ersten vier Tagen ganz allein gewesen und hatte mit niemandem gesprochen, als beim abendlichen Heimweg von seiner Arbeit ein sehr hellhäutiger junger Mann auf der Straße zu ihm trat.

«Sie heißen Blackpool, nicht wahr?» fragte der junge Mann.

Stephen wurde rot, als er merkte, daß er in seiner Dankbarkeit, angesprochen zu werden, oder weil es so plötzlich geschah, mit dem Hut in der Hand dastand. Er tat, als glätte er das Futter, und antwortete: «Ja.»

«Ich meine, Sie sind der Arbeiter, mit dem man den Verkehr abgebrochen hat?» fragte Bitzer, der fragliche, sehr helle junge Mann.

Wieder antwortete Stephen: «Ja.»

«Das hab ich mir gedacht, weil Ihnen alle aus dem Weg zu gehen scheinen. Mr. Bounderby möchte Sie sprechen. Sie wissen, wo er wohnt?»

«Ja», erwiderte Stephen abermals.

«Dann gehen Sie gleich hin, ja?» sagte Bitzer. «Sie werden erwartet und brauchen dem Bedienten nur zu sagen, daß Sie es sind. Ich gehöre zur Bank, und wenn Sie gleich und ohne mich (ich sollte Sie nämlich holen) hingehen, sparen Sie mir einen Weg.»

Stephen, dessen Weg in die entgegengesetzte Richtung geführt hatte, kehrte um und begab sich pflichtschuldigst zu der roten Ziegelburg des Riesen Bounderby.

5. Kapitel

Menschen und Herren

Nun, Stephen», sagte Bounderby auf seine stürmische Art, «was höre ich da? Was haben diese Pestseuchen auf Erden *Ihnen* angetan? Herein mit Ihnen und heraus mit der Sprache!»

Es war das Wohnzimmer, in das er auf diese Weise gebeten wurde. Ein Teetisch war gedeckt, und Mr. Bounderbys junge Frau, ihr Bruder und ein vornehmer Herr aus London waren anwesend, vor denen Stephen, nachdem er die Tür geschlossen hatte und, den Hut in der Hand, dort stehengeblieben war, seine Verbeugung machte.

«Dies ist der Mann, von dem ich Ihnen erzählt habe, Harthouse», sagte Mr. Bounderby. Der angeredete Herr, der mit Mrs. Bounderby auf dem Sofa plauderte, stand auf, bemerkte träge: «Oh, wirklich?» und schlenderte zu dem Kaminteppich, wo Mr. Bounderby stand.

«Also heraus mit der Sprache», wiederholte Bounderby.

Nach den vier Tagen, die er verbracht hatte, schlug diese Aufforderung rauh und mißtönend an Stephens Ohren. Abgesehen davon, daß sie mit seinem verletzten Gemüt unsanft verfuhr, schien sie für wahr zu nehmen, daß er tatsächlich der selbstsüchtige Abtrünnige sei, den man ihn geschimpft hatte.

«Was isses, Sir», fragte Stephen, «was Ihnen gefällig is, von mir zu wollen?»

«Das habe ich Ihnen doch gesagt», entgegnete Bounderby. «Heraus mit der Sprache wie ein Mann, da Sie ein Mann sind, und erzählen Sie uns von sich und von diesem Komplott.»

«Mit Verlaub, Sir», antwortete Stephen Blackpool, «dadrüber hab ich nichts zu sagen.»

Als Mr. Bounderby, der stets mehr oder weniger einem Wind glich, hier auf etwas traf, das ihm in die Quere kam, begann er es sofort anzublasen.

«Nun sehen Sie her, Harthouse», sagte er, «hier haben Sie ein Exemplar von ihnen. Als dieser Mann schon früher mal da war, habe ich diesen Mann vor den verderblichen Ausländern gewarnt, die immer rührig sind – und die gehängt werden sollten, wo man sie findet –, und ich habe diesem Mann gesagt, daß er in die falsche Richtung geht. Sie möchten es nicht für möglich halten, wie sehr er ihnen, obwohl sie ihn mit diesem Makel gezeichnet haben, immer noch sklavisch ergeben ist, daß er sich nicht getraut, den Mund über sie aufzumachen!»

«Ich hab bloß gesagt, daß ich nichts zu sagen hab, Sir, nich als ob ich mich nich den Mund aufzumachen trau.»

«Sie haben gesagt. Ah, *ich* weiß, was Sie gesagt haben, mehr noch, ich weiß, was Sie meinen. Nicht immer dieselbe Sache. Gottverdanzig! Ganz andere Sachen. Sie sollten uns lieber gleich erzählen, daß dieser Kerl Slackbridge gar nicht in der Stadt ist und die Leute zum Aufruhr anstiftet und daß er gar kein regulär berechtigter Volksführer ist, also ein dreimal verfluchter Schurke. Sie sollten uns das lieber gleich erzählen, mich können Sie nicht täuschen. Das wollen Sie uns doch erzählen. Warum tun Sie's nicht?»

«Es bekümmert mich ebenso wie Sie, Sir, wenn die Volksführer schlecht sind», sagte Stephen kopfschüttelnd. «Sie nehmen eben die, wo sich bieten. Vielleicht isses für sie nich das kleinste Unglück, wenn sie keine bessern kriegen können.»

Der Wind begann stürmisch zu werden.

«Nun, Harthouse, Sie werden das recht hübsch finden», sagte Mr. Bounderby. «Sie werden es ziemlich stark finden. Sie werden sagen, meiner Seel, das sind ja saubere Exemplare, mit denen meine Freunde zu tun haben, aber das ist noch gar nichts, Sir! Sie werden gleich hören, wie ich diesem Mann eine Frage stelle. Bitte, Mr. Blackpool –» sprang der Wind sehr schnell um – «darf ich mir vielleicht die Freiheit nehmen, Sie zu fragen, wie es kommt, daß Sie es ablehnten, diesem Bündniskomplott beizutreten?»

«Wie es kommt?»

«Ha!» sagte Mr. Bounderby, die Daumen in den Armlöchern seines Rocks, während er den Kopf zurückwarf, die Augen schloß und der Wand gegenüber im Vertrauen mitteilte: «Wie es kommt!»

«Ich hätt lieber nich davon geredet, Sir, aber wo Sie nu die Frage stellen – wo ich nich unhöflich sein will –, werd ich antworten. Ich hab ein Versprechen gegeben.»

«Mir nicht», sagte Bounderby. (Böiges Wetter mit trügerischen Windstillen. Eine herrschte jetzt.)

«O nein, Sir. Nich Ihnen.»

«Jede Rücksicht auf mich hat ja auch rein nichts damit zu tun», sagte Bounderby immer noch vertraulich zu der Wand. «Wenn es sich nur um Josiah Bounderby aus Coketown gehandelt hätte, dann wären Sie dabei gewesen und hätten nichts dagegen einzuwenden gehabt?»

«Nu ja, Sir. Das is wahr.»

«Obwohl er weiß», sagte Bounderby, der jetzt eine steife Brise blies, «daß es da ein Pack von Schurken und Aufrührern gibt, für die die Deportation noch zu gut ist! Nun, Mr. Harthouse, Sie haben sich eine ganze Weile in der Welt umhertreiben lassen. Sind Sie außerhalb dieses gesegneten Landes je etwas wie diesem Mann begegnet?» Wobei Mr. Bounderby mit zornigem Finger auf Stephen zeigte und ihn der Prüfung anheimgab.

«Nein, Ma'am», sagte Stephen Blackpool, mit standhaftem Protest gegen die gebrauchten Ausdrücke protestierend und indem er sich instinktiv nach einem Blick auf ihr Gesicht an Louisa wandte. «Keine Aufrührer und keine Schurken. Nichts dergleichen, Ma'am, nichts von dergleichen. Sie haben nich freundlich gegen mich gehandelt, Ma'am, das weiß ich und fühl ich. Aber da is kein Dutzend unter ihnen, Ma'am – ein Dutzend? Keine sechs –, die wo nich glauben, daß sie gegen die andern und gegen sich selbst ihre Pflicht getan haben. Da sei Gott vor, daß ich, wo diese Männer sein Leben lang hat gekannt und erfahren hat – ich, wo mit ihnen hat gegessen und getrunken und mit ihnen gegessen und mit ihnen geschuftet und sie liebgehabt, daß ich soll nich mit der Wahrheit für sie einstehn, was sie mir auch mögen antun!»

Er sprach mit dem schroffen Ernst seines Standes und Charakters – vertieft vielleicht durch das stolze Bewußtsein, daß er ungeachtet ihres Mißtrauens seiner Klasse treu blieb, dennoch vergaß er nicht, wo er sich befand, und hob nicht einmal die Stimme.

«Nein, Ma'am, nein. Sie sind ehrlich gegeneinander, sind einander treu und zugetan bis in den Tod. Is man arm unter ihnen, krank unter ihnen, voll Kummer unter ihnen wegen einer von den vielen Ursachen, wo Kummer zu der Tür des Armen bringen, dann sind sie gütig mit einem, freundlich mit einem, tröstlich mit einem, christlich mit einem. Das können Sie gewiß glauben, Ma'am. Eher lassen sie sich in Fetzen reißen, eh daß sie anders werden.»

«Kurz und gut», sagte Mr. Bounderby, «weil sie so voller Tugenden sind, haben sie Ihnen den Laufpaß gegeben. Reden Sie zu Ende, da Sie schon dabei sind. Heraus damit!»

«Wie es kommt, Ma'am», fuhr Stephen fort, der in Louisas Gesicht immer noch seine natürliche Zuflucht zu finden schien, «daß das Beste an unsereins uns am meisten in Schwierigkeiten und Unglück und Irrtümer bringt, das weiß ich nich. Aber so isses. Ich weiß das, wie ich weiß, daß über mir, hinter dem Rauch, der Himmel is. Wir sind außerdem geduldig und möchten im allgemeinen das Rechte tun. Und ich kann nich glauben, daß die Schuld ganz allein bei uns liegt.»

«Nun, mein Freund», sagte Mr. Bounderby, den er nicht mehr zum Zorn hätte reizen können, obwohl ihm das gar nicht bewußt war, als dadurch, daß er sich an jemand anders wandte, «wenn Sie mir liebenswürdigerweise für eine halbe Minute Ihre Aufmerksamkeit schenken würden, so würde ich doch gern ein paar Worte mit Ihnen wechseln. Sie sagten eben, daß Sie uns nichts über diese Sache zu erzählen haben. Ehe wir weitergehen, sind Sie dessen ganz sicher?»

«Ganz sicher, Sir.»

«Hier ist ein Herr aus London», dabei deutete Mr. Bounderby mit seinem Daumen rückwärts auf Mr. James Harthouse, «ein Parlamentsmitglied. Es wäre mir lieb, wenn er sich ein Stückchen Zwiegespräch zwischen Ihnen und mir anhören würde, statt die Quintessenz davon serviert zu bekommen – denn ich weiß von vornherein sehr gut, wie es aussehen wird, niemand weiß das besser als ich, merken Sie sich das! –, statt sie auf Treu und Glauben aus meinem Mund zu vernehmen.»

Stephen neigte den Kopf vor dem Herrn aus London und schien beunruhigter als sonst. Unwillkürlich richtete er seine Augen auf seine vorige Zuflucht, doch nach einem Blick aus dieser Gegend (einem nachdrücklichen, wenn auch nur kurzen) heftete er sie auf Mr. Bounderbys Gesicht.

«Nun, worüber beklagen Sie sich?» fragte Mr. Bounderby.

«Ich bin nich hergekommen, Sir», erinnerte ihn Stephen, «um mich zu beklagen. Ich bin wegen dem gekommen, weswegen nach mir geschickt wurde.»

«Worüber», wiederholte Mr. Bounderby mit untergeschlagenen Armen, «beklagt ihr euch im allgemeinen?»

Stephen sah ihn einen Augenblick etwas unschlüssig an und schien dann einen Entschluß zu fassen.

«Ich hab's nie so recht zeigen gekonnt, Sir, wenn ich's auch gefühlt hab. Wir stecken wirklich in einem Kuddelmuddel, Sir. Sehn Sie sich in der Stadt um – so reich als wie sie ist –, und sehn Sie die vielen Leute, wo dazu gebracht sind, daß sie hier leben, um zu weben und zu krempeln und sich alle auf dieselbe Weise irgendwie zwischen Wiege und Grab 'n Lebensunterhalt zusammenzustückeln. Sehn Sie, wie wir leben und wo wir leben und zu wie vielen und mit welchen Aussichten und welcher Einförmigkeit, und sehn Sie, wie die Tretmühlen immer in Betrieb sind und wie sie uns nichts Fernem nie näher bringen – ausgenommen immer dem Tod. Sehn Sie, wie Sie über uns denken und über uns schreiben und über uns reden und mit Ihren Abordnungen wegen uns zu den Ministern gehn und wie Sie immer recht haben und wir immer unrecht haben und wie wir, seit wir geboren sind, nie keinen Anspruch nich haben. Sehn Sie, Sir, wie das von Jahr zu Jahr und von Generation zu Generation immer is größer und größer, stärker und stärker, schlimmer und schlimmer geworden. Wer kann das sehn, Sir und 'nem Menschen ehrlich sagen, es is kein Kuddelmuddel?»

«Natürlich», sagte Mr. Bounderby. «Vielleicht lassen Sie jetzt diesen Herrn wissen, wie Sie diesen Kuddelmuddel (wie Sie es so gern nennen) in Ordnung bringen würden.»

«Ich weiß nich, Sir. Das kann man von mir nich erwarten. Mich wird man nich grade dafür suchen, Sir. Das sind die, wo über mich und alle andern von uns gesetzt sind. Mit was befassen sie sich denn, Sir, wenn nich damit?»

«Jedenfalls will ich Ihnen etwas dazu sagen», erwiderte Mr. Bounderby. «Wir werden an einem halben Dutzend Slackbridges ein Exempel statuieren. Wir werden das Lumpenpack wegen Kapitalverbrechens belangen und nach Strafkolonien ausschiffen.»

Stephen schüttelte ernst den Kopf.

«Sagen Sie mir nicht, wir werden es nicht, Mann», sagte Mr. Bounderby, der unterdessen wie ein Hurrikan blies, «denn wir werden es, sage ich Ihnen!»

«Sir», erwiderte Stephen mit der ruhigen Zuversicht absoluter Gewißheit, «und wenn Sie hundert Slackbridges nehmen – alle die da sind und noch zehnmal soviel –, und wenn Sie die einzeln in Säcke nähen und ins tiefste Meer versenken, wo gemacht wurd, bevor daß überhaupt trocknes Land war, der Kuddelmuddel würde doch bleiben, wo er is. Verderbliche Ausländer!» sagte Stephen mit bekümmertem Lächeln. «Wann haben wir nich, seit wir uns erinnern können, von diesen verderblichen Ausländern gehört! Nich *die* haben den Wirrwarr geschaffen, Sir. Nich mit denen hat er angefangen. Ich hab nichts für sie übrig – da hab ich auch keinen Grund dafür –, aber es is hoffnungslos und nutzlos, sich einzubilden, man könnt sie von ihrem Handwerk abhalten, statt ihnen das Handwerk zu legen! Alles, was jetzt hier in diesem Zimmer um mich is, war da, bevor ich kam, und wird dasein, wenn ich gegangen bin. Bringen Sie diese Uhr auf ein Schiff und verladen Sie sie nach der Insel Norfolk, die Zeit wird genauso weitergehn. So isses aufs Tüpfelchen genau mit Slackbridge.»

Als er für eine Sekunde den Blick wieder nach seiner früheren Zuflucht wandte, bemerkte er einen warnenden Wink ihrer Augen zur Tür. Er trat zurück und legte die Hand ans Schloß. Doch er hatte nicht nach eigenem Wunsch und Willen gesprochen und empfand es in seinem Herzen als eine edle Antwort auf seine schimpfliche Behandlung, bis zum Letzten treu gegen die zu sein, die ihn verstoßen hatten. Er blieb, um zu beenden, was er im Sinn hatte.

«Sir, mit meinem geringen Wissen und wo ich nur ein gewöhnlicher Mensch bin, kann ich dem Herrn nich sagen, odurch das alles würd besser werden – obwohl ein paar Arbeiter in der Stadt, wo klüger sind als wie ich, das wohl könnten –, aber ich kann ihm sagen, was bestimmt nichts bessern wird. Keine Gewalt nich. Kein Sieg und Triumph nich. Wenn die eine Seite gegen alle Natur immer und ewig recht und die andere Seite gegen alle Natur immer und ewig unrecht haben soll, dann wird nie was draus werden. Auch wenn man alles seinen Gang gehen läßt, wird nichts besser. Wenn sie Tausende und Tausende in Ruhe lassen, und alle leben dasselbe Leben, und alle geraten in denselben Kuddelmuddel, dann werden sie wie einer sein und Sie wie der andere, und dazwischen liegt eine finstere, unüberbrückbare Welt, grade so lange oder kurz, wie daß ein solches Elend dauern kann. Wenn man die Leute, wo in ihren Leiden so dicht zusammenrücken und sich einer den andern in ihrer Verzweiflung trösten, was sie selber so nötig haben – so wie nach meiner bescheidenen Meinung kein Volk, wo der Herr auf all seinen Reisen gesehn hat, es überbieten kann –, wenn man diesen Leuten nich mit Freundlichkeit und Geduld und Trost kommt, dann wird sich nichts bessern bis daß die Sonne zu Eis wird. Und am wenigsten wird was besser, wenn sie als soundso viel Kraft werden veranschlagt und werden berichtigt wie Zahlen in 'ner Summe oder wie Maschinen, wo ohne Liebe und Wünsche, ohne Gedächtnis und Neigungen, ohne Seelen zum Sichsehnen und ohne Seelen zum Hoffen sind – wenn Sie, sofern alles ruhig is, mit ihnen verfahren, als wenn sie kein Gefühl nich hätten, und ihnen, sobald es unruhig wird, den Mangel an solchen menschlichen Gefühlen gegen Sie vorwerfen – das wird nie was besser machen, Sir, bis daß Gottes Werk zerstört ist.»

Stephen stand in der geöffneten Tür, um zu erfahren, ob man noch mehr von ihm erwarte.

«Bleiben Sie noch einen Augenblick», sagte Mr. Bounderby mit feuerrotem Gesicht. «Ich habe Ihnen das letzte Mal, als Sie mit einer Beschwerde hier anrückten, gesagt, daß Sie lieber umkehren und damit Schluß machen sollen. Und wenn Sie sich noch erinnern, hab ich Ihnen auch gesagt, daß mir das bei Ihnen sehr nach dem goldenen Löffel riecht.»

«Dadrauf bin ich nie ausgewesen, Sir, bestimmt nich.»

«Jetzt ist mir klar», sagte Bounderby, «daß Sie einer von diesen Kerlen sind, die immer eine Beschwerde haben. Und Sie gehen herum und streuen sie aus und ernten die Früchte. Das ist *Ihre* Lebensbeschäftigung, Freundchen.»

Stephen schüttelte den Kopf, stumm beteuernd, daß er wirklich anderes zu tun habe, um zu leben.

«Sie sind nämlich ein so mürrischer, wirscher und giftiger Kerl», sagte Mr. Bounderby, «daß nicht einmal Ihr eigener Gewerkverein, die Männer, die Sie am besten kennen, noch etwas mit Ihnen zu tun haben will. Ich habe nie gedacht, daß diese Burschen in einer Sache recht haben könnten, aber ich will Ihnen mal was sagen! Es ist etwas ganz Neues, aber soweit stimme ich mit ihnen überein, daß auch *ich* nichts mehr mit Ihnen zu tun haben will.»

Stephen hob rasch die Augen zu seinem Gesicht.

«Sie können fertigmachen, was Sie gerade in Arbeit haben, und dann anderswohin gehen», sagte Mr. Bounderby mit bedeutsamem Nicken.

«Sie wissen sehr gut, Sir», antwortete Stephen eindringlich, «wenn ich bei Ihnen keine Arbeit kriegen kann, dann kann ich auch woanders keine kriegen.»

Die Antwort lautete: «Was ich weiß, weiß ich, und was Sie wissen, wissen Sie. Mehr habe ich darüber nicht zu sagen.»

Stephen blickte abermals auf Louisa, aber ihre Augen waren nicht mehr zu den seinen aufgeschlagen, daher entfernte er sich mit einem Seufzer und den kaum vernehmbar gesprochenen Worten: «Der Himmel helfe uns allen auf dieser Welt!»

6. Kapitel

Heimliches Verschwinden

Es wurde bereits dunkel, als Stephen aus Mr. Bounderbys Haus trat. Die Schatten der Nacht hatten sich so rasch gesammelt, daß er nicht um sich schaute, als er die Tür schloß, sondern geradewegs die Straße entlangtrottete. Nichts lag seinen Gedanken ferner als die wunderliche alte Frau, die er bei seinem vorigen Besuch desselben Hauses getroffen hatte, als er einen Schritt hinter sich hörte, den er kannte, sich umdrehte und sie in Rachaels Gesellschaft sah.

Zuerst sah er Rachael, wie er auch nur sie gehört hatte.

«Ach, Rachael, Liebste! Und Sie mit ihr, Missus!»

«Ja, da staunen Sie wohl, und mit Recht, muß ich sagen», gab die alte Frau zurück. «Hier bin ich wieder.»

«Aber wieso mit Rachael?» fragte Stephen, der zwischen ihnen ging und seinen Schritt anpaßte und von der einen zur andern blickte.

«Nun, ich bin mit diesem guten Mädchen ungefähr so zusammengekommen, wie ich mit Ihnen zusammenkam», erwiderte die alte Frau munter. «Ich habe meinen Besuch in diesem Jahr auf eine spätere Zeit als sonst verlegt, denn ich hab ziemlich unter Kurzatmigkeit zu leiden gehabt und die Reise deshalb aufgeschoben, bis schönes, warmes Wetter war. Aus demselben Grund mache ich meine Reise auch nicht an einem Tag, sondern verteile sie auf zwei Tage und habe mir für heut nacht ein Bett im Travellers Coffee House am Bahnhof genommen (ein hübsches, sauberes Haus), und morgen früh um sechs fahre ich mit dem Parlamentszug zurück. Schön, aber Sie fragen, was das mit diesem guten Mädchen zu tun hat? Ich werd es Ihnen erzählen. Ich hab gehört, daß Mr. Bounderby geheiratet hat. Ich hab's in der Zeitung gelesen, wo es sich prächtig machte – oh, es sah so vornehm aus!» Mit merkwürdiger Begeisterung verweilte die alte Frau dabei. «Und ich wollte seine Frau sehen. Bis jetzt hab ich sie noch nicht gesehn. Wollen Sie mir glauben, seit heute mittag ist sie nicht aus dem Haus gekommen. Um nicht zu leicht auf sie zu verzichten, hab ich da gewartet, immer und immer noch ein Weilchen, wobei ich zwei- oder dreimal dicht an diesem guten Mädchen vorbeikam, und weil ihr Gesicht so freundlich war, sprach ich sie an, und sie sprach mit mir. So ist das!» sagte die alte Frau zu Stephen. «Den Rest können Sie sich jetzt selber sagen, und bestimmt ein bißchen schneller als ich!»

Wieder hatte Stephen eine instinktive Neigung zu überwinden, dieser alten Frau mit Mißfallen zu begegnen, obwohl sie sich so ehrlich und schlicht gab, wie man es nur sein konnte. Mit einer Gutherzigkeit, die ihm so eigen war, wie er sie Rachael zu eigen wußte, setzte er das Thema fort, das sie in ihren alten Tagen interessierte.

«Ich hab die Dame gesehn, Missus», sagte er, «und sie is jung und hübsch. Mit schönen, nachdenklichen dunklen Augen und einer stillen Art, Rachael, wie ich noch nie so eine gesehn hab.»

«Jung und hübsch. Ja!» rief die alte Frau hocherfreut. «Schön wie eine Rose! Und welch eine glückliche Frau!»

«Ja, Missus, vermutlich», sagte Stephen. Doch mit einem zweifelnden Blick zu Rachael.

«Vermutlich? Sie muß es sein. Sie ist die Frau von Ihrem Herrn», gab die alte Frau zurück.

Stephen nickte zustimmend. «Obwohl der Herr», sagte er, wieder mit einem Blick zu Rachael, «nich mehr mein Herr is. Zwischen ihm und mir is alles aus.»

«Hast du die Arbeit bei ihm im Stich gelassen, Stephen?» fragte Rachael besorgt und schnell.

«Ach, Rachael», antwortete er, «ob ich die Arbeit bei ihm

im Stich gelassen hab oder ob sie mich im Stich gelassen hat, das kommt auf eins raus. Die Arbeit bei ihm und ich sind geschiedene Leute. Auch gut – sogar besser, hab ich grade gedacht, als ich euch traf. Es hätt Ärger und Ärger gegeben, wenn ich wär geblieben. Vielleicht isses für viele gut, daß ich geh, vielleicht isses für mich selber gut, jedenfalls muß es sein. Ich muß jetzt Coketown den Rücken kehren, mein Herz, und neu anfangen und mein Heil versuchen.»

«Wo willst du hin, Stephen?»

«Das weiß ich heut abend noch nich», antwortete er, nahm den Hut ab und glättete mit der Handfläche sein schütteres Haar. «Aber ich geh auch noch nich heut abend, Rachael, auch morgen noch nich. Es is nich so leicht, zu wissen, wohin ich mich wenden soll, aber ich werd schon frischen Mut kriegen.»

Auch hier half ihm sein schlichtes, uneigensüchtiges Denken. Ehe er noch Mr. Bounderbys Tür geschlossen hatte, war ihm in den Sinn gekommen, daß es wenigstens für sie gut war, wenn er jetzt fortgehen mußte, da es sie davor bewahren würde, zur Rede gestellt zu werden, weil sie sich nicht von ihm zurückgezogen hatte. Wenn es ihm auch tiefen Schmerz verursachen würde, sie zu verlassen, und wenn er sich auch keine gleichartige Stellung vorstellen konnte, in die ihm die Verdammung nicht folgen würde, vielleicht war es fast schon eine Erleichterung, aus den Leiden der letzten vier Tage selbst zu unbekannten Schwierigkeiten und Nöten vertrieben zu werden.

Daher sagte er ganz ehrlich: «Mir ist dabei leichter ums Herz, Rachael, als wie ich geglaubt hätt.» Es war nicht an ihr, ihm die Last schwerer zu machen. Sie antwortete mit ihrem ermutigenden Lächeln, und so wanderten sie zu dritt weiter.

Das Alter, vor allem, wenn es sich bemüht, selbstvertrauend und heiter zu sein, findet viel Achtung bei den Armen. Die alte Frau war so bescheiden und zufrieden und nahm ihre Gebrechlichkeiten, obwohl sie seit ihrer ersten Unterhaltung mit Stephen zugenommen hatten, so leicht, daß beide Anteil an ihr zu nehmen begannen. Sie war zu lebhaft, als daß sie zugelassen hätte, daß sie ihretwegen langsamer gingen, war jedoch überaus dankbar dafür, daß sie mit ihr sprachen, und durchaus gewillt, ihren Mund nicht stillstehen zu lassen, so daß sie munterer und lebhafter denn je war, als sie den Stadtteil erreicht hatten, in dem Rachael und Stephen wohnten.

«Kommen Sie mit in meine armselige Behausung, Missus», sagte Stephen, «und trinken Sie 'ne Tasse Tee, Rachael wird dann auch mitkommen, und hinterher bring ich Sie sicher in Ihre Herberge. Es kann lang dauern, Rachael, eh daß ich wieder das Glück deiner Gesellschaft hab.»

Sie waren einverstanden, und so gingen sie selbdritt zu dem Haus, in dem er wohnte. Als sie in die enge Gasse einbogen, blickte Stephen mit einer bangen Furcht, die stets um sein ödes Heim spukte, zum Fenster hinauf, aber es stand offen, wie er es verlassen hatte, und niemand war da. Der böse Geist seines Lebens war vor Monaten wieder davongeflogen, und er hatte seitdem nichts mehr von ihr gehört. Die einzigen Beweise ihrer letzten Rückkehr waren die jetzt noch dürftigere Zimmereinrichtung und das noch grauer gewordene Haar auf seinem Kopf.

Er zündete eine Kerze an, ordnete sein kleines Teebrett, holte von unten heißes Wasser und aus dem nächsten Laden kleine Mengen Tee und Zucker, einen Laib Brot und etwas Butter. Natürlich war das Brot fast noch warm und knusprig, die Butter frisch und der Zucker in Würfeln – um die Standardbehauptung der Coketowner Magnaten wahr zu machen, daß diese Leute wie Fürsten lebten, jawohl. Rachael bereitete den Tee (eine so große Gesellschaft machte es notwendig, eine Tasse zu borgen), und die Besucherin ließ ihn sich sehr gut schmecken. Es war seit vielen Tagen der erste Schimmer von Geselligkeit für den Gastgeber. Auch er, vor dem die Welt wie eine weite Heide lag, genoß das Mahl – womit er auch wieder die Ansicht der Magnaten als erläuterndes Beispiel dafür bestätigte, daß diese Leute, ohne zu rechnen, in den Tag hinein lebten, jawohl.

«Ich hab noch gar nich dadran gedacht, Missus», sagte Stephen, «nach Ihrem Namen zu fragen.»

Die alte Dame stellte sich als «Mrs. Pegler» vor.

«Wohl Witwe?» fragte Stephen.

«Oh, seit vielen Jahren!» Mrs. Peglers Mann (als einer der besten registriert) war nach Mrs. Peglers Rechnung bereits tot, als Stephen geboren wurde.

«'ne schlimme Sache, einen so guten zu verlieren», sagte Stephen. «Irgendwelche Kinder?»

Mrs. Peglers Tasse schepperte auf der Untertasse, die sie in der Hand hielt, und verriet eine gewisse Nervosität der alten Frau. «Nein», antwortete sie. «Jetzt nicht, jetzt nicht.»

«Tot, Stephen», gab Rachael leise zu verstehen.

«Tut mir leid, daß ich davon gesprochen hab», sagte Stephen, «ich hätt dran denken können, daß ich vielleicht 'ne wunde Stelle berühre. Ich – ich muß mich tadeln.»

Während er sich entschuldigte, schepperte die Tasse der alten Dame immer mehr. «Ich hatte einen Sohn», sagte sie sonderbar trostlos und nicht, wie sich sonst der Schmerz zu äußern pflegt, «und er machte sich gut, wunderbar gut. Aber wenn es Ihnen recht ist, sprechen wir nicht von ihm. Er ist...» Sie setzte ihre Tasse ab und bewegte die Hände so, als hätte sie durch diese Bewegung hinzugefügt: tot! Laut sagte sie dann: «Ich habe ihn verloren.»

Stephen hatte sich noch nicht davon erholt, daß er der alten Dame Schmerz bereitet hatte, als seine Wirtin die enge Treppe heraufgestolpert kam, ihn an die Tür rief und ihm etwas ins Ohr flüsterte. Mrs. Pegler war alles andere als taub, denn sie fing ein leise gesprochenes Wort auf.

«Bounderby!» rief sie mit unterdrückter Stimme aus und sprang vom Tisch auf. «Oh, versteckt mich! Laßt mich um alles in der Welt nicht von ihm gesehen werden. Laßt ihn nicht heraufkommen, ehe ich weg bin. Bitte, bitte!» Sie zitterte und war über alle Maßen aufgeregt, sie versteckte sich hinter Rachael, als Rachael sie zu beruhigen versuchte, und schien nicht zu wissen, was sie tat.

«Aber hören Sie doch, Missus, hören Sie», sagte Stephen erstaunt. «Es is nich Mr. Bounderby, es is seine Frau. Sie brauchen keine Angst nich vor ihr zu haben. Vor 'ner Stunde waren Sie noch ganz aus dem Häuschen wegen ihr.»

«Und Sie sind sicher, daß es die Dame und nicht der Herr ist?» fragte sie, immer noch zitternd.

«Ganz sicher!»

«Dann bitte sprechen Sie nicht mit mir, und beachten Sie mich nicht», sagte die alte Frau. «Lassen Sie mich ganz für mich allein in dieser Ecke sitzen.»

Stephen nickte und blickte wie nach einer Erklärung suchend auf Rachael, die jedoch außerstande war, sie ihm zu geben, dann nahm er die Kerze, ging die Treppe hinunter und kam wenige Augenblicke später zurück und leuchtete Louisa in das Zimmer. Ihr folgte der Filou.

Rachael war aufgesprungen und stand, Tuch und Haube in der Hand, abseits, als Stephen, selbst aufs höchste verwundert über den Besuch, die Kerze auf den Tisch stellte. Dann stand auch er, die geballte Faust auf den Tisch gestützt, und wartete ab, bis man das Wort an ihn richten würde.

Zum erstenmal in ihrem Leben war Louisa in eine Wohnung der Coketowner Arbeiter verschlagen worden, zum erstenmal in ihrem Leben sah sie sich so etwas wie einer Individualität im Zusammenhang mit ihnen gegenüber. Sie wußte von ihrer Existenz zu Hunderten und Tausenden. Sie wußte, welche Arbeitsergebnisse eine bestimmte Anzahl von ihnen in einem bestimmten Zeitraum erzielen würden. Sie kannte sie in Massen, wenn sie wie Ameisen oder Käfer auf dem Weg von oder nach ihren Schlupfwinkeln an ihr vorbeizogen. Aber durch ihre Lektüre wußte sie unendlich viel mehr von den Eigenarten sich plagender Insekten als von denen dieser sich plagenden Männer und Frauen.

Etwas, das soundso viel arbeiten mußte und soundso viel bezahlt bekam und damit endete, etwas, das unfehlbar durch die Gesetze von Angebot und Nachfrage geregelt war, etwas, das über diese Gesetze stolperte und in Schwierigkeiten tappte, etwas, das ein wenig Not litt, wenn der Weizen teuer, und sich überaß, wenn der Weizen billig war, etwas, das sich um soundso viel Prozent vermehrte und zu soundso viel Prozent dem Verbrechen anheimfiel und zu soundso viel Prozent der allgemeinen Verarmung, etwas en gros, mit dem ungeheure Vermögen gemacht wurden, etwas, das sich gelegentlich erhob wie eine Woge und etwas Schaden und Verwüstung anrichtete (hauptsächlich an sich selbst) und wieder sank – das waren in ihren Augen die Arbeiter von Coketown. Aber sie hatte ebensowenig daran gedacht, sie in Einheiten zu zerlegen, wie ihr etwa in den Sinn gekommen wäre, das Meer in seine einzelnen Tropfen zu zerlegen.

Sie stand eine Weile und sah sich in der Stube um. Von den wenigen Stühlen, wenigen Büchern, den billigen Stichen und dem Bett blickte sie auf die beiden Frauen und auf Stephen.

«Ich bin gekommen, um mit Ihnen über das soeben Vorgefallene zu sprechen. Ich möchte Ihnen gern nützlich sein, wenn Sie es mir erlauben. Ist das Ihre Frau?»

Rachael hob die Augen, die deutlich genug nein antworteten und senkte sie wieder.

«Ich erinnere mich», sagte Louisa, über ihren Irrtum errötend, «ich besinne mich jetzt, von Ihrem häuslichen Unglück gehört zu haben, obwohl ich damals nicht auf die Einzelheiten achtgab. Es lag nicht in meiner Absicht, eine Frage zu stellen, die hier jemand weh tun könnte. Wenn ich irgendeine andere Frage stellen sollte, die zufällig eine solche Wirkung hätte, so glauben Sie mir bitte, daß ich nur aus Unkenntnis nicht so rede, wie ich sollte.»

So wie sich Stephen vor einer Weile instinktiv an sie gewandt hatte, so wandte sie sich jetzt instinktiv an Rachael. Sie sprach kurz angebunden und schroff, dennoch stockend und scheu.

«Er hat Ihnen erzählt, was sich zwischen ihm und meinem Mann abspielte? Sie waren wohl seine erste Zuflucht.»

«Ich habe das Ende davon gehört, junge Frau», sagte Rachael.

«Habe ich richtig verstanden, daß er wahrscheinlich von allen Arbeitgebern abgewiesen wird, wenn ihn einer abweist? Ich glaube, das sagte er?»

«Für einen, der bei ihnen in schlechten Ruf kommt, sind die Aussichten sehr gering, junge Frau – beinah gleich Null.»

«Wie habe ich zu verstehen, was Sie mit dem schlechten Ruf meinen?»

«Den Ruf, lästig zu sein.»

«Dann wird er also gleichermaßen den Vorurteilen seiner eigenen Klasse wie den Vorurteilen der anderen geopfert? Sind die beiden in dieser Stadt so von Grund auf geschieden, daß es zwischen ihnen keine irgendwie geartete Stelle für einen ehrlichen Arbeiter gibt?»

Rachael schüttelte schweigend den Kopf.

«Bei den Webern geriet er in Verdacht, weil er ein Versprechen gegeben hatte, nicht gemeinsame Sache mit ihnen zu machen», sagte Louisa. «Ich glaube, Sie müssen es sein, der er das Versprechen gab. Darf ich Sie fragen, warum er es gab?»

Rachael brach in Tränen aus. «Ich hab es gar nicht verlangt von dem armen Jungen. Ich hab ihn bloß gebeten, er möcht zu seinem eigenen Besten Ärger vermeiden, und mir ist nicht im Traum eingefallen, daß er durch mich welchen haben würd. Aber ich weiß, lieber würde er hundert Tode sterben, eh jemals sein Wort brechen. Das weiß ich genau von ihm.»

Stephen war in seiner gewohnten nachdenklichen Haltung, die Hand am Kinn, ruhig und aufmerksam geblieben. Jetzt sprach er mit weniger fester Stimme als sonst.

«Keiner als wie ich kann wissen, wieviel Verehrung, Liebe und Hochachtung ich für Rachael hege oder aus welchem Grund. Als ich das Versprechen gab, hab ich ihr gesagt, was wahr ist, daß sie der Engel meines Lebens is. Es war 'n feierliches Versprechen. Ich hab es für ewig versprochen.»

Louisa wandte ihm den Kopf zu und neigte ihn mit einem Respekt, der ihr neu war. Von ihm blickte sie auf Rachael, und ihre Züge wurden weich. «Was wollen Sie jetzt machen?» fragte sie ihn. Auch ihre Stimme war weich geworden.

«Tja, Ma'am», sagte Stephen, es mit einem Lächeln von der besten Seite nehmend, «wenn ich mit meiner Arbeit fertig bin, muß ich diese Gegend verlassen und es woanders probieren. Glück oder Pech, man kann eben bloß probieren, nichts is ohne probieren zu machen – außer hinlegen und sterben.»

«Wie werden Sie reisen?»

«Zu Fuß, liebe Dame, zu Fuß.»

Louisa errötete, und in ihrer Hand erschien eine Börse. Das Rascheln einer Banknote war zu hören, als sie eine auseinanderfaltete und auf den Tisch legte.

«Rachael, wollen Sie ihm sagen – denn Sie wissen, wie Sie sprechen müssen, ohne zu verletzen –, daß sie ihm gehört und ihm auf seinem Weg helfen soll? Wollen Sie ihn bitten, sie anzunehmen?»

«Das kann ich nicht, junge Frau», antwortete sie und wandte den Kopf ab, «Gottes Segen über Sie, daß Sie sich solche Sorgen um den armen Jungen machen. Aber er muß sein Herz kennen und wissen, was recht ist.»

Louisa sah, zum Teil ungläubig, zum Teil erschrocken und zum Teil von jähem Mitgefühl überwältigt, wie dieser so selbstbeherrschte Mann, der sich bei der vorigen Unterredung so offen und fest gezeigt hatte, im Nu seine Fassung verlor und die Hand vor das Gesicht hielt. Sie streckte die ihre aus, als wolle sie ihn berühren, besann sich jedoch und verhielt sich still.

«Nich mal Rachael», sagte Stephen, als er nun wieder sein Gesicht zeigte, «könnt so 'n gütiges Angebot durch Worte gütiger machen. Um Ihnen zu zeigen, daß ich nich ohne Einsicht und Dankbarkeit bin, will ich zwei Pfund nehmen. Ich will sie borgen und zurückzahlen. Es wird mir die angenehmste Arbeit sein, wo ich je hab getan, wenn ich dadurch imstande sein sollt, meine bleibende Dankbarkeit für diese Handlung zu beweisen.»

Sie war genötigt, die Banknote wieder an sich zu nehmen und durch eine kleinere zu ersetzen, deren Höhe er genannt hatte. Er war in keiner Hinsicht höflich, ansehnlich oder malerisch, und doch hatte er, als er das Geld annahm und seinen Dank ohne weitere Worte ausdrückte, einen Anstand, den Lord Chesterfield seinen Sohn nicht in hundert Jahren hätte lehren können.

Tom hatte auf dem Bett gesessen, wobei er mit einem Bein baumelte und ziemlich gleichgültig an seinem Spazierstock nuckelte, als der Besuch dieses Stadium erreichte. Da er seine Schwester bereit sah zu gehen, stand er etwas hastig auf und mischte sich ein.

«Einen Augenblick, Lou! Ehe wir gehen, möchte ich gern einen Moment mit ihm sprechen. Mir fällt da etwas ein. Wenn Sie mit auf die Treppe kommen, Blackpool, will ich's Ihnen sagen. Licht ist nicht nötig, Mann!» fügte Tom sonderbar ungeduldig hinzu, als er ihn zum Schrank gehen sah, um eins zu holen. «Ich brauche kein Licht.»

Stephen folgte ihm hinaus, und Tom schloß die Zimmertür und behielt die Hand am Knauf.

«Hören Sie!» flüsterte er. «Ich glaube, ich kann Ihnen einen guten Dienst erweisen. Fragen Sie mich nicht, was es ist, weil es vielleicht gar nicht klappt. Aber ein Versuch kann nichts schaden.»

Sein Atem stieß wie eine Stichflamme an Stephens Ohr, so heiß war er.

«Das war unser Laufbursche von der Bank», sagte Tom, «der Ihnen heute abend die Bestellung überbrachte. Ich sage unser, weil ich auch bei der Bank bin.»

Stephen dachte: Wie eilig er es hat! So wirr sprach er.

«Schön!» sagte Tom. «Passen Sie auf. Wann sind Sie mit Ihrer Arbeit fertig?»

«Heut is Montag», antwortete Stephen überlegend. «So um den Freitag oder Sonnabend, Sir.»

«Freitag oder Sonnabend», wiederholte Tom. «Also passen Sie auf! Ich bin nicht ganz sicher, ob ich Ihnen, wie ich möchte, den guten Dienst erweisen kann – wissen Sie, da in Ihrem Zimmer, das ist meine Schwester –, aber vielleicht gelingt es mir, und wenn nicht, schadet es auch nichts. Deshalb will ich Ihnen mal was sagen. Würden Sie unseren Laufburschen wiedererkennen?»

«Bestimmt», erwiderte Stephen.

«Sehr schön», sagte Tom. «Wenn Sie bis zu Ihrem Weggang abends von Ihrer Arbeit kommen, halten Sie sich eine Stunde oder so bei der Bank auf, ja? Wenn er Sie da rumstehen sieht, lassen Sie sich nicht anmerken, daß es Absicht ist, weil ich ihm nur ein Wort für Sie mitgebe, wenn ich sehe, daß ich Ihnen den Dienst erweisen kann, den ich im Sinn habe. In diesem Fall wird er eine Nachricht oder eine Bestellung für Sie haben, weiter nichts. Jetzt passen Sie auf! Sind Sie sicher, daß Sie mich verstanden haben?»

Er hatte im Dunkeln einen Finger in ein Knopfloch von Stephens Rock gebohrt und drehte und drehte in einer geradezu sonderbaren Manier diesen Zipfel.

«Ich verstehe, Sir», sagte Stephen.

«Also passen Sie auf!» wiederholte Tom. «Vergessen Sie ja nicht, daß Sie keinen Fehler machen dürfen. Wenn wir heimgehen, werde ich meiner Schwester erzählen, was ich vorhabe, und ich weiß, sie wird einverstanden sein. Also passen Sie auf! Sie wissen Bescheid, ja? Sie haben alles begriffen? Sehr schön. Komm, Lou!»

Er stieß die Tür auf, als er sie rief, ging aber nicht ins Zimmer zurück und wartete auch nicht, bis ihm die enge Treppe hinabgeleuchtet wurde. So war er schon unten, als sie hinunterzusteigen begann, und auf der Straße, ehe sie seinen Arm nehmen konnte.

Mrs. Pegler blieb in ihrer Ecke, bis Bruder und Schwester fort waren und Stephen mit der Kerze in der Hand zurückkam. Sie befand sich in einem Zustand unaussprechlicher Bewunderung für Mrs. Bounderby und weinte wie eine wunderliche alte Frau, «weil sie doch eine so Hübsche ist». Gleichzeitig war jedoch Mrs. Pegler so beunruhigt, der Gegenstand ihrer Bewunderung könne zufällig zurückkommen oder jemand anders auftauchen, daß es mit ihrer Munterkeit für diesen Abend vorbei war. Für Leute, die früh aufstehen und schwer arbeiten mußten, war es auch schon spät, deshalb löste sich die Gesellschaft auf, und Stephen und Rachael begleiteten ihre geheimnisvolle Bekannte bis vor die Tür des Travellers Coffee House, wo sie sich von ihr trennten.

Sie gingen zusammen zurück bis zur Ecke der Straße, in der Rachael wohnte, und je näher und näher sie ihr kamen, desto schweigsamer wurden sie. Als sie die dunkle Ecke erreicht hatten, an der ihre seltenen Zusammenkünfte stets endeten, blieben sie stehen, immer noch schweigend, als fürchteten sie sich beide zu sprechen.

«Ich werd alles tun, Rachael, dich noch mal wiederzusehen, eh daß ich geh, aber wenn nich…»

«Du wirst nicht, Stephen, das weiß ich. Es ist besser, wenn wir uns entschließen, miteinander offen zu sein.»

«Du hast immer recht. Es is tapferer und besser. Ich hab auch schon gedacht, Rachael, wo nur noch 'n paar Tage bleiben, daß es für dich besser is, mein Herz, wenn du nich mit mir gesehen wirst. Es könnt dich für nichts und wieder nichts in Schwierigkeiten bringen.»

«Darum mach ich mir keine Sorgen, Stephen. Aber du kennst unsere alte Abmachung. Deswegen ist es.»

«Ja, ja», sagte er. «Jedenfalls isses besser.»

«Du wirst mir schreiben und mir alles erzählen, was geschieht, Stephen?»

«Ja. Was kann ich jetz noch sagen, als der Himmel sei mit dir, der Himmel segne dich, der Himmel danke und lohne es dir?»

«Möge er auch dich segnen, Stephen, auf all deinen Wegen und dir endlich Frieden und Ruhe geben!»

«Ich hab dir gesagt, mein Herz», sagte Stephen Blackpool, «damals – in der Nacht –, daß ich nichts sehn oder denken werd, was mich zornig macht, ohne daß du, die so viel besser is als ich, mir zur Seite sein wirst. Du bist mir auch jetzt zur Seite. Du läßt es mich mit besseren Augen ansehen. Gott segne dich. Gute Nacht. Leb wohl!»

Es war nur ein hastiger Abschied auf der alltäglichen Straße und doch eine heilige Erinnerung für diese beiden alltäglichen Menschen. Ihr Nützlichkeitsapostel, Schulmeisterskelette, Tatsachenkommissäre, ihr feinen, blasierten Ungläubigen, ihr Schwätzer so vieler armseliger, zerknitterter Glaubensbekenntnisse, die Armen werdet ihr stets neben euch haben. Entwickelt in ihnen, solange noch Zeit ist, die höchsten Gnaden der Phantasie und Neigung, ihr Leben zu verschönen, das so sehr der Verschönung bedarf, sonst wird sich am Tage eures Triumphs, wenn alle Romantik völlig aus ihren Seelen vertrieben ist und sie sich einer nackten Existenz gegenübersehen, die Wirklichkeit in eine Wölfin verwandeln und euch verschlingen.

Stephen arbeitete den nächsten und übernächsten Tag, ohne daß ihn jemand mit einem Wort aufmunterte, und wurde wie zuvor beim Kommen und Gehen gemieden. Am Ende des zweiten Tags sah er Land, und am Ende des dritten Tags stand sein Webstuhl leer.

An jedem der ersten beiden Abende war er länger als die besagte Stunde in der Straße vor der Bank geblieben, und nichts hatte sich ereignet, nichts Gutes und nichts Schlimmes. Um seinen Teil des Abkommens nicht nachlässig zu erfüllen, hatte er sich an diesem dritten und letzten Abend entschlossen, volle zwei Stunden zu warten.

An dem Fenster im ersten Stock saß wieder, wie er sie früher schon gesehen hatte, die Dame, die einmal Mr. Bounderbys Haus geführt hatte, und da war auch der Laufbursche, der manchmal mit ihr sprach, manchmal über den Mauervorsprung mit der Aufschrift «Bank» blickte und manchmal zur Tür kam und dort auf den Stufen stand, um Luft zu schnappen. Als er das erste Mal kam, glaubte Stephen, er halte vielleicht Ausschau nach ihm, und ging dicht an ihm vorbei, doch der Laufbursche warf aus seinen zwinkernden Augen nur einen flüchtigen Blick auf ihn und sagte nichts.

Zwei Stunden waren eine lange Zeit, nach eines langen Tages Arbeit umherzuschlendern. Stephen setzte sich auf die Steintreppe vor einer Haustür, lehnte sich an die Mauer unter einem überwölbten Torweg, ging auf und ab, horchte auf die Kirchturmuhr, blieb stehen und beobachtete spielende Kinder auf der Straße. Für jeden ist es so natürlich, irgendein Ziel zu haben, daß sich ein bloßer Müßiggänger sonderbar ausnimmt und fühlt. Als die erste Stunde um war, begann in Stephen sogar die unangenehme Empfindung aufzusteigen, im Augenblick eine für ihn nachteilige Rolle zu spielen.

Dann kam der Laternenanzünder, und zwei Lichterketten liefen die lange Perspektive der Straße hinab, bis sie in der Ferne ineinander übergingen und sich verloren. Mrs. Sparsit schloß das Fenster im ersten Stock, ließ den Vorhang herunter und ging hinauf. Ein Licht folgte ihr die Treppe hinan, erst an dem Fenster über der Tür und dann an den beiden Fenstern im Treppenhaus vorbei. Nach einer Weile bewegte sich ein Zipfel des Vorhangs im zweiten Stock, als habe Mrs. Sparsit dort ihre Augen, und auch der andere Zipfel, als habe auf dieser Seite der Laufbursche seine Augen. Stephen erhielt immer noch keine Nachricht. Sehr erleichtert, als die beiden Stunden schließlich um waren, ging er schnellen Schrittes, wie zum Ausgleich für so viel Müßiggang, davon.

Er brauchte sich nur noch von seiner Wirtin zu verabschieden und sein Notlager auf dem Fußboden aufzusuchen, denn sein Bündel für morgen war geschnürt und alles für sein Fortgehen geordnet. Er wollte die Stadt schon sehr zeitig verlassen, ehe die Arbeiter auf der Straße waren.

Der Tag war kaum angebrochen, als er mit einem Abschiedsblick rund um das Zimmer hinausging, wobei er sich traurig fragte, ob er es wohl je wiedersehen werde. Die Stadt lag so völlig einsam, als hätten alle Einwohner sie lieber verlassen, als mit ihm in Berührung zu kommen. Zu dieser Stunde sah alles blaß aus. Sogar die aufgehende Sonne riß nur eine fahle Fläche wie eine trübe See in den Himmel.

An dem Haus vorüber, in dem Rachael wohnte, obwohl es nicht auf seinem Weg lag, durch die roten Backsteinstraßen, an den mächtigen, schweigenden und noch nicht erbebenden Fabriken vorbei, an der Bahn entlang, wo die Signallaternen im steigenden Tag verblaßten, durch die sonderbare, halb niedergerissene, halb aufgebaute Gegend an der Bahn, vorbei an vereinzelten roten Backsteinvillen, wo verräuchertes Immergrün wie schlampige Tabakschnupfer mit schmutzigem Staub gesprenkelt war, über kohlenstaubige Wege und vielerlei Häßlichkeit ging Stephen den Hügel hinauf und blickte zurück.

Da schien strahlend der Tag auf die Stadt, und die Glocken läuteten zur Morgenarbeit. Die Herdfeuer in den Häusern waren noch nicht angezündet, und die hohen Schornsteine hatten den Himmel für sich allein. Wenn sie ihre giftigen Rauchwolken ausstießen, würden sie nicht lange brauchen, ihn zu verstecken, aber eine halbe Stunde lang blinkten ein paar von den vielen Fenstern, die den Leuten von Coketown eine ewige Sonnenfinsternis durch geschwärztes Glas zeigten, golden auf.

So seltsam, sich von den Schornsteinen den Vögeln zuzuwenden. So seltsam, statt Kohlengrus den Staub der Landstraße unter den Füßen zu haben. So seltsam, bis zu diesem Lebensalter gelebt zu haben und nun diesen Sommermorgen wie ein kleiner Junge zu beginnen! Mit solchen Gedanken im Kopf und seinem Bündel unter dem Arm richtete Stephen sein aufmerksames Gesicht auf die Landstraße. Und die über ihm sich wölbenden Bäume flüsterten ihm zu, daß er ein treues und liebendes Herz zurückgelassen habe.

7. Kapitel

Schiesspulver

Nachdem Mr. James Harthouse in die erwählte Partei «eingestiegen» war, begann er bald zu reüssieren. Noch ein wenig mehr eingepauktes Wissen für die politischen Neunmalklugen, noch ein wenig mehr vornehme Gleichgültigkeit gegen die gewöhnliche Gesellschaft und eine leidlich geschickte Handhabung der vorgetäuschten Redlichkeit in der Unredlichkeit, dieser wirkungsvollsten und am meisten begünstigten aller gefälligen Todsünden, und bald sah man in ihm einen vielversprechenden Mann. Daß er nicht von Ernsthaftigkeit gequält wurde, war ein bedeutender Punkt zu seinem Gunsten, da es ihn in den Stand setzte, sich den Harten-Tatsachen-Burschen mit so gutem Anstand zu widmen, als wäre er als einer ihrer Zunft geboren, und ihn befähigte, alle anderen Zünfte als wissentliche Heuchler über Bord zu werfen.

«Denen keiner von uns glaubt, meine liebe Mrs. Bounderby, und die sich selbst keinen Glauben schenken. Der einzige Unterschied zwischen uns und den Verkündern der Tugend, der Güte oder der Menschenliebe – einerlei, wie sie sich nennen – besteht darin, daß wir alles als sinnlos erkennen und das auch sagen, während sie es ebenfalls wissen, aber nie sagen werden.»

Warum sollte eine solche Wiederholung sie erschrecken oder warnen? Sie war den Prinzipien ihres Vaters und ihrer frühen Unterweisung nicht so unähnlich, daß sie sie hätte unangenehm überraschen müssen. Wo lag der große Unterschied zwischen den beiden Systemen, wenn jedes sie gleichermaßen an sachliche Realitäten fesselte und ihr keinen

Glauben an etwas anderes einflößte? Was gab es für James Harthouse noch in ihrer Seele zu zerstören von dem, was Thomas Gradgrind in ihr genährt hatte, als sie noch unschuldig war?

In dieser kritischen Lage war es sogar um so schlimmer für sie, daß in ihrer Seele – ehe ihr eminent sachlicher Vater sie zu formen begann – eine kämpferische Neigung, an eine umfassendere und edlere Menschenliebe zu glauben, als sie je erfahren, Wurzel gefaßt hatte und nun ständig mit Zweifeln und Groll in Widerstreit lag. Mit Zweifeln, weil die Sehnsucht in ihrer Jugend verheert worden war. Mit Groll, weil man ihr Unrecht angetan hatte, wenn sie tatsächlich ein Raunen der Wahrheit war. Einer seit langem an Selbstüberwindung gewöhnten Natur, die so zerrissen und zwiespältig war, fiel die Harthouse-Philosophie als eine Erleichterung und Rechtfertigung zu. Wenn alles hohl und wertlos war, so hatte sie nichts entbehrt und nichts geopfert. Was liegt daran, hatte sie zu ihrem Vater gesagt, als er ihr den Gatten vorschlug. Was liegt daran, sagte sie immer noch. Mit höhnischem Selbstvertrauen fragte sie sich, woran überhaupt etwas gelegen sei – und ging weiter.

Wohin? Schritt für Schritt weiter und abwärts einem Ende zu, doch so allmählich, daß sie sich nicht zu bewegen vermeinte. Was Mr. Harthouse betraf, so bedachte er nicht, noch scherte er sich darum, wohin *er* strebte. Er hatte kein besonderes Ziel vor sich oder einen besonderen Plan, seine Schlaffheit wurde durch keine tatkräftige Schlechtigkeit beunruhigt. Er fühlte sich augenblicklich in einem Grad unterhalten und interessiert, wie es sich für einen so feinen Herrn ziemte, vielleicht sogar noch mehr, als er ohne Gefahr für seinen Ruf hätte eingestehen dürfen. Bald nach seiner Ankunft schrieb er ohne Begeisterung an seinen Bruder, das ehrenwerte und witzige Parlamentsmitglied, daß die Bounderbys «Spaßvögel» wären und die Dame Bounderby sei keineswegs das Ungeheuer, das er erwartet habe, sondern jung und bemerkenswert hübsch. Danach schrieb er nicht mehr von ihnen und widmete seine Mußestunden hauptsächlich ihrem Haus. Während er den Bezirk Coketown durchstreifte und dort seine Besuche machte, sprach er sehr oft in ihrem Haus vor und wurde von Mr. Bounderby sogar dazu ermutigt. Es war eben Mr. Bounderbys windige Art, daß er sich vor aller Welt aufpustete, wie wenig *er* sich aus Leuten mit großartigen Beziehungen mache, wenn aber seine Frau, Tom Gradgrinds Tochter, anderer Meinung sei, so stehe es ihr frei, deren Gesellschaft zu suchen.

Mr. James Harthouse begann darüber nachzudenken, welch ein neues, aufregendes Gefühl es wäre, wenn sich das Gesicht, das sich für den Filou so schön verwandelte, für ihn verwandeln würde.

Er war von ziemlich rascher Beobachtungsgabe, er hatte ein gutes Gedächtnis und vergaß kein Wort von den Enthüllingen des Bruders. Er verwob diese mit allem, was er an der Schwester bemerkte, und begann sie zu verstehen. Gewiß, die bessere und gehaltvollere Seite ihres Wesens lag nicht im Bereich seiner Wahrnehmung, denn in Menschennaturen antwortet wie in Meeren die Tiefe nur der Tiefe, doch das übrige begann er bald mit dem Blick des Kenners zu lesen.

Mr. Bounderby hatte sich in den Besitz eines Hauses und Grundstücks gebracht, das etwa fünfzehn Meilen von der Stadt entfernt lag und bis auf ein, zwei Meilen durch eine Eisenbahnlinie zu erreichen war, die mit vielen Brückenbogen eine wilde Gegend überspannte, unter der verlassene Kohlenschächte lagen und die nachts getupft war von den Feuern und den schwarzen Umrissen an Grubeneinfahrten aufgestellter Maschinen. Diese Gegend wurde allmählich freundlicher, je mehr sie sich dem Umkreis von Mr. Bounderbys Zufluchtsort näherte, und besänftigte sich dort zu einem ländlichen Stückchen Erde, purpurn von Heidekraut und schneeig von Weißdorn im Frühjahr und den ganzen Sommer über von Blättern und ihren Schatten flirrend. Die Bank hatte eine Hypothek, die ein Coketowner Magnat auf das so angenehm gelegene Grundstück aufgenommen hatte, für verfallen erklärt, als sich dieser Mann in seiner Entschlossenheit, einen kürzeren Weg als den üblichen zu enormem Reichtum zu wählen, um etwa zweihunderttausend Pfund verspekuliert hatte. Dergleichen Unglücksfälle ereigneten sich hin und wieder in den bestgeordneten Familien von Coketown, obwohl die Bankrotteure in keinerlei Beziehung zu den leichtsinnigen Klassen standen.

Es gereichte Mr. Bounderby zur höchsten Befriedigung, daß er sich auf diesem hübschen kleinen Besitztum niederlassen und im Blumengarten mit demonstrativer Bescheidenheit seinen Kohl anbauen konnte. Es bereitete ihm ein köstliches Vergnügen, inmitten der eleganten Einrichtung wie in einer Baracke zu hausen, und vor den Bildern an den Wänden pflegte er mit seiner Herkunft zu renommieren. «Sehen Sie, Sir», sagte er dann zu einem Besucher, «Nickits», der frühere Besitzer, «soll, wie ich gehört habe, für diese ‹Seebucht› siebenhundert Pfund gezahlt haben. Also um ganz ehrlich zu sein, wenn ich je in meinem ganzen Leben siebenmal einen Blick drauf werfe, den Blick zu hundert Pfund, dann ist das aber auch alles, was ich damit anfangen werde. Nein, beim heiligen Georg! Ich vergesse nicht, daß ich Josiah Bounderby aus Coketown bin. Denn die einzigen Bilder, die ich in vielen, vielen Jahren besaß oder die ich mir hätte verschaffen können, wenn ich sie nicht gerade stehlen wollte, waren die Konterfeis eines sich vor einem Stiefel rasierenden Mannes auf den Wichskrugen, die ich mit tausend Freuden als Stiefelputzer benutzte und, wenn sie leer waren, das Stück für einen Viertelpenny mit Wonne verkaufte!»

In demselben Stil pflegte er sich dann an Mr. Harthouse zu wenden.

«Harthouse, Sie haben hier zwei Pferde. Bringen Sie noch ein halbes Dutzend her, wenn Sie wollen, wir werden schon Platz finden. Hier ist Stallung für ein ganzes Dutzend Pferde, und wenn es keine Verleumdung ist, dann hat sich Nickits auch so viele gehalten. Ein rundes Dutzend, Sir. Als Junge ging dieser Mensch auf die Westminster-Schule. Auf die Westminster-Schule, als Freischüler, während ich in der Hauptsache von Küchenabfällen lebte und in Marktkörben schlief. Ach, wenn ich mir ein Dutzend Pferde halten wollte – was ich nicht tun werde, denn eins genügt mir –, ich könnte nicht ertragen, sie hier in ihren Ställen zu sehen und dabei zu denken, wie ich damals untergebracht war. Ich könnte sie nicht ansehen, Sir, ohne sie hinausschaffen zu lassen. Aber so wenden sich die Dinge. Sie sehen diesen Besitz, Sie wissen, was für ein Besitz das ist, Sie merken, daß es in dieser Größe keinen vollkommeneren Besitz im ganzen Königreich oder anderswo gibt – es ist mir einerlei, wo –, und hier, mitten hinein wie die Made in die Nuß ist Josiah Bounderby gelangt. Während Nickits (wie mir gestern ein Mann erzählte, der in mein Büro kam), Nickits, der bei den Aufführungen an der Westminster-Schule Rollen auf lateinisch zu spielen pflegte, und die höchsten Gerichtsbarkeiten und der Adel dieses Landes applaudierten ihm, bis sie blau anliefen, Nickits faselt jetzt irre – irre, Sir! – irgendwo im fünften Stock einer engen dunklen Hintergasse in Antwerpen.»

Unter dem Laubschatten dieses abgeschiedenen Plätzchens begann Mr. Harthouse an den langen, drückend schwülen Sommertagen das Gesicht zu prüfen, das ihn beim ersten Anblick in Staunen versetzt hatte, und zu versuchen, ob es sich nicht für ihn verändern würde.

«Ich halte es für einen überaus glücklichen Zufall, Mrs. Bounderby, daß ich Sie hier allein antreffe. Ich habe seit einiger Zeit den ganz besonderen Wunsch, Sie zu sprechen.»

Es war kein wunderbarer Zufall, daß er sie traf, weil es zu der Tageszeit geschah, da sie immer allein zu sein pflegte, und an dem Platz, der ihr Lieblingsplatz war. Es war eine Lichtung in einem dunklen Gehölz, wo ein paar gefällte Bäume lagen und wo sie gern saß und auf die abgefallenen Blätter vom letzten Jahr blickte, so wie sie zu Hause auf die niederfallende Asche geblickt hatte.

Mit einem Blick in ihr Gesicht setzte er sich neben sie.

«Ihr Bruder. Mein junger Freund Tom...»

Ihr Gesicht leuchtete auf, und sie wandte sich ihm mit einem Ausdruck von Interesse zu. Nie in meinem Leben, dachte er, habe ich etwas so Merkwürdiges und Bezauberndes gesehen wie das Aufleuchten dieser Züge! Sein Gesicht verriet seine Gedanken – vielleicht ohne ihn selbst zu verraten, denn so mochte es erzogen sein.

«Verzeihen Sie mir. Die Äußerung Ihrer schwesterlichen Teilnahme ist so schön – Tom sollte stolz darauf sein –, ich weiß, es ist unentschuldbar, aber ich muß Sie einfach bewundern.»

«Da Sie so impulsiv sind», erwiderte sie gelassen.

«Nein, Mrs. Bounderby, nein, Sie wissen, daß ich Ihnen nichts vorspiegeln will. Sie wissen, daß ich ein niedriges Stück Menschennatur bin, bereit, mich jederzeit für eine vernünftige Summe zu verkaufen, und völlig unfähig zu irgendwelchen Schäferidyllen.»

«Ich warte auf Ihre weiteren Auskünfte über meinen Bruder», gab sie zurück.

«Sie sind streng mit mir, und ich verdiene es. Ich bin ein so wertloser Kerl, wie Sie nur einen finden können, bloß falsch bin ich nicht – nein, falsch nicht. Aber Sie haben mich überrumpelt und von meinem Thema abgebracht, von Ihrem Bruder. Ich interessiere mich für ihn.»

«Sie interessieren sich für etwas, Mr. Harthouse?» fragte sie halb ungläubig, halb dankbar.

«Wenn Sie mich gefragt hätten, als ich zum erstenmal herkam, hätte ich nein gesagt. Jetzt muß ich ja antworten – selbst auf die Gefahr hin, daß ich den Anschein erwecke, Ihnen etwas vorzutäuschen, und mit Recht Ihren Zweifel errege.»

Sie machte eine leichte Bewegung, als wolle sie sprechen, sei aber ihrer Stimme nicht mächtig, und sagte schließlich: «Mr. Harthouse, ich glaube Ihnen, daß Sie sich für meinen Bruder interessieren.»

«Ich danke Ihnen. Ich nehme in Anspruch, das zu verdienen. Sie wissen, wie wenig Ansprüche ich stelle, aber so weit gehe ich. Sie haben so viel für ihn getan. Sie lieben ihn so innig, Ihr ganzes Leben, Mrs. Bounderby, ist der Ausdruck eines so hinreißenden Selbstvergessens um seinetwillen – verzeihen Sie noch einmal –, ich schweife weit vom Thema ab. Ich interessiere mich seinetwegen für ihn.»

Sie hatte die denkbar geringste Bewegung gezeigt, als wolle sie hastig aufstehen und davongehen. Im selben Augenblick hatte er seinen Worten eine andere Wendung gegeben, und sie blieb.

«Mrs. Bounderby», fuhr er jetzt in etwas leichterem Ton fort, wobei er sich jedoch den Anschein zu geben wußte, wie sehr er sich darum bemühe, was sogar noch ausdrucksvoller wirkte als die eben aufgegebene Manier, «für einen jungen Mann im Alter Ihres Bruders ist es kein unabänderliches Vergehen, wenn er sorglos, unbedacht und verschwenderisch ist – ein wenig vergnügungssüchtig, wie man so sagt. Ist er das?»

«Meinen Sie?»

«Erlauben Sie mir, offen zu sein. Glauben Sie, daß er spielt?»

«Ich glaube, er wettet.» Da Mr. Harthouse wartete, als sei ihre Antwort nicht vollständig gewesen, fügte sie hinzu: «Ich weiß es.»

«Natürlich verliert er?»

«Ja.»

«Jeder, der wettet, verliert. Darf ich die Wahrscheinlichkeit andeuten, daß Sie ihn mitunter zu diesen Zwecken mit Geld versehen?»

Sie saß und blickte zu Boden, doch bei dieser Frage hob sie forschend und ein wenig ärgerlich die Augen.

«Sprechen Sie mich frei von unverschämter Neugier, meine liebe Mrs. Bounderby. Ich überlege mir nur, daß Tom mit der Zeit in Schwierigkeiten geraten könnte, und möchte ihm aus den Tiefen meiner sündhaften Erfahrungen eine helfende Hand reichen. – Soll ich wieder sagen, um seinetwillen? Ist das nötig?»

Sie schien antworten zu wollen, brachte jedoch kein Wort heraus.

«Um Ihnen frei und offen alles zu gestehen, was mir in den Sinn kam», sagte James Harthouse, wieder mit demselben Anschein von Bemühung in seinen leichteren Ton verfallend, «will ich Ihnen meine Zweifel anvertrauen, ob er viele Vorzüge genossen hat. Ob es – verzeihen Sie meine Offenheit –, ob es wohl zu einem tiefen Vertrauen zwischen ihm und seinem sehr zu verehrenden Vater gekommen ist.»

«Das halte ich nicht für wahrscheinlich», entgegnete Louisa und errötete eingedenk ihrer eigenen beachtlichen Erinnerungen in dieser Hinsicht.

«Oder zwischen ihm und – ich darf mich gewiß darauf verlassen, daß Sie mich richtig verstehen – und seinem hochgeschätzten Schwager.»

Ihre Röte vertiefte sich mehr und mehr und flammte, als sie mit noch schwächerer Stimme antwortete: «Auch das halte ich nicht für wahrscheinlich.»

«Mrs. Bounderby», sagte Harthouse, «darf vielleicht ein besseres Vertrauen zwischen Ihnen und mir herrschen? Tom hat eine beträchtliche Summe von Ihnen geliehen?»

«Sie werden begreifen, Mr. Harthouse», gab sie nach unschlüssigem Zögern zurück – mehr oder weniger unsicher und verlegen war sie während der ganzen Unterhaltung gewesen, hatte jedoch im großen und ganzen ihre Beherrschung gewahrt, «Sie werden begreifen, daß ich keine Klage oder ein Bedauern ausspreche, wenn ich Ihnen sage, worauf Sie dringen. Nie würde ich mich über etwas beklagen, und ich bedaure nicht im geringsten, was ich getan habe.»

Noch dazu so mutig! dachte James Harthouse.

«Als ich heiratete, entdeckte ich, daß mein Bruder schon damals tief in Schulden steckte. Tief für ihn, meine ich. Tief genug, daß ich mich gezwungen sah, ein paar Schmuckstücke zu verkaufen. Das war kein Opfer. Ich habe sie gern verkauft. Sie hatten für mich keinen Wert. Sie waren für mich völlig wertlos.»

Entweder las sie aus seinem Gesicht, daß er es wußte, oder fürchtete nur im Innern, er errate, daß sie von Geschenken ihres Mannes sprach. Jedenfalls hielt sie inne und errötete aufs neue. Wenn er es vorher nicht gewußt hätte, so hätte er es jetzt gewußt, wäre er auch viel begriffsstutziger gewesen.

«Seit damals habe ich meinem Bruder zu verschiedenen Zeiten gegeben, was ich ersparen konnte, kurzum, alles Geld, das ich besaß. Da ich Ihnen in dem Glauben an das Interesse, das Sie für ihn zu haben beteuern, volles Vertrauen schenke, will ich Sie nicht mit dem halben abspeisen. Seit Sie die Gewohnheit haben, uns zu besuchen, hat er die runde Summe von hundert Pfund gebraucht. So viel konnte ich ihm nicht geben. Ich war sehr beunruhigt über die Folgen, die seine Verschuldung haben könnte, habe jedoch das Geheimnis bis jetzt gewahrt, da ich es im Vertrauen auf Ihre Ehre preisgebe. Ich habe mich niemandem anvertraut, weil – nun, Sie haben den Grund soeben erraten.» Damit brach sie kurz ab.

Er war schnell von Begriff und sah und ergriff die Gelegenheit, ihr sein eigenes Bild leicht kaschiert als das ihres Bruders vorzuhalten.

«Mrs. Bounderby, obwohl ich ein verdorbener und durch und durch eigensüchtiger Mensch bin, empfinde ich doch ganz gewiß die größte Teilnahme für das, was Sie sagen. Ich kann einfach nicht hart gegen Ihren Bruder sein. Ich verstehe und teile die weise Überlegung, mit der Sie seine Fehler ansehen. Bei aller erdenklichen Achtung gegen Mr. Gradgrind und Mr. Bounderby glaube ich doch zu spüren, daß seine Erziehung nicht ganz glücklich war. Nicht eben zu seinem Vorteil für die Gesellschaft erzogen, in der er eine Rolle zu spielen hat, stürzt er sich nun aus Extremen, die ihm lange Zeit hindurch – zweifellos in der besten Absicht – aufgezwungen wurden, in diese entgegengesetzten Extreme. Mr. Bounderbys schöner, freimütiger englischer Unabhängigkeitssinn ist, obwohl ein überaus reizvoller Charakterzug, nicht geeignet, Vertrauen zu erwecken – darüber sind wir uns einig. Und wenn ich mir die Bemerkung erlauben darf, daß es am allerwenigsten auf der Welt an jenem Zartgefühl mangeln darf, bei dem ein verkannter Jüngling, ein falsch erfaßter Charakter und mißleitete Fähigkeiten Zuflucht und Weisung suchen würden, so drücke ich damit nur aus, wie es sich mir selber darstellt.»

Wie sie so saß und vor sich hin blickte über das Licht auf dem Gras, das in das Dunkel des Waldes dahinter einging, las er aus ihrem Gesicht ihre Nutzanwendung seiner sehr deutlich gesprochenen Worte.

«Bei aller Nachsicht», fuhr er fort. «Einen großen Fehler habe ich an Tom festzustellen, den ich nicht verzeihen kann und den ich ihm schwer anrechne.»

Louisa richtete ihre Augen auf sein Gesicht und fragte ihn, was für ein Fehler das sei.

«Vielleicht habe ich schon genug gesagt», gab er zurück. «Vielleicht wäre es alles in allem besser gewesen, wenn mir keine Andeutung entschlüpft wäre.»

«Sie beunruhigen mich, Mr. Harthouse. Bitte lassen Sie mich hören.»

«Um Sie von unnützer Furcht zu befreien – und da hinsichtlich Ihres Bruders dies Vertrauen zwischen uns geschaffen ist, das ich über alles nur Erdenkliche hochschätze –, gehorche ich. Ich kann ihm nicht verzeihen, daß er sich nicht bei jedem Wort, bei jedem Blick, bei allem, was er im Leben tut, der Liebe seiner besten Freundin, der Hingabe seiner besten Freundin, ihrer Selbstlosigkeit und ihres Opfers besser bewußt ist. Soweit ich beobachtet habe, ist sein Dank nur sehr dürftig. Was sie für ihn getan hat, erheischt seine unaufhörliche Liebe und Dankbarkeit, nicht üble Stimmung und Launenhaftigkeit. Ein wie leichtfertiger Kerl ich auch bin, so gleichgültig bin ich nicht, Mrs. Bounderby, um achtlos gegen diese Untugend Ihres Bruders oder geneigt zu sein, sie als ein entschuldbares Vergehen anzusehen.»

Der Wald vor ihr verschwamm, denn ihre Augen schwammen in Tränen. Sie stiegen aus einem tiefen, lange verdeckten Brunnen auf, und ihr Herz war von heftigem Schmerz erfüllt, der keinen Trost in ihnen fand.

«Mit einem Wort, ich muß trachten, Ihrem Bruder diesen Fehler abzugewöhnen, Mrs. Bounderby. Meine bessere Kenntnis seiner Lage und meine Weisungen und Ratschläge, ihn daraus zu befreien – einigermaßen wertvolle, wie ich hoffe, da sie von einem viel größeren Taugenichts kommen –, werden mir einen gewissen Einfluß auf ihn verschaffen, und alles, was ich erreiche, werde ich gewiß diesem Ziel zuwenden. Ich habe genug und mehr als genug gesagt. Es mag den Anschein haben, als wollte ich mich als einen guten Kerl hinstellen, dabei habe ich, auf Ehre!, nicht die leiseste Absicht, etwas Derartiges zu behaupten, und erkläre rundheraus, daß ich nichts dergleichen bin. Dort unter den Bäumen ist Ihr Bruder selbst», fügte er hinzu, nachdem er die Augen gehoben und um sich geschaut hatte, denn bis jetzt hatte er sie scharf beobachtet, «zweifellos eben erst gekommen. Da er in diese Richtung zu schlendern scheint, könnten wir ihm vielleicht ebensogut entgegengehen und ihm in den Weg treten. Er ist in letzter Zeit sehr still und kummervoll gewesen. Vielleicht rührt sich sein brüderliches Gewissen – wenn es so etwas wie Gewissen überhaupt gibt. Und obwohl ich, auf Ehre!, viel zu oft davon höre, um daran zu glauben.»

Er war ihr beim Aufstehen behilflich, und sie nahm seinen Arm, dann gingen sie dem Filou entgegen. Während dieser dahinschlenderte, schlug er achtlos gegen die Zweige oder bückte sich, um boshaft mit seinem Stock das Moos von den Bäumen zu kratzen. Er erschrak, als sie auf ihn zutraten, während er gerade mit diesem Zeitvertreib beschäftigt war, und wechselte die Farbe. «Hallo!» stammelte er. «Ich wußte nicht, daß ihr hier seid.»

«Wessen Namen haben Sie in die Bäume geritzt, Tom?» fragte Mr. Harthouse, wobei er die Hand auf seine Schulter legte und ihn herumdrehte, so daß sie nun alle drei dem Haus zugingen.

«Wessen Namen?» wiederholte Tom. «Oh! Sie meinen, den Namen von welchem Mädchen?»

«Sie sehen mir sehr verdächtig aus, den Namen eines schönen Geschöpfes in die Rinde geschnitten zu haben, Tom.»

«Nicht weit her damit, Mr. Harthouse, außer ein schönes Geschöpf mit einem kolossalen Vermögen zur eigenen Verfügung fände Gefallen an mir. Meinetwegen könnte sie auch ebenso häßlich wie reich sein, ohne Furcht, mich zu verlieren. Ich würde ihren Namen so oft einritzen, wie sie wollte.»

«Ich fürchte, Sie sind käuflich, Tom.»

«Käuflich?» wiederholte Tom. «Wer ist nicht käuflich? Fragen Sie meine Schwester.»

«Hast du das als einen Fehler bei mir herausgefunden, Tom?» fragte Louisa, ohne ein anderes Gefühl für sein Mißvergnügen und seine Bösartigkeit zu zeigen.

«Du mußt selber wissen, ob dir die Jacke paßt, Lou», erwiderte ihr Bruder übellaunig. «Wenn ja, kannst du sie dir anziehn.»

«Tom ist heute menschenfeindlich wie hin und wieder alle gelangweilten Leute», bemerkte Mr. Harthouse. «Glauben Sie ihm nicht, Mrs. Bounderby. Er weiß es viel besser. Ich werde ein paar von seinen Ansichten über Sie ausplaudern, die er mir im Vertrauen mitgeteilt hat, wenn er nicht ein wenig sanfter wird.»

«Jedenfalls können Sie ihr nicht erzählen, Mr. Harthouse», sagte Tom, in seiner Bewunderung für seinen Gönner etwas milder im Ton, wobei er jedoch finster den Kopf schüttelte, «daß ich je an ihr gerühmt habe, gewinnsüchtig zu sein. Ich mag das Gegenteil an ihr herausgestrichen haben, und das würde ich wieder tun, wenn ich ebenso gute Veranlassung hätte. Aber lassen Sie das jetzt, für Sie ist es nicht sehr interessant, und ich habe das Thema satt.»

Sie näherten sich dem Haus, wo Louisa den Arm ihres Besuchers losließ und hineinging. Er stand und sah ihr nach, wie sie die Vortreppe hinaufstieg und in den Schatten der Tür trat, dann legte er dem Bruder wieder die Hand auf die Schulter und lud ihn mit einem vertraulichen Nicken zu einem Spaziergang durch den Garten ein.

«Tom, mein Bürschchen, ich habe ein Wort mit Ihnen zu reden.»

Sie waren in einer Wildnis von Rosen stehengeblieben – zu Mr. Bounderbys Bescheidenheit gehörte es, Nickits' Rosen in beschränktem Umfang zu behalten –, und Tom setzte sich auf das Terrassengeländer, riß Knospen ab und zerrupfte sie, während sein mächtiger Busenfreund über ihm stand, einen Fuß auf dem Geländer, während seine Gestalt leicht auf dem Arm ruhte, den er auf das Knie gestützt hatte. Von Louisas Fenster aus waren sie zu sehen. Vielleicht sah sie die beiden.

«Was ist los, Tom?»

«Oh! Mr. Harthouse», erwiderte Tom mit einem tiefen Seufzer, «ich bin scheußlich in der Klemme und habe das Leben satt.»

«Mir geht es nicht anders, mein lieber Junge.»

«Ihnen?» gab Tom zurück. «Sie sind doch die Unabhängigkeit in Person. Ich dagegen sitze gräßlich in der Patsche, Mr. Harthouse. Sie haben keine Ahnung, in welche Lage ich mich gebracht habe – aus welcher Lage mich meine Schwester hätte befreien können, wenn sie nur gewollt hätte.»

Jetzt begann er an den Rosenknospen herumzukauen und riß sie mit einer Hand von den Zähnen, die zitterte wie die eines siechen Greises. Nach einem überaus aufmerksamen Blick auf ihn verfiel sein Gefährte wieder in seine unbeschwerte Manier.

«Sie sind rücksichtslos, Tom. Sie erwarten zuviel von Ihrer Schwester. Sie haben Geld von ihr bekommen, Sie Schlingel, das wissen Sie.»

«Schön, Mr. Harthouse, ich weiß es. Wie sollte ich es mir sonst beschaffen? Da ist der alte Bounderby, der immer damit protzt, daß er in meinem Alter von zwei Pence oder so was im Monat gelebt hat. Da ist mein Vater, der, wie er es nennt, eine Richtschnur spannt und mich von klein auf von Kopf bis Fuß daran festbindet. Da ist meine Mutter, die nie was hat außer ihren Klagen. Was *muß* man denn anstellen, um Geld zu kriegen, und wo *soll* ich es hernehmen, wenn nicht von meiner Schwester?»

Er weinte fast und streute die Knospen zu Dutzenden umher. Mr. Harthouse packte ihn überredend am Rock.

«Aber mein lieber Tom, wenn Ihre Schwester keins hat...»

«Keins hat, Mr. Harthouse? Ich sage ja nicht, daß sie es hat. Vielleicht habe ich mehr gebraucht, als sie vermutlich hatte. Aber dann müßte sie's beschaffen. Sie könnte es beschaffen. Es hat keinen Sinn, jetzt noch ein Geheimnis aus der Sache zu machen, nach alldem, was ich Ihnen bereits erzählt habe; Sie wissen, daß sie den alten Bounderby weder ihretwegen noch seinetwegen, sondern meinetwegen geheiratet hat. Warum verschafft sie sich dann nicht um meinetwillen von ihm, was ich brauche? Sie muß ihm ja nicht sagen, was sie damit anfangen will, sie ist schlau genug, sie könnte es ihm schon abschmeicheln, wenn sie wollte. Warum will sie das nicht, wo ich ihr sage, wie wichtig es ist? Aber nein. Da sitzt sie in seiner Gesellschaft wie ein Klotz, statt sich angenehm zu machen und es mit Leichtigkeit zu kriegen. Ich weiß nicht, wie Sie das nennen mögen, *ich* nenne es ein unnatürliches Benehmen.»

Genau unter dem Geländer befand sich ein kleiner Zierteich, in den Mr. James Harthouse liebend gern Mr. Thomas Gradgrind junior geworfen hätte, wie die beleidigten Männer von Coketown drohten, ihr Vermögen in den Atlantik zu werfen. Doch er blieb in seiner lässigen Haltung, und nichts Kompakteres flog über die Steinbalustrade als die angesammelten Rosenknospen, die nun dort umherschwammen wie eine kleine Truginsel.

«Mein lieber Tom», sagte Harthouse, «lassen Sie mich versuchen, Ihr Bankier zu sein.»

«Um Gottes willen», entfuhr es Tom, «reden Sie mir nicht von Bankiers!» Und sehr bleich sah er aus gegen die Rosen. Sehr bleich.

Mr. Harthouse, als ein durchaus wohlerzogener und an die beste Gesellschaft gewöhnter Mann, war nicht zu überraschen – ebensogut hätte er gerührt werden können –, doch hob er die Lider noch ein wenig höher, als wären sie durch einen leichten Hauch von Verwunderung emporgezogen. Obwohl es den Regeln seines Systems ebensosehr zuwiderlief, sich zu wundern, wie den Lehren der Gradgrind-Schule.

«Wie hoch ist der augenblickliche Bedarf, Tom? Dreistellig? Heraus damit. Sagen Sie, wieviel.»

«Mr. Harthouse», erwiderte Tom, der nun tatsächlich weinte, und seine Tränen waren besser als seine Beschimpfungen, eine wie klägliche Figur er auch machte, «es ist zu spät, das Geld nützt mir im Augenblick nichts. Ich hätte es vorher haben müssen, wenn es mir hätte von Nutzen sein sollen. Aber ich bin Ihnen sehr verbunden, Sie sind ein wahrer Freund.»

Ein wahrer Freund! Filou! Filou! dachte Mr. Harthouse verdrossen. Was für ein Esel du bist!

«Und ich halte Ihr Anerbieten für eine große Gunstbezeigung», sagte Tom und faßte seine Hand. «Für eine große Gunstbezeigung, Mr. Harthouse.»

«Na schön», erwiderte der andere, «mit der Zeit wird es von größerem Nutzen sein. Und wenn Sie mich über Ihre Verlegenheiten, wenn sie ganz dick kommen, unterrichten wollen, mein lieber Junge, so werde ich Ihnen vielleicht bessere Auswege zeigen, als Sie allein finden können.»

«Ich danke Ihnen», sagte Tom, während er trübselig den Kopf schüttelte und Rosenknospen kaute, «ich wünschte, ich hätte Sie früher kennengelernt, Mr. Harthouse.»

«Sehen Sie, Tom», sagte Mr. Harthouse zum Abschluß und warf selbst ein paar Rosen als Beitrag zu der Insel hinüber, die unablässig an die Mauer trieb, als wolle sie ein Teil des Festlandes werden, «jeder Mensch ist in allem, was er tut, eigensüchtig, und ich bin haargenau wie meine Mitmenschen. Mir ist äußerst viel daran gelegen», die Schlaffheit seines Verlangens war geradezu tropisch, «daß Sie freundlicher gegen Ihre

Schwester werden – was Sie unbedingt tun sollten, und daß Sie eine liebevollere und angenehmere Sorte Bruder sind – was Sie unbedingt werden sollten.»

«Wird gemacht, Mr. Harthouse.»

«Jetzt ist die beste Zeit, Tom. Fangen Sie gleich an.»

«Das werde ich bestimmt. Und meine Schwester Lou soll es bestätigen.»

«Nachdem wir also diesen Handel abgeschlossen haben, Tom, werden wir uns bis zum Essen trennen», sagte Harthouse und klopfte ihm abermals auf die Schulter, mit einem Ausdruck, der ihm die Freiheit ließ, zu folgern – was er auch tat, der arme Dummkopf –, diese Bedingung sei ihm nur aus reiner Gutmütigkeit auferlegt worden, um ihm etwas von dem Gefühl der Verpflichtung zu nehmen.

Als Tom zum Essen kam, schien ihm das Herz noch recht schwer, aber er war auf der Hut und kam, ehe Mr. Bounderby auftauchte. «Ich hab's nicht böse gemeint, Lou», sagte er, gab ihr die Hand und küßte sie. «Ich weiß, daß du mich sehr lieb hast, und du weißt, daß ich dich sehr lieb habe.»

Danach lag den ganzen Tag ein Lächeln auf Louisas Gesicht, für einen anderen. Ach, für einen anderen!

Um so weniger ist der Filou das einzige Geschöpf, aus dem sie sich etwas macht, dachte James Harthouse, womit er die Betrachtung des ersten Tages umkehrte, als er die Bekanntschaft mit ihrem hübschen Gesicht gemacht hatte. Um so weniger, um so weniger.

8. Kapitel

Explosion

Der nächste Morgen war zu schön, um zu schlafen, und so stand James Harthouse früh auf, setzte sich an das erfreuliche Erkerfenster seines Ankleidezimmers und rauchte den vortrefflichen Tabak, der einen so zweckmäßigen Einfluß auf seinen jungen Freund ausgeübt hatte. Im Sonnenschein ruhend, eingehüllt in den Wohlgeruch seiner orientalischen Pfeife, während der traumhafte Rauch in der von Sommerdüften gesättigten, milden Luft dahinschwand, rechnete er seine Vorteile zusammen, wie ein müßiger Spieler seinen Gewinn zusammenrechnet. Er fühlte sich im Augenblick durchaus nicht gelangweilt und konnte sich dieser Beschäftigung mit ganzer Seele widmen.

Er war in ein Vertrauensverhältnis zu ihr getreten, von dem ihr Mann ausgeschlossen war. Er war in ein Vertrauensverhältnis zu ihr getreten, das schlechterdings von ihrer Gleichgültigkeit gegen ihren Gatten abhing und davon, daß weder jetzt noch jemals irgendeine Geistesverwandtschaft zwischen ihnen bestand. Er hatte ihr geschickt, aber unverhohlen versichert, daß er ihr Herz bis in seine letzten, geheimsten Falten kenne, er war ihr durch das zärtlichste Gefühl dieses Herzens so nahegekommen, er hatte sich selbst diesem Gefühl verbunden, und die Schranke, hinter der sie lebte, war dahingeschwunden. Alles sehr sonderbar und sehr befriedigend!

Und doch hatte er nicht einmal jetzt ernstlich etwas Böses im Sinn. Öffentlich und privat wäre es für die Zeit, in der er lebte, viel besser gewesen, wenn er und die Legion, deren einer er war, absichtlich schlecht gewesen wären, statt gleichgültig und ziellos. Die treibenden Eisberge, die jeder Strömung folgen, zertrümmern die Schiffe.

Wenn der Teufel wie ein brüllender Löwe umhergeht, lockt er in dieser Gestalt außer Wilden und Jägern nur wenige an. Aber wenn er nach der Mode gestutzt und geputzt und lackiert ist, wenn er überdrüssig des Lasters und überdrüssig der Tugend, erhaben über den Schwefel und erhaben über die Seligkeit ist, dann ist er der wahre Teufel, ob er sich nun darauf verlegt, höllischen Branntwein auszuteilen oder ein höllisches Feuer zu entzünden.

So ruhte James Harthouse träge rauchend am Fenster und rechnete die Schritte zusammen, die er auf dem Weg getan hatte, den er zufällig ging. Das Ziel, zu dem er führte, lag hinreichend klar vor ihm, doch er plagte sich nicht mit Berechnungen darüber. Was sein wird, wird sein.

Da er heute einen ziemlich langen Ritt unternehmen mußte – denn in einiger Entfernung war ein öffentlicher Anlaß wahrzunehmen, der ihm eine leidliche Gelegenheit bot, bei den Gradgrind-Leuten einzusteigen –, kleidete er sich zeitig an und ging zum Frühstück hinunter. Er war gespannt, ob sie seit dem vorangegangenen Abend rückfällig geworden war. Nein. Er begann da, wo er stehengeblieben war. Wieder hatte sie einen interessierten Blick für ihn.

Er brachte den Tag soviel (oder sowenig) zu seiner Zufriedenheit hinter sich, wie unter den ermüdenden Umständen zu erwarten war, und kam um sechs Uhr wieder angeritten. Zwischen dem Pförtnerhäuschen und dem Haus lag eine halbkreisförmige Auffahrt von etwa einer halben Meile, und er ritt über den weichen Sand eines Fußweges, einst Nickits', als Mr. Bounderby mit solcher Vehemenz aus dem Gebüsch brach, daß sein Pferd quer über den Weg scheute.

«Harthouse!» schrie Mr. Bounderby. «Haben Sie gehört?»

«Was gehört?» fragte Harthouse, während er sein Pferd beschwichtigte und Mr. Bounderby innerlich mit nicht sehr guten Wünschen bedachte.

«Dann haben Sie also *nicht* gehört!»

«Ich habe Sie gehört, und das Tier hat es auch, etwas anderes habe ich nicht gehört.»

Mr. Bounderby pflanzte sich, rot und heiß, mitten auf dem Weg vor dem Kopf des Pferdes auf, um seine Bombe wirkungsvoller explodieren zu lassen.

«Die Bank ist ausgeraubt!»

«Das ist doch nicht Ihr Ernst?»

«Gestern nacht ausgeraubt, Sir. Auf eine ungewöhnliche Weise ausgeraubt. Mit einem nachgemachten Schlüssel ausgeraubt.»

«Viel gestohlen?»

Mr. Bounderby schien es in seinem Verlangen, soviel wie möglich damit herzumachen, tatsächlich zu ärgern, daß er notgedrungen antworten mußte. «Hm, nein, nicht sehr viel. Aber es hätte sein können.»

«Wieviel?»

«Oh! Eine Summe – wenn Sie auf einer Summe bestehen – von nicht mehr als hundertfünfzig Pfund», erwiderte Bounderby ungeduldig. «Aber es ist nicht die Summe, es ist die Tatsache. Es ist die Tatsache, daß die Bank ausgeraubt wurde, das ist der wichtige Umstand. Es überrascht mich, daß Sie das nicht sehen.»

«Mein lieber Bounderby», sagte James, stieg ab und reichte den Zügel seinem Diener, «ich *sehe* es, und das Schauspiel, das sich meinem geistigen Auge bietet, überwältigt mich so sehr, wie Sie nur wünschen können. Dessenungeachtet darf ich mir hoffentlich erlauben, Ihnen zu gratulieren – was ich von ganzer Seele tue, das versichere ich Ihnen –, daß Sie keinen größeren Verlust erlitten haben.»

«Danke», erwiderte Bounderby kurz und ungnädig. «Aber ich will Ihnen mal was sagen. Es hätten zwanzigtausend Pfund sein können.»

«Vermutlich.»

«Vermutlich! Bei Gott, das *können* Sie glauben. Beim heiligen Georg!» rief Mr. Bounderby mit mehrmaligem drohendem Kopfnicken und -schütteln. «Es hätten zweimal zwanzig sein können. Keiner weiß, wieviel es gewesen oder nicht gewesen wäre, wenn der Kerl nicht gestört worden wäre.»

Unterdessen war Louisa herangekommen, auch Mrs. Sparsit und Bitzer.

«Tom Gradgrinds Tochter hier weiß ganz gut, wieviel es hätte gewesen sein können, wenn Sie es auch nicht wissen», prahlte Bounderby. «Sie kippte um, Sir, wie niedergeschossen, als ich es ihr erzählte! Hab so was noch nie an ihr erlebt. Macht ihr unter den Umständen in meinen Augen Ehre.»

Sie sah immer noch schwach und bleich aus. James Harthouse bat sie, seinen Arm zu nehmen, und fragte sie, als sie sich langsam in Bewegung setzten, wie der Raub begangen worden sei.

«Das will ich Ihnen ja gerade erzählen», sagte Bounderby und reichte gereizt seinen Arm Mrs. Sparsit. «Wenn Sie nicht so mächtig eigen wegen der Summe gewesen wären, hätte ich schon vorhin davon angefangen. Sie kennen diese Dame (denn sie *ist* eine Dame), Mrs. Sparsit?»

«Ich hatte bereits die Ehre...»

«Sehr schön. Und haben Sie diesen jungen Mann, Bitzer, bei derselben Gelegenheit vielleicht auch gesehen?»

Mr. Harthouse nickte bestätigend, und Bitzer rieb mit den Fingerknöcheln seine Stirn.

«Sehr schön. Sie wohnen in der Bank. Vielleicht wissen Sie schon, daß sie in der Bank wohnen? Sehr schön. Gestern nachmittag, zu Geschäftsschluß, war alles wie sonst weggeräumt. In der Stahlkammer, vor der dieser junge Bursche schläft, befand sich soundso viel. In dem kleinen Safe im Arbeitszimmer von Tom junior – der Safe wird für kleinere Beträge benutzt – befanden sich einhundertfünfzig Pfund und noch was.»

«Einhundertvierundfünfzig Pfund, sieben Shilling und ein Penny», bemerkte Bitzer.

«Halt den Mund!» grollte Mr. Bounderby, blieb stehen und drehte sich nach ihm um. «Verschone uns mit *deinen* Unterbrechungen. Es genügt, ausgeraubt zu werden, während du schnarchst, weil du es zu bequem hast, da brauchen wir uns nicht noch mit *deinen* vier, sieben, eins berichtigen zu lassen. Ich habe nicht geschnarcht, als ich so alt war wie du, das laß dir gesagt sein. Ich hatte nicht genug zu essen, um zu schnarchen. Und ich habe nicht geviersiebenundeinst. Auch nicht, wenn ich es wußte.»

Bitzer knöchelte wieder seine Stirn auf eine kriecherische Art und schien zugleich auffallend beeindruckt und niedergedrückt durch das eben erhaltene Beispiel von Mr. Bounderbys moralischer Enthaltsamkeit.

«Einhundertfünfzig Pfund und noch was», wiederholte Mr. Bounderby. «Diese Summe Geldes schloß der junge Tom in seinen Safe, keinen sehr starken, aber das tut jetzt nichts zur Sache. Alles wurde ordentlich zurückgelassen. Irgendwann in der Nacht, während dieser junge Bursche schnarchte – Mrs. Sparsit, Ma'am, Sie sagen, Sie haben ihn schnarchen hören?»

«Ich kann nicht sagen, Sir», antwortete Mrs. Sparsit, «daß ich ihn mit Bestimmtheit schnarchen hörte, deshalb kann ich keine derartige Aussage machen. Aber an Winterabenden, wenn er an seinem Tisch eingeschlafen war, habe ich etwas von ihm gehört, was ich eher als ein halbes Ersticken beschreiben würde. Ich habe ihn bei solchen Gelegenheiten Töne von sich geben hören, die ähnlicher Natur waren wie jene, die manchmal aus Schwarzwälder Uhren kommen. Nicht als ob ich damit einen Tadel gegen seinen moralischen Charakter aussprechen wollte», sagte Mrs. Sparsit in dem erhabenen Gefühl, peinlich genau Zeugnis abzulegen. «Das sei ferne von mir. Ich habe in Bitzer stets einen jungen Mann mit den rechtschaffensten Grundsätzen gesehen, und dafür bitte ich mein Zeugnis ablegen zu dürfen.»

«Schön!» sagte der gereizte Bounderby. «Während er also schnarchte *oder* erstickte *oder* Schwarzwälderuhrlaute von sich gab *oder* – im Schlaf – sonstwas machte, gingen ein paar Kerle, ob vorher im Haus versteckt oder nicht, bleibt zu untersuchen, an den Safe des jungen Tom, brachen ihn mit Gewalt auf und entwendeten den Inhalt. Als sie darauf gestört wurden, machten sie sich davon, schlüpften durch die Haupttür hinaus und verschlossen sie zweimal (sie war zweimal verschlossen und der Schlüssel unter Mrs. Sparsits Kopfkissen) mit einem nachgemachten Schlüssel, der heute gegen zwölf Uhr in der Straße unweit der Bank aufgehoben wurde. Keine Aufregung weiter, bis dieser Bitzer heute morgen aufsteht und die Geschäftsräume öffnet und in Ordnung bringt. Und da, als er auf Toms Safe blickt, sieht er die Tür offen, das Schloß aufgesprengt und das Geld verschwunden.»

«Wo ist übrigens Tom?» fragte Harthouse und blickte in die Runde.

«Er hat der Polizei geholfen», antwortete Bounderby, «und ist noch in der Bank. Ich wünschte, diese Kerle hätten mich auszurauben versucht, als ich so alt war wie er. Sie wären im Verlust gewesen, wenn sie auch nur achtzehn Pence in das Unternehmen investiert hätten, das können sie sich gesagt sein lassen.»

«Ist jemand verdächtig?»

«Verdächtig? Das sollte ich meinen, daß jemand verdächtig ist. Großer Gott!» sagte Bounderby und ließ Mrs. Sparsits Arm los, um sich den erhitzten Kopf abzuwischen. «Josiah Bounderby aus Coketown wird nicht ausgeplündert, ohne daß jemand verdächtig ist. Nein, vielen Dank!»

Ob Mr. Harthouse wohl fragen dürfe, wer verdächtig sei?

«Ja, das werde ich Ihnen sagen», antwortete Bounderby, blieb stehen und blickte in die Runde, um jedem einzeln die Stirn zu bieten. «Es darf nicht irgendwo erwähnt werden und darf überhaupt nirgendwo erwähnt werden, damit die betreffenden Schurken (denn es ist eine ganze Bande) in Sicherheit gewiegt werden. Also ganz im Vertrauen. Warten Sie einen Augenblick!» Mr. Bounderby wischte sich abermals den Kopf ab. «Was würden Sie sagen», und dann platzte er auf einmal heftig heraus, «wenn ein Arbeiter damit zu tun hat?»

«Doch hoffentlich nicht unser Freund Blackpot?» meinte Harthouse träge.

«Sagen Sie Pool statt Pot, Sir», erwiderte Bounderby, «dann haben Sie den Mann.»

Louisa äußerte mit schwacher Stimme ihren Zweifel und ihre Verwunderung.

«O ja! Ich weiß!» rief Bounderby, der sofort nach den Lauten schnappte. «Ich weiß! Ich bin daran gewöhnt. Ich weiß alles darüber. Sie sind die feinsten Leute von der Welt, diese Burschen. Sie haben ein gutes Mundwerk mitbekommen. Man braucht ihnen nur ihre Rechte zu erklären, jawohl. Aber ich will euch mal was sagen. Zeigt mir einen unzufriedenen Arbeiter, und ich zeige euch einen, der zu allem Schlechten fähig ist, einerlei, was.»

Wieder eine der beliebten Fiktionen von Coketown, die nicht ohne Mühe ausgestreut worden war – und die ein paar Leute wirklich glaubten.

«Aber ich kenne diese Kerle», sagte Bounderby. «Ich kann so leicht in ihnen lesen wie in Büchern. Mrs. Sparsit, Ma'am, ich berufe mich auf Sie. Welche Ermahnung habe ich diesem Burschen erteilt, als er das erste Mal den Fuß in mein Haus setzte und als sein Besuch ausdrücklich darauf abzielte, zu erfahren, wie er die Religion überwältigen und die Staatskirche zum Schweigen bringen könne? Mrs. Sparsit, was die vornehmen Beziehungen betrifft, stehen Sie mit der Aristokratie auf einer Ebene – habe ich zu diesem Burschen gesagt: ‹Sie können mir die Wahrheit nicht verhehlen, Sie sind nicht von der Sorte, die mir gefällt, aus Ihnen wird nichts Gutes werden.› Ja oder nein?»

«Unzweifelhaft, Sir», erwiderte Mrs. Sparsit, «haben Sie ihm auf höchst eindrucksvolle Weise eine solche Ermahnung zuteil werden lassen.»

«Als er Sie verletzte, Ma'am», sagte Bounderby, «als er Ihre Gefühle verletzte?»

«Ja, Sir», antwortete Mrs. Sparsit mit demütigem Kopfschütteln, «das tat er ganz gewiß. Obwohl ich nicht sagen will, daß meine Gefühle in solchen Punkten nicht vielleicht empfindlicher sind – törichter, wenn dieser Ausdruck lieber gehört wird –, als sie es gewesen wären, wenn ich stets meine augenblickliche Stellung eingenommen hätte.»

Mr. Bounderby blickte mit jäh ausbrechendem Stolz zu Mr. Harthouse hinüber, als wolle er sagen: Ich bin der Eigentümer dieser weiblichen Person, und ich denke, sie ist Ihrer Aufmerksamkeit wert. Dann fuhr er in seiner Rede fort.

«Sie können sich selbst ins Gedächtnis zurückrufen, Harthouse, was ich in Ihrer Gegenwart zu ihm sagte. Ich habe kein Blatt vor den Mund genommen. Ich bin diesen Leuten gegenüber nie schüchtern. Ich *kenne* sie. Na schön, Sir. Drei Tage danach riß er aus. Ging auf und davon, niemand weiß, wohin – wie meine Mutter, als ich ein Kind war –, mit dem einzigen Unterschied, daß er, wenn möglich ein noch schlimmeres Subjekt ist als meine Mutter. Was er tat, bevor er ging? Was sagen Sie dazu», Mr. Bounderby, der den Hut in der Hand hielt, klopfte bei jedem Satzteil auf den Hutkopf wie auf ein Tambourin, «daß er gesehen wurde – Abend für Abend – wie er die Bank beobachtete? – Daß er dort lauerte – nach Dunkelwerden? – Daß es Mrs. Sparsit in den Sinn kam – sein Lauern könne nichts Gutes bedeuten. – Daß sie Bitzers Aufmerksamkeit auf ihn lenkte – und beide ihn beobachteten. – Und daß es nach heutigen Erkundigungen den Anschein hat – als hätten ihn auch die Nachbarn bemerkt?» An diesem Höhepunkt angekommen, knallte sich Mr. Bounderby wie eine orientalische Tänzerin sein Tambourin auf den Kopf.

«Verdächtig», bemerkte James Harthouse, «gewiß.»

«Das will ich meinen, Sir», sagte Bounderby mit herausforderndem Nicken. «Das will ich meinen. Aber es sind noch mehr daran beteiligt. Da ist eine alte Frau. Von all solchen Dingen hört man ja nichts, bis der Schaden angerichtet ist, an der Stalltür werden allerlei Fehler entdeckt, wenn das Pferd gestohlen ist, jetzt kommt plötzlich eine alte Frau zum Vorschein. Eine alte Frau, die anscheinend von Zeit zu Zeit auf einem Besenstiel in die Stadt geflogen kam. *Sie* beobachtet das Haus einen ganzen Tag lang, ehe der Kerl damit anfängt, und an dem Abend, als Sie ihn sahen, stiehlt sie sich mit ihm weg und beredet sich mit ihm – vermutlich, um ihm zu sagen, wie sie sich die Ablösung denkt, die verdammte Hexe!»

Eine solche Person war an dem Abend im Zimmer, dachte Louisa, und sie schreckte davor zurück, bemerkt zu werden.

«Das sind noch nicht alle, von denen wir bereits wissen», fuhr Bounderby mit vielsagendem Nicken fort. «Aber ich habe für jetzt genug gesagt. Sie werden so freundlich sein, es für sich zu behalten und zu niemandem zu erwähnen. Es kann eine Weile dauern, aber wir werden sie kriegen. Es ist nur klug, ihnen genügend Spielraum zu geben, und es ist nichts dagegen einzuwenden.»

«Natürlich werden sie mit der äußersten Strenge des Gesetzes bestraft werden, wie es in den Anschlägen heißt», sagte James Harthouse, «und recht geschieht ihnen. Kerle, die sich an Banken wagen, müssen die Folgen auf sich nehmen. Wenn es keine Folgen gäbe, würden wir uns alle an Banken wagen.» Er hatte Louisa sanft den Schirm aus der Hand genommen und für sie aufgespannt, und so gingen sie in seinem Schatten, obwohl dort keine Sonne schien.

«Fürs erste muß man sich um Mrs. Sparsit kümmern, Lou Bounderby», sagte ihr Gatte. «Mrs. Sparsits Nerven sind bei dieser Sache angegriffen worden, und sie wird ein paar Tage hierbleiben. Also mach es ihr bequem.»

«Ich danke Ihnen vielmals, Sir», bemerkte die vorsichtige Dame, «aber nehmen Sie bitte auf meine Bequemlichkeit keine Rücksicht. Für mich wird alles gut genug sein.»

Bald stellte sich heraus: Wenn Mrs. Sparsit in ihrer Verbindung mit diesem häuslichen Kreis einen Fehler hatte, so war es der, daß sie so übermäßig rücksichtslos gegen sich und so übermäßig rücksichtsvoll gegen andere war, um eine rechte Plage zu sein. Als sie ihr Zimmer gezeigt bekam, erwies sie sich als so ungeheuer empfänglich für seine Bequemlichkeit, daß sie die logische Schlußfolgerung nahelegte, es wäre ihr wohl lieber gewesen, die Nacht auf der Mangel in der Waschküche zu verbringen. Gewiß, die Powlers und die Scadgers seien an Pracht gewöhnt, «doch es ist meine Pflicht, daran zu denken», beliebte Mrs. Sparsit mit stolzem Anstand zu bemerken, besonders, wenn einer von den Bedienten anwesend war, «daß ich nicht mehr bin, was ich war. Wirklich», sagte sie, «wenn ich ein für allemal die Erinnerung ausmerzen könnte, daß Mr. Sparsit ein Powler war oder daß ich selber mit dem Hause Scadgers verwandt bin, oder wenn ich sogar diese Tatsache aufheben und mich zu einer Person von gewöhnlicher Herkunft und alltäglicher Verwandtschaft machen könnte, so würde ich es mit Freuden tun. Und ich würde es unter den bestehenden Umständen für richtig halten, es zu tun.» Dieselbe eremitische Gemütsstimmung führte dazu, daß sie beim Essen allen kunstvoll zubereiteten Nebengerichten und dem Wein entsagte, bis ihr Mr. Bounderby geradezu befahl, davon zu nehmen, worauf sie erklärte: «Sie sind wirklich sehr gütig, Sir», und sich des Entschlusses begab, den sie mehr der Form halber öffentlich verkündet hatte, «auf das schlichte Hammelfleisch warten zu wollen». Auch entschuldigte sie sich überschwenglich, wenn sie Salz brauchte, und setzte sich mitunter, da sie sich liebenswürdigerweise verpflichtet fühlte, Mr. Bounderby und sein ihren Nerven ausgestelltes Zeugnis in weitestem Umfang zu bestätigen, in ihrem Stuhl zurück und weinte still, wobei man dann jedesmal eine Träne von gewaltigen Dimensionen, wie ein kristallener Ohrring, ihre römische Nase hinabgleiten sehen konnte (oder besser mußte, denn sie erheischte die allgemeine Aufmerksamkeit).

Mrs. Sparsits wichtigster Punkt war jedoch erstens und letztens ihre Entschlossenheit, Mr. Bounderby zu bemitleiden. Es gab Gelegenheiten, da sie sich, wenn sie ihn ansah, unwillkürlich veranlaßt fühlte, den Kopf zu schütteln, wie jener, der da sagte: Ach, armer Yorick! Wenn sie sich gestattet hatte, sich zu diesen Beweisen der Rührung verführen zu lassen, pflegte sie sich eine strahlende Heiterkeit abzuzwingen, ruckartig fröhlich zu werden und zu bemerken: «Ich bin dankbar, Sie immer noch guten Mutes zu finden, Sir», und schien es als eine glückliche Vorsehung zu begrüßen, daß Mr.

Bounderby so standhaft ausharrte. Eine Idiosynkrasie, für die sie sich oft entschuldigte, fiel ihr überaus schwer zu bekämpfen. Sie hatte den sonderbaren Hang, Mrs. Bounderby «Miss Gradgrind» zu nennen, und dem gab sie im Laufe des Abends an die fünf oder sechs Dutzend Male nach. Die Wiederholung dieses Versehens bemäntelte Mrs. Sparsit mit maßvoller Verwirrung, aber es käme ihr wirklich so natürlich vor, Miss Gradgrind zu sagen, erklärte sie, während sie für nahezu unmöglich halte, zu glauben, daß die junge Dame, die sie das Glück habe, von Kind auf zu kennen, wirklich und wahrhaftig Mrs. Bounderby sein könne. Und eine weitere Eigentümlichkeit dieser merkwürdigen Sache sei, daß es ihr um so unmöglicher erscheine, je mehr sie darüber nachdenke, «bei diesen Verschiedenheiten!» bemerkte sie.

Nach dem Essen untersuchte Mr. Bounderby im Wohnzimmer den Raubfall, examinierte die Zeugen, machte sich Notizen über das Beweismaterial, fand die verdächtigen Personen schuldig und verurteilte sie zur höchsten Strafe des Gesetzes. Als das getan war, wurde Bitzer mit dem Auftrag in die Stadt entlassen, er solle Tom ausrichten, mit dem Postzug herzukommen.

Als die Kerzen gebracht wurden, murmelte Mrs. Sparsit: «Lassen Sie sich nicht niederdrücken, Sir. Lassen Sie mich Sie so heiter sehen, wie ich es gewohnt bin.» Mr. Bounderby, auf den diese Tröstungen so zu wirken begannen, daß er auf eine stur tölpelhafte Weise sentimental wurde, seufzte wie ein Seeungeheuer. «Ich kann es nicht ertragen, Sie so zu sehen, Sir», sagte Mrs. Sparsit. «Versuchen Sie ein Spielchen Puff, Sir, wie Sie es zu tun pflegten, als ich noch die Ehre hatte, unter Ihrem Dach zu leben.»

«Seit damals habe ich nicht Puff gespielt, Ma'am», antwortete Mr. Bounderby.

«Nein, Sir», sagte Mrs. Sparsit schmeichelnd, «das habe ich gemerkt. Ich erinnere mich, daß Miss Gradgrind kein Interesse für das Spiel hat. Ich dagegen wäre glücklich, Sir, wenn Sie sich herablassen wollten.»

Sie spielten an einem Fenster, das sich zum Garten öffnete. Es war eine schöne Nacht, ohne Mondschein, aber schwül und voller Düfte. Louisa und Mr. Harthouse schlenderten durch den Garten, von wo ihre Stimmen in der Stille zu hören waren, wenn auch nicht, was sie sagten. Mrs. Sparsit bemühte sich von ihrem Platz am Puffbrett aus unablässig, mit den Augen das Dunkel draußen zu durchdringen.

«Was ist los, Ma'am?» fragte Mr. Bounderby. «Sie sehen doch wohl kein Feuer?»

«Meine Güte, nein, Sir», erwiderte Mrs. Sparsit, «ich dachte an den Tau.»

«Was geht Sie der Tau an, Ma'am?» fragte Mr. Bounderby.

«Mich nichts, Sir», antwortete Mrs. Sparsit, «ich fürchte nur, Miss Gradgrind wird sich erkälten.»

«Sie erkältet sich nie», erklärte Mr. Bounderby.

«Wirklich, Sir?» sagte Mrs. Sparsit. Und wurde von einem Husten befallen.

Als die Schlafenszeit heranrückte, trank Mr. Bounderby ein Glas Wasser.

«Oh, Sir?» entfuhr es Mrs. Sparsit. «Nicht Ihren Glühsherry mit Zitronenschale und Muskatnuß?»

«Von der Gewohnheit bin ich abgekommen, Ma'am», sagte Mr. Bounderby.

«Um so mehr ist es zu bedauern, Sir», erwiderte Mrs. Sparsit. «Sie verlieren all Ihre guten Gewohnheiten. Frischauf, Sir! Wenn Miss Gradgrind es mir gestattet, möchte ich mich erbieten, ihn für Sie zu bereiten, wie ich es oft getan habe.»

Da Miss Gradgrind Mrs. Sparsit gern gestattete, alles zu tun, was sie wollte, bereitete die aufmerksame Dame das Getränk und reichte es Mr. Bounderby. «Es wird Ihnen guttun, Sir. Es wird Ihr Herz erwärmen. Es ist genau das, was Sie brauchen und trinken sollen, Sir.» Und als Mr. Bounderby sagte: «Auf Ihr Wohl, Ma'am!», antwortete sie mit viel Gefühl: «Ich danke Ihnen, Sir. Ihnen ein Gleiches und Glück dazu.» Schließlich wünschte sie ihm mit tiefer Rührung gute Nacht, und Mr. Bounderby ging zu Bett mit der weinerlichen

Rauschüberzeugung, daß er in einer zärtlichen Sache Unglück gehabt habe, wenn er auch um sein Leben nicht hätte sagen können, was das für eine Sache war.

Lange nachdem sich Louisa ausgekleidet und niedergelegt hatte, war sie noch wach und wartete auf die Ankunft ihres Bruders. Sie wußte, daß er kaum früher als eine Stunde nach Mitternacht dasein konnte, doch in der ländlichen Stille, die die Unruhe ihrer Gedanken durchaus nicht beschwichtigte, schleppte sich die Zeit träge dahin. Als am Ende die Dunkelheit und die Stille scheinbar stundenlang einander verdichtet hatten, hörte sie die Glocke am Tor. Ihr war, als wäre sie froh, wenn sie bis Tagesanbruch weitergeläutet hätte, aber sie verstummte, und die Kreise ihres letzten Tons breiteten sich weiter und schwächer in der Luft aus, und dann war alles wieder totenstill.

Sie wartete noch eine Viertelstunde, wie sie meinte. Dann stand sie auf, warf ein Négligé über und ging aus ihrem Zimmer ins Dunkle und die Treppe hinauf zum Zimmer ihres Bruders. Da die Tür geschlossen war, öffnete sie sie leise und sprach zu ihm, während sie sich mit geräuschlosen Schritten seinem Bett näherte.

Sie kniete davor nieder, legte den Arm um seinen Hals und zog sein Gesicht an sich. Sie wußte, daß er nur so tat, als schliefe er, sagte aber nichts.

Etwas später bewegte er sich, als sei er soeben erwacht, und fragte, wer da sei und was los wäre.

«Tom, hast du mir etwas zu sagen? Wenn du mich je in deinem Leben geliebt und allen andern was verheimlicht hast, so sag es mir.»

«Ich weiß nicht, was du meinst, Lou. Du hast geträumt.»

«Mein lieber Bruder!» Sie legte den Kopf auf sein Kissen, und ihr Haar überflutete ihn, als wolle sie ihn vor allen Menschen außer ihr selbst verstecken. «Gibt es nichts, was du mir zu sagen hast? Gibt es nichts, was du mir sagen kannst, wenn du nur willst? Du kannst mir nichts sagen, das mich verändern würde. O Tom, sag mir die Wahrheit!»

«Ich weiß nicht, was du meinst, Lou!»

«Wie du hier liegst, allein in dieser düsteren Nacht, mein Herz, so mußt du eines Nachts irgendwo liegen, wenn sogar ich, sofern ich dann noch lebe, dich verlassen haben werde. So wie ich hier bei dir bin, barfuß, nicht angekleidet, im Dunkeln nicht zu sehen, so muß ich in der Nacht meines Verfalls liegen, bis ich zu Staub geworden bin. Im Namen dieser Zeit, Tom, sag mir jetzt die Wahrheit!»

«Was willst du wissen?»

«Du darfst gewiß sein», und in der Kraft ihrer Liebe zog sie ihn wie ein Kind an die Brust, «daß ich dir keine Vorwürfe machen werde. Du darfst gewiß sein, daß ich voll Erbarmen und treu gegen dich sein werde. Du darfst gewiß sein, daß ich dich retten werde, was es auch kosten möge. O Tom, hast du mir nichts zu sagen? Flüstere ganz leise. Sage nur ja, und ich werde dich verstehen!»

Sie brachte ihr Ohr an seine Lippen, doch er blieb verbissen stumm.

«Kein Wort, Tom?»

«Wie kann ich ja sagen oder wie kann ich nein sagen, wenn ich nicht weiß, was du meinst? Du bist ein braves, gutes Mädchen, Lou, und eines besseren Bruders wert, wie ich zu glauben anfange. Aber weiter habe ich nichts zu sagen. Geh zu Bett, geh zu Bett.»

«Du bist müde», flüsterte sie jetzt fast wieder mit ihrer gewohnten Stimme.

«Ja, ich bin sehr müde.»

«Du hast heute so viel Hetzerei und Aufregung gehabt. Hat man irgendwelche neuen Entdeckungen gemacht?»

«Nur die du schon gehört hast über – den da.»

«Tom, hast du irgend jemand erzählt, daß wir bei den Leuten einen Besuch gemacht und alle drei zusammen gesehen haben?»

«Nein. Hast du mich nicht ausdrücklich gebeten, Stillschweigen darüber zu bewahren, als du mich auffordertest, dich dorthin zu begleiten?»

«Ja, aber damals wußte ich noch nicht, was geschehen würde.»

«Ich auch nicht. Wie konnte ich?»

Er war schnell mit seiner Antwort.

«Muß ich, nach dem, was geschehen ist, erzählen, daß ich den Besuch machte?» fragte seine Schwester, neben dem Bett stehend – sie hatte sich nach und nach zurückgezogen und erhoben. «Soll ich es erzählen? Muß ich es erzählen?»

«Barmherziger Himmel, Lou», gab ihr Bruder zurück, «du fragst mich doch sonst nicht um Rat. Sag, was du willst. Wenn du es für dich behältst, werde ich es auch für *mich* behalten. Wenn du es erzählst, ist eben Schluß damit.»

Es war für beide zu dunkel, des anderen Gesicht zu sehen, doch schien jeder sehr aufmerksam zu sein und nachzudenken, ehe er sprach.

«Tom, glaubst du, daß der Mann, dem ich das Geld gab, wirklich in dies Verbrechen verwickelt ist?»

«Ich weiß nicht. Ich sehe nicht ein, warum er es nicht sein sollte.»

«Er machte mir den Eindruck eines redlichen Mannes.»

«Ein anderer erscheint dir vielleicht unredlich und ist es doch nicht.» Eine Pause entstand, er zögerte und schwieg.

«Kurz und gut, wenn du schon darauf kommst», sagte Tom, als hätte er sich entschlossen, «vielleicht war ich so weit davon entfernt, überhaupt Gnade vor ihm zu finden, daß ich ihn aus der Tür zog und ihm in aller Ruhe sagte, er möchte bedenken, daß er gut daran sei, ein so unverhofftes Geldgeschenk zu bekommen, wie er es von meiner Schwester erhalten habe, und ich hoffte, er werde es gut anwenden. Du erinnerst dich wohl, daß ich ihn rausnahm. Ich sage nichts gegen den Mann, er mag nach allem, was ich weiß, ein sehr guter Kerl sein, jedenfalls hoffe ich das.»

«War er über das, was du sagtest, beleidigt?»

«Nein, er nahm es ganz gut auf, er war recht höflich. Wo bist du, Lou?» Er setzte sich im Bett auf und küßte sie. «Gute Nacht, Liebchen, gute Nacht!»

«Weiter hast du mir nichts zu sagen?»

«Nein. Was sollte ich? Du würdest doch nicht wollen, daß ich dir etwas vorlüge?»

«Von allen Nächten in deinem Leben, sehr vielen und glücklicheren, wie ich hoffe, würde ich das am allerwenigsten heute nacht wollen, Tom.»

«Danke, liebe Lou. Ich bin so müde, daß ich mich gar nicht wundern würde, wenn ich irgend etwas sagte, nur um schlafen zu können. Geh zu Bett, geh zu Bett.»

Er küßte sie noch einmal, drehte sich um, zog sich die Decke über den Kopf und lag so still, als wäre schon die Zeit gekommen, bei der sie ihn beschworen hatte. Sie stand noch eine Weile an seinem Bett, ehe sie sich langsam entfernte. An der Tür machte sie halt, blickte, als sie sie geöffnet hatte, zurück und fragte, ob er sie gerufen habe? Aber er lag still, und so schloß sie leise die Tür und ging in ihr Zimmer zurück.

Da blickte der unselige Junge vorsichtig hoch, kroch, als er sah, daß sie fort war, aus dem Bett, verriegelte die Tür und warf sich wieder auf sein Kissen, wo er sich die Haare raufte und verdrossen weinte, in unwilliger Liebe zu ihr, und sich selbst voll Haß, aber ohne Reue schmähte und nicht weniger haßerfüllt und unnütz alles Gute auf der Welt schmähte.

9. Kapitel

Zum letztenmal
davon hören

Mrs. Sparsit pflog der Ruhe, um dann in Mr.
Bounderbys Landhaus den Zustand ihrer Nerven wiederher-
zustellen, wobei sie unter ihren Coriolanbrauen Tag und
Nacht so scharf Ausschau hielt, daß ihre Augen wie zwei
Leuchttürme an felsiger Küste vielleicht alle verständigen See-
fahrer vor dem vorspringenden Fels ihrer römischen Nase und
der düsteren Klippenregion in deren Nachbarschaft gewarnt
hätten, wenn sie nicht in ihrem Benehmen die Sanftmut in
Person gewesen wäre. Obwohl es schwer zu glauben war, daß
ihr abendliches Schlafengehen etwas anderes als eine Form-
sache war, so ungeheuer weit wach waren ihre klassischen Augen und so unmöglich schien es, das ihre unnachsichtige Nase
einem mildernden Einfluß nachgeben könne, war ihre Art, zu
sitzen und ihre unbequemen, um nicht zu sagen knirschenden
Halbhandschuhe zu glätten (sie waren aus einem kühlen Material wie für Fliegenschränke hergestellt) oder mit dem Fuß in
ihrem Baumwollsteigbügel nach unbekannten Zielen zu tra-
ben, so durchaus heiter, daß die meisten Beobachter genötigt
gewesen wären, sie für eine Taube zu halten, die zeit ihres
Erdenwallens durch eine Laune der Natur in einem Vogel der
krummschnäbligen Gattung verkörpert sei.

Sie war eine mehr als erstaunliche Frau, was das Herumstö-
bern im Haus betraf. Wie sie von Stockwerk zu Stockwerk
gelangte, blieb ein ungelöstes Rätsel. Eine so schickliche
Dame mit so vornehmen Beziehungen konnte doch nicht gut
verdächtigt werden, sich über das Treppengeländer fallen zu
lassen oder auf ihm herabzurutschen, doch ihre enorme Ge-
schicklichkeit in der Ortsveränderung legte diesen phantasti-

schen Gedanken nahe. Ein weiterer bemerkenswerter Umstand an Mrs. Sparsit war, daß sie nie in Eile zu sein schien. Sie konnte in höchster Geschwindigkeit vom Dach in die Diele hinuntersausen und sich doch im vollen Besitz ihres Atems und ihrer Würde befinden, wenn sie unten ankam. Auch sah sie kein Menschenblick je mit ausgreifendem Schritt gehen.

Mit Mr. Harthouse beschäftigte sie sich sehr freundlich und führte bald nach ihrer Ankunft ein paar angenehme Gespräche mit ihm. Eines Morgens vor dem Frühstück machte sie ihm im Garten einen majestätischen Knicks.

«Es kommt mir vor, als wäre es erst gestern gewesen, Sir», sagte Mrs. Sparsit, «daß ich die Ehre hatte, Sie in der Bank zu empfangen, als Sie die Güte besaßen, Mr. Bounderbys Adresse erfahren zu wollen.»

«Ein Vorfall, den ich selbst nicht in Jahrhunderten vergessen werde», bemerkte Mr. Harthouse und neigte mit der denkbar mattesten Miene den Kopf vor Mrs. Sparsit.

«Wir leben in einer sonderbaren Welt, Sir», sagte Mrs. Sparsit.

«Ich hatte durch eine Übereinstimmung, auf die ich so stolz bin, die Ehre, eine im Ergebnis ähnliche, wenn auch nicht so epigrammatisch ausgedrückte Bemerkung zu machen.»

«In einer sonderbaren Welt, möchte ich sagen, Sir», fuhr Mrs. Sparsit fort, nachdem sie das Kompliment mit einem Senken ihrer dunklen Brauen entgegengenommen hatte, das im Ausdruck nicht ganz so sanft war wie die süßen Töne ihrer Stimme, «was die Vertraulichkeiten betrifft, zu denen wir manchmal mit Menschen gelangen, die uns zu anderer Zeit gänzlich unbekannt waren. Ich erinnere daran, Sir, daß Sie bei jener Gelegenheit so weit gingen, zu sagen, Sie fürchteten sich geradezu vor Miss Gradgrind.»

«Ihr Gedächtnis erweist mir mehr Ehre, als meine Bedeutungslosigkeit verdient. Ich mache mir Ihre zuvorkommenden Winke zunutze, um meine Schüchternheit abzulegen, und ich brauche nicht hinzuzufügen, daß sie völlig richtig waren. Mrs. Sparsits Begabung für – tatsächlich für alles, was Genauigkeit erfordert – in der Verbindung mit Geistesstärke – und Herkunft – hat sich zu häufig offenbart, um in Frage zu stehen.» Er schlief über diesem Kompliment fast ein, so lange brauchte er, um es hinter sich zu bringen, und so oft schweifte sein Geist ab, während er es von sich gab.

«Sie fanden Miss Gradgrind – ich kann und kann sie nicht Mrs. Bounderby nennen, das ist sehr albern von mir – so jugendlich, wie ich sie beschrieb?» fragte Mrs. Sparsit hold.

«Sie haben ihr Porträt vortrefflich gezeichnet», sagte Mr. Harthouse. «Ihr getreues Abbild.»

«Sehr einnehmend, Sir», sagte Mrs. Sparsit und veranlaßte ihre Halbhandschuhe, sich langsam umeinanderzudrehen.

«In hohem Maß.»

«Es pflegte so angesehen zu werden, als ermangle es Miss Gradgrind an Lebhaftigkeit», sagte Mrs. Sparsit, «aber ich muß gestehen, daß mir scheint, als hätte sie sich in dieser Hinsicht erheblich und auffallend gebessert. Ach, und da ist ja Mr. Bounderby!» rief Mrs. Sparsit und nickte wieder und wieder, als hätte sie von niemand anderem gesprochen und an niemand anderen gedacht. «Wie befinden Sie sich heute morgen, Sir? Bitte lassen Sie uns sehen, daß Sie heiter sind, Sir.»

Diese ständig wiederholten Besänftigungen seines Elends und Erleichterungen seiner Bürde hatten unterdessen bereits die Wirkung gezeitigt, daß Mr. Bounderby milder als sonst gegen Mrs. Sparsit und unfreundlicher als sonst gegen die meisten anderen Leute war, von seiner Frau abwärts. Als nun Mrs. Sparsit mit forcierter Herzensfröhlichkeit sagte: «Sie wollen Ihr Frühstück, Sir, und ich glaube wohl, Miss Gradgrind wird bald hiersein und bei Tisch ihren Platz als Hausfrau einnehmen», antwortete Mr. Bounderby: «Wenn ich warten wollte, bis meine Frau für mich sorgt, Ma'am, dann könnte ich bis zum Jüngsten Gericht warten, ich glaube, das wissen Sie ganz gut, deshalb werde ich *Sie* bemühen, sich der Teekanne anzunehmen.» Mrs. Sparsit fügte sich und nahm ihren früheren Platz am Tisch ein.

Auch dies machte die vortreffliche Frau wieder ungeheuer gefühlvoll. Dabei war sie so bescheiden, daß sie aufstand, als Louisa erschien, und beteuerte, es könne kein Gedanke daran sein, daß sie unter den bestehenden Umständen diesen Platz einnähme, sooft sie auch die Ehre gehabt habe, Mr. Bounderby das Frühstück zu bereiten, ehe Mrs. Gradgrind – Verzeihung, sie meine natürlich Miss Bounderby – man werde ihr hoffentlich vergeben, sie könne es wirklich noch nicht fassen, wenn sie auch die Zuversicht hege, allmählich damit vertraut zu werden – ihre jetzige Stellung eingenommen habe. Es sei nur deshalb (bemerkte sie), weil sich Miss Gradgrind zufällig etwas verspätet habe und Mr. Bounderbys Zeit so überaus kostbar sei, und sie wisse von früher, wie im höchsten Grade wichtig es sei, daß er sein Frühstück augenblicklich bekäme, weshalb sie sich die Freiheit genommen habe, seiner Bitte nachzukommen, da ihr ja sein Wille so lange Zeit Gesetz gewesen sei.

«Schon gut! Bleiben Sie, wo Sie sind, Ma'am», sagte Mr. Bounderby, «bleiben Sie, wo Sie sind! Mrs. Bounderby wird, glaube ich, sehr froh sein, sich der Mühe enthoben zu sehen.»

«Sagen Sie das nicht, Sir», gab Mrs. Sparsit fast streng zurück, «weil das sehr unfreundlich gegen Mrs. Bounderby ist. Und Unfreundlichkeit ist nicht Ihre Art, Sir.»

«Sie können sich beruhigen Ma'am. – Du kannst es ganz gelassen hinnehmen, nicht wahr, Lou?» sagte Mr. Bounderby aufbrausend zu seiner Frau.

«Natürlich. Es ist ohne Bedeutung. Warum sollte es für mich von irgendwelcher Wichtigkeit sein?»

«Warum sollte es überhaupt für irgend jemand von Wichtigkeit sein, Mrs. Sparsit, Ma'am?» sagte Mr. Bounderby, von dem Gefühl der Vernachlässigung geschwollen. «Sie messen diesen Dingen zuviel Wichtigkeit bei, Ma'am. Bei Gott, in manchen Ihrer Ansichten werden Sie hier verdorben werden. Sie sind altmodisch, Ma'am. Sie sind hinter der Zeit von Tom Gradgrinds Kindern zurückgeblieben.»

«Was ist mit dir los?» fragte Louisa kühl erstaunt. «Was hat dir Verdruß bereitet?»

«Verdruß?» wiederholte Mr. Bounderby. «Glaubst du denn, ich ließe mir Verdruß bereiten, ohne ihn namhaft zu machen und Bestrafung zu verlangen? Ich glaube, ich bin ein Mann, der seinen geraden Weg geht. Ich suche nicht nach Umwegen.»

«Ich glaube, niemand hat jemals Anlaß gehabt, dich für zu schüchtern oder zartfühlend zu halten», antwortete ihm Louisa ruhig, «diesen Vorwurf habe ich dir nie gemacht, weder als Kind noch als Frau. Ich verstehe nicht, was du willst.»

«Was ich will?» entgegnete Bounderby. «Nichts. Weißt du nicht sehr gut, Lou Bounderby, daß ich, Josiah Bounderby aus Coketown, es sonst erlangen würde?»

Sie sah ihn an, als er auf den Tisch schlug, daß die Tassen klirrten, und ihr Gesicht war von einer stolzen Röte überflogen, die etwas Neues an ihr war, wie Mr. Harthouse denken mußte. «Du bist heute morgen unbegreiflich», sagte Louisa. «Erspare dir bitte jede weitere Mühe, dich zu erklären. Ich bin nicht neugierig, deine Meinung kennenzulernen. Was liegt schon daran!»

So wurde zu diesem Thema nichts mehr gesagt, und Mr. Harthouse schweifte alsobald mit lässiger Heiterkeit zu allerlei gleichgültigen Dingen ab. Doch von diesem Tag an führte die Sparsit-Wirkung auf Mr. Bounderby Louisa und James Harthouse enger zueinander und vertiefte die gefährliche Entfremdung von ihrem Gatten und das gegen ihn gerichtete Vertrauen zu einem anderen, in das sie nach und nach so unmerklich geglitten war, daß sie nicht mehr die einzelnen Stufen zurückverfolgen konnte, wenn sie es versuchte. Ob sie es wirklich versuchte oder nicht, lag in ihrem verschlossenen Herzen verborgen.

Mrs. Sparsit hatte dieser besondere Vorfall so bewegt, daß sie Mr. Bounderby, als sie nach dem Frühstück in der Diele mit ihm allein war und ihm seinen Hut reichte, einen keuschen Kuß auf die Hand drückte, «Mein Wohltäter!» murmelte und sich, von Kummer überwältigt, zurückzog. Dennoch ist es eine unzweifelhafte und dieser Geschichte wohlbekannte Tatsache, daß ebendiese Nachfahrin der Scadgers und durch Ehe Verwandte der Powlers, fünf Minuten nachdem er in ebendiesem Hut das Haus verlassen hatte, ihren rechten Halbhandschuh vor seinem Porträt schüttelte, diesem Kunstwerk eine verächtliche Grimasse schnitt und sagte: «Geschieht dir recht, du Dummkopf, und es freut mich!»

Mr. Bounderby war noch nicht lange fort, als Bitzer erschien. Bitzer war mit dem Zug gekommen, der die lange Reise über die wüste Gegend vergangener und gegenwärtiger Kohlengruben gespannter Brückenbogen entlang pfiff und ratterte, und brachte einen Eilbrief aus Stone Lodge. Es war eine Nachricht für Louisa, daß Mrs. Gradgrind sehr krank darniederläge. Sie war nie gesund gewesen, so lange ihre Tochter denken konnte, doch in den letzten Tagen war es mit ihr bergab gegangen, in der Nacht war sie tiefer und tiefer gesunken und nun fast so tot, wie ihre begrenzte Fähigkeit gestattete, sich in einem Zustand zu befinden, der den Schatten einer Absicht in sich schloß, ihn zu verlassen.

Von dem hellhäutigsten Laufburschen begleitet, einem angemessen farblosen Diener am Tor des Todes, wenn Mrs. Gradgrind anklopfte, rumpelte Louisa über die Kohlengruben, die vergangenen und gegenwärtigen, nach Coketown und wurde in deren rauchgeschwängerten Rachen gewirbelt. Sie entließ den Boten zu seinen eigenen Vorhaben und fuhr in ihr früheres Heim.

Seit ihrer Heirat war sie selten hier gewesen. Ihr Vater war gewöhnlich damit beschäftigt, den parlamentarischen Schlackenhaufen in London zu sieben und zu sieben (ohne daß man ihn aus dem Kehricht viele kostbare Artikel zum Vorschein bringen sah), und war immer noch fleißig bei der Arbeit in dem Staatsmüllhof. Ihre Mutter hatte es eher als eine Störung empfunden, wenn sie, auf ihrem Sofa zurückgelehnt, Besuch erhielt, für das junge Volk fühlte sich Louisa nicht geschaffen, und gegen Sissy war sie nicht wieder freundlicher geworden seit dem Abend, als das Kind des Vagabunden die Augen aufgeschlagen hatte, um Mr. Bounderbys künftige Gattin anzusehen. Nichts hatte sie gereizt heimzugehen, und sie hatte es selten getan.

Auch jetzt, als sie sich ihrem alten Zuhause näherte, rührte sich in ihr keiner von den besten Einflüssen der einstigen Heimstatt. Die Träume der Kindheit – ihre luftig leichten Märchen, ihre anmutigen, schönen, menschlichen und undenkbaren Ausschmückungen der künftigen Welt, an die man einst so gern glaubte und an die man sich als Erwachsener so gern erinnert, weil noch das Geringste davon im Herzen zur Größe einer mächtigen Liebe aufwächst und die Kindlein hineinkommen läßt, daß sie mit ihren reinen Händen mitten unter den steinigen Pfaden dieser Welt einen Garten hegen, in dem sich, was besser für sie wäre, alle Adamskinder einfach, zutraulich und ohne Weltklugheit öfter sonnen sollten –, was hatte sie mit ihnen zu schaffen? Erinnerungen an jene Zeit, da sie dem wenigen, was sie wußte, auf den Zauberpfaden ihrer und Millionen unschuldiger Geschöpfe Hoffnung und Vorstellung entgegengewandert war, da sie die Vernunft, als sie zum erstenmal durch das milde Licht der Phantasie brach, als einen wohltätigen Gott angesehen hatte, der sich vor anderen, gleich großen Göttern beugte, kein grimmiger, grausamer und kalter Götze, der seine Opfer an Händen und Füßen fesselt und dessen anmaßende stumme Gestalt, aufgepflanzt mit blicklosem Starren, durch nichts anderes zu rühren ist als durch die Berechnung von soundsoviel Tonnen Hebelkraft – was hatte sie damit zu schaffen? Ihre Erinnerungen an Heim und Kindheit waren Erinnerungen an das Austrocknen jeder Quelle und jeden Brunnens, die sich aus ihrem jungen Herzen ergossen. Da gab es keine gesegneten Wasser, die flossen, um jenes Land fruchtbar zu machen, wo man Trauben von den Dornen und Feigen von den Disteln liest.

Mit schwerem, verhärtetem Kummer trat sie in das Haus und ins Zimmer ihrer Mutter. Seit der Zeit, da sie von zu Hause fort war, hatte Sissy mit der Familie wie eine von ihnen gelebt.

Sissy saß bei der Mutter, und die kleine Schwester Jane, jetzt zehn oder zwölf Jahre alt, war ebenfalls im Zimmer.

Es kostete nicht wenig Mühe, ehe man Mrs. Gradgrind begreiflich machen konnte, daß ihr ältestes Kind da sei. Sie lag, durch Kissen gestützt, aus reiner Gewohnheit auf ihrem Sofa, und ihre ganze Haltung glich so sehr ihrer früher gewohnten, wie man etwas so Hilfloses nur darin bewahren konnte. Sie hatte sich entschieden geweigert, ihr Bett aufzusuchen, weil sie dann, wie sie meinte, nicht zum letztenmal davon gehört haben werde.

Ihre schwache Stimme klang unter dem Wust von Schals so weit entfernt, und der Klang der anderen Stimme, die mit ihr sprach, schien so lange zu brauchen, bis er ihr Ohr erreichte, daß es war, als läge sie auf dem Grund eines Brunnens. Die arme Dame war der Wahrheit näher, als sie je gewesen war, was viel heißen wollte.

Als man ihr sagte, Mrs. Bounderby sei da, verstand sie nicht richtig und antwortete, seit er Louisa geheiratet, habe sie ihn nie bei diesem Namen, sondern lieber J. genannt, bis sie einen einwandfreien gefunden hätte, und von dieser Regelung könne sie jetzt nicht abgehen, da sie noch nicht über einen bleibenden Ersatz verfüge. Louisa hatte schon einige Minuten bei ihr gesessen und sie mehrmals angeredet, ehe die Mutter deutlich begriff, wer zu ihr sprach. Plötzlich schien es ihr aufzugehen.

«Nun, mein Liebling», sagte Mrs. Gradgrind, «ich hoffe, es geht dir zur Zufriedenheit. Das war alles das Werk deines Vaters. Er hatte sein Herz drangehängt. Und er mußte es wissen.»

«Ich möchte von dir hören, Mutter, nicht von mir.»

«Von mir willst du hören, mein Kind? Das ist bestimmt etwas Neues, daß jemand von mir hören will. Nicht sehr gut, Louisa. Sehr schwach und schwindlig.»

«Hast du Schmerzen, liebe Mutter?»

«Ich glaube, irgendwo im Zimmer ist ein Schmerz», antwortete Mrs. Gradgrind, «aber ich könnte nicht mit Bestimmtheit sagen, daß ich ihn habe.»

Nach dieser sonderbaren Rede lag sie eine Weile still. Louisa, die ihre Hand hielt, konnte keinen Puls fühlen, doch als sie die Hand küßte, einen schwachen, dünnen Lebensfaden flattern sehen.

«Du besuchst deine Schwester sehr selten», sagte Mrs. Gradgrind. «Sie wird wie du. Ich wünschte, du würdest sie dir ansehen. Sissy, bring sie her.»

Sie wurde geholt und stand Hand in Hand mit ihrer Schwester. Louisa hatte bemerkt, wie sie den Arm um Sissys Hals gelegt hatte, und spürte den Unterschied in ihrer Haltung, als sie zu ihr trat.

«Siehst du die Ähnlichkeit, Louisa?»

«Ja, Mutter. Sie kommt mir vor wie ich. Nur…»

«Nicht wahr? Ja, das sage ich auch immer», rief Mrs. Gradgrind mit unerwarteter Lebhaftigkeit. «Und das erinnert mich. Ich… ich wollte mit dir sprechen, mein Liebling. Sissy, mein gutes Kind, laß uns eine Minute allein.»

Louisa hatte die Hand losgelassen, hatte überlegt, daß das Gesicht ihrer Schwester besser und heller war, als das ihre je gewesen, hatte darin nicht ohne ein Gefühl aufsteigenden Unwillens, selbst an diesem Ort und zu dieser Stunde, etwas von der Güte des anderen Gesichts im Zimmer gesehen, des holden Gesichts mit den vertrauensvollen Augen, blasser durch das üppige dunkle Haar als durch Wachen und Mitleiden.

Als sie mit ihrer Mutter allein war, bemerkte Louisa eine Ehrfurcht gebietende Ruhe auf ihrem Gesicht, wie bei einem Menschen, der auf einem weiten Wasser dahintreibt, allen Widerstand aufgegeben hat und es zufrieden ist, den Strom hinabgetragen zu werden. Wieder führte sie den Schatten einer Hand an die Lippen und rief sie zurück.

«Du wolltest mit mir sprechen, Mutter.»

«Wie? Ja, gewiß, mein Liebes. Du weißt, dein Vater ist jetzt fast immer fort, und deshalb muß ich ihm darüber schreiben.»

«Worüber, Mutter? Reg dich nicht auf. Worüber?»

«Du wirst dich erinnern, Kind, wenn ich je über eine Sache etwas sagte, so hatte ich nicht das letzte Mal davon gehört, deshalb habe ich es seit langem aufgegeben, etwas zu sagen.»

«Ich höre dich, Mutter.» Doch nur, indem sie sich zu ihrem Ohr niederbeugte und gleichzeitig aufmerksam die sich bewegenden Lippen beobachtete, konnte sie die schwachen, abgerissenen Laute zu einer zusammenhängenden Kette verbinden.

«Du hast eine Riesenmenge gelernt, Louisa, und dein Bruder auch. Alle Sorten Ologie, vom Morgen bis in die Nacht. Wenn noch irgendeine Ologie irgendeiner Art übrig ist, die in diesem Haus nicht bis zum letzten abgedroschen wurde, so hoffe ich nur, niemals ihren Namen zu hören.»

«Ich kann dich hören, Mutter, wenn du die Kraft hast, weiterzusprechen.» Dies, um sie nicht forttreiben zu lassen.

«Aber da ist etwas – ganz bestimmt keine Ologie –, das dein Vater versäumt oder vergessen hat, Louisa. Ich weiß nicht, was es ist. Ich habe oft mit Sissy gesessen und darüber nachgedacht. Ich werde jetzt nicht auf den Namen kommen. Aber dein Vater vielleicht. Es macht mich unruhig. Ich möchte ihm schreiben, um herauszubekommen, was um Gottes willen das ist. Gib mir eine Feder, gib mir eine Feder.»

Selbst die Kraft der Unruhe hatte sie verlassen, nur nicht den armen Kopf, der sich noch von einer Seite zur andern drehen konnte.

Dennoch bildete sie sich ein, ihr Verlangen sei erfüllt worden und die Feder, die sie nicht hätte halten können, in ihrer Hand. Es liegt wenig daran, welch erstaunlich bedeutungslose Zeichen sie auf ihre Decke malte. Bald stockte die Hand, das Licht hinter dem dünnen Transparent, das stets matt und trübe gewesen war, ging aus, und nun, da sie aus dem Schatten getreten war, in dem der Mensch wandert und sich unnütz quält, breitete sich sogar über Mrs. Gradgrind der erhaben feierliche Ernst der Weisen und Patriarchen.

10. Kapitel

Mrs. Sparsits Treppe

Da sich Mrs. Sparsits Nerven nur langsam erholten, weilte die werte Dame einige Wochen lang in Mr. Bounderbys Landhaus, wo sie sich ungeachtet ihrer eremitischen Denkungsart, die auf dem wohlanständigen Bewußtsein ihrer veränderten Stellung beruhte, mit edler Seelenstärke dareinschickte, sozusagen in der Wolle zu sitzen und ein üppiges Leben zu führen. In der ganzen Zeit, da sie von ihrem Amt als Oberaufseherin der Bank vorübergehend beurlaubt war, zeigte sich Mrs. Sparsit als ein Muster an Beständigkeit, indem sie fortfuhr, Mr. Bounderby ins Gesicht hinein so zu bemitleiden, wie es selten einem Menschen zuteil wurde, und sein Porträt in *dessen* Gesicht hinein mit tiefster Gehässigkeit und Verachtung einen Dummkopf zu schimpfen.

Nachdem Mr. Bounderby mit seiner explosiven Natur erfaßt hatte, daß Mrs. Sparsit eine Frau war, die wie keine andere vorzüglich zu durchschauen vermochte, daß auch er in seinen Einöden wie alle anderen sein Kreuz zu tragen hatte (welches es war, darüber war er sich noch nicht schlüssig), und ferner, daß Louisa wohl gegen Mrs. Sparsits häufige Besuche Einwände erhoben hätte, wenn es mit seiner Größe vereinbar gewesen wäre, gegen etwas, was ihm zu tun beliebte, Einwände von ihr zu dulden, entschloß er sich, Mrs. Sparsit nicht so leicht aus den Augen zu verlieren. Als daher ihre Nerven bis zu dem Grad gestärkt waren, daß sie wieder in der Einsamkeit Kalbsmilch zu sich nehmen konnte, sagte er am Abend vor ihrer Abreise bei Tisch zu ihr: «Ich will Ihnen mal was sagen, Ma'am, solange das schöne Wetter an-

hält, kommen Sie jeden Sonnabend und bleiben bis Montag.»
Worauf Mrs. Sparsit, wenngleich nicht mohammedanischen
Glaubens, im wesentlichen erwiderte: «Hören ist gehor-
chen.»

Mrs. Sparsit war durchaus kein poetisches Frauenzimmer,
dennoch setzte sie sich eine Idee in den Kopf, die einem alle-
gorischen Phantasiegebilde gleichkam. Das ständige Beobachten Louisas und infolgedessen die häufige Wahrnehmung
ihrer unergründlichen Haltung, die Mrs. Sparsits Scharfsinn
wetzte und anregte, mußte ihr in Gestalt einer Inspiration
Auftrieb gegeben haben. Im Geist errichtete sie eine gewaltige Treppe mit einem finsteren Abgrund von Schande und
Verderben am Fuß, und diese Treppe sah sie Louisa von Tag
zu Tag und von Stunde zu Stunde hinabsteigen.

Es wurde Mrs. Sparsits Lebensbeschäftigung, zu ihrer
Treppe emporzublicken und zu beobachten, wie Louisa hinabstieg. Manchmal langsam, manchmal schnell, manchmal
mehrere Stufen auf einmal nehmend, manchmal stehenblei-
bend, doch nie umkehrend. Hätte sie sich nur ein einziges
Mal zurückgewandt, dann wäre Mrs. Sparsit vor Verdruß
und Gram gestorben.

Sie war beharrlich hinabgestiegen bis zu dem Tag, an dem
Mr. Bounderby die obenerwähnte wöchentliche Einladung
äußerte. Mrs. Sparsit war frohen Mutes und fühlte sich bewo-
gen, umgänglich zu sein.

«Und bitte, Sir», sagte sie, «wenn ich mir eine Frage her-
ausnehmen darf hinsichtlich einer Sache, über die Sie Zurückhaltung bewahren – was in der Tat dreist von mir ist, da ich
doch sehr gut weiß, daß Sie für alles, was Sie tun, einen Grund
haben –, haben Sie in bezug auf den Raub Aufschluß erhalten?»

«Nein, Ma'am, noch nicht. Unter den gegenwärtigen Umständen habe ich es noch nicht erwartet. Rom wurde nicht an
einem Tag erbaut, Ma'am.»

«Sehr wahr, Sir», pflichtete Mrs. Sparsit bei und schüttelte
den Kopf.

«Auch nicht in einer Woche, Ma'am.»

«Nein, wirklich nicht, Sir», erwiderte Mrs. Sparsit mit sanfter Schwermut.

«So kann auch ich warten, Ma'am», sagte Bounderby. «Wenn Romulus und Remus warten konnten, kann auch Josiah Bounderby warten. Allerdings waren sie in ihrer Jugend besser dran. Sie hatten eine Wölfin zur Amme, *ich* hatte nur eine Wölfin zur Großmutter. Die gab keine Milch, Ma'am, die gab Schläge. Darin war sie eine regelrechte Alderneykuh.»

«Ach!» seufzte Mrs. Sparsit und schauderte.

«Nein, Ma'am», fuhr Bounderby fort, «ich habe nichts weiter darüber gehört. Aber die Sache ist im Gange, und der junge Tom, der sich im Augenblick ziemlich ranhält – etwas Neues bei ihm, aber er hatte ja auch nicht *meine* Schulung –, hilft dabei. Meine strikte Anweisung lautet, alles inRuhe zu lassen und so zu tun, als sei alles vorbei. Insgeheim zu tun, was man will, aber sich nicht anmerken lassen, was man vorhat, sonst werden sich ein halbes Hundert von denen zusammentun und diesen Burschen, der ausgekniffen ist, außer Reichweite bringen. Läßt man die Sache ruhen, dann werden die Diebe nach und nach Zutrauen gewinnnen, und wir werden sie fassen.»

«Wirklich sehr klug, Sir», sagte Mrs. Sparsit. «Sehr interessant. Die alte Frau, die Sie erwähnten, Sir…»

«Die alte Frau, die ich erwähnte, Ma'am», entgegnete Bounderby, indem er die Sache kurz abfertigte, da sie nichts bot, damit großzutun, «ist nicht verhaftet worden, aber sie kann drauf schwören, daß es geschehen wird, wenn es ihrer schändlichen alten Seele irgendwelche Befriedigung gewährt. Inzwischen, Ma'am, bin ich der Meinung, wenn Sie mich nach meiner Meinung fragen, je weniger man von ihr spricht, um so besser.»

Denselben Abend blickte Mrs. Sparsit, als sie am Fenster ihres Zimmers von der Plackerei ausruhte, auf ihre große Treppe und sah Louisa immer noch hinabsteigen.

Sie saß mit Mr. Harthouse in der Gartenlaube und sprach sehr leise, und er beugte sich über sie, wenn sie zusammen flüsterten, wobei sein Gesicht fast ihr Haar berührte. «Wenn nicht in der Tat!» sagte Mrs. Sparsit und strengte ihre Falkenaugen auf das äußerste an. Mrs. Sparsit war zu weit entfernt, um auch nur ein Wort ihrer Unterhaltung zu vernehmen oder anders als nach dem Ausdruck ihrer Gesichter zu erkennen, daß sie miteinander sprachen, doch was sie sprachen, war dies:

«Sie erinnern sich an den Mann, Mr. Harthouse?»

«Oh, genau!»

«An sein Gesicht, sein Benehmen und was er sagte?»

«Genau. Und er schien mir ein enorm langweiliger Mensch zu sein. Im höchsten Grad weitschweifig und prosaisch. So pflegte man in der Schule für bescheidene Vorzüge in der Beredsamkeit zu predigen, aber ich versichere Ihnen, daß ich damals dachte: Mein guter Mann, du übertreibst es!»

«Es ist mir sehr schwergefallen, schlecht von dem Mann zu denken.»

«Meine liebe Louisa – wie Tom sagt.» Was er nie sagte. «Wissen Sie etwas Gutes von dem Burschen?»

«Nein.»

«Oder von anderen derartigen Menschen?»

«Wie kann ich», erwiderte sie, wobei sie mehr von ihrer früheren Manier zeigte, als er in der letzten Zeit an ihr bemerkt hatte, «wenn ich nichts von ihnen weiß, von den Männern oder Frauen?»

«Meine liebe Louisa, dann nehmen Sie bitte die untertänige Ermahnung Ihres ergebenen Freundes entgegen, der einiges von den verschiedenen Spielarten seiner vortrefflichen Mitmenschen weiß – denn vortrefflich sind sie, das will ich gern glauben, ungeachtet solcher kleinen Schwächen, sich stets dessen zu bedienen, wonach sie greifen können. Dieser Bursche redet. Schön, jeder redet. Er beteuert Moral. Schön, alle Sorten von Schwindlern beteuern Moral. Vom Unterhaus bis zum Zuchthaus gibt es ein allgemeines Beteuern von Moral, außer bei unsereins, tatsächlich ist es diese Ausnahme, die unsereins so erfrischend macht. Sie haben den Fall gesehen und gehört. Hier wurde einem aus leichtlebigen Schichten kurzerhand Einhalt geboten durch meinen geschätzten Freund Mr. Bounderby – der, wie wir wissen, nicht die zarte Rücksichtnahme besitzt, die einen so entschlossenen Arbeiter besänftigen würde. Das Mitglied der leichtlebigen Schichten war gekränkt, erbittert, verließ grollend das Haus, traf jemand, der ihm vorschlug, für einen Gewinnanteil bei dieser Geschichte in der Bank mitzumachen, tat es, steckte etwas in die Tasche, in der sich vorher nichts befunden hatte, und beruhigte sein Gemüt ungemein. Er wäre wahrhaftig ein ungewöhnlicher und nicht ein ganz gewöhnlicher Mensch gewesen, wenn er solch eine Gelegenheit nicht genutzt hätte. Oder er hätte sie vielleicht überhaupt herbeigeführt, wenn er so gescheit wäre.»

«Es kommt mir fast so vor, als müsse es schlecht von mir sein, Ihnen so bereitwillig zuzustimmen und mich im Herzen durch das, was Sie sagen, so erleichtert zu fühlen», erwiderte Louisa, nachdem sie eine ganze Weile nachgedacht hatte.

«Ich sage nur, was vernünftig ist, nichts Schlimmeres. Ich habe mehr als einmal mit meinem Freund Tom darüber gesprochen – natürlich besteht weiterhin völliges Vertrauen zwischen Tom und mir –, und er ist ganz meiner und ich ganz seiner Ansicht. Wollen Sie ein wenig spazierengehen?»

Sie schlenderten die in der Dämmerung verschwimmenden schmalen Wege entlang – sie stützte sich auf seinen Arm –, und es kam ihr schwerlich in den Sinn, daß sie Mrs. Sparsits Treppe tiefer, tiefer und tiefer hinabstieg.

Tag und Nacht ließ Mrs. Sparsit ihre Treppe stehen. Mochte sie über Louisa zusammenstürzen, wenn sie unten angekommen und in dem Abgrund verschwunden war, doch bis dahin mußte sie als Bauwerk vor Mrs. Sparsits Augen stehenbleiben. Und immer befand sich auf ihr Louisa. Und glitt immer tiefer, tiefer und tiefer.

Mrs. Sparsit sah Mr. Harthouse kommen und gehen, hier

und da hörte sie von ihm, sie sah die Veränderungen in dem Gesicht, das er studiert hatte, und auch sie bemerkte haargenau, wie und wann es sich bewölkte, wie und wann es sich aufklärte, sie hielt ihre schwarzen Augen weit offen, ohne eine Spur von Mitleid, ohne eine Spur von Gewissensbissen, ganz von dem Reiz gefangengenommen. Von dem Reiz, sie, ohne daß eine Hand sie aufhielte, dem Fuß dieser neuen Riesentreppe näher und näher kommen zu sehen.

Bei aller Rücksicht gegen Mr. Bounderby, so gründlich verschieden von ihrem Verhalten gegen sein Porträt, hatte Mrs. Sparsit doch nicht die leiseste Absicht, diesen Abstieg zu unterbrechen. Begierig, ihn vollendet zu sehen, und doch geduldig, wartete sie auf den endgültigen Sturz wie auf die Reife und Fülle der Ernte ihrer Hoffnungen. Durch die Erwartung zum Schweigen gebracht, hielt sie den bedächtigen Blick auf die Treppe gerichtet und schüttelte nur selten und verstohlen ihren rechten Halbhandschuh (mit der Faust darin) gegen die herabkommende Gestalt.

11. Kapitel

Tiefer und tiefer

Die Gestalt stieg stetig und unbeirrt die große Treppe hinab und sank wie ein Gewicht in tiefem Wasser immer mehr dem schwarzen Abgrund am Boden entgegen.

Mr. Gradgrind, vom Ableben seiner Frau in Kenntnis gesetzt, kam schleunigst aus London angereist und beerdigte sie auf geschäftsmäßige Art. Dann kehrte er eilends zu dem nationalen Schlackenhaufen zurück und begann ihn wieder nach Kleinkram zu sieben, den er brauchte, um den anderen Leuten, die anderen Kleinkram brauchten, den Staub in die Augen zu streuen – kurzum, er nahm seine parlamentarischen Pflichten wieder auf.

Unterdessen hielt Mrs. Sparsit unerschütterlich Wache. Obwohl sie die ganze Woche durch die Länge eines Schienenstrangs, der Coketown und das Landhaus schied, von ihrer Treppe getrennt war, beobachtete sie Louisa dennoch wie eine Katze, und zwar mit Hilfe des Gatten, des Bruders, James Harthouses, des Äußeren von Briefen und Paketen, mit Hilfe alles Belebten und Unbelebten, das zu allen Zeiten in die Nähe der Treppe kam. «Setzen Sie den Fuß auf die letzte Stufe, meine Dame», wandte sich Mrs. Sparsit mit Unterstützung ihres drohenden Halbhandschuhs an die herabsteigende Gestalt, «und Ihre ganze Kunst wird mich nie mehr blenden.»

Doch ob Kunst oder Natur, ob der Urstamm von Louisas Charakter oder die aufgepfropften Umstände – ihre sonderbare Zurückhaltung spornte freilich an, machte jedoch gleichzeitig die Bemühungen einer so scharfsinnigen Person wie Mrs. Sparsit zunichte. Es gab Zeiten, da Mr. James Harthouse ihrer nicht sicher war. Es gab Zeiten, da er in dem Gesicht, das er so lange studiert hatte, nicht lesen konnte und da ihm das einsame Mädchen ein größeres Rätsel war als irgendeine Frau auf der Welt mit einem Kreis von Anhängern zu ihrer Unterstützung.

So ging die Zeit dahin, bis es sich ergab, daß Mr. Bounderby in Geschäften, die seine Anwesenheit anderswo erforderlich machten, für drei oder vier Tage von zu Hause abberufen wurde. Es war an einem Freitag, als er es Mrs. Sparsit in der Bank mitteilte und hinzufügte: «Aber Sie werden morgen dessenungeachtet hinfahren, Ma'am. Sie werden geradeso hinfahren, als wäre ich dort. Es wird für Sie keinen Unterschied ausmachen.»

«Aber, Sir», erwiderte Mrs. Sparsit vorwurfsvoll, «ich möchte Sie doch bitten, so etwas nicht zu sagen. Ihre Abwesenheit wird für mich einen großen Unterschied ausmachen, Sir, und ich glaube, das wissen Sie sehr gut.»

«Na schön, Ma'am, dann müssen Sie sich eben in meiner Abwesenheit, so gut Sie können, behelfen», sagte Bounderby, nicht unangenehm berührt.

«Mr. Bounderby», erklärte Mrs. Sparsit, «Ihr Wille ist mir Gesetz, Sir, sonst wäre ich geneigt, über Ihre gütigen Befehle zu streiten, da mir nicht sicher zu sein scheint, ob es für Miss Gradgrind ganz so erfreulich ist, mich zu empfangen, wie es Ihrer großmütigen Gastfreundschaft stets beliebt. Aber Sie brauchen nichts weiter zu sagen. Ich werde Ihrer Einladung folgen.»

«Wenn ich Sie in mein Haus einlade, Ma'am», sagte Bounderby und riß die Augen auf, «so sollte ich doch meinen, daß Sie keiner weiteren Einladung bedürfen.»

«Nein, wirklich nicht, Sir», entgegnete Mrs. Sparsit, «ich hoffe nicht. Sagen Sie nichts mehr, Sir. Ich wünschte, Sir, ich könnte Sie wieder fröhlich sehen.»

«Was meinen Sie, Ma'am?» polterte Bounderby.

«Sir», versetzte Mrs. Sparsit, «Sie besaßen sonst eine Spannkraft, die ich jetzt schmerzlich vermisse. Seien Sie heiter, Sir!»

Mr. Bounderby konnte sich unter dem Einfluß dieser eigensinnigen, durch ihren mitleidigen Blick unterstützten Beschwörung nur in lächerlicher Hilflosigkeit den Kopf kratzen und sich hinterher aus der Entfernung dagegen behaupten, indem er den ganzen Morgen hörbar mit der kleinen Schar seiner Angestellten herumschrie.

«Bitzer», sagte Mrs. Sparsit denselben Nachmittag, als ihr Gönner seine Reise angetreten hatte und die Bank geschlossen war, «überbringen Sie dem jungen Thomas meine Empfehlungen und fragen Sie ihn, ob er ein Lammkotelett mit Walnußketchup zu einem Glas Indisch Bier mit essen möchte?» Da der junge Mr. Thomas gewöhnlich gern zu dergleichen bereit war, nahm er gnädig an und folgte Bitzer auf den Fersen. «Mr. Thomas», sagte Mrs. Sparsit, «da wir diese schlichten Speisen auf dem Tisch haben, meinte ich, sie könnten Sie verlocken.»

«Danke, Mrs. Sparsit», erwiderte der Filou. Und griff mürrisch zu.

«Wie geht es Mr. Harthouse, Mr. Tom?» fragte Mrs. Sparsit.

«Oh, dem geht's gut», antwortete Tom.

«Wo mag er jetzt wohl sein?» Mrs. Sparsit fragte in einem leichten Plauderton, nachdem sie den Filou im Geist zu allen Furien verwünscht hatte, weil er so zugeknöpft war.

«Er ist auf der Jagd in Yorkshire», sagte Tom. «Hat Lou gestern einen Korb, so groß wie 'ne halbe Kirche, geschickt.»

«Nun, er ist die Art Gentleman», meinte Mrs. Sparsit süß, «bei dem man wetten kann, daß er ein guter Schütze ist.»

«Ein famoser», sagte Tom.

Er war schon immer ein junger Mann mit niedergeschlagenem Blick gewesen, aber diese Eigentümlichkeit hatte sich in letzter Zeit so verstärkt, daß er seine Augen keine drei Sekunden hintereinander zu einerlei welchem Gesicht aufhob. Folglich hatte Mrs. Sparsit überreichlich Gelegenheit, sein Gesicht zu beobachten, wenn ihr danach war.

«Ich bin Mr. Harthouse sehr zugetan», bemerkte Mrs.

Sparsit, «was ihm freilich die meisten Leute sind. Dürfen wir hoffen, ihn in Kürze wiederzusehen, Mr. Tom?»

«Na, *ich* jedenfalls hoffe ihn morgen zu sehen», antwortete der Filou.

«Gute Neuigkeiten!» rief Mrs. Sparsit freundlich.

«Ich bin mit ihm verabredet, mich abends am Bahnhof mit ihm zu treffen», sagte Tom, «und hinterher werde ich vermutlich mit ihm essen gehen. Er kommt eine Woche oder so nicht ins Landhaus, weil er anderweitig verpflichtet ist. Zumindest hat er das gesagt, aber ich würde mich nicht wundern, wenn er sich hierher verirrt und den Sonntag über bleibt.»

«Da fällt mir etwas ein!» sagte Mrs. Sparsit. «Würden Sie eine Nachricht für Ihre Schwester behalten können, Mr. Tom, wenn ich Ihnen eine auftrüge?»

«Hm? Ich werd's versuchen», entgegnete der Filou widerstrebend, «wenn's keine lange ist.»

«Nur meine ergebensten Empfehlungen», sagte Mrs. Sparsit, «und ich fürchte, ich kann sie diese Woche nicht mit meiner Gesellschaft belästigen, da ich immer noch ein wenig nervös bin und vielleicht besser mit meiner armseligen Person allein bleibe.»

«Oh! Wenn das alles ist», bemerkte Tom, «da würde es nicht einmal viel ausmachen, wenn ich's vergesse, denn vermutlich wird Lou nicht an Sie denken, ehe Sie vor ihr stehn.»

Nachdem er seine Bewirtung mit diesem liebenswürdigen Kompliment vergolten hatte, verfiel er in ein Armesünderschweigen, bis kein Indisch Bier mehr da war, worauf er sagte: «Na, Mrs. Sparsit, ich muß weg!» und ging.

Am nächsten Tag, dem Sonnabend, saß Mrs. Sparsit den ganzen Tag an ihrem Fenster, blickte auf das Kommen und Gehen der Kunden, beobachtete die Briefträger, behielt den allgemeinen Verkehr auf der Straße im Auge und wälzte vielerlei in ihrem Sinn, doch vor allem und unablässig war ihre Aufmerksamkeit auf ihre Treppe gerichtet. Als der Abend kam, setzte sie die Haube auf, hüllte sich in das Umschlagtuch und ging still hinaus, da sie ihre Gründe hatte, heimlich den Bahnhof zu umkreisen, auf dem ein Passagier aus Yorkshire ankommen würde, und lieber um runde Pfeiler und Ecken und aus den Fenstern des Damenwartesaals auf den Bahnsteig zu blicken, als sich offen zu zeigen.

Tom war anwesend und schlenderte umher, bis der erwartete Zug einlief. Er brachte keinen Mr. Harthouse. Tom wartete, bis sich die Menge verlaufen hatte und der Tumult vorbei war, dann nahm er seine Zuflucht zu dem angeschlagenen Fahrplan und holte sich Rat von Gepäckträgern. Nachdem er das getan, trollte er sich fort, blieb auf der Straße stehen, blickte sie hinauf und hinab, nahm den Hut ab und setzte ihn wieder auf und gähnte und reckte sich und zeigte alle Symptome tödlicher Langeweile, die man bei jemandem erwarten konnte, der noch ausharren mußte, bis in einer Stunde und vierzig Minuten der nächste Zug einlief.

«Das ist eine List, ihn aus dem Weg zu schaffen», sagte Mrs. Sparsit und fuhr von dem trüben Fenster im Schalterraum zurück, von wo sie ihn zuletzt beobachtet hatte. «Harthouse ist jetzt bei seiner Schwester!»

Es war ein Einfall wie eine Erleuchtung, und schon schoß sie mit höchster Geschwindigkeit davon, ihn auszuführen. Der Bahnhof für die Strecke zum Landhaus lag am entgegengesetzten Ende der Stadt, die Zeit war knapp, der Weg nicht einfach, doch so schnell bemächtigte sie sich einer freien Kutsche, so schnell sprang sie hinaus, holte Geld hervor, löste ihr Billett und stürzte mit einem Satz in den Zug, daß sie die über gestrige und heutige Kohlengruben gespannten Brückenbogen entlanggetragen wurde, als wäre sie von einer Wolke aufgehoben und davongewirbelt worden.

Die ganze Reise über sah Mrs. Sparsit unbeweglich in der Luft, wenngleich nie zurückgelassen, deutlich vor ihrem düsteren geistigen Auge – so wie die Telegrafendrähte, die einen riesigen Streifen Notenpapier an den Abendhimmel zeichneten, ihrem leiblichen düsteren Auge deutlich sichtbar waren – ihre Treppe mit der herabkommenden Gestalt. Jetzt schon dem Fuß sehr nah. Am Rand des Abgrunds.

Ein bewölkter Septemberabend bei Anbruch der Nacht sah unter seinen sinkenden Augenlidern hervor Mrs. Sparsit aus ihrem Waggon schleichen, die Holztreppe der kleinen Station auf die gepflasterte Straße hinabsteigen, sie zu einem grünen Heckenweg überqueren und in der Sommerfülle von Laub und Zweigen verschwinden. Ein paar verspätete Vögel, die schläfrig in ihren Nestern zirpten, eine Fledermaus, die schwerfällig über ihr hin und her flog, und die Dunstwolke von ihren eigenen Schritten in dem dicken Staub, der sich wie Samt anfühlte, waren alles, was Mrs. Sparsit hörte oder sah, bis sie ganz leise eine Pforte schloß.

Von Gebüsch gedeckt, ging sie zum Haus und um das Haus herum, wobei sie durch das Laub zu den unteren Fenstern hineinblickte. Die meisten standen wie gewöhnlich bei so warmem Wetter offen, aber es war noch kein Licht angezündet und alles still. Ohne größeren Erfolg untersuchte sie den Garten. Dann fiel ihr das Wäldchen ein, und sie stahl sich in diese Richtung, achtlos gegen das lange Gras und die Dornen, gegen Würmer, Schnecken und Raupen und alles, was da kreucht. Mit den dunklen Augen und der Hakennase vorsichtig vorneweg, bahnte sich Mrs. Sparsit leise ihren Weg durch das dichte Unterholz, so erpicht auf ihr Ziel, daß sie vermutlich nichts anderes getan hätte, wenn der Wald voller Nattern gewesen wäre.

Horch!

Die kleineren Vögel hätten, verzaubert von den im Dunkel glitzernden Augen Mrs. Sparsits, als sie stehenblieb und lauschte, aus ihren Nestern fallen können.

Leise Stimmen ganz in der Nähe. Seine Stimme und die ihre. Die Verabredung *war* eine List, um den Bruder fernzuhalten! Dort waren sie, bei dem gefällten Baum!

Sich tief in das betaute Gras duckend, schlich Mrs. Sparsit näher. Dann richtete sie sich auf und stellte sich hinter einen Baum wie Robinson Crusoe in seinem Hinterhalt gegen die Wilden, und war ihnen so nahe, daß sie mit einem Satz, und keinem großen, die beiden hätte berühren können. Er war heimlich da und hatte sich nicht im Haus gezeigt. Er war zu Pferd gekommen und mußte über die benachbarten Felder geritten sein, denn sein Gaul stand wenige Schritte entfernt auf der Wiesenseite des Zauns angebunden.

«Was konnte ich tun, meine Allerliebste», sagte er. «War es mir denn möglich, fortzubleiben, da ich Sie allein wußte?»

Laß nur den Kopf hängen, um dich anziehender zu machen, *ich* weiß sowieso nicht, was sie an dir sehen, wenn du ihn hochhältst, dachte Mrs. Sparsit, aber du ahnst wohl kaum, meine Allerliebste, wessen Augen auf dir ruhen!

Daß sie den Kopf hängenließ traf zu. Sie drängte ihn zu gehen, sie befahl ihm zu gehen, doch weder wandte sie ihm das Gesicht zu noch hob sie es. Dennoch war es merkwürdig, daß sie so still saß, wie die liebenswerte Dame im Hinterhalt sie zu jeder beliebigen Zeit ihres Lebens hatte sitzen sehen. Ihre Hände ruhten ineinander wie die Hände einer Statue, und nicht einmal ihre Art zu sprechen war hastig.

«Mein liebes Kind», sagte Harthouse; Mrs. Sparsit bemerkte mit Wonne, daß sein Arm sie umfing, «wollen Sie nicht ein Weilchen meine Gesellschaft ertragen?»

«Nicht hier.»

«Wo, Louisa?»

«Nicht hier.»

«Aber wir haben so wenig Zeit, sie gut zu nutzen, und ich bin von so weit hergekommen, und ich liebe Sie so hingebungsvoll und wahnsinnig. Nie gab es einen Sklaven, der seine Herrin so hingebungsvoll liebte und gleichzeitig so schlecht von ihr behandelt wurde. Ihr strahlendes Willkommen, das mich zum Leben erwärmte, zu erwarten und dann so frostig empfangen zu werden ist herzzerreißend.»

«Soll ich noch einmal sagen, daß ich hier allein sein muß?»

«Aber wir müssen uns treffen, liebe Louisa. Wo sollen wir uns treffen?»

Beide fuhren zusammen. Auch die Lauscherin fuhr schuldbewußt zusammen, da sie glaubte, es gäbe noch einen

Lauscher unter den Bäumen. Aber es war nur Regen, der schnell und in großen Tropfen zu fallen begann.

«Soll ich in ein paar Minuten zum Haus geritten kommen, in der unschuldigen Annahme, der Hausherr sei daheim und werde mich mit Freuden empfangen?»

«Nein!»

«Ihren grausamen Befehlen ist blind zu gehorchen, wenn ich auch glaube, ich bin der unglückseligste Mann von der Welt, daß ich so gleichgültig gegen alle anderen Frauen war und am Ende unter dem Fuß der allerschönsten, allerbezauberndsten und allergebieterischsten in den Staub gefallen bin. Liebste Louisa, ich kann nicht gehen oder Sie gehen lassen, solange Sie Ihre Macht so unmenschlich mißbrauchen.»

Mrs. Sparsit sah, wie sein umschlingender Arm sie zurückhielt, und hörte ihn dann und wann in ihrer (Mrs. Sparsits) gierigen Hörweite sagen, wie sehr er sie liebe und daß sie der Einsatz sei, für den er leidenschaftlich gern alles aufs Spiel setze, was er im Leben besäße. Die Ziele, nach denen er noch vor kurzem gestrebt, würden wertlos neben ihr, soviel Erfolg er fast schon in der Hand habe, er schleudere ihn von sich als den Schmutz, der er, mit ihr verglichen, sei. Seine Beschäftigung, wenn er durch sie in ihrer Nähe bleiben könne, oder sein Verzicht, wenn er ihn von ihr entferne, oder Flucht, wenn sie sie teile, oder Geheimhaltung, wenn sie die befähle, oder irgendein Geschick oder jedes Geschick sei ihm einerlei, wenn sie treu zu ihm stehe – dem Mann, der gesehen habe, wie sehr sie Schiffbruch erlitten, den sie bei der ersten Begegnung mit einer Bewunderung, einer Teilnahme erfüllt habe, deren er sich unfähig geglaubt, den sie in ihr Vertrauen aufgenommen habe und der sie inbrünstig liebe und anbete. All das und noch mehr, in seinem Drängen und Louisas, im Wirbel ihrer eigenen befriedigten Bosheit, in der Furcht vor Entdeckung, in dem rasch zunehmenden Lärm des heftigen Regens im Laub und eines anrollenden Gewitters – nahm Mrs. Sparsit in ihrem Geist auf, aber von einem so unvermeidlichen Dunstkreis der Verworrenheit und Unklarheit umgeben, daß sie, als er am

Ende über den Zaun kletterte und sein Pferd fortführte, nicht sicher war, wo sie sich treffen würden oder wann, außer daß sie gesagt hatten, es solle heute nacht sein.

Doch eine von den beiden Gestalten blieb noch in der Finsternis zurück, und wenn sie deren Spur verfolgte, konnte sie nichts verfehlen. Oh, meine Allerliebste, dachte Mrs. Sparsit, du ahnst wohl kaum, wie gut auf dich achtgegeben wird.

Mrs. Sparsit sah sie aus dem Wäldchen kommen und ins Haus treten. Was nun? Es regnete jetzt in Strömen. Mrs. Sparsits weiße Strümpfe nahmen viele Farben an, vor allem Grün, Stacheln und Dornen hatten sich in ihre Schuhe geschlichen, Raupen baumelten in selbstgefertigten Hängematten von verschiedenen Teilen ihrer Kleidung, Bäche rannen von ihrer Haube und ihrer römischen Nase. In dieser Verfassung stand Mrs. Sparsit im dichten Gebüsch verborgen und überlegte, was nun.

Sieh da! Louisa kam aus dem Haus! Hastig in einen Mantel gehüllt und eingemummt, stahl sie sich fort. Sie brennt durch! Sie fällt von der untersten Stufe und wird von dem Abgrund verschlungen!

Gleichgültig gegen den Regen und schnellen, entschlossenen Schritts schlug sie einen Seitenpfad parallel zum Fahrweg ein. Mrs. Sparsit folgte in geringer Entfernung im Schatten der Bäume, denn es war nicht leicht, eine Gestalt im Auge zu behalten, die rasch durch das schattige Dunkel eilte.

Als sie stehenblieb, um die Seitenpforte geräuschlos zu schließen, blieb auch Mrs. Sparsit stehen. Als sie weiterging, ging auch Mrs. Sparsit weiter. Sie nahm den Weg, auf dem Mrs. Sparsit gekommen war, tauchte aus dem grünen Heckenpfad auf, überquerte die gepflasterte Straße und stieg die Holztreppe zum Bahnhof hinauf. Mrs. Sparsit wußte, daß bald ein Zug nach Coketown durchkommen würde, also hielt sie Coketown für ihren ersten Bestimmungsort.

Mrs. Sparsit brauchte in ihrem aufgelösten und triefenden Zustand keine ausgedehnten Vorsichtsmaßnahmen zu beachten, um ihr gewohntes Äußeres zu verändern, dennoch blieb sie im Schutz der Bahnhofsmauer stehen, faltete ihr Tuch zu einer neuen Form und legte es über ihre Haube. So vermummt, hatte sie nicht zu befürchten, daß sie erkannt würde, als sie die Bahnhofstreppe hinaufstieg und in dem kleinen Schalterraum ihr Fahrgeld bezahlte. Louisa saß wartend in einer Ecke. Mrs. Sparsit saß wartend in einer anderen Ecke. Beide horchten auf den Donner, der laut grollte, und auf den Regen, der das Dach wusch und auf die Brückengeländer klatschte. Ein paar Lampen waren verregnet und erloschen, deshalb empfanden beide die Blitze, die über die Gleise zuckten und im Zickzack liefen, als vorteilhaft.

Ein plötzliches Beben, das den Bahnhof erschütterte, sich allmählich zu Herzbeklemmungen steigerte, kündigte den Zug an. Feuer und Dampf und Rauch und rotes Licht, ein Zischen, ein Getöse, eine Glocke, ein Pfiff, und Louisa war in einem Waggon, Mrs. Sparsit in einem andern, und der kleine Bahnhof ein verlassener Fleck im Unwetter.

Obwohl Mrs. Sparsit vor Nässe und Kälte die Zähne klapperten, frohlockte sie in den höchsten Tönen. Die Gestalt war in den Abgrund gestürzt, und nun kam es ihr vor, als wache sie bei dem Leichnam. Konnte sie, die so emsig gewesen war, die Bestattungsfestlichkeit vorzubereiten, etwas anderes als frohlocken? Sie wird lange vor ihm in Coketown sein, dachte Mrs. Sparsit, mag sein Pferd auch noch so gut sein. Wo wird sie auf ihn warten? Und wohin werden sie zusammen gehen? Geduld. Wir werden's erleben.

Der fürchterliche Regen verursachte unendliche Verwirrung, als der Zug an seinem Ziel hielt. Traufen und Röhren waren geborsten, Abflußgräben überflutet, Straßen standen unter Wasser. In dem Augenblick, als sie ausstieg, richtete Mrs. Sparsit ihre bestürzten Augen auf die wartenden Kutschen, die sehr gefragt waren. Sie wird eine nehmen und weg sein, überlegte sie, ehe ich in einer andern folgen kann. Auf die Gefahr hin, überrollt zu werden, muß ich die Nummer sehen und hören, welchen Befehl sie dem Kutscher erteilt.

Aber Mrs. Sparsit hatte falsch gerechnet. Louisa stieg in

keine Kutsche und war bereits fort. Die schwarzen Augen ruhten auf dem Eisenbahnwagen, in dem sie gereist war, hatten sich aber eine Sekunde zu spät auf ihn gerichtet. Da die Tür nach ein paar Minuten noch immer nicht geöffnet wurde, ging Mrs. Sparsit daran vorbei und wieder zurück, sah nichts, blickte hinein und fand den Wagen leer. Völlig durchnäßt, mit Füßen, die bei jedem Schritt in den Schuhen platschten und quietschten, eine Röte vom Regen auf ihrem klassischen Gesicht unter einer Haube, die einer überreifen Feige glich, die ganze Kleidung verdorben, feuchte Abdrücke von allen Knöpfen, Schnüren, Haken und Ösen, die sie an sich hatte, ihrem hochvornehmen Rücken eingedämpft, von oben bis unten in einem stockigen Grün, wie es sich an einem alten Parkzaun an modrigem Heckenpfad sammelt, blieb Mrs. Sparsit keine andere Zuflucht, als in Tränen der Bitterkeit auszubrechen und zu sagen: Sie ist mir entwischt!

12. KAPITEL

UNTEN

DIE STAATLICHEN MÜLLKUTSCHER WAREN, NACH-
dem sie einander mit einer Unmenge geräuschvoller kleiner
Scharmützel untereinander ergötzt hatten, für eine Weile auseinander gegangen, und Mr. Gradgrind verlebte die Ferien zu
Hause.

Er saß in dem Zimmer mit der mordsstatistischen Uhr und
schrieb und bewies zweifellos etwas – in der Hauptsache
wahrscheinlich, daß der gute Samariter ein schlechter Ökonom gewesen sei. Das Rauschen des Regens störte ihn nicht
sehr, lenkte jedoch seine Aufmerksamkeit hinreichend ab,
daß er mehrmals den Kopf hob, als habe er gegen die Ele-
mente allerlei einzuwenden. Wenn es sehr laut donnerte,
blickte er nach Coketown, in dem Gedanken, einer von den
mächtigen Schornsteinen sei womöglich vom Blitz getroffen
worden.

Das Donnergrollen wurde ferner, und der Regen schüttete
wie eine Sintflut herab, als sich die Tür zu seinem Zimmer
auftat. Er schaute um die Lampe auf seinem Tisch herum und
erblickte mit Erstaunen seine älteste Tochter.

«Louisa!»

«Ich möchte mit dir sprechen, Vater.»

«Was ist los? Wie sonderbar du aussiehst! Und grundgütiger Himmel!» sagte Mr. Gradgrind, sich immer mehr ver-
wundernd. «Bist du etwa in diesem Unwetter hergekommen?»

Sie legte die Hände an ihre Kleidung, als wüßte sie es kaum.
«Ja.» Dann entblößte sie den Kopf, ließ Mantel und Kapuze
einfach zu Boden fallen und stand da und sah ihn an, so

bleich, so aufgelöst, so herausfordernd und so verzweifelt, daß er sich vor ihr fürchtete.

«Was ist? Ich beschwöre dich, Louisa, sag mir, was los ist.»

Sie ließ sich vor ihm auf einen Stuhl sinken und legte ihre kalte Hand auf seinen Arm.

«Vater, du hast mich doch von der Wiege an erzogen.»

«Ja, Louisa.»

«Ich verfluche die Stunde, in der ich zu einem solchen Schicksal geboren wurde.»

Er blickte in Zweifel und Furcht auf sie und wiederholte gedankenlos: «Du verfluchst die Stunde? Du verfluchst die Stunde?»

«Wie konntest du mir das Leben geben und mir all die unschätzbaren Dinge nehmen, die es aus dem Zustand bewußten Todes erheben? Wo sind die Zierden meiner Seele? Wo sind die Empfindungen meines Herzens? Was hast du getan, Vater, oh, was hast du mit dem Garten getan, der einst in dieser weiten Wüste hier hätte blühen sollen?»

Dabei schlug sie sich mit beiden Händen an die Brust.

«Hätte es ihn jemals hier gegeben, dann würden mich schon seine Überreste vor der Leere retten, in die mein ganzes Leben versinkt. Ich wollte das nicht sagen, aber du erinnerst dich an die letzten Worte, die wir in diesem Zimmer wechselten, Vater?»

Er war so völlig unvorbereitet auf das, was er jetzt hörte, daß er nur mit Mühe antworten konnte: «Ja, Louisa.»

«Was mir jetzt über die Lippen gekommen ist, hätte ich schon damals ausgesprochen, wenn du mir nur einen Augenblick geholfen hättest. Ich mache dir keinen Vorwurf, Vater. Was du in mir nie genährt hast, das hast du auch in dir nie genährt, aber ach, hättest du es nur vor langem getan oder mich ein wenig vernachlässigt, ein wieviel besseres und ein wieviel glücklicheres Geschöpf wäre ich heute!»

Als er nach all seiner Sorge um sie dies hören mußte, beugte er den Kopf auf die Hand und stöhnte laut.

«Vater, wenn du das letzte Mal, als wir hier beisammen

waren, gewußt hättest, was sogar ich fürchtete, während ich dagegen ankämpfte – wie es von Kind an meine Aufgabe gewesen ist, gegen jede natürliche Eingebung anzukämpfen, die meinem Herzen entsprang, wenn du gewußt hättest, daß sich in meiner Brust noch Empfindungen, Neigungen und Schwächen regten, die, allen je von Menschen gemachten Berechnungen zum Trotz und ihrer Arithmetik nicht besser bekannt als ihr Schöpfer, zu einer Kraft genährt werden konnten –, hättest du mich dann dem Mann gegeben, von dem ich jetzt ganz genau weiß, daß ich ihn hasse?»

Er sagte: «Nein. Nein, mein armes Kind.»

«Hättest du mich irgendwann zu dem Frost und Brand verurteilt, die mich verhärtet und verdorben haben? Hättest du mir – für niemandes Bereicherung – nur um diese Welt noch öder zu machen – den nicht materiellen Teil meines Lebens geraubt, den Frühling und Sommer meines Glaubens, meine Zuflucht vor dem, was an den wirklichen Dingen um mich schmutzig und schlecht ist, meine Schule, in der ich hätte lernen sollen, bescheidener zu sein und mehr Zutrauen zu diesen Dingen der Wirklichkeit zu haben und zu hoffen, ich könnte sie in meinem kleinen Wirkungskreis bessern?»

«O nein, nein. Nein, Louisa.»

«Und doch, Vater, wäre ich stockblind gewesen, hätte ich mich nur vorwärts tasten können, aber, da ich Form und Oberfläche der Dinge kannte, irgendwie meine Phantasie auf sie anwenden dürfen, so wäre ich in jeder guten Beziehung millionenmal klüger, glücklicher, liebender, zufriedener, unschuldiger und menschlicher gewesen, als ich es nun im Besitz meiner Augen bin. Hör jetzt, was ich dir sagen will.»

Er machte eine Bewegung, sie mit seinem Arm zu stützen. Sie erhob sich, als er es tat, und so standen sie dicht voreinander, sie mit der Hand auf seiner Schulter, während sie ihm unverwandt ins Gesicht blickte.

«Von einem Hunger und Durst gequält, Vater, die nie auch nur einen Augenblick gestillt wurden, von dem heftigen, triebhaften Verlangen nach einer Region erfüllt, wo Regeln,

Zahlen und Definitionen nicht ganz unumschränkt herrschten, so bin ich aufgewachsen und habe mir jeden Zoll meines Weges erkämpfen müssen.»

«Ich habe nie gewußt, daß du unglücklich warst, mein Kind.»

«Mir war es immer bewußt, Vater. In diesem Kampf habe ich meinen besseren Engel fast zurückgetrieben und zu einem Unhold entmutigt. Was ich lernte, ließ nur Zweifel, Unglauben, Verachtung und die Sehnsucht nach dem zurück, was ich nicht gelernt hatte, und meine erbärmliche Zuflucht war der Gedanke, das Leben werde bald vorbei sein und nichts darin lohne die Mühe und Anstrengung eines Kampfes.»

«Und dabei so jung, Louisa!» sagte er voller Mitleid.

«Und dabei so jung, Vater. In diesem Zustand, Vater – denn ich zeige dir jetzt ohne Furcht oder Beschönigung den üblichen Zustand meines abgetöteten Gemüts, wie ich ihn kenne –, schlugst du mir meinen Gatten vor. Ich nahm ihn. Nie habe ich, weder gegen ihn noch gegen dich, geheuchelt, daß ich ihn liebte. Ich wußte, und du, Vater, wußtest, und er wußte, daß es nie der Fall war. Es ließ mich nicht ganz gleichgültig, weil ich hoffte, Tom einen Gefallen zu erweisen und ihm nützlich zu sein. Unbesonnen flüchtete ich mich in eine Phantasterei und habe erst langsam herausgefunden, wie unbesonnen das war. Aber Tom war nun einmal der Gegenstand meiner ganzen, nicht sehr großen Zärtlichkeit im Leben, vielleicht deshalb, weil ich ihn so gut zu bemitleiden wußte. Es liegt jetzt wenig daran, außer es machte dich geneigt, ein wenig nachsichtiger über seine Fehler zu denken.»

Da der Vater sie in den Armen hielt, legte sie auch die andere Hand auf seine Schulter und sprach weiter, wobei sie ihm immer noch unverwandt ins Gesicht blickte.

«Als ich unwiderruflich verheiratet war, erhob sich das alte Widerstreben zu einer Rebellion gegen den Ehebund, noch grimmiger gemacht durch all jene Verschiedenheiten, die sich aus unser beider besonderer Natur ergeben und die keine allgemeinen Gesetze je für mich festlegen und regeln werden,

Vater, ehe sie nicht in der Lage sind, den Anatomen dahin zu lenken, wo er mit seinem Messer in die Geheimnisse meiner Seele dringen soll.»

«Louisa!» sagte er, und sagte es flehend, da er sich sehr wohl erinnerte, was bei jener früheren Unterredung zwischen ihnen vorgegangen war.

«Ich mache dir keinen Vorwurf, Vater, ich beklage mich nicht. Mich führt ein anderer Anlaß her.»

«Was kann ich tun, Kind? Frage mich, was du willst.»

«Ich komme jetzt darauf. Der Zufall, Vater, brachte mir eine neue Bekanntschaft, einen Mann, wie ich noch keinem begegnet war, weltgewandt, unbeschwert, gebildet und zwanglos, der nichts vorzutäuschen suchte, sondern offen bekannte – was ich nur halb erschrocken im geheimen zu denken wagte –, wie gering er alles und jedes schätze, der mir fast augenblicklich zu verstehen gab, wenn ich auch nicht weiß, wie oder auf welchem Wege, daß er mich begreife und meine Gedanken lese. Ich konnte nicht finden, daß er ärger sei als ich. Zwischen uns schien eine nahe Verwandtschaft zu bestehen. Ich wunderte mich nur, daß es ihm, der sich um nichts kümmerte, der Mühe wert sein sollte, sich so viel um mich zu kümmern.»

«Um dich, Louisa!»

Unwillkürlich hätte der Vater sie losgelassen, wenn er nicht gespürt hätte, daß die Kraft sie verließ, und wenn er nicht ein wildes, um sich greifendes Feuer in ihren Augen wahrgenommen hätte, die ihn unverwandt ansahen.

«Ich sage nichts darüber, unter welchem Vorwand er mein Vertrauen forderte. Es liegt wenig daran, wie er es gewann. Aber er gewann es, Vater. Was du über die Geschichte meiner Ehe erfahren hast, wußte er bald ebensogut.»

Das Gesicht des Vaters war aschfahl, und er hielt sie in beiden Armen.

«Ich habe nichts Schlimmes getan, ich habe dir keine Schande gemacht. Aber wenn du mich fragst, ob ich mich in ihn verliebt habe oder ihn liebe, dann sage ich dir offen, Vater, es kann sein. Ich weiß es nicht.»

Plötzlich nahm sie die Hände von seinen Schultern und preßte sie in die Seiten, während aus ihrem Gesicht, das nicht mehr das ihre war – und aus der aufgerichteten Gestalt in ihrer Entschlossenheit, durch eine letzte Anstrengung zu beenden, was sie zu sagen hatte –, die lange zurückgehaltenen Gefühle brachen.

«Heute abend, da mein Mann unterwegs ist, war er bei mir und hat mir seine Liebe erklärt. In dieser Minute erwartet er mich, denn durch kein anderes Mittel konnte ich mich von seiner Gegenwart befreien. Ich weiß nicht, ob es mir leid tut, ich weiß nicht, ob ich mich schäme, ich weiß nicht, ob ich in meiner Achtung gesunken bin. Ich weiß nur, daß mich deine Philosophie und deine Lehren nicht retten werden. Dahin hast du mich gebracht, Vater. Rette mich durch andere Mittel!»

Zur rechten Zeit, um zu verhindern, daß sie zu Boden sank, nahm er sie fester in die Arme, doch sie schrie mit schrecklicher Stimme auf: «Ich sterbe, wenn du mich hältst! Laß mich niederfallen!» Und so ließ er sie zu Boden gleiten und sah den Stolz seines Herzens und den Triumph seines Systems als bewußtloses Häuflein zu seinen Füßen liegen.

DRITTES BUCH

DAS AUFSPEICHERN

1. Kapitel

Noch eins, was not tut

Louisa erwachte aus tiefer Betäubung und erblickte mit Augen, die sich nur schwer öffneten, ihr altes Bett in ihrem alten Zimmer zu Hause. Zuerst schien es ihr, als wären alle Geschehnisse seit der Zeit, da ihr diese Gegenstände vertraut gewesen waren, nur Schatten eines Traums, doch so wie die Gegenstände vor ihrem Blick allmählich wirklicher wurden, so wurden vor ihrem Geist auch diese Ereignisse wirklicher.

Vor Schmerz und dumpfer Schwere konnte sie kaum den Kopf bewegen, es tat ihr weh, die Augen anzustrengen, und sie fühlte sich sehr schwach. Eine eigentümlich widerstandslose Gleichgültigkeit hatte in einem solchen Grad von ihr Besitz ergriffen, daß ihr die Anwesenheit ihrer kleinen Schwester im Zimmer lange Zeit entging. Und selbst als sich ihre Augen trafen und ihre kleine Schwester an das Bett trat, lag Louisa noch minutenlang und blickte sie schweigend an und duldete den scheuen Händedruck, mit dem Jane ihre willenlose Hand umfaßte, ehe sie fragte:

«Wann wurde ich in dieses Zimmer gebracht?»

«Gestern abend, Louisa.»

«Wer brachte mich her?»

«Ich glaube, Sissy.»

«Warum glaubst du das?»

«Weil ich sie heute morgen hier fand. Sie war nicht an mein Bett gekommen, um mich zu wecken, was sie immer tut, und da ging ich sie suchen. Sie war auch nicht in ihrem Zimmer, und ich suchte sie im ganzen Haus, bis ich sie hier fand, wie sie dich pflegte und dir den Kopf kühlte. Möchtest du Vater sehen? Sissy hat gesagt, ich soll ihm Bescheid sagen, wenn du wach bist.»

«Wie fröhlich dein Gesicht strahlt, Jane!» sagte Louisa, als sich ihre kleine Schwester – immer noch scheu – niederbeugte, um sie zu küssen.

«Wirklich? Ich bin sehr froh, daß es dir so vorkommt. Das muß bestimmt Sissys Werk sein.»

Louisas Arm, der sich eben um ihren Hals schlingen wollte, fiel herab. «Du kannst Vater Bescheid sagen, wenn du willst.» Aber dann hielt sie Jane noch einen Augenblick zurück und fragte: «Das warst du, die mein Zimmer so hübsch und als Willkommensgruß hergerichtet hat?»

«O nein, Louisa, das war schon so, ehe ich kam. Es war...»

Louisa wandte den Kopf auf ihrem Kissen und hörte nicht mehr hin. Als ihre Schwester gegangen war, drehte sie den Kopf zurück und lag mit dem Gesicht zur Tür, bis sie sich öffnete und ihr Vater eintrat.

Er warf einen erschöpften, besorgten Blick auf sie, und seine sonst so feste Hand zitterte in der ihren. Er setzte sich an ihr Bett und fragte sie zärtlich, wie sie sich fühle, und hielt sich lange dabei auf, ihr einzureden, wie notwendig es sei, daß sie nach der Aufregung und dem Aufenthalt draußen bei dem Wetter gestern abend ganz still liegenbleibe. Er sprach mit einer kleinlauten, gepreßten Stimme, die ganz anders war als sein üblicher diktatorischer Ton, und oft fehlten ihm die Worte.

«Meine liebe Louisa. Meine arme Tochter.» An dieser Stelle fehlten sie ihm so sehr, daß er ganz aufhörte. Dann versuchte er es aufs neue.

«Mein unglückliches Kind.» Die Stelle war so schwer zu bewältigen, daß er es abermals versuchte.

«Es wäre ein hoffnungsloses Unterfangen, Louisa, wenn ich mich bemühen wollte, dir zu sagen, wie niedergedrückt ich war und noch bin durch das, was gestern abend über mich hereinbrach. Der Boden, auf dem ich stand, ist nicht mehr fest unter meinen Füßen. Die einzige Stütze, an die ich mich hielt und deren Kraft sonst und auch heute noch in Frage zu stellen unmöglich scheint, hat im Nu nachgegeben. Ich bin bestürzt über diese Entdeckung. Ich habe keine eigensüchtigen Gedanken bei dem, was ich sage, aber ich empfinde den Schlag, den mir das versetzt hat, was gestern über mich hereingebrochen ist, wirklich als sehr schwer.»

Sie konnte ihm keinen Trost geben. Sie hatte an dieser Klippe Schiffbruch erlitten.

«Ich will nicht behaupten, Louisa, daß es für uns beide besser gewesen wäre, wenn du mir durch irgendeinen glücklichen Zufall schon vor einiger Zeit die Augen geöffnet hättest, besser für deinen Frieden und besser für meinen. Denn ich bin mir bewußt, daß es vielleicht nicht in meinem System lag, zu einem Vertrauen dieser Art einzuladen. Ich habe mein – mein System an meiner Person geprüft und es unbeugsam gehandhabt, und ich muß die Verantwortung für sein Versagen tragen. Ich bitte dich nur inständig, mir zu glauben, mein Lieblingskind, daß ich recht zu tun glaubte.»

Das war ernst gemeint, und um ihm Gerechtigkeit widerfahren zu lassen, er hatte es wirklich geglaubt. Indem er ergründliche Tiefen mit seinem erbärmlichen kleinen Zollstock ausmaß und mit seinem verrosteten, steifbeinigen Zirkel über das Universum stelzte, hatte er große Dinge zu tun gemeint. Innerhalb der Grenzen seines geringen Spielraums hatte er sich getummelt und die Lebensblumen ausgerottet und diese Absicht beharrlicher verfolgt als viele der blökenden Geschöpfe, in deren Gesellschaft er sich befand.

«Ich zweifle nicht an dem, was du sagst, Vater. Ich weiß, daß ich dein Lieblingskind gewesen bin. Ich weiß, daß du die Absicht hattest, mich glücklich zu machen. Ich habe dir nie einen Vorwurf gemacht und werde es nie tun.»

Er nahm ihre ausgestreckte Hand und behielt sie in der seinen.

«Mein Liebling, ich habe die ganze Nacht an meinem Tisch gesessen und immer und immer darüber nachgegrübelt, was so Schmerzliches zwischen uns geschehen ist. Wenn ich deinen Charakter bedenke, wenn ich bedenke, daß du mir seit Jahren verheimlicht hast, was mir nun seit Stunden bekannt ist, wenn ich bedenke, unter welchem unmittelbaren Druck es dir endlich abgezwungen wurde, so komme ich zu der Schlußfolgerung, daß ich an mir zweifeln muß.»

Er hätte noch mehr als das hinzufügen können, als er in das nun ihm zugewandte Gesicht blickte. Vielleicht fügte er es tatsächlich hinzu, während er ihr mit sanfter Hand das wirre Haar aus der Stirn strich. Dergleichen kleine, bei einem anderen Menschen geringfügige Handlungen waren bei ihm bemerkenswert, und seine Tochter nahm sie auf wie Worte der Reue.

«Aber», sagte Mr. Gradgrind langsam und zögernd wie auch mit einem erbärmlichen Gefühl der Hilflosigkeit, «wenn ich einen Anlaß sehe, wegen des Vergangenen an mir zu zweifeln, Louisa, so sollte ich für jetzt und die Zukunft ebenso an mir zweifeln. Und das ist der Fall, offen und rückhaltlos gesagt. Ich bin weit davon entfernt, überzeugt zu sein, wie anders ich auch noch gestern eine Zeitlang empfunden haben mag, daß ich dein Vertrauen, das du in mich setzt, rechtfertigen kann, daß ich weiß, wie ich der flehentlichen Bitte an mich, um derentwillen du nach Hause gekommen bist, entsprechen soll, daß ich den richtigen Instinkt habe – nimm es für einen Augenblick als eine Eigenschaft dieser Art an –, wie ich dir helfen und dich auf den rechten Weg führen kann, mein Kind.»

Sie hatte sich auf dem Kissen umgedreht und das Gesicht auf den Arm gelegt, so daß er es nicht sehen konnte. Ihre ganze Wildheit und Leidenschaft war abgeflaut, doch obwohl besänftigt, hatte sie keine Tränen. Ihr Vater hatte sich in nichts so sehr verändert als in der Hinsicht, daß er froh gewesen wäre, sie in Tränen zu sehen.

«Manche Leute glauben», fuhr er, immer noch zögernd, fort, «daß es eine Weisheit des Kopfes und eine Weisheit des Herzens gibt. Ich habe das nicht für möglich gehalten, aber wie gesagt, ich zweifle jetzt an mir. Ich habe den Kopf für völlig ausreichend gehalten. Vielleicht ist er nicht völlig ausreichend, wie kann ich heute morgen zu behaupten wagen, er ist es! Wenn diese andere Art Weisheit das sein sollte, was ich vernachlässigt habe, und der Instinkt, der nötig ist, Louisa...»

Er sagte das sehr unschlüssig, als könne er es selbst jetzt nur mit halbem Widerstreben zugeben. Sie gab ihm keine Antwort, sie lag vor ihm auf dem Bett, immer noch halb angezogen, fast so, wie er sie in der vergangenen Nacht auf dem Boden in seinem Zimmer hatte liegen sehen.

«Louisa», und wieder ruhte seine Hand auf ihrem Haar, «ich bin in der letzten Zeit ein gut Teil von zu Hause abwesend gewesen, mein Liebling, obwohl die Erziehung deiner Schwester nach dem – dem System fortgesetzt wurde», er schien das Wort jetzt immer nur widerstrebend zu gebrauchen, «wurde sie doch notwendigerweise gemildert durch den täglichen Umgang, der bei ihr in frühem Alter begann. Glaubst du, zum Besseren? – frage ich dich unwissend und kleinmütig, meine Tochter.»

«Vater», antwortete sie, ohne sich zu rühren, «wenn irgendeine Harmonie in ihrem jungen Herzen erwacht ist, die in meinem ohne Laut war, bis sie zur Disharmonie wurde, so mag sie dem Himmel dafür danken und ihren glücklicheren Weg antreten und als ihr höchstes Gnadengeschenk ansehen, daß sie meinem Weg entronnen ist.»

«O mein Kind, mein Kind!» rief er verzagt. «Wie unselig bin ich, dich so zu sehen! Was hilft es mir, daß du mir keine Vorwürfe machst, wenn ich mir selber so bittere Vorwürfe mache!» Er beugte den Kopf und sprach leise zu ihr. «Louisa, ich habe eine Ahnung, daß vielleicht durch bloße Liebe und Dankbarkeit in diesem Haus langsam eine Veränderung herbeigeführt wurde, daß das Herz vielleicht in aller Stille getan hat, was der Kopf ungetan ließ und nicht tun konnte. Kann das sein?»

Sie gab ihm keine Antwort.

«Ich bin nicht zu hochmütig, es zu glauben, Louisa. Wie

könnte ich anmaßend sein, da ich dich vor Augen habe! Kann es sein? Ist es so, mein Liebling?»

Wieder blickte er auf sie, die von ihm abgewandt lag, und ging ohne ein weiteres Wort aus dem Zimmer. Er war noch nicht lange fort, als sie einen leichten Schritt an der Tür vernahm und wußte, daß jemand neben ihr stand.

Sie hob nicht den Kopf. Ein dumpfer Zorn, daß sie in ihrer Verzweiflung zu sehen war und daß der unwillkürliche Blick, den sie so übel vermerkt hatte, seine Erfüllung haben sollte, schwelte in ihr wie ein verderbliches Feuer. Alle streng eingekerkerten Kräfte zerreißen und zerstören. Die Luft, die der Erde heilsam wäre, das Wasser, das sie bereichern, die Hitze, die sie zur Reife bringen würde, sprengen sie, wenn sie eingesperrt werden. So wurden auch jetzt in ihrer Brust die stärksten Eigenschaften, die sie besaß und die sich seit langem nur um sich selbst gedreht hatten, eine Anhäufung von Verstocktheit, die sich gegen eine Freundin erhob.

Es war gut, daß sich diese leichte Hand auf ihren Nacken legte und daß sie glaubte, man werde annehmen, sie sei eingeschlafen. Die mitfühlende Hand forderte nicht ihren Groll heraus. Mochte sie dort liegen, mochte sie liegen.

Sie lag dort und erwärmte eine Menge freundlicherer Gedanken zum Leben, und Louisa beruhigte sich. Und wie sie sanfter wurde in der Stille und in dem Bewußtsein, in guter Obhut zu sein, fanden ein paar Tränen den Weg in ihre Augen. Das Gesicht berührte ihre Wange, und sie wußte, daß auch auf ihm Tränen waren und sie deren Ursache.

Als Louisa tat, als wolle sie sich aufrichten und hochsetzen, zog sich Sissy zurück, so daß sie nun still in der Nähe des Bettes stand.

«Ich hoffe, ich habe Sie nicht gestört. Ich wollte Sie nur fragen, ob ich bei Ihnen bleiben darf.»

«Warum solltest du bei mir bleiben? Meine Schwester wird dich vermissen. Du bist ihr ein und alles.»

«Ja?» erwiderte Sissy und schüttelte den Kopf. «Ich würde gern Ihnen etwas sein, wenn ich dürfte.»

«Was?» fragte Louisa fast schroff.

«Was Sie am liebsten wollen, wenn ich es könnte. Jedenfalls würde ich gern versuchen, Ihnen so nahe zu sein, wie ich nur kann. Und wie weit weg das auch sein mag, ich werde nie müde werden, es zu versuchen. Wollen Sie mir das erlauben?»

«Mein Vater hat dich geschickt, mich auszufragen.»

«Nein, wirklich nicht», widersprach Sissy. «Er sagte mir nur, jetzt könne ich hineingehen, aber heute morgen hat er mich aus dem Zimmer geschickt – oder wenigstens…» Sie zögerte und hielt inne.

«Wenigstens was?» fragte Louisa, die forschenden Augen auf sie gerichtet.

«Ich hielt es selbst für am besten, fortgeschickt zu werden, denn ich war nicht sicher, ob es Ihnen gefallen würde, mich hier zu finden.»

«Hab ich dich immer so sehr gehaßt?»

«Ich hoffe nicht, denn ich habe Sie immer geliebt und mir immer gewünscht, Sie sollten es wissen. Aber kurz bevor Sie aus dem Haus gingen, sind Sie ein wenig anders gegen mich geworden. Nicht daß ich mich darüber verwunderte. Sie wissen so viel, und ich weiß so wenig, und es war in vieler Hinsicht so natürlich, daß Sie sich unter anderen Freunden bewegen sollten, daß ich mich über nichts zu beklagen hatte und keineswegs verletzt war.»

Sie errötete noch mehr, als sie das bescheiden und hastig sagte. Louisa begriff die liebevolle Absicht, und es gab ihr einen Stich durch das Herz.

«Darf ich es versuchen?» fragte Sissy, ermutigt, die Hand zu dem Nacken aufzuheben, der sich ihr unmerklich zuneigte.

Louisa zog die Hand herab, die sie im nächsten Augenblick umfaßt hätte, hielt sie fest und antwortete:

«Zuerst, Sissy, weißt du, was ich bin? Ich bin so hochmütig und so verstockt, so verworren und so verärgert, so empfindlich und ungerecht gegen jedermann und gegen mich, daß alles düster und böse auf mich einstürmt. Stößt dich das nicht zurück?»

«Nein!»

«Ich bin so unglücklich, und alles, was mich anders hätte machen sollen, ist so verwüstet, daß ich, wenn ich bis zu dieser Stunde meiner Sinne beraubt gewesen wäre und, statt so wissend zu sein, wie du von mir glaubst, die einfachsten Wahrheiten zu lernen hätte, nicht inniger nach jemandem verlangen könnte, der mich zur Ruhe, Zufriedenheit, Würde und all dem Guten führt, an dem es mir mangelt, als ich verlange. Stößt dich das nicht zurück?»

«Nein!»

In der Unschuld ihrer tapferen Liebe und in dem Überströmen ihrer immerwährenden Hingabe leuchtete das einst verlassene Mädchen wie ein wunderschönes Licht in die Dunkelheit der anderen hinein.

Louisa hob die Hand, ihren Hals zu umfassen, und legte die andere dazu. Sie fiel auf die Knie, klammerte sich an das Vagabundenkind und blickte mit Ehrfurcht zu ihm auf.

«Vergib mir, hab Erbarmen mit mir, hilf mir! Hab Mitleid mit meiner großen Not und laß mich den Kopf an dein liebendes Herz legen!»

«Oh, leg ihn her!» rief Sissy. «Leg ihn her, meine liebe Louisa!»

2. Kapitel

Sehr lächerlich

Mr. James Harthouse verbrachte eine ganze Nacht und einen ganzen Tag in einem Zustand solcher Unruhe, daß ihn die Welt im Zeitraum dieser ungesunden Tollheit nicht mit dem besten Augenglas als den Bruder Jem des ehrenwerten und witzigen Parlamentsmitglieds wiedererkannt hätte. Er war ausgemacht erregt. Verschiedene Male sprach er mit einem rhetorischen Nachdruck, der schon ans Vulgäre grenzte. Ohne Sinn und Verstand kam und ging er wie ein Mensch ohne Ziel. Er ritt wie ein Straßenräuber. Mit einem Wort, er fühlte sich durch die vorhandenen Umstände so entsetzlich gelangweilt, daß er vergaß, in die von Gewährsleuten beschriebene Langeweile zu verfallen.

Nachdem er sein Pferd durch das Unwetter nach Coketown gehetzt hatte, als wäre es nur ein Katzensprung, wartete er die ganze Nacht, wobei er von Zeit zu Zeit mit größter Heftigkeit die Klingel läutete und den Nachtportier des Verbrechens beschuldigte, ihm Briefe oder Botschaften vorzuenthalten, die ihm ganz bestimmt anvertraut worden seien, und auf der Stelle deren Erstattung verlangte. Als die Dämmerung kam, der Morgen kam, der Tag kam und mit ihnen weder Botschaft noch Brief, ritt er zu dem Landhaus. Dort wurde ihm vermeldet, Mr. Bounderby sei abwesend und Mrs. Bounderby in der Stadt. Gestern abend sei sie plötzlich in die Stadt gefahren. Und man habe nicht einmal gewußt, daß sie gefahren sei, bis eine Nachricht eingegangen sei, welche besagte, ihre Rückkehr sei vorerst nicht zu erwarten.

Unter diesen Umständen blieb ihm nichts übrig, als ihr in die Stadt zu folgen. Er begab sich zu dem Stadthaus. Mrs.

Bounderby war nicht da. Er schaute in die Bank. Mr. Bounderby abwesend und Mrs. Sparsit abwesend. Mrs. Sparsit abwesend? Wer konnte zu dem jähen verzweifelten Entschluß herabgewürdigt worden sein, die Gesellschaft dieses Geiers zu begehren?

«Also, ich weiß es nicht», sagte Tom, der seine eigenen Gründe hatte, sich dadurch beunruhigt zu fühlen. «Heute bei Tagesanbruch ist sie irgendwohin. Sie ist immer so geheimnisvoll, ich hasse sie. Auch diesen farblosen Burschen, der einen immer mit seinen blinzelnden Augen verfolgt.»

«Wo waren Sie letzte Nacht, Tom?»

«Wo ich letzte Nacht war?» wiederholte Tom. «Was nicht gar! So was liebe ich. Ich habe auf Sie gewartet, Mr. Harthouse, bis es von oben runterkam, wie *ich* es vorher noch nie hab runterkommen sehn. Wo ich war! Wo Sie waren, meinen Sie.»

«Ich war verhindert – aufgehalten.»

«Aufgehalten!» brummte Tom. «Beide wurden wir aufgehalten. Ich wurde aufgehalten, indem ich nach Ihnen Ausschau hielt, bis ich alle Züge bis auf den Postzug verpaßt hatte. Und 'ne feine Sache wär das gewesen, in solch einer Nacht mit dem zu fahren und durch einen Tümpel heimgehen zu müssen. Ich mußte also notgedrungen in der Stadt schlafen.»

«Wo?»

«Wo? Na, in meinem Bett bei Bounderbys.»

«Haben Sie Ihre Schwester gesehen?»

«Wie zum Teufel konnt ich denn meine Schwester sehen, wenn sie fünfzehn Meilen weit weg war?» gab Tom staunend zurück.

Die flinken Antworten des jungen Mannes, dem er ein so treuer Freund war, verwünschend, entledigte sich Mr. Harthouse mit dem denkbar geringsten Grad von Höflichkeit dieser Unterhaltung und fragte sich zum hundertstenmal, was das alles zu bedeuten habe. Nur eines machte er sich klar. Ob sie nun in der Stadt oder außerhalb war, ob er es mit ihr, die so schwer zu begreifen war, übereilt oder sie den Mut verloren hatte oder ob sie entdeckt waren oder sich ein im Augenblick unverständliches Mißgeschick oder Versehen ereignet hatte, er mußte bleiben und seinem Los die Stirn bieten, wie es auch sein mochte. Das Hotel, in dem er, wie bekannt, wohnte, seit er zu diesem schwarzen Bezirk verdammt wurde, war der Pfahl, an den er gebunden war. Und was das übrige betraf – was sein wird, wird sein.

«Ob ich nun also auf eine feindselige Botschaft warten muß oder ein Stelldichein oder einen reuigen Verweis oder auf einen Ringkampf aus dem Stegreif nach Lancashire-Art mit meinem Freund Bounderby – was bei dem augenblicklichen Stand der Dinge ebenso wahrscheinlich ist wie etwas anderes –, essen jedenfalls werde ich», sprach Mr. James Harthouse. «In puncto Gewicht ist Bounderby im Vorteil, und wenn so etwas wie die britische Natur zwischen uns zum Ausbruch kommt, dann wird es nichts schaden, vorbereitet zu sein.»

Daher läutete er und befahl, lässig auf das Sofa geworfen: «Um sechs etwa zum Dinner – mit einem Beefsteak dabei», und verbrachte die Zeit bis dahin so gut, wie er konnte. Also nicht besonders gut, denn er blieb in höchster Unruhe, und wie die Stunden verrannen und sich keinerlei Erklärung bot, vermehrte sich seine Unruhe mit Zinseszins.

Dennoch nahm er die Dinge so kaltblütig hin, wie der menschlichen Natur gegeben ist, und unterhielt sich mehr als einmal mit der witzigen Idee der Vorbereitung. «Es wäre nicht schlecht», gähnte er einmal, «dem Kellner fünf Shilling zu geben und ihn zu werfen.» Ein andermal fiel ihm ein: «Oder man könnte einen Kerl von anderthalb Zentnern stundenweise mieten.» Doch diese Späße hatten keinen wesentlichen Einfluß auf den Nachmittag oder seine Ungewißheit, und gelinde gesagt, waren beide schrecklich lahm.

Schon vor dem Dinner war es unmöglich, nicht des öfteren das Teppichmuster abzuspazieren, aus dem Fenster zu schauen, an der Tür auf Schritte zu lauschen und gelegentlich eine aufsteigende Hitze zu spüren, wenn sich Schritte dem

Zimmer näherten. Doch nach dem Dinner, als der Tag in die Dämmerung überging und die Dämmerung in die Nacht, und er immer noch keine Nachricht erhalten hatte, begann es, der «Inquisition und langsamen Tortur» zu gleichen, wie er sich ausdrückte. Doch immer noch getreu seiner Überzeugung (der einzigen Überzeugung, die er besaß), daß Gleichmut die wahre feine Lebensart sei, benutzte er diese Krise als günstige Gelegenheit, Kerzen und eine Zeitung zu bestellen.

Eine halbe Stunde lang hatte er vergeblich versucht, diese Zeitung zu lesen, als der Kellner erschien und geheimnisvoll und zugleich entschuldigend sagte:

«Verzeihen Sie, Sir. Sie werden verlangt, Sir, wenn's beliebt.»

Eine allgemeine Erinnerung, daß die Polizei dergleichen zu den feinen Gaunern zu sagen pflegte, veranlaßte Mr. Harthouse, den Kellner mit stachliger Entrüstung zu fragen, was zum Teufel er mit «verlangt» meine?

«Verzeihen Sie, Sir. Eine junge Dame draußen wünscht Sie zu sprechen, Sir.»

«Draußen? Wo?»

«Hier vor der Tür, Sir.»

Nachdem er den Kellner als einen Dummkopf mit regelrechter Eignung für diese Übersendung zu der vorerwähnten Persönlichkeit geschickt hatte, eilte Mr. Harthouse in den Gang hinaus. Dort stand ein junges Frauenzimmer, das er nie gesehen hatte. Einfach gekleidet, sehr ruhig, sehr hübsch. Als er sie ins Zimmer führte und ihr einen Stuhl hinstellte, bemerkte er im Licht der Kerzen, daß sie sogar noch hübscher war, als er zuerst gemeint hatte. Ihr Gesicht war unschuldig und jugendfrisch und sein Ausdruck bemerkenswert angenehm. Sie hatte keine Angst vor ihm oder war in irgendeiner Weise verlegen, sie schien in Gedanken völlig mit dem Anlaß dieses Besuchs beschäftigt zu sein und diesen Beweggrund an die Stelle ihres Ichs gesetzt zu haben.

«Spreche ich mit Mr. Harthouse?» fragte sie, als sie allein waren.

«Mit Mr. Harthouse.» Im Geist fügte er hinzu: Und du sprichst zu ihm mit den vertrauensvollsten Augen, die ich je sah, und der inbrünstigsten (wenn auch so ruhigen) Stimme, die ich je gehört.

«Wenn ich nicht verstehe – und das ist der Fall, Sir», sagte Sissy, «wozu Ihre Ehre als Gentleman Sie in anderen Dingen verpflichtet», tatsächlich stieg ihm das Blut ins Gesicht, als sie mit diesen Worten begann, «so kann ich mich doch bestimmt darauf verlassen, daß Sie meinen Besuch, und auch das, was ich Ihnen sagen will, geheimhalten werden. Ich werde mich darauf verlassen, wenn Sie mir sagen, daß ich Ihnen soweit trauen darf...»

«Sie dürfen, das versichere ich Ihnen.»

«Wie Sie sehen, bin ich jung, wie Sie sehen, bin ich allein. Für meinen Besuch bei Ihnen, Sir, habe ich über meine eigene Hoffnung hinaus weder Rat noch Ermutigung erhalten.»

Aber die ist sehr stark, dachte er, als er dem sekundenschnell emporgerichteten Blick ihrer Augen folgte. Und er dachte weiter: Dies ist ein sehr sonderbarer Anfang. Ich sehe nicht, wo das hinaus soll.

«Ich denke, Sie haben bereits erraten, wen ich soeben verließ», sagte Sissy.

«In den letzten vierundzwanzig Stunden (die mir wie ebenso viele Jahre vorkamen) bin ich in der größten Sorge und Unruhe wegen einer Dame gewesen», gab er zurück. «Die Hoffnung, die ich nun fassen darf, daß Sie von dieser Dame kommen, täuscht mich also wohl nicht.»

«Ich verließ sie vor ungefähr einer Stunde.»

«In...?»

«Im Haus ihres Vaters.»

Ungeachtet seiner Kaltblütigkeit zog Mr. Harthouse ein langes Gesicht, und seine Unruhe wuchs. Dann weiß ich wirklich *nicht*, dachte er, wo wir hinauswollen.

«Sie eilte gestern abend dorthin. Sie langte in großer Erregung an und war die ganze Nacht bewußtlos. Ich lebe im Haus ihres Vaters und war bei ihr. Sie können sich darauf verlassen, Sir, daß Sie sie Ihr Lebtag nicht mehr wiedersehen werden.»

Mr. Harthouse holte tief Luft und machte die Entdeckung, wenn sich je ein Mann in der Lage befunden hatte, wo er nichts zu sagen weiß, so war das fraglos bei ihm der Fall. Die kindliche Unbefangenheit, mit der seine Besucherin sprach, ihre bescheidene Furchtlosigkeit, ihre Wahrhaftigkeit, die alle Schliche verschmähte, ihr völliges Selbstvergessen, während sie sich ernst und ruhig an die Sache hielt, die sie hergeführt hatte, all das, im Verein mit ihrem Vertrauen in sein leichtfertig gegebenes Versprechen – das ihn an sich schon erröten ließ –, stellten etwas dar, worin er so unerfahren war und wogegen er seine üblichen Waffen so nutzlos wußte, daß er kein Wort zu seiner Erleichterung aufzubieten vermochte.

Schließlich sagte er: «Eine so bestürzende Mitteilung, so vertrauensvoll und von solchen Lippen geäußert, ist wirklich im höchsten Grad verwirrend. Darf ich mir erlauben zu fragen, ob Sie von der Dame, von der wir sprechen, beauftragt sind, mir diese Nachricht in so hoffnungslosen Worte zu überbringen?»

«Ich habe keinen Auftrag von ihr.»

«Der Ertrinkende greift nach dem Strohhalm. Ohne Ihr Urteil geringzuschätzen und ohne jeden Zweifel an Ihrer Aufrichtigkeit, entschuldigen Sie, wenn ich sage, daß ich mich an den Glauben klammere, es bestehe noch Hoffnung, ich sei nicht zu ewiger Verbannung aus der Nähe der Dame verdammt.»

«Es besteht nicht die geringste Hoffnung. Der erste Anlaß meines Besuchs, Sir, ist, Sie zu überzeugen, daß Sie nicht mehr Hoffnung haben, sie je wieder zu sprechen, als wäre sie gestern abend bei ihrer Ankunft daheim gestorben.»

«Muß ich das glauben? Aber wenn ich nicht kann – oder wenn ich aus menschlicher Schwäche hartnäckig wäre – und nicht...»

«Es ist dennoch wahr. Es gibt keine Hoffnung.»

James Harthouse sah sie mit einem ungläubigen Lächeln

auf den Lippen an, doch ihr Herz schaute über ihn hinweg und in die Ferne, und das Lächeln war ganz und gar verschwendet.

Er biß sich auf die Lippen und nahm sich ein wenig Zeit zum Überlegen.

«Na schön! Wenn es unglücklicherweise nach gebührenden Leiden und schuldigem Gehorsam von meiner Seite so scheinen sollte», sagte er, «als sei ich tatsächlich in eine so trostlose Lage wie diese Verbannung versetzt, so werde ich die Dame nicht weiter belästigen. Aber Sie sagten, Sie hätten keinen Auftrag von ihr?»

«Ich habe nur den Auftrag meiner Liebe zu ihr und ihrer Liebe zu mir. Ich habe kein anderes Recht als das, daß ich mit ihr zusammen war, seit sie heimkam, und daß sie mir ihr Vertrauen geschenkt hat. Und ich habe kein weiteres Recht als das, daß ich ein wenig von ihrem Charakter und von ihrer Ehe weiß. O Mr. Harthouse, ich denke, dieses Recht hatten auch Sie!»

Von der Inbrunst dieses Vorwurfs war er in jener Höhlung berührt, wo sein Herz hätte sein sollen – in diesem Nest voller Windeier, wo die Vögel des Himmels gewohnt hätten, wären sie nicht durch Pfeifen verscheucht worden.

«Ich gehöre nicht zu dem moralischen Menschenschlag», entgegnete er, «und ich maße mir nie den Charakter des moralischen Menschenschlags an. Ich bin so unmoralisch wie erforderlich. Wenn ich jedoch der Dame, die der Gegenstand unserer Unterhaltung ist, irgendwelche Unannehmlichkeiten bereitete oder sie unglücklicherweise irgendwie kompromittierte oder mich selbst bloßstellte, indem ich ihr von Gefühlen sprach, die nicht völlig vereinbar sind mit – in der Tat –, mit dem häuslichen Herd, oder wenn ich Vorteil daraus zog, daß ihr Vater eine Maschine oder ihr Bruder ein Filou oder ihr Gatte ein Baissier ist, so möchte ich mir gleichzeitig erlauben, Ihnen zu versichern, daß ich keine ausgesprochen bösen Absichten gehabt habe, sondern mit einer so vollendet teuflischen Leichtigkeit von Stufe zu Stufe glitt, daß ich, ehe ich ihn durchblätterte, nicht die mindeste Vorstellung hatte, der Katalog könnte auch nur halb so lang sein. Während ich nun finde», schloß Mr. Harthouse, «daß er in der Tat mehrere Bände umfaßt.»

Obwohl er das alles in seiner leichtfertigen Art sagte, mutete seine Redeweise diesmal jedoch wie eine bewußte Beschönigung einer häßlichen Oberfläche an. Er schwieg einen Augenblick und fuhr dann mit einem Anschein größerer Selbstbeherrschung fort, wenn auch mit Spuren von Ärger und Enttäuschung, die sich nicht beschönigen ließen.

«Nach dem, was mir soeben zu Gemüte geführt wurde, und zwar auf eine Weise, daß ich unmöglich daran zweifeln kann – ich wüßte schwerlich eine andere Quelle, aus der ich es so bereitwillig entgegengenommen hätte –, fühle ich mich verpflichtet, Ihnen, der das erwähnte Vertrauen geschenkt wurde, zu sagen, daß ich es nicht von der Hand weisen kann, die Möglichkeit (wie unerwartet auch immer) ins Auge zu fassen, daß ich die Dame nie wiedersehen werde. Mich allein trifft die Schuld, daß es dazu gekommen ist, und... und –» fügte er, etwas in Verlegenheit wegen des Redeschlusses, hinzu – «ich kann nicht behaupten, daß ich in der zuversichtlichen Hoffnung lebe, jemals zu dem moralischen Menschenschlag zu gehören oder überhaupt an einen moralischen Menschenschlag zu glauben.»

Sissys Gesicht ließ deutlich genug erkennen, daß sie mit ihrem Appell an ihn noch nicht zu Ende war.

«Sie sprachen von Ihrem ersten Punkt», sagte er, als sie wieder die Augen zu ihm aufhob. «Ich kann also annehmen, daß noch ein zweiter zu erwähnen ist.»

«Ja.»

«Wollen Sie die Güte haben und ihn mir anvertrauen?»

«Mr. Harthouse», erwiderte Sissy mit einer Mischung von Sanftmut und Standhaftigkeit, die ihn völlig überwältigte, und mit einem schlichten Vertrauen in seine Pflicht, zu tun, was sie verlangte, das ihn immer noch auf merkwürdige Weise in Nachteil setzte, «die einzige Wiedergutmachung, die Ihnen bleibt, ist die, sich sofort und endgültig zu entfernen. Ich bin überzeugt, daß Sie auf keine andere Weise das Unrecht und den Schaden mildern können, die Sie angerichtet haben. Ich bin überzeugt, daß es die einzige Entschädigung ist, die zu geben in Ihrer Macht liegt. Ich sage nicht, daß es viel ist oder genug, aber es ist ein wenig, und es ist notwendig. Deshalb bitte ich Sie, ohne andere Ermächtigung, als ich Ihnen gegeben habe, und sogar ohne Wissen anderer Personen, noch heute nacht von hier abzureisen, mit der Verpflichtung, nie wieder zurückzukehren.»

Wenn sie über ihren schlichten Glauben an die Wahrheit und Richtigkeit dessen, was sie sagte, hinaus irgendeinen Einfluß auf ihn geltend gemacht hätte, wenn sie den leisesten Zweifel oder die geringste Unschlüssigkeit verhehlt oder, in bester Absicht, einen Vorbehalt oder Vorwand gehegt hätte, wenn sie die mindeste Spur einer Empfindlichkeit gegen seinen Spott oder sein Erstaunen oder eine Gegenvorstellung, die er machen konnte, gezeigt oder gefühlt hätte, er hätte es an diesem Punkt gegen sie ins Treffen geführt. Doch ebensoleicht hätte er mit einem überraschten Blick einen klaren Himmel verändern wie auf sie einwirken können.

«Aber ist Ihnen denn die Tragweite dessen, was Sie verlangen, bewußt?» fragte er in höchster Verlegenheit. «Sie wissen wahrscheinlich nicht, daß ich hier gewissermaßen eine öffentliche Pflicht habe, eine an sich ziemlich unsinnige, in die ich jedoch eingestiegen bin, auf die ich einen Eid geleistet habe und von der man annimmt, daß ich ihr in höchstem Maß ergeben bin. Das wissen Sie wahrscheinlich nicht, aber ich versichere Ihnen, es ist Tatsache.»

Tatsache oder nicht, auf Sissy machte es keinen Eindruck.

«Außerdem», fuhr Mr. Harthouse fort, während er unschlüssig im Zimmer umherwanderte, «ist es so beunruhigend absurd. Es würde einen so lächerlich machen, wenn man auf so unbegreifliche Weise kneift, nachdem man bei diesen Burschen eingestiegen ist.»

«Ich bin überzeugt», wiederholte Sissy, «daß es Ihre einzige Möglichkeit ist, das Vergangene wiedergutzumachen, Sir. Ich bin davon überzeugt, sonst wäre ich nicht hergekommen.»

Er warf einen schnellen Blick auf ihr Gesicht und wanderte wieder umher. «Meiner Seel, ich weiß nicht, was ich sagen soll. So ungeheuer absurd!»

Nun war es an ihm, sich auch Geheimhaltung auszubedingen.

«Wenn ich etwas so überaus Lächerliches täte», sagte er, während er stehenblieb und sich an den Kaminsims lehnte, «dann könnte es nur in ganz unverbrüchlichem Vertrauen geschehen.»

«Ich vertraue Ihnen, Sir», antwortete Sissy, «und Sie werden mir vertrauen.»

Wie er so an dem Kaminsims lehnte, erinnerte ihn das an den Abend mit dem Filou. Es war derselbe Kaminsims, und irgendwie empfand er es so, als sei heute abend *er* der Filou. Er konnte einfach nicht vorwärtskommen.

«Vermutlich ist nie ein Mann in eine Lage geraten, die lächerlicher war», sagte er, nachdem er zu Boden und an die Decke geschaut und gelacht und die Stirn gerunzelt hatte und ein paar Schritte hin und ein paar Schritte zurück gegangen war. «Aber ich sehe keinen Ausweg. Was sein wird, wird sein. *Dies* wird vermutlich sein. Ich glaube, ich muß mich davonmachen – kurzum, ich verspreche, es zu tun.»

Sissy stand auf. Das Ergebnis überraschte sie nicht, aber sie war glücklich darüber, und ihr Gesicht strahlte.

«Sie werden mir die Bemerkung erlauben», fuhr Mr. James Harthouse fort, «daß ich bezweifle, ob sich ein anderer Gesandter oder eine andere Gesandte mit demselben Erfolg an mich hätte wenden können. Ich darf es nicht nur so ansehen, daß ich mich in einer höchst lächerlichen Lage befinde, sondern muß mich auch in allen Punkten für besiegt halten. Wollen Sie mir den Vorzug einräumen, an den Namen meiner Feindin zurückdenken zu können?»

«Meinen Namen?» fragte die Gesandte.

«Den einzigen, an dem mir heute abend vermutlich gelegen sein könnte.»

«Sissy Jupe.»

«Verzeihen Sie meine Neugier beim Abschied. Verwandt mit der Familie?»

«Ich bin nur ein armes Mädchen», erwiderte Sissy. «Ich wurde von meinem Vater getrennt – er war nur ein umherziehender Gaukler – und aus Mitleid von Mr. Gradgrind aufgenommen. Seitdem habe ich in dem Haus gelebt.»

Sie war gegangen.

«Das fehlte noch, um die Niederlage vollständig zu machen», sagte Mr. James Harthouse und sank mit ergebener Miene auf das Sofa, nachdem er eine Weile wie angewurzelt gestanden hatte. «Die Niederlage kann jetzt als restlos vollendet angesehen werden. Nur ein armes Mädchen – nur ein umherziehender Gaukler – nur James Harthouse für nichts geachtet – nur James Harthouse eine gewaltige Pyramide von Versager.»

Die gewaltige Pyramide faßte den Entschluß, an den Nil zu gehen. Augenblicklich ergriff sie eine Feder und schrieb dem Bruder (in angemessenen Hieroglyphen) folgenden Brief:

«Lieber Jack. Alles aus in Coketown. Gelangweilt von dem Ort, steige in Kamele ein. Herzlichst Jem.»

Er läutete.

«Schicken Sie meinen Burschen her.»

«Zu Bett gegangen, Sir.»

«Sagen Sie ihm, er soll aufstehen und packen.»

Er schrieb zwei weitere Briefe. Einen an Mr. Bounderby, in dem er ihm mitteilte, daß er diese Gegend verlasse, und ihm anzeigte, wo er die nächsten vierzehn Tage zu finden sei. Den anderen, im wesentlichen ähnlich, an Mr. Gradgrind. Fast sobald, als die Tinte der Unterschriften trocken war, hatte er die hohen Schornsteine von Coketown hinter sich und saß in einem Eisenbahnwagen, der durch die dunkle Landschaft raste und blitzte.

Der moralische Menschenschlag könnte meinen, Mr.

James Harthouse habe hinterher ein paar tröstliche Betrachtungen aus diesem eilfertigen Rückzug geerntet, als eine seiner wenigen Handlungen, die etwas Geschehenes wiedergutmachte, und als ein Andenken für ihn selbst, daß er bei einer sehr schlechten Sache noch mit einem blauen Auge davongekommen sei. Aber so war es durchaus nicht. Ein inneres Gefühl, versagt und sich lächerlich gemacht zu haben – eine Angst, was andere Kerle, die sich in ähnliche Sachen einließen, auf seine Kosten sagen würden, wenn sie es wüßten –, bedrückten ihn so sehr, daß so ungefähr das allerbeste Verhalten in seinem Leben gerade das eine unter allen anderen war, das er um keinen Preis eingestanden hätte, und das einzige, dessen er sich vor sich selbst schämte.

ZEIT IST GELD

DAS VIKTORIANISCHE ENGLAND UND DER GOTTLOSE FLORIN

HARTE ZEITEN FÜR DIE SOZIAL SCHWACHEN,
OBWOHL ENGLAND IM 19. JAHRHUNDER...

... den Höchststand seiner wirtschaftlichen Blüte erreichte, das britische Empire den Höhepunkt seiner Macht. Während der langen Regierungszeit von Königin Victoria, die einem ganzen Zeitalter ihren Namen gab, war England die «Werkstatt der Welt», sein Außenhandel und seine Investitionen übertrafen die jedes anderen Landes.

1849 entschloß sich England nach Frankreich und den Vereinigten Staaten die Dezimalwährung einzuführen. Das Ergebnis war ein Zwei-Shilling-Stück, genannt Florin.

Dieser Gulden sah gut aus, verursachte aber einen Skandal, weil auf seiner Umschrift die Worte «Dei gratia» (von Gottes Gnaden) bzw. die Abkürzung D.G. fehlten. Der «gottlose» Florin mußte zurückgezogen werden.

Der Florin von 1851, nun mit einem D.G. versehen, wurde wieder kein Erfolg – zu unbequem erschien den Engländern eine Abkehr von ihrem gewohnten und stabilen Sterling. Es sollten noch hundert Jahre vergehen, bis auch England 1968 seine Währung auf das Dezimalsystem umstellte.

Es wäre müßig, den Engländern daraus einen Vorwurf machen zu wollen, daß sie so lange an Bewährtem und Vertrautem festgehalten haben. Eines unserer meistgekauften Wertpapiere ist der Pfandbrief; ihn gibt es seit 1769, und niemand käme auf die Idee, ihn abzuschaffen.

3. KAPITEL

SEHR ENTSCHLOSSEN

Die unverdrossene Mrs. Sparsit jagte mit einer heftigen Erkältung, ihrer auf ein Flüstern reduzierten Stimme und ihrer durch fortgesetztes Niesen derart gemarteten vornehmen Gestalt, daß sie in Gefahr schien, aus den Fugen zu geraten, ihrem Gönner nach, bis sie ihn in der Metropole fand, woselbst sie majestätisch in sein Hotel, St. James Street, fegte und ihre mitgeführten Explosivstoffe zum Platzen brachte und in die Luft fliegen ließ. Nachdem sie sich ihrer Mission mit unendlichem Wohlbehagen entledigt hatte, fiel die hochgesinnte Frau an Mr. Bounderbys Rockkragen in Ohnmacht.

Mr. Bounderbys erste Tat war, Mrs. Sparsit abzuschütteln und sie verschiedene Stadien des Leidens nach ihrem Belieben auf dem Fußboden durchmachen zu lassen. Sodann nahm er seine Zuflucht zur Anwendung wirksamer Wiederbelebungsmittel, als da sind, die Daumen der Patientin verdrehen, ihre Hände schlagen, reichlich ihr Gesicht bewässern und ihr Salz in den Mund zwingen. Als diese Aufmerksamkeiten sie wieder zu sich gebracht hatten (was sehr schnell geschah), stieß er sie, ohne ihr eine andere Erfrischung zu bieten, in einen Eilzug und nahm sie, mehr tot als lebendig, mit zurück nach Coketown.

Als klassische Ruine betrachtet war Mrs. Sparsit bei der Ankunft am Ende ihrer Reise ein interessanter Anblick, doch in anderem Licht gesehen war der Grad der Beschädigung, den sie bis zu diesem Zeitpunkt erlitten hatte, übermäßig und beeinträchtigte ihre Ansprüche auf Bewunderung. Äußerst achtlos gegen die Abnutzung ihrer Kleider und ihrer Konstitution und diamanthart gegen ihr ergreifendes Niesen, stopfte Mr. Bounderby sie umgehend in eine Kutsche und entführte sie nach Stone Lodge.

«Also, Tom Gradgrind», sagte Bounderby, als er am späten Abend in das Zimmer seines Schwiegervaters platzte, «hier ist eine Dame, Mrs. Sparsit – Sie kennen Mrs. Sparsit –, die Ihnen etwas zu sagen hat, was Sie verblüffen wird.»

«Haben Sie denn meinen Brief nicht erhalten?» rief Mr. Gradgrind, verwundert über das Gespenst.

«Ihren Brief, Sir?» schrie Bounderby. «Jetzt ist keine Zeit für Briefe. Keiner soll Josiah Bounderby aus Coketown von Briefen reden, wenn sein Gemüt in einem Zustand ist wie jetzt.»

«Bounderby», entgegnete Mr. Gradgrind in einem Ton maßvoller Ermahnung, «ich spreche von einem ganz besonderen Brief, den ich Ihnen wegen Louisa geschrieben habe.»

«Tom Gradgrind», erwiderte Bounderby, während er mit der flachen Hand mehrmals überaus heftig auf den Tisch schlug, «ich spreche von einem ganz besonderen Boten, der wegen Louisa zu mir gekommen ist. Vorwärts, Mrs. Sparsit, Ma'am!»

Als die unglückliche Dame hierauf versuchte, ohne jede Stimme und mit schmerzlichen Gebärden, die eine Halsentzündung andeuteten, Zeugnis abzulegen, wurde es so schlimm mit ihr und machte sie so viele Gesichtsverrenkungen durch, daß Mr. Bounderby es nicht ertragen konnte, sie am Arm packte und schüttelte.

«Wenn Sie es nicht herauskriegen können, Ma'am», sagte Bounderby, «dann lassen Sie es *mich* herausbringen. Dies ist nicht die Zeit für eine Dame, wie vornehm ihre Verwandtschaft auch sein mag, völlig unhörbar zu sein und so auszusehen, als verschlucke sie Murmeln. Tom Gradgrind, Mrs. Sparsit befand sich kürzlich durch Zufall in der Lage, außerhalb des Hauses eine Unterhaltung zwischen Ihrer Tochter und Ihrem feinen Gentlemanfreund, Mr. James Harthouse, mit anzuhören.»

«Wirklich?» sagte Mr. Gradgrind.

«Ach! Wirklich!» schrie Bounderby. «Und in jener Unterhaltung...»

«Es ist nicht nötig, ihren Inhalt zu wiederholen, Bounderby. Ich weiß, was vorging.»

«So?» entgegnete Bounderby und starrte seinen so ruhigen und besänftigenden Schwiegervater mit aufgerissenen Augen an. «Vielleicht wissen Sie dann auch, wo sich Ihre Tochter zur Zeit befindet?»

«Gewiß. Sie ist hier.»

«Hier?»

«Mein lieber Bounderby, ich möchte Sie bitten, auf jeden Fall diese lauten Ausbrüche zu unterdrücken. Louisa ist hier. In dem Augenblick, da sie sich der Unterredung mit jenem Menschen entziehen konnte, von dem Sie sprechen und den bei Ihnen eingeführt zu haben ich tief bedaure, eilte Louisa Schutz suchend hierher. Ich selbst war noch nicht viele Stunden zu Hause, als ich sie empfing – hier, in diesem Zimmer. Sie kam in höchster Eile mit dem Zug in die Stadt, sie lief von der Stadt durch tobendes Unwetter in dieses Haus und zeigte sich mir in einem Zustand wahnsinniger Verzweiflung. Natürlich ist sie seitdem hiergeblieben. Um Ihretwillen und um Louisas willen möchte ich Sie bitten, ruhiger zu sein.»

Mr. Bounderby blickte ein paar Augenblicke schweigend um sich, in jede Richtung außer in die Mrs. Sparsits, dann drehte er sich plötzlich zu der Nichte von Lady Scadgers um und sagte zu der unglücklichen Frau:

«Nun, Ma'am! Wir wären glücklich, irgendeine kleine Entschuldigung zu hören, die Sie uns anzubieten für geeignet halten, daß Sie mit keinem anderen Gepäck als einem Ammenmärchen im Expreßtempo im Land umhersausten, Ma'am!»

«Sir», flüsterte Mrs. Sparsit, «meine Nerven sind im Augenblick zu sehr erschüttert, und meine Gesundheit ist im Augenblick zu sehr beeinträchtigt, in Ihrem Dienst, Sir, als daß sie mir erlaubten, mehr zu tun, als meine Zuflucht zu Tränen zu nehmen.»

(Was sie tat.)

«Na schön, Ma'am», sagte Bounderby, «wenn ich mich auch jeder Bemerkung enthalte, die man aus Anstand einer Frau aus guter Familie nicht zumuten kann, so habe ich doch hinzuzufügen, daß mir scheint, Sie sollten Ihre Zuflucht zu etwas anderem nehmen, und zwar zu einer Kutsche. Und da die Kutsche, in der wir kamen, noch vor der Tür steht, werden Sie mir erlauben, Sie hinunterzuführen und in die Bank heimzuverfrachten, wo die beste Kur für Sie sein wird, die Füße in das heißeste Wasser zu stecken, das Sie ertragen können, und nach dem Zubettgehen ein Glas kochendheißen Rum mit Butter zu trinken.» Mit diesen Worten streckte Mr. Bounderby seine Rechte nach der weinenden Dame aus und geleitete sie, die unterwegs häufig und kläglich nieste, zu dem fraglichen Wagen. Bald kehrte er allein zurück.

«Nun, Tom Gradgrind, da Sie mir durch Ihr Gesicht anzeigten, daß Sie mich sprechen wollen», bemerkte er, «hier bin ich. Aber ich sage Ihnen offen, ich befinde mich in keinem sehr liebenswürdigen Zustand, da mir diese Sache nicht gefällt, nicht einmal so, wie sie liegt, und da ich nicht glaube, zu jeder Zeit pflichtgetreu und gehorsam von Ihrer Tochter behandelt worden zu sein, wie Josiah Bounderby aus Coketown von seiner Frau behandelt werden sollte. Ich möchte sagen, Sie haben Ihre Ansicht, und ich weiß, ich habe meine. Wenn Sie mir heute abend etwas zu sagen beabsichtigen, das dieser aufrichtigen Bemerkung zuwiderläuft, dann sollten Sie es lieber lassen.»

Da Mr. Gradgrind, wie man wahrnehmen wird, sehr weich gestimmt war, gab sich Mr. Bounderby besondere Mühe, sich in allen Punkten zu verhärten. Das lag in seiner liebenswerten Natur.

«Mein lieber Bounderby», begann Mr. Gradgrind seine Antwort.

«Sie werden entschuldigen», unterbrach Bounderby, «aber

ich möchte nicht zu lieb sein. Das von vornherein. Wenn ich einem Mann anfange lieb zu werden, stelle ich im allgemeinen fest, daß er die Absicht hat, mich übers Ohr zu hauen. Ich spreche nicht höflich zu Ihnen, aber wie Sie wissen, bin ich *nicht* höflich. Wenn Sie Höflichkeit wollen, dann wissen Sie, wo Sie die holen können. Sie haben ja Ihre Gentlemanfreunde, und die werden Ihnen mit einer solchen Menge von diesem Artikel dienen, wie Sie wollen. Ich selbst führe ihn nicht.»

«Bounderby», wandte Mr. Gradgrind ein, «wir alle sind Fehlern unterworfen...»

«Ich dachte, Sie könnten keine machen», unterbrach Bounderby abermals.

«Vielleicht glaubte ich das. Aber ich sage, wir alle sind Fehlern unterworfen, und ich würde Ihr Taktgefühl spüren und dafür dankbar sein, wenn Sie mir diese Anspielungen auf Harthouse ersparen würden. Ich werde ihn in unserer Unterhaltung nicht mit Ihrer Vertraulichkeit und Ermutigung verbinden, bestehen Sie also bitte nicht darauf, ihn mit den meinen in Zusammenhang zu bringen.»

«Ich habe ja seinen Namen gar nicht erwähnt!» sagte Bounderby.

«Schon gut!» erwiderte Mr. Gradgrind mit geduldiger, ja sogar unterwürfiger Miene. Und dann saß er eine Weile nachdenklich. «Bounderby, ich sehe mich veranlaßt zu bezweifeln, ob wir Louisa je ganz verstanden haben.»

«Wen meinen Sie mit wir?»

«Dann lassen Sie mich also sagen», entgegnete er als Antwort auf die grob herausgeschleuderte Frage, «ich bezweifle, ob ich Louisa je verstanden habe. Ich bezweifle, ob ich mit der Art ihrer Erziehung völlig recht hatte.»

«Sie haben's getroffen», sagte Bounderby. «Da stimme ich mit Ihnen überein. Haben Sie's endlich herausgefunden? Erziehung! Ich werde Ihnen sagen, was Erziehung ist. – Am Kragen gepackt und vor die Tür gesetzt zu werden und von allem außer Schlägen die kleinste Ration zu erhalten. Das ist, was *ich* Erziehung nenne.»

«Ich denke, Ihr gesunder Menschenverstand wird begreifen», widersprach Mr. Gradgrind in aller Bescheidenheit, «daß es bei allen Vorzügen, die ein solches System auch haben mag, doch schwierig sein würde, es allgemein auf Mädchen anzuwenden.»

«Das leuchtet mir durchaus nicht ein, Sir», gab der obstinate Bounderby zurück.

«Nun gut», seufzte Mr. Gradgrind, «wir wollen die Frage nicht untersuchen. Ich versichere Ihnen, daß ich nicht den Wunsch habe zu streiten. Ich suche, soweit es mir möglich ist, zu bessern, was falsch ist, und ich hoffe, Sie werden mich lebhaft unterstützen, Bounderby, denn ich war sehr verzweifelt.»

«Ich verstehe Sie immer noch nicht», sagte Bounderby mit entschlossener Hartnäckigkeit, «und deshalb werde ich keine Versprechungen machen.»

«Im Laufe von ein paar Stunden, mein lieber Bounderby», fuhr Mr. Gradgrind in demselben niedergedrückten und versöhnlichen Ton fort, «glaube ich über Louisas Charakter bessere Aufschlüsse erhalten zu haben als in den vorangegangenen Jahren. Diese Erleuchtung ist mir auf schmerzliche Art aufgezwungen worden, und sie ist nicht meine Entdeckung. Ich glaube, in Louisa – es wird Sie überraschen, Bounderby, solches von mir zu hören –, ich glaube, in Louisa sind Eigenschaften vorhanden, die – die grausam vernachlässigt und – und ein wenig verdorben wurden. Und – und ich würde Ihnen vorschlagen – wenn Sie mir freundlicherweise in dem rechtzeitigen Bestreben entgegenkommen würden, sie eine Weile ihrer besseren Natur zu überlassen – und deren Entfaltung durch Liebe und Rücksicht zu fördern – es – es wäre besser für unser aller Glück. Louisa», sagte Mr. Gradgrind und beschattete sein Gesicht mit der Hand, «ist immer mein Lieblingskind gewesen.»

Als er diese Worte hörte, wurde der aufbrausende Bounderby so hochrot und schwoll in einem solchen Maß an, daß er kurz vor einem Anfall zu stehen schien und wahrscheinlich auch stand. Dennoch verschloß er seine Entrüstung, obwohl seine Ohren leuchtend purpurn und karmesinrot anliefen, und fragte:

«Sie würden sie gern eine Zeitlang hierbehalten?»

«Ich – ich hatte die Absicht zu empfehlen, mein lieber Bounderby, Sie möchten Louisa erlauben, hier als Besuch zu bleiben und sich von Sissy (ich meine natürlich Cecilia Jupe), die sie versteht und zu der sie Vertrauen hat, pflegen zu lassen.»

«All dem entnehme ich, Tom Gradgrind», erwiderte Bounderby und stand, die Hände in den Taschen, auf, «daß Sie der Meinung sind, zwischen Lou Bounderby und mir bestünde eine gewisse Unverträglichkeit, wie die Leute das nennen.»

«Ich fürchte, im Augenblick besteht zwischen Louisa und – und – und fast allen Beziehungen, in die ich sie gebracht habe, eine allgemeine Unverträglichkeit», war die sorgenvolle Antwort des Vaters.

«Jetzt hören Sie mal zu, Tom Gradgrind», sagte Bounderby, der Rotangelaufene, während er sich mit breit gespreizten Beinen vor ihm aufpflanzte, die Hände noch tiefer in den Taschen und das Haar wie eine Heuwiese, in der sein stürmischer Zorn tobte. «Sie haben Ihre Meinung gesagt, jetzt werde ich meine sagen. Ich bin ein Coketowner. Ich bin Josiah Bounderby aus Coketown. Ich kenne die Ziegelsteine dieser Stadt, und ich kenne die Fabriken dieser Stadt, und ich kenne die Schornsteine dieser Stadt, und ich kenne den Rauch dieser Stadt, und ich kenne die Arbeiter dieser Stadt. All das kenne ich recht gut. Es ist wirklich. Wenn mir einer etwas von Phantasieeigenschaften erzählt, dann sage ich dem Mann, einerlei, wer er ist, daß ich weiß, was er meint. Er meint Schildkrötensuppe und Rehbraten mit einem goldenen Löffel und wünscht, in einer sechsspännigen Kutsche zu fahren. Das ist es, was Ihre Tochter möchte. Da Sie der Meinung sind, daß sie haben soll, was sie möchte, empfehle ich Ihnen, es ihr zu verschaffen. Denn von mir, Tom Gradgrind, wird sie es nie bekommen.»

«Bounderby», entgegnete Mr. Gradgrind, «nach meiner dringenden Bitte hatte ich gehofft, Sie würden einen anderen Ton anschlagen.»

«Einen Augenblick», gab Bounderby zurück, «Sie haben, denke ich, Ihre Meinung gesagt. Ich habe Sie angehört, hören auch Sie mich gefälligst an. Machen Sie sich nicht zum Verfechter von Ungerechtigkeit und Inkonsequenz; denn obwohl es mir schon leid tut, Tom Gradgrind zu seinem jetzigen Standpunkt erniedrigt zu sehen, so würde es mir doppelt leid tun, ihn so tief gesunken zu sehen. Da gibt es also irgendeine Unverträglichkeit zwischen Ihrer Tochter und mir, wie Sie mir zu verstehen gaben. Als Antwort darauf gebe ich *Ihnen* zu verstehen, daß fraglos eine Unverträglichkeit erster Größe besteht – auf diesen Nenner gebracht –, daß Ihre Tochter sich nicht richtig klar ist über die Vorzüge ihres Gatten und nicht das ausgeprägte Gefühl für die Ehre hat, mit ihm verehelicht zu sein, das sich bei Gott für sie ziemte. Ich hoffe, das ist deutlich gesprochen.»

«Das ist unvernünftig, Bounderby», sagte Mr. Gradgrind.

«So?» entgegnete Bounderby. «Es freut mich, das von Ihnen zu hören. Denn wenn Tom Gradgrind mit seinen neuen Erleuchtungen mir erzählt, was ich sage, sei unvernünftig, bin ich sofort überzeugt, daß es verteufelt vernünftig sein muß. Wenn Sie erlauben, fahre ich fort. Sie kennen meine Herkunft, und Sie wissen, daß ich eine ziemliche Anzahl Jahre keinen Schuhanzieher brauchte, weil ich keinen Schuh besaß. Aber Sie mögen es glauben oder nicht, wie Sie es für passend halten – es gibt Damen – Damen von Geburt – die Familien angehören – Familien! – und die nahezu den Boden anbeten, über den ich gehe.»

Das schoß er wie eine Rakete auf den Kopf seines Schwiegervaters ab.

«Während Ihre Tochter weit davon entfernt ist, eine Dame von Geburt zu sein», fuhr Bounderby fort. «Das wissen Sie selbst. Nicht daß ich mich einen Pfiffikus um solche Dinge schere, das ist Ihnen wohlbekannt, aber es ist eine Tatsache, und Sie, Tom Gradgrind, können sie nicht ändern. Warum sage ich das?»

«Nicht, um mich zu schonen, fürchte ich», bemerkte Mr. Gradgrind leise.

«Hören Sie mich bis zu Ende an», sagte Bounderby, «und lassen Sie die Unterbrechungen, bis Sie wieder an der Reihe sind. Ich sage das, weil Damen mit vornehmer Verwandtschaft erstaunt sind über die Art und Weise, wie sich Ihre Tochter aufgeführt hat, und Zeuge ihrer Gefühllosigkeit waren. Sie haben sich gewundert, wie ich es duldete. Und ich wundere mich jetzt selbst und werde es nicht dulden.»

«Bounderby», erwiderte Mr. Gradgrind und erhob sich, «je weniger wir heute abend sagen, desto besser ist es, glaube ich.»

«Im Gegenteil, Tom Gradgrind, ich denke, je mehr wir heute abend sagen, desto besser ist es. Das heißt», eine Überlegung ließ ihn innehalten, «bis ich alles gesagt habe, was ich im Sinn habe, dann ist es mir einerlei, wie bald wir aufhören. Ich komme zu einer Frage, die die Sache vielleicht abkürzt. Was meinen Sie mit dem Vorschlag, den Sie eben machten?»

«Woran denken Sie, Bounderby?»

«An Ihren Besuchsvorschlag», antwortete Bounderby mit einem unerbittlichen Ruck der Heuwiese.

«Ich meine, Sie lassen sich hoffentlich überreden, daß wir uns auf freundschaftliche Weise einigen, Louisa hier eine Zeit der Ruhe und der Überlegung zu gewähren, die vielleicht dazu beiträgt, in vieler Hinsicht eine allmähliche Änderung zum Besseren herbeizuführen.»

«Zu einer Entkräftung Ihrer Ideen von der Unverträglichkeit?» fragte Bounderby.

«Wenn Sie es so ausdrücken wollen.»

«Was veranlaßt Sie, das zu glauben?» fragte Bounderby weiter.

«Ich habe bereits gesagt, daß ich fürchte, Louisa wurde nicht verstanden. Ist es zuviel verlangt, Bounderby, daß Sie, der so viel Ältere, bei dem Versuch helfen sollten, sie auf den rechten Weg zu bringen? Sie haben eine große Sorge für sie übernommen, für Freud und Leid, für...»

Mr. Bounderby wäre vielleicht verdrossen gewesen über die Wiederholung seiner eigenen Worte zu Stephen Blackpool, doch er schnitt das Zitat mit einer ärgerlichen Bewegung kurz ab.

«Ach was!» sagte er. «Davon will ich nichts hören. Ich weiß so gut wie Sie, wofür ich sie genommen habe. Kümmern Sie sich nicht darum, das ist meine Sache.»

«Ich wollte nur bemerken, Bounderby, daß wir alle mehr oder weniger unrecht haben mögen, nicht einmal Sie ausgenommen, und daß eine gewisse Nachgiebigkeit von Ihrer Seite eingedenk der Pflicht, die Sie übernommen haben, vielleicht nicht nur ein Akt wahrer Güte wäre, sondern eine Schuldigkeit gegenüber Louisa.»

«Ich denke anders darüber», polterte Bounderby. «Ich werde diese Sache nach meiner eigenen Auffassung zu Ende bringen. Ich will mich mit Ihnen nicht streiten, Tom Gradgrind. Um die Wahrheit zu sagen, ich glaube nicht, daß es meines Ansehens würdig wäre, über einen solchen Gegenstand zu streiten. Was Ihren Gentlemanfreund betrifft, so mag er sich davonmachen, wohin es ihm beliebt. Wenn er mir über den Weg läuft, werde ich ihm meine Meinung sagen, wenn er mir nicht über den Weg läuft, werde ich es nicht, denn es wäre mir nicht der Mühe wert. Was Ihre Tochter betrifft, die ich zu einer Lou Bounderby gemacht habe und lieber eine Lou Gradgrind hätte bleiben lassen sollen, wenn sie nicht morgen mittag Schlag zwölf nach Hause kommt, so werde ich daraus ersehen, daß sie es vorzieht fernzubleiben, und ich werde ihre Kleidungsstücke und so weiter herschicken, und Sie werden in Zukunft die Sorge für sie übernehmen. Was ich den Leuten über die Unverträglichkeit sagen werde, die mich dazu führte, auf diese Weise meinen Standpunkt klarzumachen, wird in der Hauptsache folgendes sein: Ich bin Josiah Bounderby, und ich habe meine Erziehung gehabt, sie ist die Tochter von Tom Gradgrind, und sie hat ihre

Erziehung gehabt, und die beiden Pferde paßten nicht zusammen. Ich glaube, ich bin ziemlich gut dafür bekannt, ein etwas ungewöhnlicher Mann zu sein, und die meisten Leute werden schnell genug verstehen, daß es ebenfalls eine nicht ganz gewöhnliche Frau sein muß, die auf die Dauer meinen Erwartungen entsprechen würde.»

«Lassen Sie mich ernstlich bitten, das noch einmal zu überlegen, Bounderby», drängte Mr. Gradgrind, «ehe Sie einen solchen Entschluß fassen.»

«Ich komme stets zu einem Entschluß», sagte Bounderby und knallte sich den Hut auf den Kopf, «und was ich tue, tu ich gleich. Es würde mich überraschen, von Tom Gradgrind zu Josiah Bounderby aus Coketown, bei all seiner Kenntnis von ihm, eine solche Bemerkung geäußert zu hören, wenn mich noch irgend etwas von Tom Gradgrind überraschen könnte, nachdem er sich an sentimentalem Unsinn beteiligt. Ich habe Ihnen meinen Entschluß mitgeteilt, und weiter habe ich nichts zu sagen. Guten Abend.»

So ging Mr. Bounderby in sein Stadthaus heim und zu Bett. Fünf Minuten nach zwölf Uhr des nächsten Tages befahl er, Mrs. Bounderbys Hab und Gut sorgfältig einzupacken und nach Tom Gradgrinds Haus zu schicken, annoncierte sein Landhaus zum Verkauf unterderhand und nahm wieder sein Junggesellenleben auf.

4. Kapitel

Verloren

Der Bankraub war vorher nicht in den Hintergrund getreten und hörte auch jetzt nicht auf, einen vorrangigen Platz in der Aufmerksamkeit des Direktors dieses Instituts einzunehmen. Um auf seine prahlerische Art seine Pünktlichkeit und Tatkraft als ein bemerkenswerter Mann zu beweisen, als ein Selfmademan, ein kaufmännisches Wunder, bewundernswerter als die Venus, jedoch nicht dem Meer, sondern dem Schmutz entstiegen, trug er gern zur Schau, wie wenig seine häuslichen Angelegenheiten seinen Geschäftseifer beeinträchtigten. Folglich machte er in den ersten paar Wochen seines wiederaufgenommenen Junggesellentums sogar Fortschritte in seinem üblichen Aufwand an lärmender Geschäftigkeit und verursachte jeden Tag einen solchen Tumult, indem er seine Nachforschungen in der Raubsache immer wieder von neuem anfing, daß die Beamten, die sie bearbeiteten, fast schon wünschten, der Raub wäre nie begangen worden.

Überdies befanden sie sich in Verlegenheit und waren von der Spur abgekommen. Obwohl sie sich seit dem ersten Aufruhr in der Sache so still verhalten hatten, daß die meisten Leute tatsächlich annahmen, sie sei als hoffnungslos fallengelassen worden, ereignete sich nichts Neues. Keiner der darin Verwickelten, ob Mann oder Frau, faßte zur Unzeit Mut oder unternahm einen selbstverräterischen Schritt. Noch merkwürdiger, daß von Stephen Blackpool nichts zu hören war und die geheimnisvolle alte Frau ein Geheimnis blieb.

Nachdem die Dinge diesen Stand erreicht hatten und durch keine verborgenen Anzeichen erkennen ließen, über das Stadium hinauszukommen, endeten Mr. Bounderbys Nachforschungen damit, daß er beschloß, einen kühnen Streich zu wagen. Er verfaßte eine Bekanntmachung, in der für das Ergreifen Stephen Blackpools, verdächtig der Mittäterschaft bei dem in der und der Nacht erfolgten Raubüberfall auf die Coketowner Bank, eine Belohnung von 20 Pfund versprochen wurde, er beschrieb den besagten Stephen Blackpool nach Kleidung, Aussehen, Größe und Benehmen so genau er konnte, er berichtete, wie er die Stadt verlassen habe und welche Richtung er eingeschlagen habe, als er zuletzt gesehen worden sei; das Ganze hatte er in großen schwarzen Buchstaben auf ein grellfarbiges Plakat drucken lassen und veranlaßt, daß in der Totenstille der Nacht die Mauern damit beklebt wurden, so daß es der ganzen Bevölkerung mit einem Schlag ins Auge fallen würde.

Die Fabrikglocken mußten an jenem Morgen in vollster Lautstärke läuten, um die Gruppen von Arbeitern zu zerstreuen, die im säumigen Tagesanbruch um die Plakate versammelt standen und sie mit gierigen Augen verschlangen. Nicht weniger gierig unter den versammelten Augen waren jene, die nicht lesen konnten. Diese Leute starrten, während sie der wohlwollenden Stimme lauschten, die laut vorlas – es gab immer ein paar, die bereit waren, ihnen zu helfen –, auf die Buchstaben, die so viel bedeuteten, mit einer unbestimmten Ehrfurcht und Hochachtung, die fast zum Lachen gewesen wäre, wenn eine Offenbarung von Unwissenheit beim Volk je etwas anderes sein könnte als bedrohlich und unheilvoll. Viele Augen und Ohren waren noch Stunden hinterher zwischen sich drehenden Spindeln, ratternden Webstühlen und schwirrenden Rädern von der Vision dessen in Anspruch genommen, was diese Plakate besagten, und als sich die Arbeiter wieder in die Straßen ergossen, gab es dort immer noch so viele Leser wie vorher.

Auch mußte der Delegierte Slackbridge an diesem Abend zu seinem Publikum sprechen, und Slackbridge hatte einen sauberen Anschlagzettel von dem Drucker erhalten und in seiner Tasche mitgebracht. O meine Freunde und Landsleute, ihr mit Füßen getretenen Fabrikarbeiter von Coketown, o meine Brüder und Arbeitsgenossen und Mitbürger und Mitmenschen, was für einen Lärm gab es, als Slackbridge das, wie er es nannte, «verdammende Beweisstück» entfaltete und der ganzen Arbeitergemeinde zum Abscheu vor Augen hielt! «O meine Mitmenschen, sehet, wessen ein Verräter im Lager dieser großen Geister, die in der heiligen Rolle der Gerechtigkeit und Einheit verzeichnet sind, insonderheit fähig ist! O meine am Boden liegenden Freunde, denen das ärgerliche Joch der Tyrannen im Nacken sitzt und deren niedergefallene Leiber von dem eisernen Fuß des Despotismus in den Staub der Erde getreten werden, über die euch zeit eures Lebens wie die Schlange im Garten Eden auf dem Bauch kriechen eure Unterdrücker mit wahrer Freude sehen würden – o meine Brüder, und sollte ich als ein Mann nicht auch hinzufügen, meine Schwestern, was sagt ihr *jetzt* zu Stephen Blackpool, leicht gebeugt in den Schultern und etwa fünf Fuß groß, wie dieses entehrende und Abscheu erregende Beweisstück, dieser nichtswürdige Anschlagzettel, dieses verruchte Plakat, diese gräßliche Bekanntmachung besagt, und mit welcher Majestät der Anklage werdet ihr diese Viper zermalmen, welche solche Schande und Schmach über das gottähnliche Geschlecht bringen würde, das ihn glücklicherweise für immer ausgestoßen hat! Ja, meine Landsleute, glücklicherweise ausgestoßen und davongejagt! Denn ihr erinnert euch, wie er hier vor euch auf dem Podium stand, ihr erinnert euch, wie ich ihm von Angesicht zu Angesicht und Schritt für Schritt auf all seinen verschlungenen Windungen folgte, ihr erinnert euch, wie er kroch und schlich und zur Seite wich und Haarspaltereien machte, bis er keinen Zoll Boden mehr hatte, an den er sich klammern konnte, und ich ihn aus unserer Mitte jagte, auf daß der unsterbliche Finger der Verachtung auf ihn weise und das rächende Feuer jedes freien und denkenden Geistes ihn brenne und brandmarke! Und nun, meine Freunde – meine arbeitenden Freunde, denn ich freue mich und frohlocke über dieses Stigma –, meine Freunde, deren harte, aber ehrliche Betten in Mühsal bereitet und deren dürftige, aber unabhängige Töpfe in Bedrängnis zum Kochen gebracht werden, und nun, meine Freunde, sage ich, auf welchen Namen hat diese feige Memme Anspruch, da ihm die Maske vom Gesicht gerissen ist und er in seiner ganzen angeborenen Häßlichkeit vor uns steht, ein Was? Ein Dieb! Ein Räuber! Ein geächteter Flüchtling, auf dessen Kopf ein Preis ausgesetzt ist, ein Geschwür und eine Wunde an dem edlen Stand des Coketowner Fabrikarbeiters! Deshalb, meine in einem heiligen Bund vereinigten Brüder, dem eure Kinder und noch ungeborenen Kindeskinder ihre Kinderhände und -siegel aufgedrückt haben, beantrage ich im Namen des Vereinigten Massentribunals, das stets auf euer Wohl bedacht, stets eifrig für euern Nutzen ist, diese Versammlung möge beschließen: Da Stephen Blackpool, Weber, auf den sich dieses Plakat bezieht, von der Gemeinschaft der Coketowner Arbeitsleute bereits feierlich verstoßen wurde, ist dieselbe frei von der Schande seiner Untaten und kann nicht als ganzer Stand mit dem Vorwurf seiner unehrenhaften Handlungen belastet werden!»

So Slackbridge, übermäßig schwitzend und mit den Zähnen knirschend. Ein paar rauhe Stimmen riefen: «Nein!», und zwei, drei Dutzend begrüßten unter zustimmenden Rufen: «Hört, hört!» die Warnung eines Mannes: «Du bist zu hitzig, Slackbridge, du urteilst zu voreilig!» Doch das waren Zwerge gegen eine Armee, im großen und ganzen bekannte sich die Versammlung zu dem Slackbridge-Evangelium und brachte ein dreifaches Hoch auf ihn aus, als er sich demonstrativ keuchend zu ihnen setzte.

Diese Männer und Frauen waren noch auf der Straße und gingen ruhig heim, als Sissy, die vor ein paar Minuten von Louisas Seite gerufen worden war, zurückkehrte.

«Wer ist da?» fragte Louisa.

«Es ist Mr. Bounderby», antwortete Sissy mit Scheu vor dem Namen, «und dein Bruder Tom und eine junge Frau, die sagt, sie heiße Rachael und sie sei dir bekannt.»

«Was wollen sie, liebe Sissy?»

«Sie wollen dich sprechen. Rachael hat geweint und scheint aufgebracht zu sein.»

«Vater», sagte Louisa, denn auch er war da, «ich kann mich nicht weigern, mit ihnen zu sprechen, wenn sie einen Grund dafür haben, der sich klären wird. Sollen sie hereinkommen?»

Da er bejahte, ging Sissy, um sie zu holen. Gleich darauf erschien sie wieder, von ihnen gefolgt. Tom kam als letzter und blieb im dunkelsten Teil des Zimmers unweit der Tür stehen.

«Mrs. Bounderby», begann ihr Gatte, der mit einem kühlen Nicken eingetreten war, «ich hoffe, ich störe Sie nicht. Dies ist eine unpassende Zeit, aber wir haben hier eine junge Frau, deren Aussagen meinen Besuch notwendig machten. Da sich Ihr Sohn, Tom Gradgrind, der junge Tom, aus irgendeinem Grund eigensinnig weigert, überhaupt etwas, ob Gutes oder Schlechtes, zu diesen Aussagen zu erklären, bin ich genötigt, sie mit Ihrer Tochter zu konfrontieren.»

«Sie haben mich schon früher mal gesehen, junge Dame», sagte Rachael, die vor Louisa stand.

Tom hustete.

«Sie haben mich schon mal gesehen, junge Dame», wiederholte Rachael, als sie keine Antwort erhielt.

Tom hustete abermals.

«Ja.»

Rachael warf einen stolzen Blick auf Mr. Bounderby und sagte: «Wollen Sie erzählen, wo das war, junge Dame, und wer da war?»

«An dem Abend, als Stephen Blackpool entlassen worden war, ging ich zu dem Haus, in dem er wohnte, und dort sah ich Sie. Er war auch da und dann noch eine alte Frau, die ich nicht sprach und die ich kaum sehen konnte, weil sie in einer dunklen Ecke stand. Mein Bruder war bei mir.»

«Warum konnten Sie das nicht sagen, Tom junior?» fragte Bounderby.

«Ich hatte meiner Schwester versprochen, es nicht zu tun.»

Was Louisa eiligst bestätigte. «Und außerdem», fügte der Filou bitter hinzu, «erzählt sie ihre Geschichte so wunderschön – und so ausführlich –, daß es nicht meine Sache war, sie ihr aus dem Mund zu nehmen!»

«Erzählen Sie bitte, junge Dame», fuhr Rachael fort, «warum Sie in einer bösen Stunde an dem Abend zu Stephen kamen.»

«Ich hatte Mitleid mit ihm», antwortete Louisa errötend, «und ich wollte wissen, was er tun werde, und wollte ihm meine Hilfe anbieten.»

«Vielen Dank, Ma'am», sagte Bounderby. «Sehr entzückt und verbunden.»

«Haben Sie ihm eine Banknote angeboten?» fragte Rachael.

«Ja, aber er wies sie zurück und wollte nur ein Goldstück von zwei Pfund annehmen.»

Wieder warf Rachael Mr. Bounderby einen Blick zu.

«Oh, allerdings!» sagte Bounderby. «Wenn Sie die Frage stellen, ob Ihre lächerliche und unwahrscheinliche Geschichte wahr ist oder nicht, so fühle ich mich verpflichtet, zu erklären, daß sie bestätigt ist.»

«Junge Dame», sagte Rachael, «Stephen Blackpool wird jetzt in öffentlichen Anschlägen in der ganzen Stadt und wo nicht noch als ein Dieb namhaft gemacht! Heute abend hat eine Versammlung stattgefunden, bei der in derselben schimpflichen Weise von ihm geredet wurde. Stephen! Der ehrlichste Mensch, der treueste Mensch, der beste!» Ihre Entrüstung verließ sie, und sie brach schluchzend ab.

«Das tut mir sehr, sehr leid», sagte Louisa.

«Oh, junge Dame, junge Dame», erwiderte Rachael, «ich hoffe, es ist so, aber ich weiß es nicht! Ich kann nicht sagen, was Sie vielleicht getan haben! Ihresgleichen kennen uns nicht, kümmern sich nicht um uns, gehören nicht zu uns. Ich bin nicht sicher, warum Sie den Abend gekommen sein mögen. Ich kann nur sagen, daß Sie vielleicht in eigener Sache gekommen sind, ohne sich darum zu scheren, in welche

Schwierigkeiten Sie den armen Jungen brachten. Damals sagte ich, Gott segne Sie für Ihr Kommen, und ich sagte es von ganzem Herzen, Sie schienen so viel Mitgefühl für ihn zu haben, aber jetzt weiß ich nicht, ich weiß nicht!»

Louisa konnte ihr wegen der ungerechten Verdächtigungen keinen Vorwurf machen, sie hing so treu an ihrer Vorstellung von diesem Mann und grämte sich so sehr.

«Und wenn ich denke», sagte Rachael zwischen Schluchzern, «daß der arme Junge so dankbar war, weil er glaubte, Sie sind so gut zu ihm – wenn ich denke, wie er die Hand über sein zerarbeitetes Gesicht legte, um die Tränen zu verbergen, die ihm Ihretwegen gekommen waren –, oh, ich hoffe, es möchte Ihnen leid tun und Sie möchten keinen schlimmen Grund dazu haben, aber ich weiß nicht, ich weiß nicht!»

«Sie sind ja 'ne nette Pflanze», brummte der Filou, der sich unbehaglich in seiner dunklen Ecke regte, «mit so feinen Beschuldigungen herzukommen! Man sollte Sie rausschmeißen, weil Sie nicht wissen, wie Sie sich zu benehmen haben, und es geschähe Ihnen recht.»

Sie gab keine Antwort, und ihr leises Weinen war der einzige Laut, der zu hören war, bis Mr. Bounderby sprach.

«Hören Sie!» sagte er. «Sie wissen, was Sie versprochen haben. Sie sollten lieber darüber Ihre Meinung sagen, nicht über dies.»

«Wirklich, ich habe keine Lust», entgegnete Rachael, während sie sich die Augen trocknete, «daß mich hier jemand so sieht, aber es wird nicht wieder vorkommen. Junge Dame, als ich gelesen habe, was da über Stephen gedruckt steht – und was geradesoviel Wahrheit in sich hat, als wenn es über Sie gedruckt wäre –, bin ich schnurstracks zur Bank gegangen und hab gesagt, daß ich weiß, wo Stephen ist, und hab ein festes und sicheres Versprechen gegeben, daß er in zwei Tagen hier sein wird. Ich konnte damals nicht mit Mr. Bounderby sprechen, und Ihr Bruder schickte mich weg, und ich versuchte, Sie zu finden, aber Sie waren nicht aufzufinden, und da ging ich wieder an meine Arbeit. Aber als ich heute abend aus der Fabrik kam, lief ich hin, um zu hören, was über Stephen geredet wird – denn ich weiß und bin stolz darauf, daß er zurückkommen und es zuschanden machen wird! –, und dann suchte ich wieder Mr. Bounderby auf, und ich traf ihn an und hab ihm jedes Wort erzählt, das ich wußte, und er glaubte kein Wort von allem und brachte mich her.»

«Soweit stimmt das so ziemlich», pflichtete Mr. Bounderby bei, die Hände in den Taschen und den Hut auf dem Kopf. «Aber euch Volk kenne ich nicht erst seit heute, und ich weiß, daß ihr nie aus Mangel an Geschwätz sterbt. Ich empfehle Ihnen also, sich jetzt nicht so viel um Reden als um Tun zu kümmern. Sie haben sich verbürgt, etwas zu tun, alles, was ich im Augenblick dazu bemerke, ist, tun Sie's!»

«Ich habe Stephen mit der Post geschrieben, die heute nachmittag wegging, wie ich ihm schon vorher einmal geschrieben habe, seit er fortging», sagte Rachael, «und er wird in spätestens zwei Tagen hier sein.»

«Dann will ich Ihnen mal was sagen. Sie wissen vielleicht nicht», widersprach Mr. Bounderby, «daß auch Sie von Zeit zu Zeit überwacht wurden, weil man Sie bei dieser Sache nicht für völlig unverdächtig hält, denn die meisten Leute werden nach der Gesellschaft beurteilt, in der sie sich bewegen. Die Post hat man dabei auch nicht vergessen. Und ich sage Ihnen, dort ist nie ein Brief an Stephen Blackpool aufgegeben worden. Was daher mit Ihrem ist, können Sie selbst erraten. Vielleicht irren Sie sich und haben nie einen geschrieben.»

«Er war noch kaum eine Woche von hier weg, junge Dame», sagte Rachael, bittend zu Louisa gewandt, «als er mir den einzigen Brief schickte, den ich von ihm bekommen habe und in dem er sagte, daß er notgedrungen unter einem anderen Namen Arbeit suchen muß.»

«Oh, bei Georg!» rief Bounderby, schüttelte den Kopf und pfiff vor sich hin. «Er ändert also seinen Namen! Das ist doch ein bißchen verhängnisvoll für einen so makellosen Burschen. Ich glaube, an den Gerichtshöfen wird es für etwas verdächtig angesehen, wenn ein Unschuldiger zufällig mehrere Namen führt.»

«Aber im Namen der Barmherzigkeit, junge Dame, was blieb denn dem armen Jungen übrig!» sagte Rachael, wieder mit Tränen in den Augen. «Auf einer Seite sind die Herren gegen ihn, auf der andern die Arbeiter, wo er doch bloß in Frieden fleißig arbeiten und tun will, was er als recht empfindet. Kann denn ein Mensch keine eigene Seele und keinen eigenen Verstand haben? Muß er völlig falsch für diese oder völlig falsch für die andere Seite sein, sonst wird er gejagt wie ein Hase?»

«Wirklich, ich bedaure ihn von Herzen», erwiderte Louisa, «und ich hoffe, er wird sich von dem Verdacht reinigen.»

«Da brauchen Sie keine Angst zu haben, junge Dame. Er wird es gewiß!»

«Vermutlich um so gewisser», sagte Mr. Bounderby, «da Sie mir nicht erzählen wollen, wo er sich befindet. Wie?»

«Er soll nicht durch etwas, das ich sage oder tu, mit der unverdienten Schmach zurückkommen, daß man ihn zurückgeholt hat. Er soll aus eigenen Stücken zurückkommen, um sich von dem Verdacht zu reinigen, und alle beschämen, die seinen guten Ruf verletzt haben, wo er doch nicht hier ist, um sich zu rechtfertigen. Ich habe ihm erzählt, was man gegen ihn unternommen hat», sagte Rachael, an der das ganze Mißtrauen abprallte wie die Meereswogen an einem Felsen, «und er wird in spätestens zwei Tagen hier sein.»

«Obgleich er früher Gelegenheit haben wird, sich von dem Verdacht zu befreien», fügte Mr. Bounderby hinzu, «wenn er früher gefaßt wird. Was Sie betrifft, so habe ich nichts gegen Sie; was Sie mir erzählt haben, stellt sich als wahr heraus, und ich habe Ihnen die Möglichkeit gegeben, es als wahr zu beweisen, und damit Punktum. Ich wünsche Ihnen allen guten Abend! Ich muß weg, um das noch ein wenig weiter zu untersuchen.»

Tom kam aus seiner Ecke, als Mr. Bounderby aufbrach, setzte sich mit ihm in Bewegung, hielt sich dicht bei ihm und ging mit ihm fort. Der einzige Abschiedsgruß, den er von sich gab, war ein mürrisches: «Guten Abend, Vater!» Mit ein paar kurzen Worten und einem finsteren Blick auf seine Schwester verließ er das Haus.

Seit sein Rettungsanker den Grund verloren hatte, war Mr. Gradgrind wortkarg geworden. Er saß immer noch schweigend, als Louisa sanft sagte:

«Rachael, eines Tages, wenn Sie mich besser kennen, werden Sie mir nicht mißtrauen.»

«Es ist mir zuwider», antwortete Rachael in freundlicherem Ton, «jemand zu mißtrauen, aber wenn mir so mißtraut wird – uns allen –, so was kann ich nie ganz vergessen. Ich bitte um Verzeihung, daß ich Sie beleidigt habe. Jetzt glaube ich nicht mehr, was ich sagte. Aber es kann kommen, daß ich es wieder glaube, wo dem armen Jungen solches Unrecht geschieht.»

«Haben Sie ihm in Ihrem Brief erzählt», fragte Sissy, «daß der Verdacht auf ihn gefallen zu sein scheint, weil er am Abend bei der Bank gesehen worden ist? Er würde dann wissen, was er beim Zurückkommen zu erklären hat, und vorbereitet sein.»

«Ja, Liebe», antwortete sie, «aber ich kann mir nicht denken, was ihn da hingeführt haben mag. Dahin ging er sonst nie. Das lag nicht auf seinem Weg. Er hatte denselben Weg wie ich, und der führte da nicht vorbei.»

Sissy war bereits zu ihr getreten, um sie zu fragen, wo sie wohne und ob sie morgen abend kommen könne, um zu fragen, ob Nachricht von ihm da sei.

«Ich zweifle», sagte Rachael, «ob er vor übermorgen hier sein kann.»

«Dann werde ich übermorgen abend auch kommen», erwiderte Sissy.

Als Rachael zugestimmt hatte und gegangen war, hob Mr. Gradgrind den Kopf und sagte zu seiner Tochter:

«Louisa, mein Liebling, ich habe diesen Mann wissentlich nie gesehen. Glaubst du, daß er in die Sache verstrickt ist?»

«Ich habe es geglaubt, Vater, wenn es mir auch schwerfiel. Jetzt glaube ich es nicht mehr.»

«Das heißt, du hast dich damals überredet, es zu glauben, weil du wußtest, daß er verdächtigt wurde. Ist er in seinem Äußern und Innern so rechtschaffen?»

«Sehr rechtschaffen.»

«Und ihr Vertrauen ist nicht zu erschüttern! Ich frage mich», sagte Mr. Gradgrind nachdenklich, «ob der wirkliche Verbrecher von diesen Anschuldigungen weiß? Wo ist er? Wer ist er?»

Sein Haar hatte in der letzten Zeit begonnen, die Farbe zu wechseln. Als er den Kopf wieder in die Hand stützte und so grau und alt aussah, ging Louisa, mit einem Gesicht voller Angst und Mitleid, rasch zu ihm und setzte sich dicht neben ihn. Ihre Augen begegneten in diesem Augenblick zufällig denen Sissys. Sissy wurde rot und fuhr zusammen, und Louisa legte den Finger auf die Lippen.

Am nächsten Abend, als Sissy heimkam und Louisa berichtete, daß Stephen nicht gekommen sei, flüsterte sie nur. Am folgenden Abend, als sie mit derselben Nachricht heimkam und hinzufügte, daß man nichts von ihm gehört habe, sprach sie in demselben leisen, bangen Ton. Seit dem Augenblick, als sich ihre Augen auf diese Weise begegnet waren, erwähnten sie hörbar nie seinen Namen oder etwas in bezug auf ihn und setzten auch nicht das Thema über den Diebstahl fort, wenn Mr. Gradgrind davon sprach.

Die zwei festgesetzten Tage verstrichen, drei Tage und drei Nächte verstrichen, und Stephen Blackpool kam nicht, und man hörte nichts von ihm. Am vierten Tag ging Rachael in ungetrübtem Vertrauen, aber nach der Überlegung, ihr Eilbrief könne verlorengegangen sein, zur Bank und zeigte den Brief von ihm mit seiner Adresse, eine der vielen Arbeitersiedlungen, die 60 Meilen entfernt abseits der Hauptstraße lag. Boten wurden dorthin gesandt, und am nächsten Tag hielt die ganze Stadt Ausschau nach Stephen Blackpool, der geholt werden sollte.

Die ganze Zeit folgte der Filou Mr. Bounderby wie sein Schatten und half ihm bei allem, was er unternahm. Er war hochgradig erregt, von einem fürchterlichen Fieber gepackt, kaute seine Nägel runter bis aufs Fleisch, sprach mit einer rauhen, rasselnden Stimme und mit Lippen, die blau und aufgesprungen waren. Zu der Stunde, als man den verdächtigen Mann erwartete, stand der Filou auf dem Bahnhof und wollte wetten, daß er sich vor der Ankunft der Leute, die ihn einfangen sollten, davongemacht habe und nicht erscheinen werde.

Der Filou hatte recht. Die Abgesandten kehrten allein zurück. Rachaels Brief war abgegangen, Rachaels Brief war ausgeliefert worden. Stephen Blackpool hatte zur selben Stunde sein Lager abgebrochen, und mehr wußte keine Menschenseele von ihm. In Coketown war man nur im Zweifel darüber, ob Rachael ehrlich geschrieben hatte und überzeugt war, daß er wirklich zurückkommen wolle, oder ob sie ihm zur Flucht geraten habe. Über diesen Punkt waren die Meinungen geteilt.

Sechs Tage, sieben Tage, weit in eine neue Woche hinein. Der erbärmliche Filou raffte sich zu einem abscheulichen Mut auf und begann herausfordernd zu werden. «*War* der verdächtige Kerl der Dieb? Eine feine Frage! Wenn nicht, wo war der Mann, und warum kam er nicht zurück?»

Wo war der Mann, und warum kam er nicht zurück? In der Totenstille der Nacht kam an seiner Statt das Echo seiner eigenen Worte zurück, das am Tag weiß der Himmel wie weit gerollt war, und verließ ihn nicht bis zum Morgen.

5. Kapitel

Gefunden

Wieder Tag und Nacht und wieder Tag und Nacht. Kein Stephen Blackpool. Wo war der Mann, und warum kam er nicht zurück?

Jeden Abend ging Sissy zu Rachael in die Wohnung und saß bei ihr in dem sauberen kleinen Zimmer. Jeden Tag plackte sich Rachael, wie sich solche Leute placken müssen, einerlei, was für Sorgen sie haben. Den Rauchschlangen war es egal, wer verlorenging oder gefunden wurde, wer sich als schlecht oder gut erwies, sowohl die in Trübsinn verfallenen Dickhäuter wie die Harten-Tatsachen-Burschen gingen, was auch geschah, nicht von ihrer eingefahrenen Routine ab. Wieder Tag und Nacht und wieder Tag und Nacht. Die Einförmigkeit hielt unvermindert an. Sogar Stephen Blackpools Verschwinden fiel dem allgemeinen Zustand anheim und wurde ein so alltägliches Wunder wie irgendein Stück Maschine in Coketown.

«Ich bezweifle», sagte Rachael, «ob es in der ganzen Stadt auch nur zwanzig gibt, die jetzt noch an den armen, lieben Jungen glauben.»

Sie sagte es zu Sissy, die in ihrem Zimmer saß, nur beim Schein der Straßenlaterne an der Ecke. Sissy war, als es schon dunkel war, gekommen, um ihre Rückkehr von der Arbeit zu erwarten, und seitdem saßen sie am Fenster, wo Rachael sie vorgefunden hatte, und brauchten kein helleres Licht für ihr kummervolles Gespräch.

«Wäre es nicht barmherzigerweise so gekommen, daß ich Sie habe und mit Ihnen sprechen kann», fuhr Rachael fort, «dann hätte ich oft geglaubt, den Verstand zu verlieren. Aber

Sie geben mir Hoffnung und Kraft, und Sie glauben, er wird sich ohne Schuld erweisen, obwohl vielleicht der Anschein gegen ihn spricht?»

«Das glaube ich», antwortete Sissy, «von ganzem Herzen. Ich fühle so gewiß, Rachael, daß Sie in Ihrem Vertrauen, das Sie gegen alle Entmutigung bewahren, nicht fehlgehen, daß ich ebensowenig an ihm zweifle, als hätte ich so viele Jahre der Prüfung mit ihm durchgemacht wie Sie.»

«Und ich, Liebes», sagte Rachael mit bebender Stimme, «habe ihn die ganzen Jahre auf seine stille Weise so treu gegen alles gekannt, was ehrlich und gut ist, daß ich, auch wenn man nie wieder etwas von ihm hörte und wenn ich hundert Jahre alt würde, doch mit meinem letzten Atemzug sagen könnte, Gott kennt mein Herz, ich habe niemals aufgehört, Stephen Blackpool zu vertrauen!»

«Wir alle in Stone Lodge glauben, daß er früher oder später von dem Verdacht gereinigt wird, Rachael», erwiderte Sissy.

«Je besser ich weiß, daß ihr es glaubt, Liebes», sagte Rachael, «und je tiefer ich Ihre Güte empfinde, daß Sie von dort kommen, um mich zu trösten und mir Gesellschaft zu leisten und sich mit mir sehen zu lassen, wo ich doch selbst noch nicht ganz frei von allem Verdacht bin, desto mehr bekümmert es mich, daß ich jene mißtrauischen Worte gegen die junge Dame geäußert habe. Und doch...»

«Jetzt hegen Sie doch kein Mißtrauen mehr gegen sie, Rachael?»

«Jetzt, da Sie uns einander nähergebracht haben, nicht. Aber ich kann nicht immer...»

Ihre Stimme sank zu einem leisen, bedächtigen Selbstgespräch herab, so daß Sissy, die neben ihr saß, angestrengt aufmerken mußte.

«...ich kann nicht immer das Mißtrauen gegen jemand aus meinem Kopf verbannen. Ich weiß nicht, wer das sein mag, ich weiß nicht, wie oder warum es getan wurde, aber ich habe den Verdacht, daß Stephen von jemand aus dem Weg geräumt wurde. Ich habe den Verdacht, wenn er aus freien Stücken zurückkäme und sich vor allen in seiner Unschuld zeigte, so wäre es das Verderben von einem, der ihn – um das zu verhindern – aufgehalten und aus dem Weg geschafft hat.»

«Das ist ein furchtbarer Gedanke», sagte Sissy erbleichend.

«Es *ist* ein furchtbarer Gedanke, wenn man sich überlegt, daß er vielleicht ermordet ist.»

Sissy schauderte es, und sie wurde noch bleicher.

«Wenn es mir in den Sinn kommt, Liebes», sagte Rachael, «und das geschieht manchmal, obwohl ich alles tu, was ich nur kann, um es fernzuhalten, indem ich bei der Arbeit bis in die Hunderte und Tausende zähle und mir immer wieder irgendwas aufsage, was ich als Kind gelernt habe – gerate ich in eine so wilde, heftige Unruhe, daß ich, wie müde ich auch bin, Meilen und Meilen weit laufen möchte. Vor dem Schlafengehen muß ich mich noch davon erholen. Ich werde Sie nach Hause begleiten.»

«Er kann auf der Rückreise krank geworden sein», sagte Sissy, indem sie ihr mutlos ein abgenutztes Fitzchen Hoffnung zuschob, «und in solch einem Fall gibt es viele Orte an der Landstraße, wo er haltgemacht haben kann.»

«Aber in keinem ist er. Man hat ihn überall gesucht, aber nirgendwo gefunden.»

«Das ist wahr», mußte Sissy widerstrebend zugeben.

«Er würde den Weg in zwei Tagen zurücklegen. Falls er sich die Füße wund gelaufen hat und nicht gehen kann, so hat er etwas Geld zum Fahren, das ich ihm in dem Brief schickte, weil er vielleicht keins dafür übrig hat.»

«Wir wollen hoffen, daß der morgige Tag etwas Besseres bringt, Rachael. Kommen Sie mit an die Luft!»

Ihre sanfte Hand ordnete das Tuch über Rachaels schwarzglänzendem Haar, wie sie es zu tragen gewohnt war, und dann gingen sie. Da der Abend schön war, standen hier und da kleine Grüppchen von Arbeitern an den Straßenecken herum, aber bei den meisten war es Abendbrotzeit, und so waren nur wenig Leute auf den Straßen.

«Jetzt sind Sie nicht mehr so unruhig, Rachael, und Ihre Hand ist kühler.»

«Es geht mir schon besser, Liebes, wenn ich nur gehen und ein wenig frische Luft schnappen kann. Wenn ich das manchmal nicht kann, werde ich ganz krank und wirr.»

«Aber Sie dürfen nicht anfangen, schwach zu werden, Rachael, denn vielleicht werden Sie irgendwann gebraucht, um Stephen beizustehen. Morgen ist Sonnabend. Wenn morgen keine Nachrichten kommen, wollen wir Sonntagvormittag einen Ausflug aufs Land machen, damit Sie sich für die neue Woche stärken, ja?»

«Ja, Liebes.»

Sie waren unterdessen in die Straße gelangt, in der Mr. Bounderbys Haus stand. Der Weg zu Sissys Bestimmungsort führte sie an der Tür vorbei, und sie gingen geradewegs darauf zu. Ein Zug war soeben in Coketown angekommen und hatte eine Menge Fahrzeuge in Bewegung gesetzt und viel Geschäftigkeit über die ganze Stadt verteilt. Ein paar Kutschen ratterten vor und hinter ihnen, als sie sich Mr. Bounderbys Haus näherten; eine hielt hinter ihnen, als sie gerade an dem Haus vorbeigingen, mit einem solchen Ruck, daß sie sich unwillkürlich umsahen. Die helle Gaslaterne über Mr. Bounderbys Treppe zeigte ihnen in der Kutsche Mrs. Sparsit, die, außer sich vor Erregung, mit der Tür kämpfte, um sie aufzubekommen; da Mrs. Sparsit sie im selben Augenblick ebenfalls erblickte, rief sie ihnen zu, sie möchten stehenbleiben.

«Das trifft sich gut!» rief Mrs. Sparsit, als der Kutscher sie erlöst hatte. «Es ist eine Vorsehung! Kommen Sie heraus, Ma'am», sagte sie zu jemandem im Innern, «kommen Sie heraus, oder wir werden Sie rauszerren!»

Darauf stieg keine andere als die geheimnisvolle alte Frau aus. Von Mrs. Sparsit unverzüglich beim Kragen gepackt.

«Laßt sie in Ruhe, alle!» rief Mrs. Sparsit mit mächtiger Energie. «Keiner soll sie anrühren, Sie gehört mir. Kommen Sie rein, Ma'am!» sagte dann Mrs. Sparsit, indem sie auf ihren vorigen Befehlston umschaltete. «Kommen Sie rein, Ma'am, oder wir werden Sie reinzerren!»

Der Anblick einer Matrone von klassischer Haltung, die eine alte Frau am Hals packt und in ein Wohnhaus schleift, wäre unter allen Umständen für alle wahren englischen Müßiggänger, die so glücklich waren, Zeuge zu sein, eine hinreichende Versuchung gewesen, sich den Weg in jenes Wohnhaus zu erzwingen und die Sache bis zu Ende zu verfolgen. Doch da die merkwürdige Erscheinung noch erhöht wurde durch das in der ganzen Stadt bekannte Geheimnis um den Bankraub, hätte es die Müßiggänger hereingelockt, auch wenn zu erwarten gewesen wäre, daß ihnen das Dach auf den Kopf stürzte. Also schlossen sich die Zufallszeugen, die aus etwa fünfundzwanzig der zudringlichsten Nachbarn bestanden, Sissy und Rachael an, als sich diese Mrs. Sparsit und ihrer Beute anschlossen, und die ganze Gesellschaft machte einen gewalttätigen Überfall auf Mr. Bounderbys Speisezimmer, wo die Leute hinten keinen Augenblick Zeit verloren, auf die Stühle zu steigen, um über die Vorstehenden hinwegsehen zu können.

«Holt Mr. Bounderby runter!» rief Mrs. Sparsit. «Rachael, junge Frau, Sie wissen, wer dies ist?»

«Es ist Mrs. Pegler», antwortete Rachael.

«Das sollte ich meinen!» frohlockte Mrs. Sparsit. «Holt Mr. Bounderby! Tretet alle beiseite!» Hierauf verkroch sich Mrs. Pegler in ihre Hüllen, versuchte, sich den Blicken zu entziehen, und flüsterte eine flehende Bitte. «Sagen Sie mir nichts», erklärte Mrs. Sparsit mit lauter Stimme. «Ich habe Ihnen unterwegs zwanzigmal gesagt, daß ich Sie *nicht* aus den Fingern lasse, ehe ich Sie ihm nicht persönlich ausgehändigt habe.»

Jetzt erschien Mr. Bounderby, begleitet von Mr. Gradgrind und dem Filou, mit denen er oben eine Beratung gehalten hatte. Mr. Bounderby blickte mehr erstaunt als gastfreundlich auf diese uneingeladene Gesellschaft in seinem Speisezimmer.

«Was ist denn hier los, Mrs. Sparsit, Ma'am?» fragte er.

«Sir», erwiderte die würdige Dame, «ich glaube, ich habe großes Glück bewiesen, indem ich Ihnen eine Person heranschaffen konnte, die Sie so sehr zu finden wünschten. Von dem Verlangen getrieben, Ihnen eine Last von der Seele zu nehmen, Sir, und indem ich die schwachen Anhaltspunkte in bezug auf die Gegend zusammenfügte, wo der Wohnsitz dieser Person zu vermuten war, die wir von der jungen Frau Rachael erhielten, die glücklicherweise anwesend ist, um die fragliche Person zu identifizieren, war mir zum Glück Erfolg beschieden, und ich konnte diese Person mitbringen – was sie höchst widerwillig duldete, das brauche ich nicht erst zu sagen. Ich habe das nicht ohne Mühe zustande gebracht, Sir, aber Mühe in Ihren Diensten ist mir ein Vergnügen, und Hunger, Durst und Kälte sind mir ein wirklicher Genuß.»

Hier hörte Mrs. Sparsit auf, denn Mr. Bounderbys Gesicht offenbarte eine außergewöhnliche Mischung aller möglichen Färbungen und Äußerungen des Verdrusses, als die alte Mrs. Pegler seinem Blick enthüllt wurde.

«Was soll das bedeuten?» lautete seine höchst unerwartete, hitzige Antwort. «Ich frage Sie, was das bedeuten soll, Mrs. Sparsit, Ma'am?»

«Sir!» rief Mrs. Sparsit schwach.

«Warum kümmern Sie sich nicht um Ihre eigenen Angelegenheiten, Ma'am?» brüllte Bounderby. «Wie können Sie sich unterstehen, Ihre zudringliche Nase in meine Familienangelegenheiten zu stecken?»

Diese Anspielung auf ihr am meisten begünstigtes Gesichtsmerkmal übermannte Mrs. Sparsit. Steif, als wäre sie gefroren, sank sie auf einen Stuhl und rieb mit einem starren Blick auf Mr. Bounderby langsam und knirschend ihre Halbhandschuhe aneinander, als wären auch die gefroren.

«Mein lieber Josiah!» rief Mrs. Pegler zitternd. «Mein lieber Junge! Mich trifft keine Schuld. Es ist nicht mein Fehler, Josiah! Ich habe dieser Dame immer wieder gesagt, daß ich wüßte, es würde dir nicht angenehm sein, aber sie wollte es eben.»

«Warum hast du dich von ihr herbringen lassen? Konntest du ihr nicht den Hut vom Kopf oder die Zähne aus dem Mund

schlagen oder sie kratzen oder sonstwas mit ihr anstellen?»
fragte Bounderby.

«Mein einzig geliebter Junge! Sie hat mir gedroht, die
Schutzleute würden mich holen, wenn ich mich widersetzte,
und es sei besser, ruhig mitzukommen, als einen solchen Aufruhr in einem –» scheu, aber stolz ließ Mrs. Pegler ihren Blick
über die Wände gleiten – «in einem so feinen Haus wie diesem
zu veranstalten. Wirklich und wahrhaftig, mein Fehler ist es
nicht! Mein lieber, vornehmer, stattlicher Sohn! Ich habe immer still im verborgenen gelebt, Josiah, mein Liebling. Nicht
ein einziges Mal habe ich die Bedingungen übertreten. Ich
habe nie gesagt, daß ich deine Mutter bin. Ich habe dich aus
der Ferne bewundert, und manchmal, in langen Abständen,
bin ich in die Stadt gekommen, um verstohlen einen stolzen
Blick auf dich zu werfen, wie eine Unbekannte, mein Herzblatt, und dann bin ich wieder gegangen.»

Mr. Bounderby schritt, die Hände in den Taschen, in unge-
duldigem Ärger an der Seite des langen Eßtischs auf und ab,
während die Zuschauer gierig jede Silbe von Mrs. Peglers
Verteidigung aufschnappten und bei jeder folgenden Silbe immer größere Augen machten. Da Mr. Bounderby immer noch
auf und nieder wanderte, als Mrs. Pegler geendet hatte,
wandte sich Mr. Gradgrind an die verleumdete alte Dame.

«Ich bin überrascht, Madam», bemerkte er streng, «daß Sie
auf Ihre alten Tage noch die Stirn haben, Mr. Bounderby als
Ihren Sohn in Anspruch zu nehmen, nachdem Sie ihn so unnatürlich und unmenschlich behandelt haben.»

«*Ich* unnatürlich?» rief die arme alte Mrs. Pegler. «*Ich* unmenschlich? Gegen meinen lieben Jungen?»

«Lieb!» wiederholte Mr. Gradgrind. «Ja, lieb in seinem
selbstgeschaffenen Wohlstand, Madam, möchte ich behaupten. Aber nicht sehr lieb, als Sie ihn, während er noch ein
kleines Kind war, verließen und der Roheit einer trunksüchtigen Großmutter aussetzten.»

«*Ich* meinen Josiah verlassen?» rief Mrs. Pegler und faltete
die Hände. «Gott vergebe Ihnen Ihre bösen Gedanken, Sir,

und daß Sie das Andenken meiner armen Mutter verlästern, die in meinen Armen starb, ehe Josiah geboren war. Mögen Sie es bereuen, Sir, und zu besserer Kenntnis gelangen!»

Sie sprach so ernsthaft und verletzt, daß Mr. Gradgrind, bestürzt über die Möglichkeit, die ihm dämmerte, in freundlicherem Ton fragte:

«Dann leugnen Sie, Madam, daß Sie Ihrem Sohn davonliefen und – und ihn in der Gosse aufwachsen ließen?»

«Josiah in der Gosse?» rief Mrs. Pegler. «Nichts dergleichen, Sir. Niemals! Pfui über Sie! Mein lieber Junge weiß und wird es *Sie* wissen lassen, daß er, obwohl von bescheidenen, so doch von Eltern stammt, die ihn so innig liebten, wie sie nur konnten, und es nie als hart und schwer empfanden, sich ein bißchen abzuzwacken, damit er schön schreiben und rechnen lerne, und ich habe noch seine Hefte zu Hause und kann sie vorzeigen! Ja, das hab ich!» sagte Mrs. Pegler mit entrüstetem Stolz. «Und mein lieber Junge weiß und wird es *Sie* wissen lassen, Sir, daß auch seine Mutter, als sein geliebter Vater dem achtjährigen Söhnchen starb, ein bißchen abzwacken konnte, wie es ihre Pflicht und ihre Freude und ihr Stolz war, um ihm im Leben beizustehen und ihn in die Lehre zu geben. Und ein pflichttreuer Junge war er, und er hatte einen gütigen Meister, der ihm half, und vortrefflich bahnte er sich seinen Weg zu Reichtum und glücklichem Gedeihen. Und so sollen Sie von *mir* erfahren, Sir – denn dieser mein lieber Junge wird es nicht sagen –, obwohl seine Mutter nur einen kleinen Dorfladen besitzt, hat er sie nie vergessen, sondern mir ein Ruhegeld von dreißig Pfund im Jahr gegeben – mehr als ich brauche, denn ich lege davon noch beiseite –, und nur die eine Bedingung hat er gestellt, daß ich in meiner eigenen Gegend bleibe und nicht mit ihm prahle und ihn nicht störe. Und das hab ich auch nie, nur daß ich einmal im Jahr einen Blick auf ihn geworfen habe, wovon er nie etwas wußte. Und es ist richtig», fuhr die arme alte Mrs. Pegler in ihrer liebevollen Verteidigung fort, «daß ich da in meiner Gegend bleiben *sollte,* und ich zweifle nicht, wenn ich hier wäre,

würde ich eine Menge unpassender Dinge tun, und ich bin es
ganz zufrieden, und ich kann meinen Stolz auf meinen Josiah
für mich behalten, und ich kann um der Liebe willen lieben!
Und ich schäme mich für Sie, Sir», sagte Mrs. Pegler zum
Schluß, «wegen Ihrer Verleumdungen und Verdächtigungen.
Und weil ich noch nie hier war und es auch nicht wollte, wo
mein lieber Sohn nein gesagt hatte. Und ich wäre auch jetzt
nicht hier, wenn man mich nicht hergebracht hätte. Und pfui
über Sie, o pfui, daß Sie mich beschuldigen, meinem Sohn
eine schlechte Mutter gewesen zu sein, wo mein Sohn hier
steht und Ihnen etwas ganz anderes sagen kann!»

Die Leute, ob sie nun auf den Stühlen standen oder nicht,
erhoben ein Gemurmel des Mitgefühls mit Mrs. Pegler, und
Mr. Gradgrind sah sich völlig unschuldig in eine überaus
peinliche Lage versetzt, als Mr. Bounderby, der nicht aufgehört hatte, hin und her zu wandern, und mit jedem Augenblick mehr und mehr angeschwollen und röter und röter geworden war, kurz stehenblieb.

«Ich weiß nicht genau», sagte Mr. Bounderby, «wie ich
dazu komme, mit dem Besuch der Anwesenden beehrt worden zu sein, aber ich stelle keine Fragen. Wenn Sie völlig zufriedengestellt sind, werden Sie vielleicht die Güte besitzen,
sich zu entfernen, und Sie werden vielleicht die Güte besitzen, sich zu entfernen, einerlei, ob Sie nun zufriedengestellt
sind oder nicht. Ich bin nicht verpflichtet, einen Vortrag über
meine Familienangelegenheiten zu halten, ich habe das nicht
vorgehabt, und ich werde es auch nicht tun. Wer daher
irgendeine Erklärung über diese Seite der Sache erwartet,
wird enttäuscht werden – besonders Tom Gradgrind, und der
kann es nicht früh genug erfahren. Was den Bankraub betrifft, so ist in bezug auf meine Mutter ein Irrtum unterlaufen.
Wenn es nicht eine so übermäßige Zudringlichkeit gegeben
hätte, so wäre er nicht begangen worden, und ich hasse übermäßige Zudringlichkeit, stets und zu jeder Zeit, so oder so.
Guten Abend!»

Obwohl Mr. Bounderby die Sache mit diesen Worten erle-

digte und die Tür offenhielt, damit sich die Gesellschaft entferne, bemerkte man an ihm eine aufbrausende Blödigkeit,
die ungemein niedergeschlagen und zugleich im höchsten
Grade albern wirkte. Entlarvt als der Minusprotz, der seinen
windigen Ruf auf Lügen aufgebaut und in seiner Prahlsucht
die ehrliche Wahrheit so weit von sich geschoben hatte, als
wäre er so erbärmlich gewesen (und etwas Erbärmlicheres
gibt es nicht), sich einen Stammbaum anzumaßen, machte er
eine überaus lächerliche Figur. Als die Leute durch die Tür
abmarschierten, die er ihnen offenhielt, und er wußte, daß sie
das Vorgefallene in der ganzen Stadt herumtragen und in alle
Winde posaunen würden, hätte er nicht geschorener und ver-
lorener aussehen können, wenn der Protz über den Löffel
barbiert worden wäre. Nicht einmal das unselige Frauenzimmer Mrs. Sparsit, von ihrem Gipfel des Triumphs in den
«Sumpf der Verzweiflung» gestürzt, befand sich in einer so
mißlichen Lage wie der bemerkenswerte Mann und Self-
made-Windbeutel Josiah Bounderby aus Coketown.

Rachael und Sissy gingen, nachdem sie Mrs. Pegler im
Haus ihres Sohnes gelassen hatten, wo sie diese Nacht ihr Bett
haben sollte, zusammen bis an das Tor von Stone Lodge und
trennten sich dort. Sie waren noch nicht sehr weit gegangen,
als sich Mr. Gradgrind zu ihnen gesellt und mit viel Teilnahme von Stephen Blackpool gesprochen hatte, für ihn
werde sich, wie er glaubte, dieser wichtige Mißerfolg der Verdächtigungen gegen Mrs. Pegler wahrscheinlich günstig aus-
wirken.

Was den Filou betraf, so hatte er während dieses Auftritts
wie bei allen anderen Gelegenheiten in letzter Zeit an Bounderbys Seite geklebt. Er schien das Gefühl zu haben, solange
Bounderby ohne sein Wissen keine Entdeckung machen
könne, sei er soweit sicher. Nie besuchte er seine Schwester
und hatte sie nur ein einziges Mal gesehen, seit sie nach Hause
gekommen war, nämlich an jenem Abend, als er, wie bereits
erzählt, ebenso an Bounderby geklebt hatte.

Im Herzen seiner Schwester wohnte eine unklare Furcht,

die noch nicht Form angenommen hatte, der sie nie Ausdruck verlieh und die den verdorbenen und undankbaren Jungen in ein schreckliches Geheimnis einschloß. Dieselbe finstere Möglichkeit hatte sich in derselben formlosen Gestalt Sissy an diesem Tag aufgedrängt, als Rachael von einem sprach, den Stephens Rückkehr vernichten würde und der ihn aus dem Weg geräumt habe. Louisa hatte nie verlauten lassen, daß sie in Verbindung mit dem Raub einen Verdacht gegen ihren Bruder hege, sie und Sissy hatten sich über diesen Gegenstand nichts anvertraut, außer mit jenem einen Blickwechsel, als der ihrer nicht achtende Vater seinen grauen Kopf in die Hand gestützt hatte, aber es war stillschweigend unter ihnen ausgemacht, und beide wußten es. Diese andere Furcht war so entsetzlich, daß sie über beiden wie ein gespenstischer Schatten hing, wobei keine zu denken wagte, daß er ihr nah sei, noch viel weniger, daß er der anderen nah sei.

Und immer noch gedieh dem Filou der erkünstelte Mut, zu dem er sich aufgerafft hatte. Wenn Stephen Blackpool nicht der Dieb war, mochte er sich zeigen. Warum tat er es nicht?

Wieder eine Nacht. Wieder ein Tag und eine Nacht. Kein Stephen Blackpool. Wo war der Mann, und warum kam er nicht?

6. Kapitel

Das Sternenlicht

Der Sonntag war ein strahlender Herbsttag, klar und kühl, als sich Sissy und Rachael früh am Morgen zu ihrem Ausflug aufs Land trafen.

Da Coketown nicht nur auf das eigene Haupt, sondern auch auf das seiner Nachbarschaft Asche streute – nach Art jener frommen Persönlichkeiten, die für ihre eigenen Sünden Buße tun, indem sie andere Leute in Sackleinwand stecken –, war es für jene, die hin und wieder nach einem Schluck reiner Luft dürsteten, was unter den Eitelkeiten des Lebens keineswegs die gottloseste ist, zur Gewohnheit geworden, ein paar Meilen mit der Eisenbahn zu fahren und dann ihre Wanderung oder ihr müßiges Schlendern durch die Felder zu beginnen. Sissy und Rachael halfen sich mit den üblichen Mitteln aus dem Rauch heraus und wurden an einer Station abgesetzt, die etwa auf der Mitte zwischen der Stadt und Mr. Bounderbys Landhaus lag.

Wenn auch die grüne Landschaft hier und da mit Kohlenhaufen besudelt war, zeigte sie sich anderwärts wirklich grün, und es waren Bäume zu sehen, und Lerchen sangen (obgleich Sonntag war), und die Luft war von angenehmen Gerüchen erfüllt, und alles überwölbte ein strahlend blauer Himmel. In der Ferne lag Coketown als ein schwarzer Dunst, in einer anderen Richtung stiegen ferne Hügel auf, und in einer dritten sah man eine kaum merkliche Veränderung des Lichts am Horizont, wo es weit fort auf das Meer fiel. Das Gras unter ihren Füßen war frisch, schöne Schatten von Zweigen zitterten darüber hin und tupften es, üppige Hecken, und überall Ruhe und Frieden. Auch die Maschinen an Grubeneinfahrten und die mageren alten Pferdchen, die der Kreislauf ihrer täglichen Arbeit in der Grube erschöpft hatte, standen still, Räder hatten für eine kurze Spanne Zeit aufgehört, sich zu drehen, und das große Weltenrad schien ohne die sonstigen Stöße und Geräusche zu laufen.

Sie gingen über die Felder und schattige Heckenpfade entlang, mußten mitunter über die Reste einer Einfriedung steigen, die so verrottet waren, daß sie bei einer leichten Berührung mit dem Fuß zu Boden fielen, und manchmal dicht an den grasüberwachsenen Trümmern von Ziegelsteinen und Balken vorbei, die anzeigten, daß hier ein Hüttenwerk verödet war. Sie folgten Pfaden und Spuren, wie schwach sichtbar sie auch sein mochten. Erdhügel, wo das Gras üppig und hoch stand und wo Brombeersträucher, Sauerampfer und ähnliche Pflanzen in einem wüsten Durcheinander wuchsen, mieden sie stets, denn in der Gegend liefen schaurige Geschichten um über die alten Gruben, die so versteckt lagen.

Die Sonne stand hoch, als sie sich zur Rast niedersetzten. Lange Zeit hatten sie niemanden gesehen, weder in der Nähe noch in der Ferne, und nichts durchbrach die Einsamkeit.

«Hier ist es so still, Rachael, und der Weg ist so unbegangen, daß ich glaube, wir müssen die ersten sein, die in diesem Sommer hergekommen sind.»

Als Sissy das sagte, wurde ihr Blick von den verrotteten Resten eines Zauns angezogen. Sie stand auf, um sie anzuschauen. «Und doch weiß ich nicht. Das ist noch nicht lange zerbrochen. Das Holz ist ganz frisch, wo es nachgab. Hier sind auch Fußspuren. – O Rachael!»

Sie kam zurückgelaufen und faßte sie um den Hals. Rachael war bereits aufgesprungen.

«Was ist los?»

«Ich weiß nicht. Da liegt ein Hut im Gras.»

Sie gingen zusammen hin. Rachael nahm ihn auf, von Kopf bis Fuß zitternd. Dann brach sie in leidenschaftliche Tränen und Klagen aus, denn auf der Innenseite stand, von seiner eigenen Hand geschrieben: Stephen Blackpool.

«O der arme Junge, der arme Junge! Er ist umgebracht worden. Er liegt hier ermordet!»

«Ist – ist auf dem Hut etwas von Blut zu sehen?» stammelte Sissy.

Sie hatten Angst hinzusehen, aber beide untersuchten den Hut und fanden kein Zeichen von Gewalt, weder innen noch außen. Er lag dort schon seit einigen Tagen, denn er war fleckig von Regen und Tau, und seine Form hatte sich im Gras abgedrückt, wo er niedergefallen war. Furchtsam blickten sie sich um, ohne sich zu rühren, konnten jedoch nichts weiter sehen. «Rachael», flüsterte Sissy, «ich werde allein ein Stückchen weitergehen.»

Sie hatte ihre Hand losgelassen und wollte sich eben entfernen, als Rachael beide Arme um sie schlang mit einem Schrei, der über die weite Landschaft hallte. Vor ihnen, genau zu ihren Füßen und in dem dichten Gras verborgen, lag der Rand eines finsteren, brüchigen Abgrunds. Sie sprangen zurück und fielen auf die Knie, und jede verbarg das Gesicht am Hals der anderen.

«Oh, mein großer Gott! Er ist da unten! Da unten!» Dies und ihre entsetzlichen Schreie waren zuerst alles, was aus Rachael durch Tränen, durch Bitten, durch Vorstellungen, durch irgendwelche Mittel herauszubekommen war. Es war unmöglich, sie zu beschwichtigen, und es war unbedingt notwendig, sie zu halten, sonst hätte sie sich selbst in den Schacht hinuntergestürzt.

«Rachael, liebe Rachael, gute Rachael, um Himmels willen schrei nicht so entsetzlich! Denk an Stephen, denk an Stephen, denk an Stephen!»

Durch ein inbrünstiges Wiederholen dieser flehentlichen Bitte, die in der Todesangst dieses Augenblicks aus ihr hervorströmte, brachte Sissy sie am Ende zum Schweigen und dahin, daß sie sie mit einem tränenlosen, steinernen Gesicht ansah.

«Rachael, Stephen lebt vielleicht noch. Du würdest ihn doch nicht einen Augenblick verstümmelt am Grund dieser entsetzlichen Grube liegenlassen, wenn du ihm Hilfe bringen könntest!»

«Nein, nein, nein!»

«Rühr dich um seinetwillen nicht von hier weg. Laß mich hingehen und horchen.»

Es schauderte sie, sich der Grube zu nähern, aber sie kroch auf Händen und Knien hin und rief so laut, wie sie nur rufen konnte, seinen Namen. Sie lauschte, doch kein Laut antwortete. Wieder rief sie und lauschte, immer noch kein Laut als Antwort. Sie tat es zwanzig-, dreißigmal. Sie nahm einen kleinen Erdklumpen von dem geborstenen Boden, wo er gestrauchelt war, und warf ihn hinein. Sie konnte ihn nicht niederfallen hören.

Die weite Aussicht, noch vor wenigen Minuten so schön in ihrer Stille, senkte fast Verzweiflung in ihr tapferes Herz, als sie nun aufstand und um sich schaute und keine Hilfe sah. «Rachael, wir dürfen keinen Augenblick verlieren. Wir müssen in verschiedene Richtungen gehen und Hilfe suchen. Geh du den Weg, den wir gekommen sind, ich werde diesem Pfad folgen. Erzähl jedem, den du siehst, was geschehen ist. Denk an Stephen, denk an Stephen!»

Sie ersah aus Rachaels Gesicht, daß sie ihr jetzt vertrauen durfte. Und nachdem sie einen Augenblick gestanden und ihr nachgesehen hatte, wie sie davonlief und im Laufen die Hände rang, drehte sie sich um und machte sich selbst auf die Suche; an der Hecke blieb sie stehen und band ihr Tuch als Wegweiser zu der Stelle an, dann warf sie ihre Haube von sich und lief, wie sie nie zuvor in ihrem Leben gelaufen war.

Lauf, Sissy, um Himmels willen, lauf! Bleib nicht stehen, um Atem zu holen. Lauf, lauf! Indem sie sich durch solche anhaltenden Ermahnungen anspornte, lief sie von Feld zu Feld, von Heckenweg zu Heckenweg, von Ort zu Ort, wie sie nie zuvor in ihrem Leben gelaufen war, bis sie zu einem Schuppen an einem Maschinenhaus kam, wo zwei Männer im Schatten auf Stroh lagen und schliefen.

Sie erst aufzuwecken und ihnen dann zu erzählen, so verstört und atemlos wie sie war, was sie hergebracht habe, war nicht einfach, aber sobald die Männer sie begriffen hatten, waren sie genau wie sie voll Feuereifer. Einer von beiden schlief seinen Rausch aus, aber als ihm sein Gefährte zuschrie, ein Mann sei in den Alten Höllenschacht gestürzt, sauste er zu einem Tümpel mit schmutzigem Wasser, steckte seinen Kopf hinein und kam nüchtern zurück.

Mit diesen beiden Männern lief sie zu einem andern eine halbe Meile weiter und mit dem wieder zu einem andern, während die zwei anderswohin liefen. Dann fanden sie ein Pferd und auch einen Mann, der zur Eisenbahn ritt, als gälte es sein Leben, und eine Nachricht an Louisa aufgab, die Sissy geschrieben und ihm mitgegeben hatte. Unterdessen war das ganze Dorf auf den Beinen, und schnell wurden Winden, Seile, Stangen, Kerzen, Laternen und alles Nötige zusammengetragen und an eine Stelle gebracht, von wo sie nach dem Alten Höllenschacht geschafft werden sollten.

Es schien jetzt Stunden und Stunden her, seit Sissy den Unglücklichen in der Grube verlassen hatte, wo er lebendig begraben lag. Sie konnte es nicht ertragen, ihm noch länger fernzubleiben – es war, als ließe man ihn im Stich –, und so hastete sie eilends zurück, begleitet von einem halben Dutzend Landarbeitern, einschließlich des Betrunkenen, den die Nachrichten ernüchtert hatten und der sich am besten von allen erwies. Als sie zu dem Alten Höllenschacht kamen, fanden sie ihn so einsam, wie Sissy ihn verlassen hatte. Die Männer riefen und lauschten, wie sie getan hatte, und untersuchten den Rand des Abgrunds und stellten fest, wie es geschehen sei, und setzten sich dann, um auf die Geräte zu warten, die sie benötigten.

Jedes Insektenschwirren in der Luft, jede Bewegung im Laub, jedes Geflüster der Männer untereinander ließ Sissy erbeben, weil sie ein Stöhnen vom Grund der Grube zu vernehmen meinte. Doch der Wind blies träge darüber hin, und kein Laut stieg an die Oberfläche empor, und sie saßen im Gras und warteten und warteten. Nachdem sie eine Zeitlang gewartet hatten, kamen Spaziergänger, die von dem Unglücksfall gehört hatten, dann traf die wirkliche Hilfe in Gestalt der Werkzeuge ein. Mittlerweile kam Rachael zurück, und in ihrem Gefolge befand sich auch ein Arzt, der etwas Wein und Medikamente bei sich hatte. Die Hoffnung aber, daß der Mann noch lebend gefunden werde, war bei den Leuten wirklich nur sehr gering.

Da nun genügend Menschen anwesend waren, das Werk zu behindern, setzte sich der nüchtern gewordene Mann an die Spitze der übrigen, oder wurde mit allgemeiner Zustimmung an die Spitze gestellt, zog einen weiten Sperrkreis um den Alten Höllenschacht und bestimmte die Leute, die dafür sorgen sollten, daß er eingehalten werde. Außer den Freiwilligen, die für die Arbeit angenommen wurden, durften zuerst nur Sissy und Rachael in den Kreis hinein, doch später am Tag, als auf Grund der Botschaft ein Eilzug aus Coketown anlangte, waren auch Mr. Gradgrind, Louisa, Mr. Bounderby und der Filou zugelassen.

Die Sonne stand vier Stunden tiefer als zu der Zeit, da sich Sissy und Rachael ins Gras gesetzt hatten, ehe mit Stangen und Seilen ein Werkzeug zustande gebracht war, vermöge dessen zwei Männer unbeschadet hinuntersteigen konnten. So einfach diese Maschinerie auch war, so hatten sich bei der Herstellung doch Schwierigkeiten ergeben, notwendige Ergänzungsteile hatten gefehlt, und Botschaften mußten abgehen und das Erforderliche eintreffen. Es war fünf Uhr nachmittags dieses strahlenden Herbstsonntags, ehe eine Kerze hinuntergeschickt wurde, um die Luft zu prüfen, während drei oder vier derbe Gesichter, dicht zusammengedrängt, sie aufmerksam beobachteten; die Männer an der Winde drehten sie herunter, wie ihnen gesagt wurde. Schwach brennend wurde die Kerze wieder heraufgewunden, und dann wurde etwas Wasser hineingeschüttet. Darauf wurde der Förderkübel eingehakt, der nüchtern gewordene Mann und noch einer stiegen mit Laternen ein und befahlen: «Runterlassen!»

Als das Seil straff gespannt ablief und die Winde kreischte, hielten die ein- oder zweihundert zuschauenden Männer und Frauen den Atem an. Das Zeichen wurde gegeben, die Winde blieb stehen und hatte noch reichlich Seil übrig. Nun folgte eine scheinbar so lange Pause, während die Männer an der Winde untätig herumstanden, daß ein paar Frauen kreischten, es sei ein zweites Unglück geschehen! Doch der Arzt, die Uhr in der Hand, erklärte, es seien noch keine fünf Minuten vergangen, und ermahnte sie streng, Ruhe zu bewahren. Er hatte kaum ausgesprochen, als die Winde umgeschaltet wurde und wieder arbeitete. Erfahrene Augen erkannten, daß sie nicht so schwer lief, als wären beide Arbeiter heraufgekommen, und daß nur einer zurückkehrte.

Das Seil kam straff gespannt herauf, und Ring auf Ring legte sich um die Trommel der Winde, und aller Augen waren auf die Grube geheftet. Der nüchtern gewordene Mann wurde hochgebracht und sprang mit einem schnellen Satz ins Gras. Aus allen Kehlen der eine Schrei: «Am Leben oder tot?» und dann eine tiefe, dumpfe Stille.

Als er sagte: «Am Leben», erhob sich ein mächtiges Freudengeschrei, und in vielen Augen standen Tränen.

«Aber er ist sehr schwer verletzt», fügte er hinzu, sobald er sich verständlich machen konnte. «Wo ist der Arzt? Er ist so schwer verletzt, Sir, daß wir nicht wissen, wie wir ihn hochkriegen sollen.»

Alle berieten miteinander und blickten ängstlich auf den Arzt, der ein paar Fragen stellte und bei den Antworten, die er erhielt, den Kopf schüttelte. Die Sonne ging jetzt unter, und der rote Schein des Abendhimmels traf jedes Gesicht und zeigte es deutlich in seiner bangen Erwartung.

Die Beratung endete damit, daß die Männer zu der Winde zurückkehrten und der Grubenarbeiter mit dem Wein und ein paar anderen Kleinigkeiten wieder hinabstieg. Dann kam der andere herauf. Unterdessen brachten ein paar Männer auf Anweisung des Arztes ein Weidengeflecht, auf dem andere ein dickes Lager aus entbehrlichen Kleidungsstücken bereiteten und darüber lockeres Stroh legten, während der Arzt selbst aus Schals und Taschentüchern Bandagen und Schlingen anfertigte. Als das getan war, wurden sie dem Grubenarbeiter, der zuletzt heraufgekommen war, mit genauen Anweisungen, wie er sie benutzen solle, über den Arm gehängt, und wie er so stand, vom Licht seiner Laterne angestrahlt, seine starke freie Hand auf einer der Stangen gestützt, und zuweilen in die Grube hinunterblickte und dann wiederum den Blick über die Leute in der Runde gleiten ließ, war er nicht die am wenigsten bemerkenswerte Gestalt am Schauplatz. Es war jetzt dunkel, und man zündete Fackeln an.

Aus dem wenigen, was dieser Mann zu den Umstehenden sagte und was rasch im ganzen Kreis wiederholt wurde, schien es, als sei der Verirrte auf einen Haufen bröckliges Grubenklein gefallen, mit dem der Schacht zur Hälfte verstopft war, und daß sein Absturz ferner durch Erdvorsprünge an der Seite abgeschwächt worden sei. Er läge auf dem Rücken, einen Arm gewinkelt unter sich, und habe sich, soviel er glaube, seit dem Sturz nur gerührt, um mit der freien Hand in eine Seitentasche zu fassen, in der er, wie er sich erinnerte, etwas Brot und Fleisch habe (ein paar Krumen hatte er hinuntergeschlungen), und auch hin und wieder etwas Wasser zu schöpfen. Er sei schnurstracks von seiner Arbeit gekommen, weil man ihm geschrieben habe, und sei den ganzen Weg zu Fuß gegangen und unterwegs zu Mr. Bounderbys Landhaus im Dunkel gestürzt. Er habe die gefährliche Gegend zu so gefährlicher Zeit durchquert, weil er unschuldig sei an dem, was man ihm zur Last lege, und habe sich keine Rast gegönnt, weil er sich auf dem kürzesten Weg zu stellen gedachte. Der Alte Höllenschacht, meinte der Grubenarbeiter, auf dem ein Fluch läge, habe sich bis zuletzt seines schlimmen Namens würdig erwiesen, denn obwohl Stephen jetzt sprechen könne, so glaube er doch, es werde sich bald herausstellen, daß ihn der Sturz das Leben gekostet habe.

Als alles bereit war, verschwand der Mann in der Grube und nahm die letzten hastigen Aufträge von seinen Kameraden und von dem Arzt entgegen, als die Winde ihn schon hinabließ. Das Seil lief wie zuvor ab, wie zuvor wurde das Zeichen gegeben und blieb die Winde stehen. Keiner von den Männern zog jetzt die Hand von ihr zurück. Alle warteten mit festem Griff und vorgebeugtem Oberkörper, bereit, umzuschalten und hochzuwinden. Endlich wurde das Signal gegeben, und der ganze Menschenring neigte sich nach vorn.

Denn jetzt kam das Seil hoch, anscheinend bis zum äußersten gestrafft und gespannt, und die Männer drehten langsam, und die Winde knarrte. Fast unerträglich war es, auf das Seil zu blicken und dabei zu denken, es könne nachgeben. Doch zuverlässig spulte sich Ring auf Ring um die Trommel, die Verbindungskette erschien und schließlich der Förderkorb mit den beiden Männern, die sich an den Seiten festhielten – ein Anblick, der einem den Kopf schwindlig machte und das Herz abdrückte – und, zwischen sich festgebunden, behutsam die Gestalt einer armen, zermalmten Menschenkreatur stützten.

Ein leises, mitleidiges Raunen lief durch die Menge, und die Frauen weinten laut, als Stephens fast gestaltlose Gestalt sehr langsam von seinem eisernen Retter gehoben und auf die Strohschütte gelegt wurde. Zuerst ging niemand als der Arzt zu ihm. Er tat, was er konnte, ihn auf dem Lager zurechtzulegen, aber das Beste, was er tun konnte, war, ihn zuzudecken. Nachdem er das sanft getan hatte, rief er Rachael und Sissy zu ihm. Und da konnte man das bleiche, erschöpfte, geduldige Gesicht zum Himmel aufblicken sehen, während die gebrochene rechte Hand offen auf der Decke von Kleidungsstücken lag, als warte sie darauf, von einer anderen Hand ergriffen zu werden.

Sie gaben ihm zu trinken, benetzten sein Gesicht mit Wasser und flößten ihm ein paar Tropfen Herzstärkung und Wein ein. Obwohl er völlig reglos lag und zum Himmel aufblickte, lächelte er und sagte: «Rachael.»

Sie kniete sich ins Gras an seiner Seite und beugte sich über ihn, bis ihre Augen zwischen ihm und dem Himmel waren, denn er konnte sie ihr nicht einmal zuwenden.

«Rachael, meine Liebste.»

Sie nahm seine Hand. Wieder lächelte er und sagte:

«Laß sie nicht los.»

«Hast du große Schmerzen, mein innig geliebter Stephen?»

«Hab ich gehabt, aber jetz nich mehr. Hab ich gehabt – schreckliche und andauernde –, aber jetz isses vorbei. Ach, Rachael, was für ein Kuddelmuddel! Von Anfang bis Ende ein Kuddelmuddel!»

Das Gespenst seines früheren Gesichts schien vorüberzuhuschen, als er das Wort sagte.

«Ich bin in den Schacht gefallen, Liebste, der schon, die alten Leute, die noch am Leben sind, wissen das – Hunderte und aber Hunderte Menschenleben gekostet hat – Väter, Söhne, Brüder, die Tausenden und aber Tausenden teuer waren und sie vor Not und Hunger bewahrten. Ich bin in den Schacht gefallen, dessen schlagende Wetter fürchterlicher waren als eine Schlacht. Ich hab davon in der öffentlichen Bittschrift gelesen, wie jeder lesen kann, von den Männern, die in Gruben arbeiten, und worin sie die Gesetzgeber um Christi willen gebeten und gebeten haben, sie sollen nich zulassen, daß ihre Arbeit zum Mörder an ihnen wird, sondern sollen sie schonen für ihre Frauen und Kinder, die sie ebenso lieben, wie vornehme Leute ihre lieben. Als er noch in Betrieb war, hat er ohne Not getötet, und er tötet ohne Not, wo er jetzt verlassen ist. Sieh, wie wir, ohne Not, auf diese oder die andre Weise sterben – in einem Kuddelmuddel – jeden Tag!»

Er sagte es mit schwacher Stimme, ohne Zorn gegen jemanden. Lediglich als Wahrheit.

«Deine kleine Schwester, Rachael, du hast sie nich vergessen. Jetzt wirst du sie auch nich vergessen, wo ich ihr so nah bin. Du weißt – mein armes, geduldiges, leidendes Herz –, wie du für sie gearbeitet hast, die den ganzen Tag auf ihrem kleinen Stuhl am Fenster saß, und wie sie starb, jung und verunstaltet durch eine ungesunde Luft, die nich hätte sein gemußt, und von den Arbeitern ihren elenden Behausungen. Ein Kuddelmuddel! Alles ein Kuddelmuddel!»

Louisa trat zu ihm, aber da er sein Gesicht zum Nachthimmel emporgewandt hatte, konnte er sie nicht sehen.

«Wenn nich alle Dinge, die uns betreffen, Liebste, so verkuddelmuddelt wären, hätt ich nich herkommen gebraucht. Wenn nich unter uns selber so 'n Kuddelmuddel möcht herrschen, denn hätten mich meine Webergenossen und Arbeitsgefährten nich so mißverstanden. Wenn Mr. Bounderby mich je richtig gekannt hätt – wenn er mich überhaupt gekannt hätt –, denn hätt er nich Anstoß an mir genommen. Er würd mich nich verdächtigt haben. Aber sieh dorthin, Rachael! Sieh hinauf!» Als sie seinem Blick folgte, sah sie, daß er auf einen Stern blickte.

«Er hat auf mich geschienen», sagte er voller Ehrfurcht, «als ich in Schmerz und Not da unten lag. Er hat mir in mein Gemüt geschienen. Ich hab ihn angeschaut und an dich gedacht, Rachael, bis der Kuddelmuddel in meinem Kopf ein bißchen weggeräumt war. Wenn die Menschen mich nich haben besser verstehn gekonnt, ich hab sie auch nich besser verstehn gekonnt. Als ich deinen Brief bekam, da war mir leicht glauben, was die junge Dame damals gesagt und an mir getan hat und was ihr Bruder damals gesagt und an mir getan hat, is eins, und es war eine arge Verschwörung zwischen ihnen. Als ich runtergestürzt bin, war ich zornig auf sie und konnte gar nich schnell genug so ungerecht gegen sie sein, wie andre gegen mich waren. Aber in unserm Urteilen wie in unserm Handeln dürfen wir nich leiden und meiden. In meinen Schmerzen und in meiner Not, als ich zu ihm emporschaute – der auf mich herabschien –, da hab ich klarer durch ihn gesehn und hab mein Sterbegebet gesprochen: daß alle Welt mehr zuammenrücken und einander besser verstehn möcht, als wie es meinem schwachen Selbst möglich war, als ich noch dazugehörte.»

Als Louisa hörte, was er sagte, beugte sie sich von der anderen Seite über ihn, so daß er sie sehen konnte.

«Sie haben gehört?» fragte er nach kurzem Schweigen. «Ich hab Sie nich vergessen, Lady.»

«Ja, Stephen, ich habe Sie gehört. Und Ihr Gebet ist das meine.»

«Sie haben einen Vater. Wollen Sie ihm eine Botschaft bringen?»

«Er ist hier», sagte Louisa voller Furcht. «Soll ich ihn herholen?»

«Ja, bitte.»

Louisa kam mit dem Vater zurück. Hand in Hand standen sie und blickten auf das feierliche Antlitz hinab.

«Sir, Sie werden mich vom Verdacht reinigen und meinen Namen bei allen gutmachen. Das hinterlasse ich Ihnen.»

Mr. Gradgrind war verwirrt und fragte, warum.

«Sir», lautete die Antwort, «Ihr Sohn wird es Ihnen erzählen. Fragen Sie ihn. Ich erhebe keine Beschuldigung, ich lasse keine zurück, kein einziges Wort. Eines Abends habe ich Ihren Sohn gesehn und gesprochen. Ich verlange nich mehr von Ihnen, als daß Sie mich von dem Verdacht reinigen – und ich vertraue Ihnen, daß Sie es tun werden.»

Da die Träger nun soweit waren, ihn fortzuschaffen, und der Arzt erpicht darauf war, ihn fortgeschafft zu sehen, machten sich die Männer mit Fackeln und Laternen bereit, vor der Tragbahre her zu gehen. Ehe sie aufgehoben wurde, und während die Träger sich darüber verständigten, wie sie gehen wollten, sagte Stephen, dessen Blick zu dem Stern emporgewandt war, zu Rachael:

«Oft, wenn ich zu mir kam und sah, wie er da in meiner Not auf mich herabschien, hab ich gedacht, er sei der Stern, der zur Hütte unseres Heilands führte. Ich glaube beinahe, es ist der Stern!»

Sie hoben ihn auf, und er war überglücklich, zu sehen, daß sie im Begriff waren, ihn in jene Richtung zu tragen, in die ihn der Stern zu führen schien.

«Rachael, geliebtes Mädchen! Laß nich meine Hand los. Heute abend dürfen wir zusammen gehen, Liebste!»

«Ich werde deine Hand halten und den ganzen Weg an deiner Seite sein, Stephen.»

«Gott segne dich! Möchte mir bitte jemand das Gesicht zudecken!»

Sie trugen ihn sehr behutsam über die Felder und Heckenwege hinunter durch die weite Landschaft, und immer hielt Rachael seine Hand. Nur selten durchbrachen ein paar geflüsterte Laute das trauervolle Schweigen. Es wurde bald ein Leichenzug. Der Stern hatte ihm gezeigt, wo der Gott der Armen zu finden ist, und aus Demut, Kummer und Vergebung war er eingegangen in den Frieden seines Erlösers.

7. Kapitel

Jagd auf den Filou

Ehe sich der Ring um den Alten Höllen-schacht auflöste, war eine Gestalt aus dem Kreis verschwunden. Mr. Bounderby und sein Schatten hatten nicht bei Louisa gestanden, die ihren Vater untergefaßt hielt, sondern hielten sich allein an einer abgelegenen Stelle auf. Als Mr. Gradgrind zu der Trage gerufen wurde, schlüpfte Sissy, die das Geschehen aufmerksam verfolgte, hinter diesen bösen Schatten – ein trauriger Anblick mit seinem entsetzten Gesicht, wenn jemand Augen gehabt hätte für einen anderen traurigen Anblick als den einen – und flüsterte ihm ins Ohr. Ohne den Kopf zu wenden, sprach er ein paar Sekunden mit ihr und verschwand. Auf diese Weise also hatte sich der Filou aus dem Kreis entfernt, ehe sich die Leute in Bewegung setzten.

Soeben heimgekommen, ließ der Vater Mr. Bounderby mitteilen, er wünsche, daß sein Sohn unverzüglich zu ihm komme. Die Antwort lautete, Mr. Bounderby habe ihn in der Menge verloren, und da er seitdem nichts von ihm gesehen, habe er ihn in Stone Lodge vermutet.

«Ich glaube, Vater», sagte Luisa, «er wird heute abend nicht in die Stadt zurückkommen.» Mr. Gradgrind wandte sich ab und sagte nichts mehr.

Am Morgen begab er sich selbst zur Bank, sobald sie geöffnet war, und da er den Platz seines Sohnes leer sah (anfangs hatte er nicht den Mut einzutreten), ging er auf die Straße zurück, um Mr. Bounderby auf seinem Weg hierher zu treffen. Er sagte ihm dann, aus Gründen, die er bald erklären werde, aber nach denen er jetzt nicht gefragt zu werden bitte, habe er es für nötig befunden, seinen Sohn eine Zeitlang anderwärts zu beschäftigen. Ferner teilte er ihm mit, daß ihm die Pflicht auferlegt worden sei, Stephen Blackpools Andenken zu rechtfertigen und den Dieb namhaft zu machen. Mr. Bounderby blieb ganz verwirrt und unbeweglich auf der Straße stehen, nachdem ihn sein Schwiegervater verlassen hatte, und blähte sich wie eine ungeheure Seifenblase, aber ohne deren Schönheit, auf.

Mr. Gradgrind ging heim, schloß sich in seinem Zimmer ein und blieb dort den ganzen Tag. Als Sissy und Louisa an die Tür klopften, sagte er, ohne zu öffnen: «Jetzt nicht, meine Lieben, am Abend.» Als sie abends wiederkamen, sagte er: «Ich bin jetzt nicht imstande – morgen.» Er aß den ganzen Tag nicht und zündete, als es dunkel geworden war, keine Kerze an, und noch spät in der Nacht hörten sie ihn auf und ab gehen.

Doch am Morgen darauf erschien er zur gewohnten Stunde am Frühstückstisch und nahm dort seinen gewohnten Platz ein. Er sah alt, gebeugt und ganz niedergedrückt aus, und dennoch weiser und besser als in den Tagen, da er in diesem Leben nichts als Tatsachen gewollt hatte. Ehe er das Zimmer verließ, bestimmte er ihnen eine Zeit, zu der sie ihn aufsuchen sollten, darauf ging er und ließ den grauen Kopf hängen.

«Lieber Vater», sagte Louisa, als sie zur verabredeten Zeit erschienen, «du hast noch drei junge Kinder. Mit Gottes Hilfe werden sie anders sein, werde *ich* anders werden.»

Sie reichte Sissy die Hand, als wolle sie damit ausdrücken, auch mit ihrer Hilfe.

«Dein unseliger Bruder», sagte Mr. Gradgrind. «Meinst du, er hat diesen Raub geplant, als er dich zu jener Wohnung begleitete?»

«Ich fürchte es, Vater. Ich weiß, daß er viel Geld brauchte und einen großen Teil vergeudet hat.»

«Da der arme Mann sich anschickte, die Stadt zu verlassen, kam es ihm da in seinen bösen Sinn, den Verdacht auf ihn zu wälzen?»

«Ich glaube, es muß ihm durch den Kopf geschossen sein, als er da saß, Vater. Denn ich bat ihn, mich dahin zu begleiten. Der Besuch war nicht seine Idee.»

«Er führte ein Gespräch mit dem armen Mann. Nahm er ihn beiseite?»

«Er nahm ihn mit aus dem Zimmer. Ich fragte ihn hinterher, warum er das getan habe, und er hatte eine glaubwürdige Entschuldigung, aber seit gestern abend, Vater, und wenn ich die Umstände jetzt in diesem Licht betrachte, kann ich mir leider nur allzu genau vorstellen, was zwischen ihnen passierte.»

«Laß mich hören», sagte er, «ob deine Gedanken den schuldigen Bruder in demselben düsteren Licht zeigen wie meine.»

«Ich fürchte, Vater», antwortete Louisa zögernd, «er muß Stephen Blackpool irgend etwas vorgespiegelt haben – vielleicht in meinem Namen, vielleicht in seinem eigenen –, was Stephen veranlaßte, in gutem und ehrlichem Glauben zu tun, was er nie zuvor getan hat: diese zwei oder drei Abende, ehe er die Stadt verließ, bei der Bank zu warten.»

«Nur zu offenbar!» gab der Vater zurück. «Nur zu offenbar!»

Er beschattete sein Gesicht und schwieg ein paar Augenblicke. Als er sich wieder gefaßt hatte, fragte er:

«Und nun, wie findet man ihn? Wie soll man ihn vor dem Richter retten? Wie können wir in den wenigen Stunden, die ich verstreichen lassen darf, ehe ich die Wahrheit bekanntgebe, ihn finden, und nur wir? Keine zehntausend Pfund könnten das zuwege bringen.»

«Sissy hat es zuwege gebracht, Vater.»

Er hob die Augen dorthin, wo sie wie eine gute Fee in seinem Haus stand, und sagte in einem Ton gerührter Dankbarkeit und dankbarer Zuneigung: «Immer bist du es, mein Kind!»

«Wir hatten schon vor dem gestrigen Tag unsere bangen Befürchtungen», erklärte Sissy mit einem Blick auf Louisa,

«und als ich gestern abend sah, wie Sie zu der Tragbahre geholt wurden, und hörte, was gesprochen wurde (da ich die
ganze Zeit dicht neben Rachael stand), ging ich zu Tom, als
niemand hinsah, und sagte zu ihm: ‹Sehen Sie mich nicht an.
Sehen Sie dorthin, wo Ihr Vater steht. Fliehen Sie ohne Säu-
men, um seinet- und Ihretwillen!› Er zitterte schon, ehe ich
leise zu ihm sprach, und dann zuckte er zusammen und zitterte noch mehr und fragte: ‹Wohin kann ich denn gehen? Ich
habe sehr wenig Geld, und ich weiß nicht, wer mich verstecken wird!› Da fiel mir Vaters alter Zirkus ein. Ich habe
nicht vergessen, wohin Mr. Sleary zu dieser Jahreszeit geht,
und erst vor kurzem hatte ich in einer Zeitung von ihm gelesen. Ich sagte ihm, dorthin solle er laufen und seinen Namen
sagen und Mr. Sleary bitten, ihn so lange zu verstecken, bis
ich käme. ‹Ich werde noch vor Tagesanbruch dasein›, sagte er.
Und dann sah ich, wie er sich durch die Leute davonmachte.»

«Dem Himmel sei Dank!» rief der Vater. «Er könnte schon
bald im Ausland sein.»

Das war um so mehr zu hoffen, als die Stadt, zu der ihn
Sissy gewiesen hatte, etwa drei Stunden von Liverpool entfernt lag, von wo er rasch nach einem anderen Teil der Welt
befördert werden konnte. Doch da Vorsicht geboten war,
wenn man mit ihm in Verbindung trat – denn die Gefahr, daß
er verdächtigt werde, wuchs jetzt mit jedem Augenblick, und
niemand konnte im innersten Herzen sicher sein, daß Mr.
Bounderby nicht in einem großmäuligen Anfall von öffent-
lichem Eifer eine Römerrolle spielen könnte –, wurde abgemacht, daß Sissy und Louisa sich allein und auf Umwegen zu
dem fraglichen Ort begeben sollten und daß der unglückliche
Vater eine entgegengesetzte Richtung einschlagen und dasselbe Ziel auf einem anderen und noch weiteren Weg erreichen sollte. Ferner wurde vereinbart, daß er sich Mr. Sleary
nicht selber zeigen solle, damit seine Absichten keinen Arg-
wohn erregten und aus Furcht, sein Sohn könne sich bei der
Nachricht von seiner Ankunft veranlaßt sehen, aufs neue die
Flucht zu ergreifen – die Verbindung mit ihm aufzunehmen,

solle Sissy und Louisa überlassen bleiben, und sie sollten dem Urheber so großer Not und Schande mitteilen, daß der Vater in der Nähe sei und in welcher Absicht sie gekommen wären. Als diese Übereinkünfte von allen dreien wohl bedacht und im ganzen Umfang eingesehen waren, wurde es Zeit, sie auszuführen. Am frühen Nachmittag ging Mr. Gradgrind aus seinem Haus geradewegs aufs Land, um sich dort von der Eisenbahn aufnehmen zu lassen, mit der er reisen sollte, und am Abend machten sich die verbliebenen zwei auf ihren anders verlaufenden Weg, und es ermutigte sie, kein bekanntes Gesicht zu sehen.

Sie reisten die ganze Nacht, außer wenn sie für ein paar Minuten an Zweigstationen abgesetzt wurden, endlose Treppenstufen hoch oder tief unten wie in Brunnenschächten – was den einzigen Unterschied dieser Nebenlinien ausmachte –, und wurden am frühen Morgen, ein, zwei Meilen von der erstrebten Stadt entfernt, in einen Morast entlassen. Von diesem elenden Ort befreite sie ein roher alter Postillion, der zufällig früh auf war und mit Fußtritten sein Pferd vor eine Postkutsche spannte, und so wurden sie über lauter Hinterpfade, wo Schweine hausten, in die Stadt geschmuggelt, und wenngleich das kein prächtiger oder gar lieblich duftender Zugang war, so war es doch, wie gewöhnlich in solchen Fällen, die regelrechte Landstraße.

Das erste, was sie bei der Einfahrt in die Stadt erblickten, war der Überrest von Slearys Zirkus. Die Truppe war nach einer anderen Stadt, mehr als zwanzig Meilen entfernt, abgefahren und hatte dort den Abend zuvor eröffnet. Die Verbindung zwischen den beiden Orten bestand in einer hügeligen Chaussee, und die Fahrt auf dieser Straße ging sehr langsam vor sich. Obwohl sie sich nur ein eiliges Frühstück und keine Ruhe gönnten (die sie unter diesen beunruhigenden Umständen auch vergeblich gesucht hätten), war es Mittag geworden, ehe sie an Scheunen und Mauern Anschlagzettel von Slearys Zirkus erblickten, und ein Uhr, als sie auf dem Marktplatz hielten.

Eine «Grandiose Matinee» der Kunstreiter, die zu dieser Stunde begann, wurde gerade von dem öffentlichen Ausrufer verkündet, als sie den Fuß auf das Straßenpflaster setzten. Um direkte Erkundigungen zu vermeiden, durch die sie womöglich Aufmerksamkeit in der Stadt erregt hätten, riet Sissy, zur Kasse am Eingang zu gehen. Wenn Mr. Sleary an der Kasse sei, werde er sie bestimmt erkennen und besonnen und umsichtig handeln. Wäre er nicht an der Kasse, dann würde er sie bestimmt drinnen bemerken und eingedenk dessen, was er mit dem Flüchtling angefangen, ebenfalls besonnen handeln.

Deshalb begaben sie sich klopfenden Herzens zu der Bude, an die sie sich noch gut erinnerten. Die Fahne mit der Inschrift «Slearys Kunstreiterbude» war da, und die gotische Nische war da, aber nicht Mr. Sleary. Master Kidderminster, der ein zu ausgereifter Pferdeliebhaber geworden war, um von der schwärmerischsten Leichtgläubigkeit noch als Cupido anerkannt zu werden, hatte sich in die unüberwindliche Macht der Umstände (und seines Bartes) gefügt und führte augenblicklich in der Eigenschaft eines Mannes, der sich überall nützlich zu machen versteht, den Vorsitz über das Schatzamt – und außerdem hatte er auch eine Trommel bei der Hand, der er seine freien Minuten und seine überschüssigen Kräfte widmen konnte. Im Moment sah Mr. Kidderminsters messerscharf auf das Entdecken falscher Münzen gerichteter Blick nichts anderes als Geld, so daß Sissy unerkannt an ihm vorbeikam und beide eintreten konnten.

Der Kaiser von Japan auf einem ehrbaren alten Schimmel, der mit schwarzen Klecksen bemalt war, wirbelte fünf Handwaschbecken auf einmal herum, was bekanntlich die Lieblingsbelustigung dieses Monarchen ist. Sissy, obgleich wohlvertraut mit seinem erlauchten Geschlecht, war mit dem gegenwärtigen Herrscher nicht persönlich bekannt, und sein Regiment war friedlich. Miss Josephine Sleary in ihrem berühmten anmutigen Tiroler Blumenakt zu Pferde wurde von einem neuen Clown angekündigt (der ihn witzig

355

«Blumenkohlakt» nannte), und Mr. Sleary erschien und führte sie herein.

Mr. Sleary hatte dem Clown erst einen einzigen Hieb mit seiner langen Peitsche versetzt, und der Clown hatte nur gesagt: «Wenn du das noch mal machst, schmeiß ich dir das Pferd an den Kopf!», als Sissy von beiden, Vater und Tochter, wiedererkannt wurde. Doch mit großer Selbstbeherrschung brachten sie ihre Vorführung hinter sich, und Mr. Sleary verlieh, ausgenommen im ersten Moment, seinem ortsverändernden Auge nicht mehr Ausdruck als seinem feststehenden. Die Vorführung kam Sissy und Louisa ein wenig lang vor, besonders als sie pausierte, um dem Clown Gelegenheit zu geben, Mr. Sleary (der, den Blick auf die Zuschauer gerichtet, all seine Bemerkungen mit einem gelassenen «Wirklich, Sir?» quittierte) die Geschichte von Zweibein zu erzählen, der auf Dreibein sitzt und nach Einbein schaut, als Vierbein kommt und Einbein packt, worauf Zweibein aufspringt und Dreibein packt und es nach Vierbein wirft, der mit Einbein davonläuft. Denn obwohl das eine fein erdachte Allegorie auf einen Schlächter, einen dreibeinigen Hocker, einen Hund und eine Hammelkeule war, verschlang diese Geschichte Zeit, und sie befanden sich in banger Erwartung. Schließlich aber machte die kleine blonde Josephine unter großem Applaus ihren Knicks, und der Clown, der jetzt allein in der Manege stand, war eben richtig warm geworden und hatte gesagt: «Jetzt bin *ich* aber an der Reihe!», als jemand Sissys Schulter berührte und sie hinauswinkte.

Sie nahm Louisa mit, und sie wurden von Mr. Sleary in einem sehr kleinen Privatgelaß empfangen, mit Zeltleinwänden, Grasboden und einer windschiefen Holzdecke, auf die die Logenplätze ihren Beifall stampften, als wollten sie durchbrechen. «Cecilia», sagte Mr. Sleary, ein Glas Grog neben sich, «es tut mir gut, dich zu sehen. Du warst immer unser Liebling, und du hast uns seit den alten Zeiten bestimmt Ehre gemacht. Du mußt dir unsre Truppe ansehn, Liebchen, eh wir aufs Geschäft zu sprechen kommen, sonst bricht es ihnen das Herz – besonders den Frauen. Hier ist Josephine, und sie hat E. W. B. Childers geheiratet, und sie hat ein Knäblein, und obwohl der Junge erst drei Jahre alt ist, bleibt er auf jedem Pony, das du ihm bringst, wie angeleimt sitzen. Er heißt Das Kleine Wunder Der Hohen Schule, und wenn du im Ashley nichts von dem Knaben hören tust, dann wirst du in Paris von ihm hören. Und du erinnerst dich doch noch an Kidderminster, wo wir in Verdacht hatten, daß er in dich verliebt war? Schön. Der hat auch geheiratet. Eine Witwe. Alt genug, seine Mutter zu sein. Sie war auf dem Straffseil, und nun is sie nichts – von wegen fett. Sie haben zwei Kinder, deswegen sind wir im Feengeschäft und Märchenschwindel gut besetzt. Wenn du unsre ‹Kinder im Walde› sehn würdst, wo Vater und Mutter beide zu Pferd sterben – ihr Onkel nimmt sie zu Pferd als seine Mündel in Empfang – und die Kinder gehn zu Pferd in die Brombeeren – und das Rotkehlchen kommt zu Pferd und deckt sie mit Blättern zu –, du würdst sagen, das is das Vollendetste, wo du je auf Erden gesehn hast. Und du erinnerst dich an Emma Gordon, mein Liebling, die beinah wie eine Mutter zu dir war? Natürlich erinnerst du dich, da brauch ich gar nicht zu fragen. Na schön. Die Emma, die hat ihren Mann verloren. Er is in so ’nem Pagodendings als Sultan von Indien rückwärts von einem Elefanten gestürzt, und davon hat er sich nicht erholt, und dann hat sie ein zweites Mal geheiratet – einen Käsehändler, wo sich vom Vordersitz weg in sie verliebte –, und nu is er ’n Aufseher und macht sich ’n Vermögen.»

Diese verschiedenen Veränderungen berichtete Mr. Sleary, der jetzt sehr kurzatmig war, mit großer Herzlichkeit und wundervoller Einfalt, wenn man bedenkt, ein wie triefäugiger alter Grogveteran er war. Später holte er Josephine und E. W. B. Childers (der bei Tageslicht ziemlich eingefallen um die Wangen aussah) und Das Kleine Wunder Der Hohen Schule, kurzum, die ganze Truppe. Erstaunliche Geschöpfe waren sie in Louisas Augen, so weiß und rosig im Gesicht, so sparsam in Kleidung und so freigebig mit Bein, aber es war ein

357

sehr erfreulicher Anblick, wie sie sich um Sissy drängten, und ganz natürlich, daß sich Sissy nicht der Tränen enthalten konnte.

«Schon gut! Jetzt hat Cecilia alle Kinder geküßt und alle Frauen umärmelt und allen Männern reihrund die Hand geschüttelt, und nun macht euch weg und klingelt der Truppe für den zweiten Teil.»

Sobald sie gegangen waren, fuhr er leise fort: «Na, Cecilia, ich will ja keine Geheimnisse nich wissen, aber ich denke mir, das ist wahrscheinlich die Miss Squire?»

«Ja. Sie ist seine Schwester.»

«Und dem andern seine Tochter. Das meine ich ja. Ich hoffe, es geht Ihnen gut, Miss. Und ich hoffe, dem Squire geht es auch gut?»

«Mein Vater wird bald hiersein», antwortete Louisa, die darauf brannte, ihn zur Sache zu bringen. «Ist mein Bruder in Sicherheit?»

«Sicher und gesund!» gab er zurück. «Ich möcht gern, Miss, daß Sie hier einen Blick auf die Kunstreiter durchwerfen. Cecilia, du kennst die Kniffe, such dir selber ein Guckloch.»

Alle drei schauten durch eine Ritze in den Brettern.

«Das is Jack der Riesentöter – ein komisches Kinderstück», sagte Sleary. «Da sehn Sie 'n Requisitenhaus für Jack, wo er sich drin verstecken tut, da is mein Clown mit 'nem Schmorpfannendeckel und Bratspieß als Jacks Bedienter, da is der kleine Jack selber in prächtiger Rüstung, da sind zwei komische schwarze Diener, zweimal so groß wie das Haus, wo daneben stehn und es rein- und rausschaffen müssen, und der Riese (ein enorm teurer aus Korbgeflecht) is noch nich da. Na, seht ihr sie alle?»

«Ja», antworteten beide.

«Seht wieder hin», sagte Sleary, «seht gut hin. Seht ihr sie alle? Sehr gut. Also, Miss», dabei schob er ihnen eine Bank zum Sitzen hin, «ich hab meine Meinung, und der Squire, Ihr Vater, hat seine. Ich will gar nich wissen, was Ihr Bruder hat ausgefressen, es is für mich besser, wenn ich es nich weiß. Ich sag bloß, der Squire hat Cecilia beigestanden, und deshalb werd ich dem Squire beistehn. Ihr Bruder is einer von den schwarzen Dienern.»

Louisa entfuhr ein Aufschrei, halb vor Qual, halb vor Freude.

«Es stimmt aber», sagte Sleary, «und nich mal jetzt, wo Sie's wissen, könnten Sie ihn mit dem Finger zeigen. Mag der Squire kommen. Ich werd Ihren Bruder nach der Vorstellung hierbehalten. Ich werd ihm das Kostüm anlassen und ihm auch nich die Farbe abwaschen. Mag der Squire nach der Vorstellung herkommen, oder kommen Sie selber nach der Vorstellung, und Sie werden Ihren Bruder hier finden und den ganzen Platz für sich haben, um mit ihm zu reden. Kümmern Sie sich nicht drum, wie er aussieht, solang er nur gut versteckt ist.»

Louisa, im Herzen erleichtert, bedankte sich vielmals und hielt Mr. Sleary nicht länger zurück. Mit Tränen in den Augen trug sie ihm einen Gruß an ihren Bruder auf und entfernte sich dann mit Sissy bis zum späten Nachmittag.

Mr. Gradgrind langte eine Stunde danach an. Auch er war niemandem begegnet, den er kannte, und hoffte jetzt zuversichtlich, seinen in Schande gefallenen Sohn mit Slearys Hilfe nachts nach Liverpool zu schaffen. Da ihn keiner von den dreien begleiten konnte, ohne seine Identität selbst unter jeglicher Verkleidung zu verraten, setzte er einen Brief an einen vertrauenswürdigen Geschäftsfreund auf und bat diesen, den Überbringer, einerlei was es koste, nach Nord- oder Südamerika oder sonst einem entlegenen Ort auf der Welt einzuschiffen, wohin er mit größter Eile und in aller Heimlichkeit befördert werden solle.

Als er dies getan, gingen sie spazieren und warteten darauf, daß sich der Zirkus völlig geleert habe, nicht allein von Zuschauern, sondern auch von der Truppe und den Pferden. Nachdem sie den Platz lange beobachtet hatten, sahen sie Mr. Sleary einen Stuhl herausbringen und sich rauchend an den

Seiteneingang setzen, als wolle er ihnen damit anzeigen, daß sie nun kommen könnten.

«Ihr Diener, Squire», lautete seine vorsichtige Begrüßung, als sie an ihm vorübergingen. «Wenn Sie mich brauchen, finden Sie mich hier. Sie müssen sich nichts draus machen, daß Ihr Sohn eine komische Livree anhat.»

Alle drei gingen hinein, und Mr. Gradgrind setzte sich kummervoll auf den Stuhl des Clowns in der Manegenmitte. Auf einer der hinteren Bänke, ferngerückt durch das gedämpfte Licht und den befremdlichen Ort, saß, bis zuletzt übellaunig, der schändliche Filou, den er das Unglück hatte, seinen Sohn zu nennen.

In einem albernen Rock, wie ihn Büttel tragen, mit unsagbar übertriebenen Ärmelaufschlägen und Schößen, einer enormen Weste, Kniehosen, Schnallenschuhen und einem verrückten Dreispitz, wovon ihm nichts paßte und alles aus grobem Zeug war, mottenzerfressen und voller Löcher, mit Rissen in dem schwarzen Gesicht, wo Angst und Hitze die schmierige Schminkschicht durchbrochen hatten, war der Filou in seiner komischen Livree etwas so Abstoßendes, Abscheuliches und lächerlich Schmachvolles, daß Mr. Gradgrind es nie und nimmer geglaubt hätte, eine wie wägbare und meßbare Tatsache es auch war. Und das war aus einem seiner Musterkinder geworden!

Zuerst wollte der Filou nicht näher kommen, sondern versteifte sich darauf, da oben zu bleiben. Schließlich erreichte Sissy – denn Louisa übersah er völlig –, daß er ihren Bitten nachgab, wenn man ein so mürrisches Zugeständnis überhaupt nachgeben nennen kann, und Bank für Bank hinabstieg, bis er in dem Sägemehl am Rand der Manege stand, so weit wie möglich in deren Grenzen von seinem Vater entfernt.

«Wie hast du es getan?» fragte der Vater.

«Was getan?» gab der Sohn verdrossen zurück.

«Diesen Raub», sagte der Vater, der bei diesem Wort die Stimme hob.

«Ich habe den Safe in der Nacht mit Gewalt aufgebrochen und ließ ihn halb offenstehen, als ich ging. Den Schlüssel, der gefunden wurde, hatte ich schon lange vorher machen lassen. Ich ließ ihn an dem Morgen fallen, damit man glauben sollte, er sei benutzt worden. Ich nahm nicht das ganze Geld auf einmal. Ich tat jeden Abend so, als ob ich meinen Kassenüberschuß wegschließe, aber das hab ich nicht gemacht. Jetzt weißt du alles darüber.»

«Wenn mich ein Blitz getroffen hätte», sagte der Vater, «wäre ich nicht so entsetzt gewesen!»

«Ich sehe nicht ein, warum», brummte der Sohn. «So viele Leute sind in Vertrauensstellungen, und von so vielen werden so viele unehrlich. Hundertmal hab ich von dir gehört, das sei ein Gesetz. Was kann ich für Gesetze? Andere hast du mit solchen Sachen getröstet, Vater. Jetzt tröste dich selber!»

Der Vater vergrub das Gesicht in den Händen, und der Sohn stand in seiner schimpflichen, grotesken Aufmachung und kaute an einem Strohhalm; seine Hände, von denen das Schwarze innen zum Teil abgegangen war, sahen wie Affenhände aus. Rasch brach der Abend herein, und von Zeit zu Zeit drehte der Filou seinem Vater unruhig und ungeduldig die weißen Augäpfel zu. Sie waren das einzige in seinem Gesicht, das Leben oder Ausdruck zeigte, so dick war die Farbe aufgeschmiert.

«Du mußt nach Liverpool geschafft und ins Ausland geschickt werden.»

«Vermutlich. Unglücklicher, als ich hier gewesen bin, so lange ich denken kann, werde ich wohl nirgendwo sein. Das ist mal sicher», winselte der Filou.

Mr. Gradgrind schritt zum Eingang und kam mit Mr. Sleary zurück, den er nun fragte, wie man dieses erbärmliche Geschöpf wegschaffen könne.

«Darüber hab ich schon nachgedacht, Squire. Es is nicht viel Zeit zu verlieren, und deshalb müssen Sie ja oder nein sagen. Zur Eisenbahn sind es über zwanzig Meilen. In einer halben Stunde fährt eine Postkutsche zur Bahn, die den Postzug erwischen soll. Und der Zug wird ihn direkt nach Liverpool bringen.»

«Aber sehen Sie ihn doch an», stöhnte Mr. Gradgrind. «Wird denn eine Postkutsche…»

«Ich hab nich gemeint, daß er in der komischen Livree fahren soll», sagte Sleary. «Sagen Sie einen Ton, und ich mach in fünf Minuten mit Garderobe und so einen Knollenfink aus ihm.»

«Ich verstehe nicht», sagte Mr. Gradgrind.

«Einen Knollenfink – einen Bauernlümmel. Entschließen Sie sich schnell, Squire. Es muß Bier geholt werden. Bloß mit Bier kann man einen Theatermohren sauber kriegen.»

Mr. Gradgrind stimmte geschwind zu, Mr. Sleary holte aus einer Kiste geschwind einen Kittel, einen Filzhut und andere wichtige Dinge hervor, der Filou wechselte hinter einem Friesvorhang geschwind die Kleider, Mr. Sleary brachte geschwind Bier und wusch ihn wieder weiß.

«Kommen Sie jetzt zur Postkutsche», sagte Sleary, «und springen Sie hinten auf, ich geh mit, dann wird man denken, Sie sind einer von meiner Truppe. Sagen Sie Ihrer Familie Lebewohl und beeilen Sie sich!» Worauf er sich taktvoll zurückzog.

«Hier ist dein Brief», sagte Mr. Gradgrind. «Du wirst mit allem Nötigen versehen werden. Versuche, durch Reue und bessere Führung die empörende Tat, die du begangen hast, und die furchtbaren Folgen, zu denen sie geführt hat, wiedergutzumachen. Gib mir deine Hand, mein armer Sohn, und möge dir Gott vergeben, wie ich dir vergebe!»

Diese Worte und ihr ergreifender Ton rührten den Sünder zu ein paar verächtlichen Tränen. Doch als Louisa die Arme öffnete, stieß er sie abermals von sich.

«Du nicht. Mit dir will ich nichts zu schaffen haben!»

«O Tom, Tom, soll es denn nach all meiner Liebe so mit uns enden?»

«Nach all deiner Liebe!» entgegnete er verstockt. «Eine feine Liebe! Den alten Bounderby verlassen und meinen besten Freund, Mr. Harthouse, davonjagen und nach Hause laufen, grade wo ich in der größten Gefahr war. Eine feine Liebe ist das! Wort für Wort alles ausplaudern, daß wir da hingegangen sind, wo du doch gesehen hast, wie sich das Netz um mich zusammenzog. Eine feine Liebe ist das! Du hast mich regelrecht preisgegeben. Du hast dir nie was aus mir gemacht.»

«Beeilen Sie sich!» rief Sleary vom Eingang her.

In wildem Durcheinander eilten sie hinaus, Louisa rief ihm weinend zu, sie verzeihe ihm und liebe ihn immer noch und eines Tages werde es ihm leid tun, daß er so von ihr gegangen sei, und in der Ferne werde er gern an ihre letzten Worte denken – als sich ihnen jemand in den Weg stellte. Mr. Gradgrind und Sissy, die vorangingen, während sich Louisa noch an Toms Schulter klammerte, blieben stehen und prallten zurück.

Denn vor ihnen stand Bitzer, außer Atem, die dünnen Lippen geöffnet, mit geblähten Nüstern, zitternden weißen Wimpern, das farblose Gesicht farbloser denn je, als renne er sich in Weißglut, wie sich andere Leute in Hitze rennen. Da stand er, keuchend und schwer atmend, als wäre er seit dem lange zurückliegenden Abend, als er sie schon einmal eingeholt hatte, kein einziges Mal stehengeblieben.

«Tut mir leid, daß ich Ihnen einen Strich durch die Rechnung machen muß», sagte Bitzer und schüttelte den Kopf, «aber ich kann mich doch nicht von Kunstreitern übers Ohr hauen lassen. Ich muß den jungen Mr. Tom haben, er darf nicht von Kunstreitern weggeschafft werden, da steht er im Bauernkittel, und ich muß ihn haben!»

Noch dazu beim Kragen, wie es schien. Denn auf diese Weise ergriff er Besitz von ihm.

8. Kapitel

Philosophisch

S IE GINGEN ZURÜCK IN DIE BUDE, UND SLEARY schloß die Tür, um Eindringlinge fernzuhalten. Bitzer, der immer noch den gelähmten Sünder am Kragen gepackt hielt, stand in der Manege und blinzelte durch das Dunkel des Zwielichts zu seinem alten Gönner hin.

«Bitzer», sagte Mr. Gradgrind, niedergebrochen und jammervoll unterwürfig, «haben Sie ein Herz?»

«Der Kreislauf, Sir», erwiderte Bitzer, über die sonderbare Frage lächelnd, «könnte ohne ein Herz nicht funktionieren. Kein Mensch, Sir, der die von Harvey betreffs der Blutzirkulation festgestellten Tatsachen kennt, kann bezweifeln, daß ich ein Herz habe.»

«Ist es mitleiderregenden Einflüssen zugänglich?» fragte Mr. Gradgrind.

«Es ist der Vernunft zugänglich, Sir», erwiderte der vortreffliche junge Mann. «Und nichts anderem.»

Sie standen und sahen sich an, Mr. Gradgrinds Gesicht so weiß wie das seines Verfolgers.

«Welchen Beweggrund – welchen vernünftigen Beweggrund – können Sie haben, die Flucht dieses unseligen jungen Mannes zu verhindern und seinen unglücklichen Vater zu vernichten?» fragte Mr. Gradgrind. «Sehen Sie hier seine Schwester. Haben Sie Mitleid mit uns!»

«Sir», erwiderte Bitzer in sehr geschäftsmäßigem und nüchternem Ton, «da Sie mich fragen, welchen vernünftigen Beweggrund ich habe, den jungen Mr. Tom nach Coketown zurückzuholen, ist es nur vernünftig, Ihnen diesen zu nennen. Ich habe den jungen Mr. Tom von Anfang an des Bankraubs verdächtigt. Ich hatte schon vorher ein Auge auf ihn, denn ich wußte, wie er es trieb. Meine Beobachtungen habe ich für mich behalten, aber ich habe sie gemacht, und jetzt habe ich reichlich Beweise gegen ihn, abgesehen von seiner Flucht und seinem eigenen Geständnis, das ich noch rechtzeitig erlauschen konnte. Gestern morgen hatte ich das Vergnügen, Ihr Haus zu beobachten und Ihnen hierher zu folgen. Ich werde den jungen Mr. Tom nach Coketown zurückbringen, um ihn Mr. Bounderby auszuliefern. Ich zweifle nicht, Sir, daß Mr. Bounderby mich dann in die Stellung befördern wird, die der junge Mr. Tom einnahm. Und diese Stellung wünsche ich mir, Sir, denn sie bedeutet für mich einen Aufstieg und wird mir von Nutzen sein.»

«Wenn es für Sie einzig und allein eine Frage des Eigennutzes ist…» begann Mr. Gradgrind.

«Verzeihen Sie, Sir, daß ich Sie unterbreche», entgegnete Bitzer, «aber es ist Ihnen doch gewiß nicht unbekannt, daß das gesamte soziale System eine Frage des Eigennutzes ist. Woran Sie stets appellieren müssen, ist der Eigennutz eines Menschen. Nur daran können Sie sich halten. Wir sind nun mal so geartet. Wie Sie wissen, Sir, bin ich bereits sehr frühzeitig in diesem Katechismus erzogen worden.»

«Welche Summe setzen Sie gegen die erhoffte Beförderung?» fragte Mr. Gradgrind.

«Vielen Dank, Sir», antwortete Bitzer, «daß Sie das als Vorschlag andeuten, aber ich setze überhaupt keine Summe dagegen. Da ich wußte, Ihr heller Kopf würde mich vor diese Alternative stellen, habe ich bereits alles im voraus berechnet und bin zu dem Resultat gekommen, selbst wenn ich mich zu einer wirklich sehr hohen Entschädigung über ein Verbrechen vergleichen würde, so wäre es für mich doch nicht so sicher und vorteilhaft wie meine günstigeren Aussichten in der Bank.»

«Bitzer», sagte Mr. Gradgrind und streckte beide Hände aus, als wolle er sagen: Sieh, wie elend ich bin!, «Bitzer, so bleibt mir nur noch eins, Sie milder zu stimmen. Sie waren viele Jahre in meiner Schule. Wenn Sie sich in der Erinnerung an die dort auf Sie verwandte Mühe bis zu einem gewissen Grad überwinden könnten, Ihres augenblicklichen Interesses nicht zu achten und meinen Sohn freizugeben, so bitte ich Sie inständig und dringend, ihm die Wohltat dieser Erinnerung zuteil werden zu lassen.»

«Ich muß mich wirklich wundern, Sir», entgegnete der frühere Schüler in polemischem Ton, «daß Sie eine so unhaltbare Position beziehen. Mein Schulunterricht wurde bezahlt, das Ganze war ein Geschäft, und als ich ging, war damit das Geschäft beendigt.»

Es war ein Grundprinzip der Gradgrindschen Philosophie, daß alles bezahlt werden müsse. Niemand hatte aus irgendeinem Anlaß ohne Bezahlung jemandem etwas zu geben oder jemandem Hilfe zu leisten. Dankbarkeit war abzuschaffen, und die ihr entspringenden Tugenden hatten nicht zu existieren. Jeder Zoll des Menschendaseins hatte von der Geburt bis zum Tod ein Geschäft über den Ladentisch zu sein. Und wenn wir auf diese Weise nicht in den Himmel kamen – nun, er war ohnehin kein Platz für Nationalökonomen, und wir hatten dort nichts zu suchen.

«Ich leugne nicht», fügte Bitzer hinzu, «daß mein Schulunterricht billig war. Aber er macht sich bezahlt, Sir. Ich bin zum billigsten Marktpreis hergestellt worden und muß mich zum teuersten verkaufen.»

Hier wurde er ein wenig gestört durch Louisa und Sissy, die weinten.

«Lassen Sie das bitte», sagte er, «es führt zu nichts und ist nur eine Qual. Sie scheinen zu glauben, daß ich dem jungen Mr. Tom feindlich gesinnt bin, wohingegen das überhaupt nicht der Fall ist. Ich habe nur aus den erwähnten vernünftigen Gründen die Absicht, ihn nach Coketown zurückzubringen. Wenn er Widerstand leistet, schreie ich: ‹Haltet den Dieb!› Aber er wird sich nicht widersetzen, darauf können Sie sich verlassen.»

Mr. Sleary, der mit offenem Mund und tiefer Aufmerksamkeit diesen Doktrinen gelauscht hatte, wobei sein rollendes Auge so unbeweglich wie das feste in seinem Kopf saß, trat jetzt vor.

«Sie wissen sehr gut, Squire, und Ihre Tochter weiß sehr gut (besser als Sie, weil ich's ihr gesagt hab), daß ich keine Ahnung hatte, was Ihr Sohn angestellt hat, und daß ich es auch nich wissen wollte – ich hab gesagt, lieber nich, wenn ich da auch bloß dachte, es handelt sich nur um irgendwelche Dummheiten. Aber nun hat dieser junge Mann gesagt, es handelt sich um einen Bankraub, ja, und das ist eine ernste Sache, eine viel zu ernste Sache für mich, um sie mit Geld beizulegen, wie dieser junge Mann richtig bemerkt hat. Sie dürfen mir also nich böse sein, Squire, wenn ich die Partei von diesem jungen Mann ergreife und sage, er hat recht, und da ist rein nichts zu wollen. Aber ich sage Ihnen, was ich machen werde, Squire, ich werde Ihren Sohn und diesen jungen Mann zur Bahn fahren und verhindern, daß er hier bloßgestellt wird. Zu mehr kann ich mich nich verstehn, aber das werd ich.»

Neues Wehklagen Louisas und noch tiefere Niedergeschlagenheit Mr. Gradgrinds folgten diesem Abfall ihres letzten Freundes. Sissy jedoch blickte ihn sehr aufmerksam an und ließ sich in ihrem Herzen nicht irreführen. Als alle wieder hinausgingen, beehrte er sie mit einem sachten Rollen seines beweglichen Auges, wodurch er seinen Wunsch ausdrückte, sie möge noch ein wenig bleiben. Als er die Tür schloß, sagte er aufgeregt:

«Der Squire hat dir beigestanden, Cecilia, und ich werde dem Squire beistehn. Mehr noch, dieser Bitzer ist ein ziemlicher Halunke und gehört zu dem aufgepusteten Kerl, den meine Leute beinah aus dem Fenster geschmissen hätten. Die Nacht wird finster sein, ich hab ein Pferd, das alles kann außer reden, ich hab ein Pony, das seine fünfzehn Meilen die Stunde läuft, wenn Childers es lenkt, und ich hab einen Hund, der einen Mann vierundzwanzig Stunden an einer Stelle hält. Gib dem jungen Squire einen Wink. Sag ihm, wenn er sieht, wie unser Pferd zu tanzen anfängt, dann soll er keine Angst haben, daß er mit dem Wagen umgeschmissen wird, sondern sich nach einer Ponygig umsehn, die hinterherkommt. Sag ihm, wenn er die Gig ganz nah sieht, soll er abspringen, und sie wird ihn wie der Wind weiterfahren. Wenn mein Hund den jungen Mann auch bloß einen winzigen Schritt machen läßt, will ich nichts mehr mit ihm zu tun haben. Und wenn sich mein Pferd bis zum Morgen von dem Fleck rührt, wo es zu tanzen angefangen hat, dann kenn ich's nicht mehr! Los, beeilt euch!»

Sie beeilten sich so sehr, daß Mr. Childers, der in Pantoffeln auf dem Marktplatz umherspazierte, zehn Minuten später sein Stichwort erhalten hatte und Mr. Slearys Staatskarosse bereitstand. Es war ein schöner Anblick, wie der gelehrte Hund bellend herumsprang und von Mr. Slearys verwendbarem Auge belehrt wurde, daß er seine besondere Aufmerksamkeit auf das Objekt Bitzer zu richten habe. Bald nach Einbruch der Dunkelheit stiegen alle drei ein und fuhren los, der gelehrte Hund (ein erschreckliches Tier) packte Bitzer bereits mit den Augen und hielt sich dicht an dem Rad auf dessen Seite, um bereit zu sein, falls er die geringste Neigung zeige, auszusteigen.

Die anderen drei durchwachten im Gasthof die ganze Nacht in banger Erwartung. Um acht Uhr morgens kehrten Mr. Sleary und der Hund zurück, beide frohgelaunt.

«Alles in Ordnung, Squire!» rief Mr. Sleary. «Ihr Sohn ist jetzt vielleicht schon an Bord. Childers hat ihn, anderthalb Stunden nachdem wir gestern abend weg sind, fortgeschafft. Das Pferd tanzte Polka, bis es zum Umfallen müde war (wenn es nicht im Geschirr gewesen wär, hätt es Walzer getanzt), und dann hab ich ihm einen Wink gegeben, und es schlief gemütlich ein. Als der vortreffliche junge Halunke sagte, er will zu Fuß weiter, hängte sich der Hund, mit allen vieren in der Luft, an sein Halstuch, riß ihn nieder und rollte ihn auf der Erde rum. Deshalb kam er in den Wagen zurück, und da saß er denn, bis ich morgens halber sieben zurücklenkte.»

Mr. Gradgrind überschüttete ihn natürlich mit Dank und machte eine möglichst taktvolle Anspielung auf eine ansehnliche Vergütung in Geld.

«Ich selber brauch kein Geld, Squire, aber Childers hat Familie, und wenn Sie ihm eine Fünf-Pfund-Note anbieten würden, wär sie vielleicht nich unwillkommen. Und wenn Sie auch noch dem Hund 'n Halsband und dem Pferd 'ne Garnitur Schellen spendieren würden, dann würd ich das mit Freuden annehmen. Grog nehme ich immer an.» Ein Glas hatte er schon bestellt, nun bestellte er ein zweites. «Und wenn Sie nich meinen, das ginge zu weit, Squire, wenn Sie meiner ganzen Truppe ein kleines Essen für drei Shilling sechs Pence pro Nase, nicht gerechnet die Getränke, geben möchten, dann würden sie sich mächtig drüber freuen.»

All diese kleinen Beweise seiner Dankbarkeit wollte Mr. Gradgrind von Herzen gern geben. Obwohl er sie für einen solchen Dienst bei weitem zu gering ansehe, wie er sagte.

«Na schön, Squire, wenn Sie dann 'n Zirkus besuchen, so oft Sie können, dann haben Sie die Rechnung mehr als ausgeglichen. Und jetzt, Squire, möcht ich, wenn Ihre Tochter gestattet, zum Abschied gern noch ein Wort mit Ihnen allein reden.»

Louisa und Sissy zogen sich in den angrenzenden Raum zurück, und Mr. Sleary rührte im Stehen seinen Grog, trank und fuhr fort:

«Ich brauch Ihnen nich zu erzählen, Squire, daß Hunde wunderbare Tiere sind.»

«Ihr Instinkt ist erstaunlich», bemerkte Mr. Gradgrind.

«Einerlei, wie Sie das nennen – und ich will verdammt sein, wenn *ich* weiß, wie man es nennen soll», sagte Sleary, «es ist wunderbar. Die Art und Weise, wie ein Hund Sie findet – welche Entfernung er überwindet!»

«Weil er eine so feine Witterung hat», erklärte Mr. Gradgrind.

«Ich will verdammt sein, wenn ich weiß, wie man das nennen soll», wiederholte Sleary kopfschüttelnd, «aber mich haben Hunde schon auf eine Art und Weise gefunden, Squire, daß ich auf den Gedanken kam, ob der Hund nicht zu einem andern Hund gegangen ist und gefragt hat: ‹Kennst du vielleicht zufällig einen Mann namens Sleary? Mann namens Sleary, vom Zirkus – stämmiger Mann – lahmes Auge?› Und ob dieser Hund nicht vielleicht gesagt hat: ‹Ich kann nicht behaupten, daß ich ihn selber kenne, aber ich kenn einen Hund, der, glaube ich, mit ihm bekannt ist.› Und ob dieser Hund nun nicht überlegt und gesagt hat: ‹Sleary, Sleary? Ach ja, na klar! Ein Freund von mir hat ihn mal vor mir erwähnt. Ich kann dir gleich seine Adresse beschaffen!› Weil ich vor Publikum auftrete und soviel rumkomme, müssen mich wohl 'ne Menge Hunde kennen, Squire, die *ich* nicht kenne!»

Mr. Gradgrind schien ganz verwirrt über diese Theorie.

«Jedenfalls waren wir vor vierzehn Monaten in Chester, Squire», fuhr Sleary fort, nachdem er den Grog an seine Lippen gesetzt hatte. »Eines Morgens ließen wir unsre ‹Kinder im Walde› aufsitzen, als durch die Bühnentür plötzlich ein Hund in die Manege kommt. Er hatte einen weiten Weg hinter sich, war in sehr schlechter Verfassung, lahm und so gut wie blind. Er ging zu unsren Kindern, zu einem nach dem andern, als ob er ein bekanntes Kind suche, und dann kam er zu mir und warf sich hinten hoch und stand, so schwach wie er war, auf seinen zwei Vorderbeinen und wedelte mit dem Schwanz und starb. Dieser Hund, Squire, war Merrylegs.»

«Der Hund von Sissys Vater?»

«Ja, der alte Hund von Cecilias Vater. Und ich möchte schwören, Squire, weil ich nämlich den Hund gekannt hab, daß der Mann tot war – und begraben –, eh daß der Hund zu mir zurückkam. Josephine und Childers und ich haben uns lange beredet, ob ich schreiben soll oder nicht. Aber wir waren alle der Meinung: ‹Nein! Was Tröstliches haben wir nich zu erzählen, und warum sollen wir sie beunruhigen und unglücklich machen?› Ob ihr Vater sie niederträchtig verlassen hat oder lieber in der Einsamkeit an gebrochenem Herzen sterben wollte, eh daß er sie mit ins Verderben zog, da werden wir jetzt nich eher hinterkommen, Squire, als bis – ja, als bis wir erfahren, wie uns der Hund gefunden hat!»

«Sie bewahrt noch die Flasche auf, nach der er sie schickte, und wird bis zum letzten Augenblick ihres Lebens an seine Liebe glauben», sagte Mr. Gradgrind.

«Das scheint einem doch zwei Dinge zu zeigen, nich wahr, Squire?» meinte Mr. Sleary, während er nachdenklich in sein Glas starrte. «Einmal, daß es eine Liebe auf der Welt gibt, die nich ganz eigennützig, sondern was anderes is, und dann, daß sie auf ihre eigne Weise zu berechnen oder nich zu berechnen und zumindest ebenso schwer bei Namen zu nennen is wie die Manier von Hunden!»

Mr. Gradgrind blickte aus dem Fenster und gab keine Antwort. Mr. Sleary leerte sein Glas und rief die jungen Damen zurück.

«Cecilia, mein Liebling, küß mich und leb wohl! – Es ist mir ein sehr schöner Anblick, Miss Squire, zu sehn, daß sie Cecilia wie eine Schwester behandeln, und eine Schwester, wo Sie von ganzem Herzen lieben und ehren. Ich hoffe, Ihr Bruder möcht Sie einmal besser verdienen und Ihnen mehr Freude machen. Ihnen, Squire, zum ersten- und letztenmal ein Händedruck. Ärgern Sie sich nicht über uns arme Vagabunden. Die Leute müssen ihr Vergnügen haben. Sie können nicht immer bloß lernen, sie können auch nicht immer bloß arbeiten, dafür sind sie nicht geschaffen. Ihr *braucht* uns nun mal, Squire. Seien Sie daher weise und außerdem noch gütig und denken Sie von uns das Beste, nicht das Schlechteste!

Ich hätte nie von mir gedacht», sagte Mr. Sleary, als er noch einmal den Kopf zur Tür reinsteckte, «daß ich ein solcher Plauderfritze bin.»

9. Kapitel

Ende

Es ist gefährlich, im Bereich eines eitlen Prahlers etwas zu erblicken, ehe es der eitle Prahler selbst sieht. Mr. Bounderby meinte, Mrs. Sparsit habe ihm dreist vorgegriffen und sich erkühnt, klüger zu sein als er. In unversöhnlicher Entrüstung über ihre triumphierende Entdeckung Mrs. Peglers wälzte er diese Anmaßung von seiten einer Frau in ihrer abhängigen Stellung in seinem Kopf hin und her, so daß sie wie ein Schneeball immer größer wurde. Schließlich machte er die Entdeckung, was es bedeuten würde, diese Frau mit der vornehmen Verwandtschaft zu entlassen – sagen zu können: «Sie war eine Frau aus gutem Haus und wollte sich an mich hängen, aber das paßte mir nicht, und ich entledigte mich ihrer!» – wodurch er mit dem größtmöglichen Maß an krönendem Ruhm die Verbindung lösen und gleichzeitig Mrs. Sparsit strafen könnte, wie sie es verdient hatte.

Von dieser vortrefflichen Idee mehr erfüllt denn je, kam Mr. Bounderby zum zweiten Frühstück herein und setzte sich in das ehemalige Speisezimmer, in dem sein Porträt hing. Mrs. Sparsit saß, den Fuß in ihrem baumwollenen Steigbügel, am Kamin und ahnte nicht, wohin ihre Reise gehen sollte.

Seit der Pegler-Affäre hatte die vornehme Dame ihr Mitleid für Mr. Bounderby unter einem Schleier stiller Schwermut und Zerknirschung verhüllt. Vermöge dessen war es ihr jetzt zur Gewohnheit geworden, ein kummervolles Gesicht zu machen, und dieses kummervolle Gesicht wandte sie nun ihrem Gönner zu.

«Was ist denn jetzt wieder los, Ma'am?» fragte Mr. Bounderby sehr kurz und grob.

«Bitte, Sir», antwortete Mrs. Sparsit, «beißen Sie mir nicht gleich die Nase ab.»

«Ihre Nase abbeißen, Ma'am?» wiederholte Mr. Bounderby. «*Ihre* Nase?» Womit er, wie Mrs. Sparsit glaubte, zweifellos meinte, es sei eine für diesen Zweck viel zu entwickelte Nase. Nach dieser stillschweigenden Beleidigung schnitt er sich ein Stück Brot ab und warf das Messer geräuschvoll auf den Tisch.

Mrs. Sparsit zog ihren Fuß aus dem Steigbügel und sagte: «Mr. Bounderby! Sir!»

«Nun, Ma'am», entgegnete Mr. Bounderby, «was glotzen Sie so?»

«Darf ich fragen, Sir», sagte Mrs. Sparsit, «ob heute morgen Ihre Laune beeinträchtigt wurde?»

«Ja, Ma'am.»

«Darf ich fragen, Sir», fuhr die gekränkte Dame fort, «ob *ich* die unglückliche Ursache bin, daß Sie Ihre gute Laune verloren?»

«Ich will Ihnen mal was sagen, Ma'am», erwiderte Bounderby, «ich bin nicht hergekommen, mich einschüchtern zu lassen. Eine Frau kann sehr vornehme Verwandte haben, aber deshalb darf sie noch lange nicht einen Mann in meiner Stellung ärgern und belästigen, und ich werde mir das nicht gefallen lassen.» (Mr. Bounderby empfand die Notwendigkeit weiterzusprechen, da er voraussah, daß er den kürzeren ziehen würde, wenn er sich auf Einzelheiten einließe.)

Mrs. Sparsit hob erst und runzelte dann ihre Coriolanbrauen, legte ihre Arbeit in den dazugehörigen Korb und stand auf.

«Sir», sagte sie majestätisch, «es ist mir nur allzu ersichtlich, daß ich Sie im Augenblick störe. Ich werde mich daher in mein Zimmer zurückziehen.»

«Gestatten Sie mir, Ihnen die Tür zu öffnen, Ma'am.»

«Danke, Sir, das kann ich selber tun.»

«Sie sollten es mir aber doch lieber gestatten, Ma'am», sagte Bounderby, während er an ihr vorbeiging und die Hand auf den Türknauf legte, «weil ich die Gelegenheit benutzen möchte, Ihnen ein Wörtchen zu sagen, ehe Sie gehen. Ich glaube, Mrs. Sparsit, Ma'am, Sie fühlen sich hier beengt, stimmt's? Mir scheint, unter meinem bescheidenen Dach ist kaum genug Raum für eine Dame von Ihrer genialen Begabung, sich in die Angelegenheiten anderer Leute zu mischen.»

Mrs. Sparsit warf ihm einen Blick finsterster Verachtung zu und sagte mit ungemeiner Höflichkeit: «Wirklich, Sir?»

«Sehen Sie, Ma'am, ich habe seit den Vorfällen neulich darüber nachgedacht», sagte Bounderby, «und mein bescheidenes Urteil…»

«Oh! Bitte, Sir», unterbrach ihn Mrs. Sparsit mit sprühender Munterkeit. «Verunglimpfen Sie nicht Ihr Urteil! Jedermann weiß, wie untrüglich Mr. Bounderbys Urteil ist. Jedermann hat Beweise davon erhalten. Es muß ja das Thema allgemeiner Unterhaltung sein. Schmälern Sie irgendeine andere Ihrer Eigenschaften, aber nicht Ihr Urteil», sagte Mrs. Sparsit und lachte.

Mr. Bounderby begann, sehr rot und unbehaglich, von neuem:

«Mir scheint, Ma'am, daß ein ganz anderer Haushalt dazu gehört, eine Dame von *Ihren* Talenten ins rechte Licht zu rücken. Zum Beispiel ein Haushalt wie der von Ihrer Verwandten, Lady Scadgers. Meinen Sie nicht, daß Sie dort einige Angelegenheiten finden würden, in die Sie sich mischen könnten, Ma'am?»

«Das ist mir vorher noch nie in den Sinn gekommen, Sir», entgegnete Mrs. Sparsit, «aber jetzt, da Sie es erwähnen, halte ich es für sehr wahrscheinlich.»

«Vielleicht versuchen Sie es einmal, Ma'am», sagte Bounderby und legte einen Umschlag mit einem Scheck darin in ihren kleinen Arbeitskorb. «Sie haben die Wahl, wann Sie gehen wollen, Ma'am, vielleicht wird es aber bis dahin für eine Dame von Ihren Talenten angenehmer sein, wenn sie ihre Mahlzeiten allein einnimmt und nicht dabei gestört wird. Ich muß Sie wirklich um Entschuldigung bitten – ich, der ich nur

Josiah Bounderby aus Coketown bin –, daß ich Ihnen so lange im Licht gestanden habe.»

«Bitte, kein Wort davon, Sir», gab Mrs. Sparsit zurück. «Wenn dieses Porträt sprechen könnte, Sir – aber es erfreut sich gegenüber dem Original des Vorzugs, daß ihm nicht die Macht innewohnt, sich zu kompromittieren und bei anderen Widerwillen zu erregen –, so würde es bezeugen, daß es schon ziemlich lange her ist, seit ich es zum erstenmal als das Porträt eines Dummkopfs anredete. Und nichts, was ein Dummkopf tut, kann Überraschung oder Entrüstung hervorrufen. Die Handlungen eines Dummkopfs können nur Verachtung einflößen.»

Bei diesen Worten musterte ihn Mrs. Sparsit mit ihren römischen, einer Medaille gleichenden Zügen, die geschlagen war, um ihre Verachtung gegen Mr. Bounderby zu verewigen, unbewegt von Kopf bis Fuß, fegte hochmütig an ihm vorbei und ging die Treppe hinauf. Mr. Bounderby schloß die Tür, stellte sich vor das Kaminfeuer und dachte sich auf seine gewohnte explosive Weise in sein Porträt – und in die Zukunft hinein.

Wie weit in die Zukunft? Er sah Mrs. Sparsit mit den Spitzen aller Waffen des weiblichen Arsenals einen täglichen Kampf gegen die widersetzliche, wehleidige, launische, quälende Lady Scadgers ausfechten, die immer noch mit ihrem mysteriösen Bein zu Bett lag, und in einer dürftigen, muffigen kleinen Wohnung – kaum zumutbar für einen, geschweige für zwei – ihr unzulängliches Einkommen bis etwa zur Mitte jedes Quartals verschlingen, aber sah er noch mehr? Erhaschte er einen Blick auf sich selbst, wie er vor Fremden mit Bitzer, dem hoffnungsvollen und den großen Verdiensten seines Herrn so ergebenen jungen Mann glänzte, der die Stellung des jungen Tom erobert und beinahe den jungen Tom selbst erbeutet hätte, als dieser damals durch ein paar Halunken hinweggezaubert wurde? Sah er einen schwachen Widerschein von sich selbst, als er ein großsprecherisches Testament machte, dem zufolge fünfundzwanzig Windbeutel, die das fünfundzwanzigste Jahr überschritten und sämtlichst den Namen Josiah Bounderby angenommen haben mußten, für alle Zeit in Bounderby-Hall speisen, für alle Zeit in Bounderby-House wohnen, für alle Zeit eine Bounderby-Kapelle besuchen, für alle Zeit von einem Bounderby-Kaplan eingesegnet werden, für alle Zeit von der Bounderby-Stiftung leben und für alle Zeit alle gesunden Mägen mit einer Unmasse Geschwätz und Gewäsch à la Bounderby verderben sollten? Hatte er eine Ahnung von dem Tag, fünf Jahre später, da Josiah Bounderby aus Coketown plötzlich auf der Hauptstraße von Coketown vom Schlag getroffen wurde und das vortreffliche Testament nun seine lange Laufbahn durch Sophisterei, Raub, falsche Ansprüche, schlechte Beispiele, wenig Nutzen und viel Prozesse begann? Wahrscheinlich nicht. Doch das Porträt sollte dies alles erleben.

Denselben Tag, zur selben Stunde saß Mr. Gradgrind gedankenvoll in seinem Zimmer. Wieviel sah *er* von der Zukunft? Sah er sich als einen weißhaarigen, vom Alter gebeugten Mann, der seine bis jetzt unerschütterlichen Theorien bestimmten Umständen anpaßte, seine Tatsachen und Zahlen dem Glauben, der Hoffnung und der Liebe unterordnete und das Himmelstrio nicht länger in seinen staubigen kleinen Mühlen zu zermahlen versuchte? Sah er sich daher von seinen früheren politischen Gesinnungsgenossen verachtet? Sah er sie in der Zeit, da man zu dem Schluß gekommen war, die Müllkutscher der Nation hätten nur miteinander zu tun und seien nicht einem «Volk» genannten abstrakten Begriff verpflichtet, der fünf Abende in der Woche bis in die frühen Morgenstunden mit diesem und jenem und sonstwas gegen «den Ehrenwerten Gentleman» stichelte? Wahrscheinlich sah er dies voraus, denn er kannte seine Leute.

Am Abend desselben Tages saß Louisa am Kamin und beobachtete wie in vergangenen Tagen das Feuer, wenn auch mit einem sanfteren und weniger stolzen Gesicht. Wieviel von der Zukunft stieg wohl vor *ihren* Blicken auf? Mit dem

Namen ihres Vaters unterzeichnete Anschlagzettel, die den verstorbenen Stephen Blackpool, Weber, von dem ungerechten Verdacht freisprachen und die Schuld des eigenen Sohnes bekanntgaben, mit der Bitte um mildernde Umstände wegen seiner Jugend und Versuchung (er konnte es nicht über sich bringen, «und seiner Erziehung» hinzuzufügen) – das war Gegenwart. Stephen Blackpools Grabstein, mit dem Nekrolog ihres Vaters darauf, war beinahe Gegenwart, denn sie wußte, daß der Stein gesetzt werden sollte. Diese Dinge konnte sie deutlich sehen. Aber wieviel von der Zukunft?

Eine Arbeiterin namens Rachael erscheint nach langer Krankheit wieder beim Läuten der Fabrikglocke und geht zu den bestimmten Stunden mit den übrigen Arbeitern von Coketown durch die Straßen, eine Frau von schwermütiger Schönheit, immer schwarz gekleidet, aber freundlich, heiter und sogar fröhlich, die als einzige von allen Einwohnern Mitleid mit einem würdelosen, trunksüchtigen, elenden Geschöpf ihres Geschlechts zu haben scheint, das mitunter in der Stadt gesehen wird, wie es Rachael heimlich anbettelt und ihr etwas vorweint, eine Frau, die arbeitet, immer arbeitet, aber es zufrieden ist und es gern tut, weil es nun mal ihr Los ist, bis sie zu alt ist, noch zu arbeiten. Sah Louisa dies? So würde es kommen.

Ein einsamer Bruder, viele tausend Meilen fern, der schrieb, auf tränenbenetztem Papier, daß sich ihre Worte nur allzubald als wahr erwiesen hätten und daß er gern alle Schätze der Erde darum geben würde, ihr liebes Gesicht zu sehen? Endlich näherte sich dieser Bruder der Heimat, in der Hoffnung, sie zu sehen, und wurde durch Krankheit aufgehalten, und dann ein Brief von fremder Hand, und darin stand: «Er starb den und den Tag im Hospital an einem bösen Fieber, und er starb in Reue und voller Liebe zu Ihnen: Sein letztes Wort war Ihr Name!» – Sah Louisa dies? So würde es kommen.

Sie selbst wieder Gattin – Mutter – liebevoll ihre Kinder hegend, immerdar besorgt, daß sie nicht weniger eine Kind-

heit des Geistes als eine Kindheit des Körpers hätten, da sie
wußte, daß diese sogar etwas noch Schöneres und ein Gut ist,
von dem noch das kleinste gehortete Bröckchen selbst dem
Weisesten zu Segen und Glück gereicht. Sah Louisa dies?
Dies würde nie sein.

Aber die glücklichen Kinder der glücklichen Sissy liebten
sie, alle Kinder liebten sie, sie, die nun in der Kinderkunde
erfahren war und kein unschuldiges, hübsches Phantasiegebilde verachten konnte, die sich Mühe gab, ihre tiefer stehenden Mitmenschen kennenzulernen und deren Leben, das den
Maschinen und der Wirklichkeit gehörte, durch jene Reize
und Freuden der Phantasie zu verschönen, ohne die das Herz
der Kindheit verdorrt, die stärkste Manneskraft innerlich
mausetot und der einleuchtendste nationale Wohlstand, der
durch Zahlen bewiesen werden kann, nur eine Schrift an der
Wand ist – diesen Kurs hielt sie ein, nicht weil er zu einem
schwärmerischen Gelübde gehörte oder einem Versprechen,
einer Brüderschaft oder Schwesternschaft, einem Pfand oder
feierlichen Vertrag, einem Maskenkostüm oder Wohltätig-
keitsbasar, sondern einfach als eine Pflicht, die erfüllt werden
mußte. Sah Louisa dies? So würde es kommen.

Lieber Leser! Es bleibt dir und mir überlassen, ob ähnliche
Dinge in unser beider Betätigungsfeld sein können oder
nicht. Laß sie geschehen! Leichteren Herzens werden wir am
Kamin sitzen, wenn unser Feuer zu Asche wird, grau und
kalt.

19 *Morgiana in «Ali Baba und die vierzig Räuber»* – Sklavin im Haus Ali Babas. Sie untersuchte die im Hof liegenden Ölschläuche und entdeckte darin die Räuber. Darauf füllte sie die Schläuche mit siedendem Öl.

22 *Professor Owen* – Sir Richard Owen (1804–92), englischer Naturwissenschaftler, erforschte die Anatomie seltener Tiere.

23 *das Verslein von Peter Piper* – Englischer Schnellsprechvers, vergleichbar unserem «Fischers Fritz».

24 *Mr. William Button aus der Tooley Street* – Anspielung auf die drei Schneider aus der Tooley Street, von denen berichtet wird, sie hätten eine Eingabe an das Unterhaus mit den Worten begonnen: «Wir, das Volk von England...»

27 *Mrs. Grundy* – Gilt als Sinnbild der Schicklichkeit und des Anstands im Viktorianischen Zeitalter. Die Gestalt der Mrs. Grundy entstammt Thomas Mortons Schauspiel «Speed the Plough» (1798), in dem ständig die Frage wiederholt wird: «Was würde Mrs. Grundy sagen?»

63 *Union Jack* – Volkstümliche Bezeichnung für die Nationalflagge Großbritanniens.

63 *Magna Charta* – Englisches Gesetz von 1215, das die Macht der Krone zugunsten des Adels einschränkte.

63 *John Bull* – Spitzname für den Engländer.

63 *Habeas Corpusakte* – Englisches Gesetz von 1679 zum Schutz der persönlichen Freiheit des Bürgers vor willkürlicher Verhaftung durch die absolutistische Staatsgewalt.

63 *Bill of Rights* – Englisches Gesetz von 1689, das die Macht des Königs einschränkte und viele seiner Privilegien und Befugnisse dem Parlament übertrug.

63 *«My home is my castle»* – (engl.) Mein Haus ist meine Welt. Ein auf den englischen Juristen Sir Edward Coke (1552–1634) zurückgehender Rechtsgrundsatz über die Unantastbarkeit des Privateigentums.

63 *«God save the Queen»* – Englische Nationalhymne.

63 *«Mögen die Großen blühn...»* – Zitat aus dem Gedicht «The Deserted Village» (Das verlassene Dorf, 1770) des englischen Dichters Oliver Goldsmith.

65 *vom Londoner West End, von Mayfair* – Vornehme Londoner Stadtviertel.

70 *Euklid* – (um 300 v. u. Z.), griechischer Mathematiker.

70 *Defoe* – Daniel Defoe (1660?–1731), englischer Schriftsteller; Verfasser des berühmten «Robinson Crusoe» (1719).

70 *Goldsmith* – Oliver Goldsmith (1728–74), englischer Dichter und Schriftsteller; sein bekanntestes Werk ist der «Landpfarrer von Wakefield» (1762).

71 *Cocker* – Edward Cocker (1631–75), Lehrer für Arithmetik in London; der englische Adam Riese.

101 *Doctors' Commons* – Ehemaliger Gebäudekomplex in der Londoner City, in dem von juristischen Institutionen u. a. Heiratslizenzen erteilt wurden.

142 *Esquire* – Ursprünglich ein Adelstitel, später ein dem Namen nachgestellter Höflichkeitstitel.

142 *M. P.* – Member of Parliament = (engl.) Mitglied des Unterhauses.

184 *der seine Erstgeburt für ein Linsengericht verkaufte* – Im Alten Testament verkaufte Isaaks ältester Sohn Esau sein Erstgeburtsrecht für ein Linsengericht an seinen Bruder Jakob.

184 *Judas Ischariot* – Im Neuen Testament Jünger und Verräter Jesu.

184 *Castlereagh* – Robert Stewart Castlereagh (1769–1822), englischer Politiker; berüchtigt wegen seiner rigorosen Unterdrückungsmaßnahmen gegen die niederen Volksschichten.

209 *Lord Chesterfield* – Philip Dormer Stanhope, Earl of Chesterfield (1694–1773), englischer Staatsmann; bekannt durch die «Briefe» an seinen Sohn, die damals zu Richtlinien der Erziehung junger Aristokraten wurden.

240 *Yorick* – Name des Hofnarren, dessen Schädel Hamlet betrachtet. Vgl. Shakespeare, Hamlet V, 1.

259 *Alderneykuh* – Alderney ist eine Insel im englischen Kanal, die wegen ihrer Milchkühe berühmt ist.

297 *Baissier* – Ein auf Baisse, d. h. das Fallen der Börsenkurse, Spekulierender.

364 *Harvey* – William Harvey (1578–1657), englischer Physiologe, Entdecker des Blutkreislaufs.

Inhalt

Drittes Buch: Das Aufspeichern